漢語音韻論稿

遠藤光曉

好文出版

目　次

漢語音韻学

敦煌《毛詩音》S.10V写巻考辨 ……………………………………………………………… 4

(with Yoichi Isahaya) Yuan Phonology as Reflected in Persian Transcription in the *Zīj-i Īlkhānī* …………… 14

『翻訳老乞大・朴通事』に存在する注音・用字上の内部差異について ………………… 52

《老朴集覽》里的音韻資料 ………………………………………………………………… 57

崔世珍『韻会玉篇』について ……………………………………………………………… 76

介音與其他語音成分之間的配合關係 ……………………………………………………… 102

A Historical Study of Chinese Stress Accent ……………………………………………… 125

年齢差・近過去の音韻史

从年龄差异归纳音变的方向性——以汉语荔波方言为例 ………………………………… 144

現代漢語各方言年齡差異所反映的音韻變化類型 ………………………………………… 152

近150年来汉语各种方言里的声调演变过程——以艾約瑟的描写为出发点 …………… 171

20世紀以來漢語幾個方言聲調調值史 …………………………………………………… 201

西南官話祖調値の再構 ……………………………………………………………………… 214

漢語語彙史

"世"の字源と語源をめぐって …………………………………………………………… 222

水の単語家族 ………………………………………………………………………………… 225

中国語の"来"の文法化 ── 『老乞大』諸本におけるテンス・アスペクトマーカーを中心として ── …… 235

研究概観

中国語音韻史研究の課題 …………………………………………………………………… 256

テクスト記述・祖本再構・編集史の内的再構 ─中国語音韻史資料の場合─ ………… 265

声明と漢語声調史研究 ……………………………………………………………………… 281

元代音研究概況 ……………………………………………………………………………… 283

韓漢語言史資料研究概述──總論 ………………………………………………………… 288

欲穷千里目，更上一层楼──代清代民国时期汉语国际学术研讨会〈总論〉 ………… 298

書評・事典項目

伊藤智ゆき(著)『朝鮮漢字音研究』 …………………………………………………… 310

中国語・上古漢語・中古漢語・北京語・カールグレン・形声符読み ………………… 318

初出一覧 ……………………………………………………………………………………… 327

漢語音韻学

敦煌《毛詩音》S.10V 寫卷考辨*

遠藤光曉

一、前言

敦煌《毛詩音》指敦煌發現的 S.2729 + Дx 1366a、P.3383、P.2669V、S.10V 等殘卷。平山久雄先生發現，它的反切結構非常獨特，反切上字與歸字不僅聲母、洪細一致，而且等第和開合也一致。他的一系列論文（平山 1966，1978，1980，1982，1985a，1985b，1988，1990）對於敦煌《毛詩音》各種本子加以認讀和考證，並詳細分析它的反切結構，闡明它在中古音構擬中所起的重要作用。

其中有 S.10V 殘卷，除了敦煌《毛詩音》獨特的反切以外，還含有相當多數的普通結構的反切和直音。平山 1979（31-35 頁〈《毛詩音》諸本の系譜に關する暫定的推定〉）、平山 1990（3-4 頁）據此推測，《毛詩音》曾經有兩個祖本，S.10V 反映 6 世紀末～7 世紀初成立的"第一祖本"，其他殘卷則反映 7 世紀後半～8 世紀初成立的"第二祖本"。根據這個看法，S.10V 所含普通反切和直音反映原始面貌，到後來別的反切作者把這些非毛詩音式的音注都改成毛詩音式反切。

我在 1989 年赴倫敦、巴黎和前蘇聯列寧格勒調查了敦煌《毛詩音》原卷，發現 S.10V 最含有問題：在文字描寫上，由於 S.10V 的音注是寫在《毛詩故訓傳》被注字的背面相對位置，而且字跡渺小，比較難於認讀，因此前人的描寫中還有一些可補正的地方。另外在該抄本的性質問題上，據有些音注的寫法和墨的濃淡，應該把它看做是《毛詩音》和《經典釋文》的混合抄本。遠藤 1990 描寫該補正的記載，同時提出 S.10V 為混合抄本的看法。本文則把 S.10V 的所有內容都列出來，並與相關《毛詩音》殘卷（即 S.2729）和《經典釋文》進行全面的比較，討論 S.10V 的成立過程以及在敦煌《毛詩音》各本譜系中的位置。

二、S.10V 與 S.2729、《經典釋文》比較表

王重民 1958 最早抄錄了 S.10V 一部分文字（該部份寫於 1938 年），平山 1966 根據照片認讀出大部分文字，潘重規 1970 根據原卷補正王重民的描寫，平山 1979 則參照潘重規的描寫對平山 1966 加以修正。[1] 下面的表格仿照平山 1966、1979 的形式，再加上遠藤 1990 的補正，列出各項目："號碼"按 S.10 正面被注字的出現行數算，如正面第二行所出現的第一個被注字的號碼為"2-1"；同一個字有兩個音注時加上 a、b 來區別。"篇章"表示《詩經》篇名及章數，如〈燕燕·第三章〉為"燕燕三"；如果被注字出現在《傳》或《箋》，就加上"傳"或"箋"。"被注字"一欄大都列兩個字，被注字下面加橫線。"S.10V"記載 S.10 背面的注釋，原卷墨色有濃淡的不同，這在 S.10V 殘卷的性質認同問題上具有重大意義，因此在下面的表格裡也加以描寫，淡色的字跡下面加浪線。由於電腦輸入的問題，有時字形與原卷文字不完全相同。無法認讀的字用"□"表示。

S.2729 的形式與一般音義書一樣，按次序對每一個被注字加上反切。S.2729 的殘存部份比較多，涵蓋 S.10V 殘卷的所有範圍。注音項目一般比 S.10V 多，但在下列表格裡祇列 S.10V 加注的那些字的反切。本人也調查過 S.2729 原卷，確認平山 1966、1979 對 S.2729 的認讀大致正確。如果 S.2729 裡找不到與 S.10V 相對應的項目就空缺（《經典釋文》一欄也如此）。

---

* 本文為青山學院大學經濟研究調查室特別研究費資助的研究成果之一。

(1)《英藏敦煌文獻（漢文佛經以外部份）》第一卷，四川人民出版社，1990 年含有 S.10V 十分清晰的放大影印件。

《經典釋文》也祇引與 S.10V 有關的那些音注。所據版本為通志堂本（簡稱"通"）、抱經堂本（簡稱"抱"）[2]及北京圖書館藏宋元遞修本（簡稱"北"）。[3] 這些版本的文字異同如下：

66-2a（燹如） 通作"申救反"，茲據抱、北作"由救反"。

71-4（皐轂） 通、抱作"如寐反"，茲據北作"必寐反"。

86-1a（催我） 通作"音子佳子佳二反"；茲據抱、北作"音壬佳子佳二反"。

89-1（只且） 通、抱作"子餘反"，茲據北作"子餘反下同"。

"來源"一欄的符號分別表示：●：與 S2729《毛詩音》一致；※：與《經典釋文》一致；-：找不出 S2729、《經典釋文》相一致的反切；#：找不出 S2729、《經典釋文》相一致的直音。

號碼	篇章	被注字	S10V	來源	S2729	《經典釋文》
2-1	燕燕三	下上	成兩反	●	成兩	
3-2	四	塞淵	桑則反	●	桑則	
3-1a	四	任只	毛而林	-	毛平	入林反。毛云大也。
3-1b			鄭而鳩	※	鄭去	沈云鄭而鳩反
9-1	日月四	畜我	香六反	●	香六	
12-1	終風一	謔浪	向略反	-	向洛	許約反
12-2	一	笑敖	五號反		五到	五報反
14-1	三	則疐	庶	#		舊竹利反又丁四反又渚吏反或竹季反鄭都麗反
14-2	三傳	咳也	肯代反	●	肯代	開愛反
15-1	四	虺〃	勳鬼反	●	勳鬼	虛鬼反
17-1	擊鼓序	將而	子亮反	※●	子亮	子亮反
19-1	一	其鏜	湯	#	太郎	吐當反
21-1	二	有忡	勅中反	●	勅中	勅忠反
22-1	四	契闊	苦結	※●	苦結	苦結反
22-2	四	成說	說悅二	※		音悅
24-1b	五	信兮	鄭息恪	●	鄭息恪	毛音申鄭如字
26-1	凱風一傳	樂夏	洛	※	郎各	音洛或一音岳
26-2	一傳	樂夏	暇	#		
27-1	一	夭〃	英驕反	●	英驕	於驕反
29-1	三箋	浸潤	子衽反	-		子鴆反
29-2	四	睍睆	下顯反	-	刑顯	胡顯反
30-1	雄雉序	數起	朔	#	雙捉	色角反

---

(2) 日本大學文理學部中國文學科經典釋文綜合研究毛詩釋文班《對校毛詩釋文集成》，1972 年有對照表。

(3) 上海古籍出版社，線裝本，1980 年; 精裝本，1984 年。

31-1	序箋	而苦	庫	#		
31-2	一	雎〃	以世反	-	羊世	移世反
32-1	一箋	作瞖	烏雞反	-	燕兮	烏兮反
35-1	四	德行	下孟反下同	※		下孟反下注皆同
37-1	匏有 序	匏有	苻交反	-		薄交反
37-2	苦葉 一	濟有	祖戾反	-	箋詣	
37-3	一傳	之瓠	胡故反	-		戶故反
38-1	一	則揭	憩	#	卿例	苦例反
39-1	二	有瀰	莫婢反	-	民婢	弥爾反
39-2a	二	有鷕	以小反	※	羊小	以小反沈耀皎反或一
39-2b			以水反	※		音戶了反説文以水反字林于水反
39-3	二傳	假人	皆訝反	●	皆訝	
40-1	二	不濡	辱朱反	●	辱朱	而朱反
40-2	二	濡軌	范 凡之上聲	●	范 凡之上聲	舊䡎美反依傳意宜音犯
40-3	二	其牡	莫厚反	●	莫厚	茂后反
40-4	二傳	由輈	張流反	-	卓流	竹留反
40-5	二傳	求牡	母	#		
41-1	三	旭日	許玉反	※	暉玉	許玉反徐又許袁反
41-2	三箋	而處	杵	#		
41-3	三	迨冰	殆	#	唐改	音待
42-1	四	卬否	昂 五剛反	# -	我剛	五郎反
42-2	四	卬否	甫久反	●	甫久	
42-3	四箋	獨否	不	#		
45-1	谷風一	僶俛	武忍反 黽二	- #	名忍	莫尹反
45-2	一箋	見譴	輕戰反	●	輕戰	遣戰反
45-3	一	采葑	豐	※	妃風	孚容反音豐
45-4	一	采菲	敷尾反	●	敷尾	妃鬼反
45-5	一傳	葑須	宣喻反	-		
45-6	一傳	韭芴	敷非	-		
45-7	一傳	菲芴	勿	※	亡弗	音勿
45-8	一箋	與葍	蒲□□ 富 二	- ※		音福 又音富
46-1	一箋	并儗	儗	#		俾政反又如字
47-1	二傳	違離	力智反	-		

47-2	二	我饑	祈	※	懃衣	音祈
48-1	二	燕尒	燕顯反	●	燕顯	徐於顯反又煙見反
49-1	三	湜〃	殖	※		音殖
			成力反	●	成力	
49-2	三	其沚	止	※	真耳	音止
51-1	四箋	船泭	孚	※		音孚
53-1	五	能畜	香六反	●	香六	許六反
53-2	五	為讎	市由反	●	市由	
53-3	五箋	驕樂	洛	※		音洛
53-4	五	賈用	工户反	●	工户	音古
53-5	五	不售	市又反	●	市又	市救反
53-6	五箋	隱蔽	并袂反	●	并袂	
55-1	五	比予	匕	#		
55-2	五箋	毒螫	尸石反	-	式石	失石反何呼洛反
55-3	六	旨蓄	勑六反	※●	勑六	勑六反
55-4	六	御冬	言吕反　圉	●#	言吕	魚據反下同徐魚舉反
			馭　次下句同	#		
56-1	六	有洸	光	※		音光
			古黄反	-	剛黄	
56-2	六	有潰	繪	#	胡憒	户對反
56-3	六	既詒	怡	※	羊之	音怡
56-4a	六	我建	以世以自	※	羊世	以世反徐以自反爾雅
56-4b			反　二	※		以世反
57-1	六	來墍	許氣反	-	香氣	許器反
58-1	式微序箋	處之	杵下同	#		
60-1	旄丘序	埋丘	毛	※	莫襃	音毛
60-2	序	連率	色類反	●	色類	所類反
62-1	一箋	與伯	羊諸反	●	羊諸	
62-2	一箋	復之	服	#		
63-1	一箋	數何	所具反	-		
64-1	三	蒙戎	武容反	●	武容	如字徐武邦反
64-2	三	蒙戎	辱容反	-		如字徐而容反
66-1	四傳	愉樂	湯侯反	●	湯侯	以朱反
66-2a	四	壑如	以救反	-		由救反又在秀反
66-2b			羊秀反		詳秀	
68-1	簡兮序	蕳兮	皆限反	●	皆限	居限反
69-1	一	上處	杵下同	#		
69-2	一箋	舍采	赦	#		音釋
71-1	二	渥赭	烏角反	-	泓角	於角反

71-2	二	渥赭	章社反	●	章社	音者
71-3	二	錫爵	析	#		
71-4	二傳	卑鞞	方寐反	-	并至	必寐反
71-5a	二傳	卑鞞	許願			暄願反劉昌宗音運
71-5b			于郡二	●	于郡	
71-6	二傳	胞翟	符交反	-	彭交	步交反
71-7	二傳	闇寺	虎門反		呼溫	音昏
71-8	二傳	闇寺	時志反	●	時志	
71-9	二傳	散受	桑旱反	●	桑旱	素但反
72-1	三	有蓁	側巾反	※	側仁	側巾反
72-2	三	有苓	零	※	歷丁	音零
72-3	三箋	與在	預	※		音預或如字
75-1	泉水一	孌彼	力軟反	-	力轉	力轉反
76-1	二	于濟	毛禮反	-		
76-2	二	飲餞	慈箭反	●	慈箭	音踐徐又才箭反
76-3	二	于禰	年禮反	●	年禮	乃禮反
76-4	二傳	舍軾	釋	#		
76-5	二傳	舍軾	蒲末反	※●	蒲末	蒲末反
78-1	三	載姪	行瞎反	●	行瞎	胡瞎反
78-2	三	還車	旋	※		音旋
79-1a	三	有盍	毛如字	※	毛何蓋	毛如字鄭音曷
79-1b			鄭何割	●	反鄭何割反	
79-2	四	永歎	湯丹反	●	湯丹	
82-1a	北門一	殷〃	隱	※		於巾反沈於文反又音
82-1b			殷二	#	應斤	隱
82-2	一	終窶	其矩反	※	郡羽	其矩反
84-1	二	埤益	頻移反	●	頻移	避支反
84-2	二箋	偏己	補見反	●	補見	
84-3	二	交徧	徧下同	※		古徧字注及下同
84-4	二	蕳我	根革反	●	根革	直革反玉篇知革反
85-1	三	敦我	都廻反	※	毛都溫	毛如字鄭都回反
			都溫反二	●	鄭都雷	
85-2	三	遺我	與季反	-		唯季反
86-1a	三	摧我	徂雷反	-	毛存雷	徂回反音千佳子佳二
86-1b			祖廻反	●	鄭祖回	反
86-2	三傳	沮也	慈呂反	-		在呂反何音阻
87-1	北風一	雨雪	云付反	●	云付	于付反又如字
87-2	一	其雱	普黃反	●	普黃	普康反

88-1	一	同行	如字	#		音衡
88-2a	一	其耶	餘	※		音餘
88-2b		徐二		※	祥余	又音徐
88-3	一	既亟	居力反	-	己力	紀力反
88-4	一	只且	紙	※		音紙
89-1	一	只且	子餘反下同	※	子余	子餘反下同
89-2	二	其虛	孚非反	-	敷非	芳非反
90-1	二	其耶	詳余反	●		
90-2	二	既亟	巳力反	●		
92-1	靜女一傳	說也	悅	※		音悅
92-2	一箋	可畜	香六反	●	香六	
93-1	一	搔首	自刀反	-	素勞	蘇刀反
94-1	二傳	月姃	辰字或誤為姃	●	字或誤為姃非	
95-1	二	有煒	于尾反	●	于尾	于鬼反
95-2a	二	悅懌	悅懌上毛容雪	●	毛容雪羊石二	毛王上音悅下音亦鄭說音始悅反
95-2b			鄭束銳	●	反鄭束銳	懌作釋始亦反
95-3a	二	悅懌	下羊石	●	舒石二反	
95-3b			舒石反	●		
95-4	三	自牧	目	※		徐音目

三，S.10V 的成立過程

對上列表格進行統計，S.10V 的音注總共有155條，與 S.2729 一致的有 57 條（36%），與《經典釋文》一致的有 39 條（25%），與兩者不一致的反切有 38 條（24%），與兩者不一致的直音有 25 條（16%）。[4]

僅僅根據這個數字的話，似乎可以把 S.10V 看做是反映《毛詩音》的早期面貌的，還沒有徹底地采用毛詩音式反切。但從 S.10V 的音注附加方法來看，它不是從單一書籍抄來的，而是分別抄錄兩種以上書籍的音注。這一點可以從有些音注的抄寫方法和墨的濃淡不同看出來：

舉一個例子，56-4ab "我建" 的注音如右：在這裡 "二" 字的位置很奇怪，按理應該寫在 "反" 的上面，作 "二反"。另外，上面的 "以世反" 的墨色淡一些，下面的 "以自二" 的墨色濃一些。這麼看來，這個注音應該是分兩次寫的，首先寫了 "以世反"，後來發現還有一個音 "以自反"，補進下面去了。要不然，不會成為 "以世以自二"，而會逕直寫成 "以世以自二反"。從這裡可以看出，墨的濃淡反映抄寫時間的不同（但筆跡是一樣的，因此抄寫者應是同一個人）。這一例的兩種注音都與《經典釋文》一致。

又如 39-2ab "有蘆" 有兩種反切，一種為 "以小反"（淡），另外一種為 "以水反"（濃），兩

反	以
世	
二	以
	自

---

[4] 與 S.2729、《經典釋文》都一致的有 4 條（17-1，22-1，55-3，76-5），因此各項的數字加起來有 159 條。另外，45-1 條的 "甠" 有可能不是直音，而是經文的異文。

種都與《經典釋文》一致。49-1項"湜〃"有兩種音注，一種為直音"殖"，墨色淡，與《經典釋文》一致；另外一種為"成力反"，墨色濃，與 S.2729 一致。85-1 條"敦我"有兩種音注，一種為"都廻反"（墨色淡），《經典釋文》為"都回反"，可以看做是一致的；另外一種為"都温反二"（墨色濃），與 S.2729 一致。在這裡，從"二"的位置也可看出"都温反"是後來加上去的。這種墨色濃淡的不同和資料來源的不同相平行的例子很能説明問題：這個抄本是分別在不同的時間當場把各種注音寫進去的。

一個字有兩種注音、而且有墨色濃淡不同的其他例子如下：42-1 條"卬否"的注音有兩種："昂"（濃）與"五剛反"（淡）；但 S.2729、《經典釋文》都沒有相應的項目。55-4 條"御冬"的注裡"言呂反"（與 S.2729 一致）和"馭"濃一些；"圉"和"次下句同"淡一些（《經典釋文》沒有相應的項目）。88-2ab 條"其耶"有兩種直音，"餘"（濃）、"徐"（淡），都與《經典釋文》一致。

我發現原卷的墨色濃淡能發揮鑒別資料來源的作用以後，盡量描寫了整個 S.10V 中的墨色濃淡不同（如在表格中所加浪線的地方），但往往難以分開濃淡的不同。原卷的抄寫者可能并不有意改變墨色濃淡而標志某種意義，而是在分別幾次加注時無意間有了這個不同。

表格中加浪線（也就是墨色顯得淡一點）的項目總共有 49 條，其中有 18 條與《經典釋文》一致，祇有 4 條與 S.2729 一致（其中有一項<76-5>

的反切用字與《經典釋文》一樣），其餘 31 條目在《毛詩音》和 S.2729 裡找不到相對應的注。這一點顯示出，S.10V 的抄寫者抄寫《毛詩音》和《經典釋文》的時間有所不同，另外，其他在《毛詩音》和《經典釋文》找不到的那些項目也不是完全同一個時間抄寫的。

從上面的種種跡象來看，S.10V 是混合抄本，最主要的資料來源是《毛詩音》和《經典釋文》，但還有一些這兩書所沒有的音注。

四，其他音注與《玉篇》、《切韻》的比較

那麽，S.10V 中找不到《毛詩音》和《經典釋文》的那些音注是從哪裡來的呢？論直音，一般的韻書和字書上祇有在又音的情況下偶爾使用，不便於比較，因此這裡姑且不論。現在祇討論反切，試著與早於 S.10V 成立的《玉篇》和《切韻》進行比較。

《玉篇》反切據日本空海《篆隸萬象名義》。[5] 就多讀字説，《篆隸萬象名義》有時祇引典型的讀音，而經書音有意附加的注往往是特殊的讀音，因此在有些情況下找不到嚴格意義上的對應音切，但為了比較起見，也盡量把它填在表格裡。

至於《切韻》反切，首先查《廣韻》，然後根據《切韻》唐代各種本子決定原本《切韻》的反切用字。[6] 如果是後代的增加字，即使《廣韻》裡有反切，也不列出來。

S.10V 反切與《玉篇》一致時，用"★"表示；與《切韻》一致時，用"◇"表示。

號碼	被注字	S10V	一致	玉篇	切韻	S2729	經典釋文
3-1a	任只	毛而林	-	耳斟反	如林反		入林反
12-1	譹浪	向略反	-	盧虐反	盧約反	向洛	許約反
12-2	笑敖	五號反	-	五高反	五勞反	五到	五報反
29-1	浸潤	子衽反	-				子鴆反
29-2	睍睆	下顯反	★	下顯反		刑顯	胡顯反
31-2	枻〃	以世反	-	餘世反		羊世	移世反

---

(5)《高山寺古辭書資料 第一》，東京大學出版會，1977 年。該影印本附有索引，非常方便。
(6) 也參考了李永富《切韻輯斠》，藝文印書館，1973 年；上田正《切韻諸本反切總覽》，京都大學中文系 均社，1975 年。

編號	詞	反切1	符號	反切2	反切3	反切4	反切5
32-1	作瞖	烏鷄反	◇	於麗反	烏鷄反	燕兮	烏兮反
37-1	匏有	苻交反	-	蒲者反	薄交反		薄交反
37-2	濟有	祖俍反	-	子悌反	子計反		
37-3	之瓠	胡故反	★◇	胡故反	胡故反		戶故反
39-1	有瀰	莫婢反	-	莫尒反	民婢反		
40-4	由輈	張流反	◇	珍留反	張流反	卓流	竹留反
42-1	卬否	五剛反	-	魚雨反	五崗反	我剛	五郎反
45-1	僶俛	武忍反	-		五盡反	名忍	莫尹反
45-5	薹須	宣喻反	-	肖瑜反	相俞反		
45-6	韭芃	敷非	-	孚尾反	芳非反		
45-8	與薑	蒲口口	-	甫又反	芳伏反		
47-1	違離	力智反	◇	呂支反	力智反		
55-2	毒螫	尸石反	-	舒亦反	施隻反	式石	失石反
56-1	有洸	古黃反	★	古黃反	古皇反	剛黃	
57-1	來墍	許氣反	-	虛既反	許既反	香氣	許器反
63-1	斅何	所具反	-	所屢反	色句反		
64-2	蒙戎	辱容反	-	如終反	而隆反		而容反
66-2a	瘦如	以救反	-	辭救反			由救反
66-2b		羊秀	-			詳秀	
71-1	渥楮	烏角反	★	烏角反	於角反	泓角	於角反
71-4	卑鞞	方寐反	-	補支反	府移反	并至	必寐反
71-5a	卑鞞	許願	-	盱萬反			喧願反
71-6	胞翟	苻交反	-	補交反	匹交反	彭交	步交反
71-7	閽寺	虎門反	-	呼昆反	呼昆反	呼溫	
75-1	戀彼	力軟反	-	力絹反	力克反	力轉	力轉反
76-1	于濟	羋禮反	-	子悌反	子計反		
85-2	遺我	與季反	-	胡葵反	以醉反		唯季反
86-1a	催我	徂雷反	-	且廻反	此回反	毛存雷	徂回反
86-2	沮也	慈呂反	◇	且居反	慈呂反		在呂反
88-3	既亟	居力反	★	居力反		己力	紀力反
89-2	其罩	孚非反	★	孚非反	芳非反	敷非	芳非反
93-1	搔首	自刀反	-	桑牢反	蘇遭反	素勞	蘇刀反

結果，與《玉篇》一致的反切有 6 個（15%），與《切韻》一致的反切有 5 個（13%，其中 37-3 條與兩書一致）。這個一致率并不高，難以認定 S10V 抄寫者參考過《玉篇》或《切韻》。因為反切用字也可能偶然一致，也可能通過共同的資料來源使用一樣的反切，而沒有直接的承襲關係。

五，結語

本文通過原卷的描寫與其他資料的比較顯示出，S.10V 是敦煌《毛詩音》與《經典釋文》的混合抄本。但還有 40% 左右音注的來歷不明。

據《經典釋文·序錄》，"為詩音者九人：鄭玄、徐邈、蔡氏、孔氏、阮侃、王肅、江惇、干寶、

李軌。"據《隨書·經籍志》，有關毛詩的書名中包含"音"的還有劉芳《毛詩箋音證》、于氏《毛詩音隱》和魯世達《毛詩并注音》。其他包含音注的毛詩注釋也想必不少。S.10V 中來歷不明的音注或許從這些別的毛詩注引來的。其實，S.10V 中與《經典釋文》一致的音注也可能抄自別的毛詩注，祇是《經典釋文》也引了那部書的音注，因而有所一致罷了。

文 獻

遠藤光曉 (Endo, Mitsuaki) 1990.《在歐のいくつかの中國語音韻史資料について》《中國語學研究 開篇》7，25-44 頁，東京，好文出版。

平山久雄 (Hirayama, Hisao) 1966.《敦煌毛詩音殘卷反切の研究（上）》《北海道大學文學部紀要》14:3，1-243 頁。

——1979.《敦煌毛詩音殘卷反切の研究（中の 1)》《東京大學東洋文化研究所紀要》78，1-105 頁。

——1980.《敦煌毛詩音殘卷反切の研究（中の 2)》《東京大學東洋文化研究所紀要》80，1-67 頁。

——1982.《敦煌毛詩音殘卷反切の研究（中の 3)》《東京大學東洋文化研究所紀要》90，81-148 頁。

——1985a.《敦煌毛詩音殘卷反切の研究（中の 4)》《東京大學東洋文化研究所紀要》97，1-53 頁。

——1985b.《敦煌毛詩音殘卷反切の研究（中の 5)》《東京大學東洋文化研究所紀要》100，1-61 頁。

——1988.《敦煌毛詩音殘卷反切の研究（中の 6)》《東京大學東洋文化研究所紀要》105，1-28 頁。

——1990.《敦煌<毛詩音>殘卷反切的結構特點》《古漢語研究》1990:3，1-11 頁。

潘重規 1970.《倫敦斯一〇號毛詩傳箋殘卷校勘記》《敦煌詩經卷子研究論文集》65-76 頁，香港，新亞研究所。

王重民 1958.《敦煌古籍敘錄》北京，中華書局；京都，中文出版社，1978 年，31-33 頁。

Remarks on the Dunhuang manuscript S.10V *Maoshiyin*

Mitsuaki Endo

　敦煌『毛詩音』の反切の構造は非常に独特のものであり、反切上字は帰字と声母・直拗が一致するのみならず、等位と開合も一致する。『毛詩音』の一写本と目されてきた S.10V は『毛詩音』反切のみならず、普通の性質の反切や直音もかなり多く含んでいる。小文では、S.10V の原写本の記述を行い、それと『毛詩音』の一写本 S.2729 および『経典釈文』との比較を通して、S.10V は『毛詩音』の早期の様相を反映するものではなく、『毛詩音』と『経典釈文』の混合写本であることを示す（そのほか来源が不明の音注も含む）。この記述と比較に基づき、小文は S.10V が『毛詩音』諸本の系譜において占める位置と『毛詩音』の成立過程に対して新たな考えを提出する。

漢語音韻学

~~~~~~
Article
~~~~~~

Yuan Phonology as Reflected in Persian Transcription in the *Zīj-i Īlkhānī*[1)]

Mitsuaki Endo and Yoichi Isahaya

1. Introduction

The Mongols who had consolidated the powers of the steppe zone by the beginning of the thirteenth century evolved their tribal confederation into the Eurasian empire through expansion to the adjacent sedentary world. In consequence, Persianate and Chinese societies both formed parts of the largest landmass empire in history. After the dissolution of the empire, the Ilkhanids (c. 1260–c. 1335) in Iran and Iraq continued to be a major ally of the Yuan dynasty (1271–1368) in China. This close political relationship with China facilitated the influx of Chinese commodities, ideologies and technologies into the Ilkhanid realm. As one of the results, Naṣīr al-Dīn Ṭūsī (1201–1274), who achieved a high reputation as one of the most erudite scholars in the then Islamicate world, incorporated a Chinese calendar into his *Zīj-i Īlkhānī* (*Ilkhanid Astronomical Handbook*) through a dialogue with a "Chinese sage".[2)] That is the first Chinese calendar described in the Islamicate astronomical handbooks (*zījes*).

Through investigation into the contents of the Chinese calendar, it clarifies that while the calendar basically follows the principal astronomical constants outlined in the Revised Great Enlightenment Astronomical System 重修大明曆, the official astronomical system in the period of the compilation of the *Zīj-i Īlkhānī* (c. 1272), in order to simplify the calculation it makes use of some methods derived from the Astronomical System Tallying with Heaven 符天曆,

---

1) The first version of this paper was read at the Symposium on Yuan Dynasty Vernacular and Modern Chinese Language Studies held at Hubei University, Wuhan, China in September, 2014.
2) For the structure of the Chinese calendar and the socio-political context of its compilation, see Isahaya's dissertation (2015).

the "western" astronomical system in the Tang period (618–907). On the other hand, we also find a few elements which are not identical to any of the aforementioned astronomical systems. Ṭūsī probably brought these elements from his observation data, on which the major part of the *Zīj-i Īlkhānī* was based. Therefore, the Chinese calendar of the *Zīj-i Īlkhānī* cannot be considered to be a direct translation of some Chinese original, but the product of dialogue with the Chinese sage and Ṭūsī's own knowledge (Isahaya 2013).

Therefore, in addition to the historical aspects of the Chinese calendar, we should also pay close attention to the Persian transcription of Chinese technical terms, which has significant value from a linguistic standpoint. That is, the transcription must have reflected the phonology of the "Chinese sage," the informant of the Chinese calendar. There are around 80 Chinese characters in total: "*zǐ* 子, *chǒu* 丑, *yín* 寅, *mǎo* 卯, *chén* 辰, *sì* 巳, *wǔ* 午, *wèi* 未, *shēn* 申, *yǒu* 酉, *xū* 戌, *hài* 亥, *jiǎ* 甲, *yǐ* 乙, *bǐng* 丙, *dīng* 丁, *wù* 戊, *jǐ* 己, *gēng* 庚, *xīn* 辛, *rén* 壬, *guǐ* 癸, *lì* 立, *chūn* 春, *yǔ* 雨, *shuǐ* 水, *jīng* 驚, *zhé* 蟄, *fēn* 分, *qīng* 清, *míng* 明, *gǔ* 穀, *xià* 夏, *xiǎo* 小, *mǎn* 滿, *máng* 芒, *zhǒng* 種, *zhì* 至, *shǔ* 暑, *dà* 大, *qiū* 秋, *chǔ* 處, *bái* 白, *lù* 露, *hán* 寒, *shuāng* 霜, *jiàng* 降, *dōng* 冬, *xuě* 雪, *suì* 歲, *zhōu* 周, *qì* 氣, *cè* 策, *shàng* 上, *yuán* 元, *zhōng* 中, *xià* 下, *wàn* 萬, *shǒu* 首, *yú* 餘, *rùn* 閏, *yìng* 應, *chā* 差, *shuò* 朔, *zhuǎn* 轉, *zhōng* 終, *bàn* 半, *tiān* 天, *nù* 朒, *tiǎo* 朓, *tài* 太, *yáng* 陽, *rù* 入, *xiàn* 限, *jiàn* 建, *chú* 除, *píng* 平, *dìng* 定, *zhí* 執, *pò* 破, *wēi* 危, *chéng* 成, *shōu* 收, *kāi* 開, *bì* 閉". In this paper, we treat the main phonological properties of these transcriptions and infer the Chinese dialect which it is based on.

In the *Jāmi' al-Tawārīkh*, or the *Compendium of Chronicles*, Rashīd al-Dīn described the process of integrating the Chinese calendar into his *Zīj-i Īlkhānī* as follows:

> In the time when the Qa'anate, or sovereignty all over the world, came to Mönke Qa'an's turn, he dispatched his own brother, Hülegü Khan, son of Tolui Khan, who in turn was the son of Chinggis Khan, to the land of Iran, the sovereignty of these regions was established on him [Hülegü Khan]. Chinese philosophers, astrologers, and physicians gathered in his presence. Since he reigned with perfect intelligence, ability, and enthusiasm for all sciences, he ordered our lord, the prominent teacher of man-

kind, and the most distinguished among his contemporaries, Khwāja Naṣīr al-Dīn al-Ṭūsī—may God have mercy upon him!—to build an observatory and compile a *zīj* after his [Hülegü Khan's] majestic name.

Because Hülegü Khan had seen Chinese astrologers, known the astrological rules according to their methods, and accustomed himself to them, he ordered Khwāja Naṣīr al-Dīn to elucidate their calendar and astrological methods, and incorporate the contents into a *zīj* which he would compile, in order that their calendar and calculated years with their way and terminology might be added to our calendars in the time of compiling an almanac. Then, he ordered a Chinese person named FUMNJI, known as *sīngsīng*—namely, a sage—to explain whatever knowledge he had about their calendar and astrology to Khwāja Naṣīr al-Dīn, and, at the same time, to learn astronomy from Khwāja Naṣīr al-Dīn. In two days, Khwāja Naṣīr al-Dīn learned whatever he [the Chinese sage] knew in this field and incorporated [this knowledge] into the *Zīj-i Īlkhānī* which he compiled.

However, the Chinese scholar could not learn as much from Khwāja; while that scholar [the Chinese sage] knew the Chinese methods for calculating the calendar and astrological rules to some extent, he was not quite familiar with the ways to use the *zīj* and to understand the motion of stars in detail. No matter the place or time, it is rare to find a perfect scholar familiar with such kind of knowledge. What the aforementioned scholar explained and was mentioned in the aforementioned *Zīj-i Īlkhānī* is as follows.

(Jahn 1971, tafel 2; Wang 2000: 83–85; Raushan 2006: 8; Wang 2006: 119–121)[3]

Among over the fifteen extant manuscripts of the *Zīj-i Īlkhānī*, the following

---

3) Except for Jahn's facsimile text and German translation (Jahn 1971), the two editions of the history of China in the *Jāmi' al-Tawārīkh* have been recently published by Wáng and Raushan (Wan 2000; Raushan 2006). With regard to the name of the Chinese sage, Wáng transcribed it as QWMYḤI, though she also referred to the multiple variants found in other manuscripts (Wan 2000, 84 n. 13). Raushan has selected an Istanbul manuscript (Ms. Istanbul, Topkapı Sarayı, Hasine 1653) as his basic text, while Wáng has chosen a Tehran manuscript (Ms. Tehran, Kitābkhāna-yi Kākh-i Gulistān, Radīf 39). Regarding the Chinese proper names, Raushan completely followed Wáng's representations in his edition (Yajima 2008).

nine, copied in relatively early periods, are under scrutiny of this paper. The abbreviations, places and names of libraries, and call numbers are as follows (Isahaya 2013, 153–155):

- **SB**: Berlin, Staatsbibliothek zu Berlin, Sprenger 1853, ff. 3v–14r.
- **DK**: Cairo, Dār al-Kutub al-Miṣrīya, Dār al-Kutub Mīqāt Fārsī 1, ff. 4r–15r.
- **BL**: London, British Library, Or. 7464, ff. 4r–16r, 17v.
- **KM**: Tehran, Kitābkhāna, Mūza wa Markaz-i Asnād-i Majlis-i Shūrā-yi Islāmī, 181, ff. 2r–9r.
- **BoL**: Oxford, Bodleian Library, 1513 [Hunt. 143], ff. 2v–10r.
- **BN**: Paris, Bibliothèque nationale de France, Ms. Ancien fonds persan 163, ff. 5v–13r.
- **NK**: Istanbul, Nuruosmaniye kütüphanesi, 2933, ff. 11r–21r.
- **KDT**: Tehran, Kitābkhāna-yi Dānishgāh-i Tihrān, Hikmat 165, ff. 3v–6v.
- **BML**: Florence, Biblioteca Medicea Laurenziana, Or. 24, ff. 4v–14r.

These manuscripts are categorized into five versions: the original, annotated (original with marginal annotation), embedded (annotation embedded into the text), revised (independently both of annotated and embedded versions), and contaminated (by other) versions. Apart from the original and revised versions, each version shares some common annotation—which appears in the text in the embedded version (Isahaya 2013, 156–162).

Versions	Manuscripts (the Date of Copying)
Original Versions	SB (1290) and DK (1293)
Annotated Versions	BL (1277/78) and KM (around 13th c.)
Embedded Version	BoL (after 1280/81)
Revised Version	BN (before 1315)
Contaminated Versions	NK, KDT (14–15th c.), and BML (around 14th c.)

The original versions were probably revised by the author, Ṭūsī, himself. At first, revisions took the form of marginal annotations (the annotated version).

Then, these annotations were incorporated into the main text (the embedded version), although it cannot be ascertained whether the embedded version occurred before or after Ṭūsī's death (Isahaya 2013, 156–157). Since the latter two versions are compiled in the later time, we deal with the former three versions as ones close to the original form in terms of the Chinese transcription.

The Persian scripts appearing in these manuscripts are transliterated as follows:

ɑ ا b ب p پ t ت j ج č چ ḥ ح x خ d د r ر z ز ž ژ
s س š ش ṣ ص ẓ ض ʿ ع f ف q ڧ k ک g گ l ل m م n ن w و h ه y ى
ó a ǫ i ó u ǫ̇.

Among them, p, č, ž, and g did not exist in Arabic script, and we seldom find the diacritical marks to denote these scripts in manuscripts before the sixteenth century. However, a philological survey concerning around 230 Persian manuscripts from the eleventh to eighteenth centuries makes it clear that these marks were in use as early as the eleventh century (Matini 2011/12). In addition to those, there is a character ب without any dot, which can denote b, y, p, n, or t. This character is transliterated as ṯ. Moreover, there is a character similar to ف or ق without any dot, of which transliteration is 9. ḳ stands for a variant of kāf with hamza in final position as Arabic script.

2. Properties of Initial Consonants
2.1. Manner of Articulation of Plosives

The phonetic renderings concerning the manner of articulation of plosives are as follows:

bāng 幫: 丙 pyn, 半 by (bn), 閉 py
duān 端: 丁 tyn, 冬 twn, dwn
jiàn 見: 甲 kɒ, 己 ky, 庚 kn, 癸 kwyy, 驚 kn, 穀 kww, 降 kwn, kn, 建 kn
pāng 滂: 破 pw
tòu 透: 天 tn, 朓 tyɒww, 太 tɒxī 溪: 氣 ky, 開 xɒyy
bìng 並: 平 bn, pn
dìng 定: 大 dɒy, 定 tn

In Modern Persian, voiceless stops are aspirated and voiced stops are unaspirated in initial position. In principle, the distinction of aspiration in Chinese is not reflected in the *Zīj-i Īlkhānī*, both of them are rendered basically by voiceless stops in Persian, sometimes by voiced stops. Two out of three Chinese characters that came from *quánzhuó* 全濁 initials are rendered by voiced stops, but it does not necessarily mean that the voiced nature of Middle Chinese is kept in this system. This point will be seen more clearly for affricates.

2.2. Manner of Articulation of Affricates

Unlike plosives, some cases of the rendering method for affricates differ among manuscripts. In the following examples, phonetic renderings before ">" denote those seen in earlier manuscripts, while those after ">" denote the forms appeared in the later manuscripts:

jīng 精: 子 zh>žh

zhī 知: 中 (元) jwnk > čwnk, 轉(終應) jwn, (太陽入)轉 jwn>čwn

zhāng 章: (歲) 周 jw, (半)周(天) jw, (半)周(差) jww, (夏)至 jr, (冬)至 jz (miscopied as jn), (轉)終(應) jwn, jn, 轉(差) jwn, (轉)終(差) jwn, 執 jh>čh

chū 初: (氣)策 jh, (朔)策 jh, (歲)差 jᴅ, (轉)差 jᴅ>čᴅ

chán 禪: 辰 jn>čn, 成 jin>čn

chè 徹: 丑 jyw>čyw

chéng 澄: (鷟)蟄 jh, (芒)種 jn, jwn, 除 jw>čw

As seen from the above, the author used j for apical affricates in Chinese regardless of aspiration at the beginning; however, he changed it to č, expecially for aspirated affricates.

Moreover, there is an interesting phenomenon:

qīng 清: 清(明) šynk, synk, (立)秋 jww, 秋(分) syw

chāng 昌: (立)春 jn>čn, 春(分) šwn, 處(暑) jyw>čyw

Namely, *qiū* 秋 and *chūn* 春 appeared as fricatives in initial position, while they appeared as affricates in intermediate position. *Qīng* 清 in *qīngmíng* 清明 has the same behaviour. For Persians, the aspiration in the initial position is so striking that the author transcribed it as a fricative. However, although *chǔ* 處 in *chǔshǔ* 處暑 is located in the initial position, it was rendered as an affricate.

2.3. Tendency of Palatalization of Guttural and Apical Fricatives

Guttural and apical fricatives are sometimes rendered as š before vowel *i*:

xiá 匣: 夏(至) šᴅ, (立)夏 xh

xīn 心: 辛 šn>sn, 小 syᴅw, 小雪 syᴅw sh, syᴅw šh, (大)雪 sh>šh

xiá 匣 has a regular palatalization before vowel i in the Persian transcript of Chinese in the *Tānksūq nāmeh* at the end of the 13th Century (Dragunov 1931).

2.4. *Yí* 疑

yí 疑 is dropped: 午 ww, 元 wn, 危 wy.

3. Properties of Finals
3.1. Sound Value of –h and Apical Vowels

Persian script -h appears in the following Chinese words: (氣)策 jh>čh, (朔)策 jh>jah, 蟄 jh, 雪 sh>šh, 執 jh>čh>čih; 子 zh>žh, (立)夏 xh/ḫh (cf. 夏(至) šɒ)

Many of them are entering tone characters, still "子" and "夏" are rising and departing tones, respectively. -h represents the vowel e in Modern Persian. Since there are only a, i, u with short/long distinctions as vowel letters in Arabic and Persian scripts, it is difficult to represent mid vowels like e and o in Chinese. Suppose that the sound value of -h in the *Zīj-i Īlkhānī* is the same as that of Modern Persian, i.e. [e], the above mentioned transcription can be interpreted as follows: 策 jh represents [tɕhie] or [tɕhiə], 蟄 jh represents [tʃie] or [tʃiə], 雪 sh>šh represents [s/ɕye] or [s/ɕyə], 執 jh>čh>čih represents [tʃie] or [tʃiə]; 子 zh>žh represents [tsẓ] or [tɕẓ], (立)夏 xh/ḫh [xe/a], etc. "夏" was probably pronounced as [xa]. This vowel [a] was a front vowel, so that it sounded like [e] to Persians. If this interpretation is valid, then -h was most likely pronounced as [e] by the thirteenth century.

As seen in the above example where "子" represented by -h, this vowel was no longer a simple [i]. The other characters belonging to the *zhisi rime* 支思韻 are rendered as below: 巳 ṣz>siz, 至 jr, 入 ž>ži, ž>žu, ru. The use of z for representing an apical vowel is the same practice in current phonetics[4]. Similarly, it is also an excellent way to represent a [ʅ]- like retroflex apical vowel as r or ž.

Incidentally, the regular corresponding sound form for "入" should be the same as "日". However, this word emerged as a taboo meaning, thus changing into *rù* in Modern Mandarin. Li (1982) showed that this sound had already

---

4) In Chinese phonetics, ɿ, ʅ are used for it, which are Swedish Dialect Alphabet introduced by Karlgren. They are not scripts in the International Phonetic Alphabet.

been attested in the *Jinpingmei* 金瓶梅 around the end of the sixteenth century to the beginning of the seventeenth century. The sound rendering in the *Zīj-i Īlkhānī* revealed that this sound had already been attested in the Yuan dynasty.

3.2. Retention of -m

The ending -m was retained in the Persian transcription of the *Zīj-i Īlkhānī*: 寅 ym>yim, 壬 žm. Since no syllable with initial labial occurs, it is impossible to know whether -m had changed into -n after initial labials or not, which is observed in the *Zhongyuan Yinyun* 中原音韻.

3.3. Reflections of -n and -ng

Characters belonging to the *Shan* 山 rime group and *Zhen* 臻 rime group are basically represented by -n. Only 分 in 春分 is rendered as fwnd or fnd, while 分 in 秋分 is rendered as fn. Maybe this is due to the fact that 春分 is followed by 清明 which is transcribed as šynk 清 or synk 清 and mynk 明; hence it is necessary to insist on the distinction between the endings -n and -ng.

Shan and *Zhen* rime groups: 辰 jn>jin>čn, 申 šn>šin, 辛 šn, sn, 春 jn>čn, šwn, 分 fwnd, fnd (followed by 清明), (秋)分 fn, 寒 xn, ḥn, 元 wn>win, 萬 wn>win, 轉 jwn>juwn, 天 tn, 建 kn>kin, 滿 mn>man

Zeng 曾, *Geng* 梗, *Dang* 宕, and *Jiang* 江 rime groups are also basically represented by -n, but sometimes by -nk. 丙 pyn, 丁 tyn, 庚 kn, 驚 kn, 清 šynk, synk, 明 mynk, 芒 mn, 種 jn>jwn, 霜 šwn, 降 kn, kwn, (立)冬 twn, 冬(至) dwn, 上 šɒnk, 中 jwnk>čwnk>juwnk, 終 jwn, 陽 yɒnk, 平 bn>bin, pn>pin, 定 tn>tin, 成 jn>jin, čn>čin

Such a situation may have come about due to the fact that there was no distinction between -n and -ng in Persian, and we only see -nk in 清, 明, 上, 中, and 陽.

3.4. Disappearance of the Entering Tone Endings

Characters that originated from an entering tone show no consonantal endings; they changed into open syllables: 乙 yy, 策 jh, 立 ly, 蟄 jh, 穀 kww>kw>kuw, 白 by, ph>puh, 雪 sh>šh, 朔 šw>šuw, 入 ž>ži, 執 jh>čh>čih.

3.5. Reading of the Character 大

All of 大 in 大(暑) dɒy, 大(雪) dɒy, 大(寒) dɒy are rendered as dɒy, while 太(陽) is rendered as tɒ.

4. Characteristics of Tone

There are a series of characters in which the same vowel is doubled:
Originating from Middle Chinese even tone: (立)秋 jww, (半)周(差) jww, 開 xɒyy,
Rising tone (no example originated from *quanzhuo* 全濁 initials): 午 ww > wuw, 酉 yww > ywuw, 己 ky > kyy,

癸 kwyy > kwy, 雨 ww, 朓 tyɒww > tyɒwū
Departing tone: 戊 ww
Entering tone (originated from Middle Chinese *quanqing* 全清 initials): 乙 yy, 穀 kww > kw

It is clear that examples originating from rising tone dominate. Such a tendency is also observed in the Persian transcription in the *Tānksūq nāmeh* (Endo 1997), maybe due to the lengthend duration of the rising tone. The citation form of rising tone in Modern Pekinese is also the longest among the other tones, because of its falling-rising tonal shape. Rising tone in the *Zīj-i Īlkhānī* also probably had a falling-rising or rising shape. Moreover, those characters with entering tone that originated from Middle Chinese *quanqing* 全清 initials are to be interpreted as having merged with rising tone.

5. Base Dialect

Generally speaking, the phonological system reflected in the *Zīj-i Īlkhānī* seems to belong to a variety of Mandarin. Since an entering tone shows no endings, those dialects still mainly having a glottal stop ending for an entering tone, such as Shanxi, Jianghuai, and Southwestern Mandarin, are excluded as a candidate of a base dialect.

As revealed in the *Menggu Ziyun* 蒙古字韻 and 'Phags-pa inscriptions, entering tone finals of *Zeng* 曾, *Geng* 梗, *Dang* 宕, *and Jiang* 江 rime groups in Dadu 大都 or Beijing using the present toponym, standard language of the Yuan dynasty, had sound shapes like ai, ei, au, etc. While in the *Zīj-i Īlkhānī*, (氣)策 jh > čh, (朔)策 jh > jah, 白 by, ph > puh, 朔 šw > šuw should reflect *tshə or *tʂə, *pi or pə, ʂo etc., which belong to southern Mandarin. A later transcription for

白 seems to be *bay, corresponding to the Dadu sound in the Yuan Dynasty; however, this transcription was probably rendered by a later reviser according to another informant, and, hence it is of a different origin from the main layer.

As for gutteral sounds in second grade, there is also a difference with the Dadu sound. 夏 in 立夏 is rendered as xh, ḫh[5], 下 is xa, ḥa, both of them reflect [xa] or [ha]; 降 is rendered as kn, kwn, maybe reflects a [kaŋ]-like sound. This is also a feature of southern Mandarin.

6. Concluding Remarks

Although the number of Chinese words rendered by Persian script in the *Zīj-i Īlkhānī* is restricted, there are a series of important and valuable sound phenomena found in it. On the other hand, it serves as the predecessor of the Persian transcription for the Chinese words in the *History of China* in the *Jāmi' al-Tawārīkh* and the *Tānksūq nāmeh*. There are several common features, such as no consonant ending for an entering tone, lengthening of a rising tone, etc. A systematic comparison with other Persian transcriptions for Chinese in the Ilkhanid period is planned to be carried out.

Acknowledgements

This study was supported by a grant from the Institute of Economics Research, Aoyama Gakuin University in the academic year of 2014. We would like to acknowledge permission to reproduce the images of each manuscript grated by the Staatsbibliothek zu Berlin, the Dār al-Kutub al-Miṣrīya, the British Library, the Kitābkhāna, Mūza wa Markaz-i Asnād-i Majlis-i Shūrā-yi Islāmī, the Bodleian Library, the Bibliothèque nationale de France, the Nuruosmaniye kütüphanesi, the Kitābkhāna-yi Dānishgāh-i Tihrān, and the Biblioteca Medicea Laurenziana. We also appreciate Dr. Donna Erickson for checking our English.

References

Dragunov, A. A. 1931. A Persian Transcription of Ancient Mandarin, *Известия Академии Наук СССР, Отделение Общественных Наук,* 359–375.

---

5) While 夏 in 夏至 is rendered as ša, the initial is palatalized, and hence there should be medial *i*.

Endo, Mitsuaki. 1997. Chinese Phonology of Early 14th Century as Reflected in the Persian Translation of the *Maijue* by Wang Shuhe, Oi-kan Yue Hashimoto and Mitsuaki Endo eds. *In Memory of Mantaro J. Hashimoto*, 61–77, Tokyo: Uchiyama Books; also In: Mitsuaki Endo. 2001. *Collected Works in Chinese Historical Phonology*, 195-218, Tokyo: Hakuteisha. [in Japanese]

Jahn, Karl. 1971. *Chinageschichte des Rašīd ad-Dīn: Übersetzung, Kommentar, Facsimiletafeln, unter sinologischen Beistand von Herbert Franke*. Wien: H. Böhlau.

Isahaya, Yoichi. 2013. The Tārīkh-i Qitā in the *Zīj-i Īlkhānī*: the Chinese Calendar in Persian, *SCIAMVS: Sources and Commentaries in Exact Sciences* 14, 149–258.

Isahaya, Yoichi. 2015. *Dialogue concerning Two Astral Sciences: Naṣīr al-Dīn al-Ṭūsī, a Sage of Cathay, and Their Chinese Calendar in the Zīj-i Īlkhānī (c. 1272 AD)*. Ph. D. Dissertation, the University of Tokyo. [in Japanese]

Li, Rong. 1982. On the sound of 入, *Fangyan*, 1984/4, 241–244; also In: Li Rong 1985. *Yuwen Lunheng* 语文论衡, 107–111, Beijing: The Commercial Press. [in Chinese]

Matini, Jalal (2011/12) Where and When the Diacritical Marks for the Letters پ, چ, ژ and گ were Invented, *Nāmeh-ye Bahārestān* 2011/12, ser. 18–19, 375–380. [in English and Persian]

Raushan, Muḥammad, ed. 2006. *Rashīd al-Dīn Hamadānī, Jāmi' al-Tawārīkh: Tārīkh-i Aqwām-i Pādshāhān-i Khitāy* [The Compendium of Chronicles: The History of the Khitāy Kings' Family]. Tehran: Mīrāth-i Maktūb. [in Persian]

Wang, Yidan. ed. 2000. *History of China and Cathay: Being a Fragment of the Compendium of Chronicles by Rashid al-Din Fazl Allah*. Tehran: Markaz-i Nashr-i Danishgāhī. [in Persian]

Wang, Yidan. 2006. *A Study and Collated Translation of Rashīd al-Dīn's History of China in Jāmi' al-Tavārīkh*, Beijing: Kunming Press. [in Chinese]

Yajima, Yoichi. 2008. Two Recently Published Editions of Rashīd al-Dīn's History of China, *Kyoto Bulletin of Islamic Area Studies* 2–1, 271–278. [in Japanese]

Appendix

As the appendix, we provide all variants of the nine manuscripts in terms of the Persian transcription of the Chinese technical terms with the images of the manuscripts. On each table, the assumed original Persian form is headed with the corresponding Chinese characters. The number in the left column denotes the section in which the character appears. In the case that the character appears in a table of a certain section, the word T is bracketed—if there are several tables in the section, T is followed by the number of the table. Regarding the sections of the Chinese calendar in the *Zīj-i Īlkhānī*, see Isahaya (2013, 164–165).

© Staatsbibliothek zu Berlin.
© Dār al-Kutub al-Miṣrīya.
© British Library.
© Kitābkhāna, Mūza wa Markaz-i Asnād-i Majlis-i Shūrā-yi Islāmī.
© Bodleian Library.
© Bibliothèque nationale de France.
© Nuruosmaniye kütüphanesi.
© Kitābkhāna-yi Dānishgāh-i Tihrān.
© Biblioteca Medicea Laurenziana.

ژه 子

	BoL	BL	KM	SB	DK	BN	NK	KDT	BML
1 (T1)	žh	zih	zh	žih	žh	žh	žih	žih	žih
1	žh	zh	zih	zh	žh	žah.	zh	zh	žih.
1 (T2)	žh	žh	zih	zh	žh	zh	rh	zih	zih
5	žh	zh	—	rh	žh	zh	rh	zh	zih

چيو 丑

	BoL	BL	KM	SB	DK	BN	NK	KDT	BML
1 (T1)	čyw	jywu	čywu	jyuw	jyw	čayuw.	jiyuw	čiywu	čiyuw
1 (T2)	ḥɨw	čyw	jyw	jyw	jyw	jyw	jyw	čyw	čyw

يم 寅

	BoL	BL	KM	SB	DK	BN	NK	KDT	BML
1 (T1)	ym	yim	ym	yim	ɨm	yam.	yim	yimu	yim.
1 (T2)	ɨm	ym	yim	ym	ym	ym	ym	ym	ym

ماو 卯

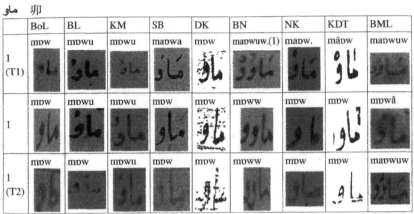

	BoL	BL	KM	SB	DK	BN	NK	KDT	BML
1 (T1)	mɒw	mɒwu	mɒwu	mɒwa	mɒw	mɒwuw.(1)	mɒw.	mâɒw	mɒwuw
1	mɒw	mɒwu	mɒwu	mɒw	mɒw	mɒww	mɒw	mɒw	mɒwâ
1 (T2)	mɒw	mɒw	mɒwu	mɒw	mɒw	mɒww	mɒw	mɒw	mɒwuw

(1) A mark on the final wāw also looks like the wāw.

چن 辰

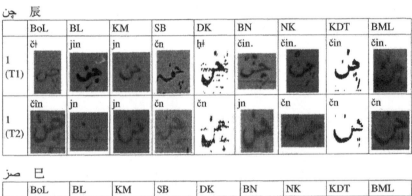

	BoL	BL	KM	SB	DK	BN	NK	KDT	BML
1 (T1)	čɨ	jin	jn	čn	ḥɨ	čin.	čin.	čin	čin.
1 (T2)	čîn	jn	jn	čn	čn	jn	čn	čn	čn

صز 巳

	BoL	BL	KM	SB	DK	BN	NK	KDT	BML
1 (T1)	rṣr	ṣiz	ṣz	ṣiz	ṣr	z az.	ṣiz.	ṣiz.	ṣiz.
1 (T2)	ṣîr	ṣz	ṣz (1)	ṣz	ṣz	ṣz	ṣiz	ṣiz (1)	ṣiz.

(1) There is a dot under the ṣād.

وو 午

	BoL	BL	KM	SB	DK	BN	NK	KDT	BML
1 (T1)	ww	wuw	wuw	wwa	ww	waw.	wuw.	wuw	wuw
1	ww	wuw	wuw	ww	yww	ww	ww	ww	wuw
1 (T2)	ww	wuw	wuw	ww	ww	ww	ww	ww	wuw

وى 未

	BoL	BL	KM	SB	DK	BN	NK	KDT	BML
1 (T1)	rwy	wiy	wiy	wiÿ	wiy	wuyu	wiy	wiy	wiy.
1 (T2)	wy	wy	wiy	wy	wy	wy	wy	wy	wy

شن 申

	BoL	BL	KM	SB	DK	BN	NK	KDT	BML
1 (T1)	šn	šin	šn	sin	šɬ	šin.	šiɬ	šin	šin
1 (T2)	šn	šn	šn	šn	šn	šn	šɬ	sn	šn

يوو 酉

		BoL	BL	KM	SB	DK	BN	NK	KDT	BML
1	(T1)	yww	ywuw	yww	ywuw	ɬww	puwuwu.	yuw.w	yuwuw	yuwuw
1		ɬw	ywwu	yuw	yww	yww	puwuw	yww	yww	yuww
1	(T2)	ɬww	yww	ɬww	ɬww	ɬww	ɬww	ɬww	yaww (1)	yuwwu

(1) The shape of the fatḥa is like a grave accent mark.

سو 戌

		BoL	BL	KM	SB	DK	BN	NK	KDT	BML
1	(T1)	šyw	suw	sw	suw	sɬw	spwâu	sɬuw	suw	sɬuw
1	(T2)	ṣɬw	sɬw	sw	sɬw	sɬw	sɬw	sɬw	sɬw	sw

خایی 亥

		BoL	BL	KM	SB	DK	BN	NK	KDT	BML
1	(T1)	xᴅy	xᴅyy	xᴅɬy	xᴅɬy	xᴅyy	xᴅɬiy	xaᴅɬuu	xâᴅyiy	xᴅyiy
1	(T2)	xᴅɬy	xᴅɬy	xᴅɬy	xᴅɬy	xᴅyy	xᴅɬy	xᴅɬy		xᴅyy

کا 甲

	BoL	BL	KM	SB	DK	BN	NK	KDT	BML
2	kɒ	nkɒ	—	kɒ (1)	kɒ	kɒ	kɒ	kɒ	kɒ

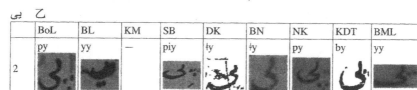

(1) There are three dots on the kāf.

یی 乙

	BoL	BL	KM	SB	DK	BN	NK	KDT	BML
2	py	yy	—	piy	ɨy	ɨy	py	by	yy

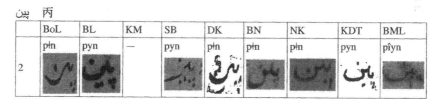

پین 丙

	BoL	BL	KM	SB	DK	BN	NK	KDT	BML
2	pɨn	pyn	—	pyn	pɨn	pɨn	pɨn	pyn	pîyn

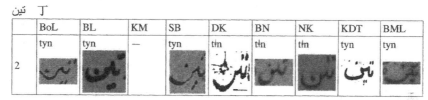

تین 丁

	BoL	BL	KM	SB	DK	BN	NK	KDT	BML
2	tyn	tyn	—	tyn	tɨn	tɨn	tɨn	tyn	tyn

وو 戊

	BoL	BL	KM	SB	DK	BN	NK	KDT	BML
2	ww	wiw	—	ww	ww	ww	wuw	ww	wuw

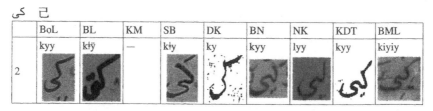

کی 己

	BoL	BL	KM	SB	DK	BN	NK	KDT	BML
2	kyy	kɨÿ	—	kɨy	ky	kyy	lyy	kyy	kiyiy

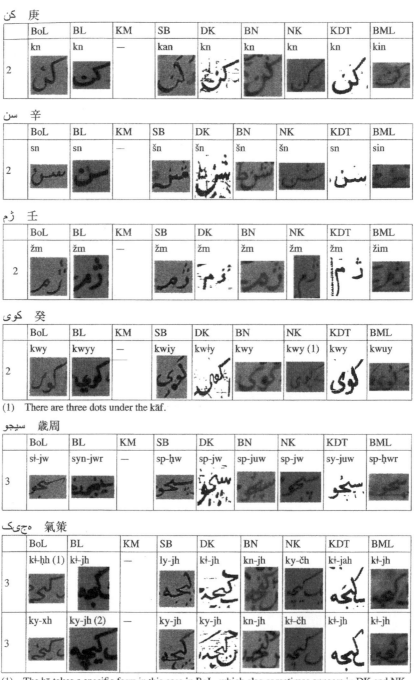

(1) There are three dots under the kāf.

(1) The hā takes a specific form in this case in BoL, which also sometimes appears in DK and NK.
(2) Something under the jīm is likely the result of overlapping with the element of the line below.

ليجن　立春

	BoL	BL	KM	SB	DK	BN	NK	KDT	BML
3 (T)	lɨ-hɨ	ly-jn	—	lɨ-hn	lɨ-jn	lɨ-jn	liy-ḥun	ly-jn	lîy-jun
5	ly-čn (1)	ly-jn	—	lɨ-čn	lɨ-jt	lɨ-jn	lɨ-čn	lɨ-jn	ly-jn
5	ly-čn (1)	lɨ-jn	—	lɨ-hn	ly-jn	lɨ-jn	(ly-jn)	lɨ-jn	ly-jun
5 (T1)	ly-čn (1)	lɨ-hn	lɨ-jn	lɨ-hn	lɨ-jn	lɨ-hn	lɨ-jn	ny-jan
5 (T1)	lɨ-hn	lɨ-hn	lɨ-hn	lɨ-hɨ	lɨ-hɨ	ly-hn	lɨ-hn	ly-jn
5 (T1)	ly-čn (1)	ly-hn	lɨ-jn	lɨ-hn	lɨ-jn	lɨ-hn	lɨ-hn	ly-jn
5 (T2)	lɨ-hɨ	lɨ-jn	lɨ-hn	lɨ-hn	lɨ-hn	lɨ-hn	lɨ-hn	ly-jn
5 (T2)	ly-jn	lɨ-jn	lɨ-jn	lɨ-hn	lɨ-hn	lɨ-hn	ly-jn	ly-jn
6	ly-čn	lɨ-hn	lɨ-jn	lɨ-hn	lɨ-jn	lɨ-jn	ly-hn	lɨ-hn	ly-jn
7 (T)	—	lɨ-hn	lɨ-hɨ	lɨ-hɨ	—	lɨ-hn	lɨ-hn	—	ly-hn

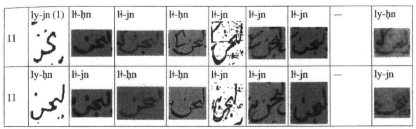

11	ly-jn (1)	lɨ-ḥn	lɨ-jn	lɨ-ḥn	lɨ-jn	lɨ-jn	—	ly-ḥn
11	ly-ḥn	lɨ-jn	lɨ-ḥn	lɨ-ḥn	lɨ-jn	lɨ-jn	—	ly-jn

(1) Two dots are sometimes expressed as a long stroke in BoL.

ووشی　雨水

	BoL	BL	KM	SB	DK	BN	NK	KDT	BML
3 (T)	ww-šy	ww-šy	—	ww-sy	ww-šy	ww-sy	ww.-šiy	wuw-šy	wuw-šy
5 (T2)	ww-sy	ww-šy	ww-šy	ww-šy	ww-sy	ww-šy	ww-šy	ww-šy	ww-šy
6	ww-šy	ww-šy	wuw-šy	w.w-šy̌	ww-šy	ww-šy	ww-šy	ww-sy	ww-šy
6	ww-šy	ww-šy	ww-šy	ww-šy	ww-šy	ww-šy	ww-šy	ww-šy	ww-šy
6	ww-šy	wuw-šy	ww-šy	ww-šy	ww-šy	ww-šy	ww-šiy	ww-šy	ww-šy
6	ww-šy	wuw-šy	ww-šy	ww-šy	ww-šy	ww-šy	ww-šy	ww-šy	ww-šy
7	ww-šy	ww-šy	ww-šy	ww-šy	ww-šy	ww-šy	ww-šy	ww-šy	ww-šy

7	ww-šy	wuw-šy	ww-šy	ww-šy	ww-šy	ww-šy	ww-šy	ww-šy	ww-šy
7 (T)	ww-sy	wuw-sy	ww-šy	ww-sy	ww-sy	ww-šy	ww-sy	—	ww-šy
7 (T)	ww-sy	ww-šy	ww-šy	ww-šy	ww-šÿ	ww-šy	ww-šy	—	ww-šy

كنجه　驚蟄

	BoL	BL	KM	SB	DK	BN	NK	KDT	BML
3 (T)	kn-jh	kn-jh	—	kn-ḥh (1)	kn-jh	kn-ḥh	ky-xh	kn-jh	kin-jhu
5 (T2)	lɫ-xh	kn-ḥh	kn-ḥh	kn-ḥh	kn-jh	ky-xh	kɫ-xh	kn-ḥh	kn-jh
11	ky-jh	kn-jh	kn-ḥh	kɫ-ḥh	kn-jh	kn-jh	kɫ-ḥh	—	kn-jh

(1) Although the script could be identical with the lām, too, it is considered the kāf because a hook is attached to it—though in the opposite direction for the kāf.

شون فوند　春分

	BoL	BL	KM	SB	DK	BN	NK	KDT	BML
3 (T)	—	šwn-fwnd	—	šwn-fnd	šwn-fwnd	šwn-fɫl	šwn-fnd	šw-fwnd	šuwn-fuwnd
5 (T2)	swn-fwnd	šwn-fnd	šwn-fnd	šwn-fnd	šwn-fwnd	šwn-fnd	šwn-fnd	swn-fnd	swn-fnd

شینک مینک　清明

	BoL	BL	KM	SB	DK	BN	NK	KDT	BML
3 (T)	—	šynk-mynk	—	synk-mynk	synk-m‡k	synk-m‡k	synk-mynk	šynk-mnk	šynk-mynk
5 (T2)	snk-m‡nk	s‡nk-m‡nk	s‡nk-m‡nk	šynk-mynk	s‡k-m‡k	s‡nk-m‡k	šynk-mynk	snk-m‡k	snk-mnk
11	sy‡k-m‡k	synk-m‡nk	synk-mynk	šyn‡k-mynk	synk-m‡k	sn‡k-mynk	synk-m‡nk	—	synk w mynk

کووو　穀雨

	BoL	BL	KM	SB	DK	BN	NK	KDT	BML
3 (T)	—	kuw ww	—	kw ww	kw ww	kw ww	kw ww	kuw wuw	kuw wuw
5 (T2)	kww ww	kw ww	kw ww	kw ww	kww ww	kw ww	kw ww	lw ww	lw ww

لىخە 立夏

	BoL	BL	KM	SB	DK	BN	NK	KDT	BML
3 (T)	lɨ-xh	lɨ-xh	—	lɨ-xh	lɨ-xh	lɨ-xh	liy-xh	lîy-xah	ly-xahu
5	ly-xh	ly-xh	—	lɨ-ḥh	ly-ḥh	lyî-ḥh	ly-xh	ly-xh	ly-xh
5	lɨ-xh	ly-xh	—	lɨ-ḥh	ly-ḥh	lɨ-xh	ly-xh	lɨ-xh	lɨ-ḥh
5 (T2)	lɨ-xh	ly-xh	lɨ	lɨ-ḥh	lɨ-ḥh	ly-xh	lɨ-xh	lɨ-xh	lɨ-ḥh

سيومن 小満

	BoL	BL	KM	SB	DK	BN	NK	KDT	BML
3 (T)	sɨw-fn	syw-fn	—	sɨw-fn	syw-mn	spw-mn	syw-fn	siyuw-man	siyuw-man
5 (T2)	sɨw-mn	syw-mn	syw-mn	sɨw-fn	syw-mn	sɨw-mn	sɨw-fn	syw-fn	syw-fn

منجن 芒種

	BoL	BL	KM	SB	DK	BN	NK	KDT	BML
3 (T)	mn-jɨ	ɨ-jn	—	mn-ḥn	mn-jn	mn-jwn	mn-jn	mun-čun	min-junu
5 (T2)	ɨ-ḥɨ	mn-jun	mn-ḥn	mn-jn	mn-ḥn	mn-jwn	mn-ḥn	mn-jn	mun-jn

شاجر　夏至

	BoL	BL	KM	SB	DK	BN	NK	KDT	BML
3 (T)	šɒ-jr	šɒ-jn	—	šɒ-ḥw	šɒ-jr	šɒ-jr	šɒ-jur	šɒ- jun.	šɒ-jun
5 (T2)	šɒ-jw	šɒ-juw	šɒ-ḥr	šɒ-ḥr(1)	šɒ-ḥr	sɒ-jr	šɒ-jr	šɒ-jr	šɒ-jr

(1) A dot with the alif is a stain with spilled ink.

سیاوشو　小暑

	BoL	BL	KM	SB	DK	BN	NK	KDT	BML
3 (T)	—	sɒw-šw	—	sɫɒw-šw	syɒ-šw	syɒw-šw	syɒw-šw(1)	syɒw-šw	siyɒwa-šuw
5 (T2)	sɫɒw-šw	sɫɒw-šw	syɒw-šw	sɫɒw-šr	sɫɒw-šw	syɒw-šw	syɒw-šw	syɒw-šw	syɒw-šw

(1) The šw is inserted between the same words syɒw.

دایشو　大暑

	BoL	BL	KM	SB	DK	BN	NK	KDT	BML
3 (T)	—	dɒy-šyw	—	dɒɫ-šw	dɒy-sw	dɒy-šw	dɒɫ-šuw	dɒy-šuw	dɒyi-šw
5 (T2)	wɒy-šɫw	dɒy-šw	dɒɫ-šw	dɒy-šw	dɒɫ-sw	dɒɫ-sw	dɒy-šw	dɒy-šw	dɒy-šw

لیجوو　立秋

	BoL	BL	KM	SB	DK	BN	NK	KDT	BML
3 (T)	lɨ-jww	ly-jww	—	lɨ-ḥww	lɨ-ḥww	ly-jww	ly-ḥww	lîy-jawuw	lya-juwru
5 (T2)	ly-ḥww	ly-ḥww	lɨ-ḥww	lɨ-ḥww	lɨ-ḥww	lɨ-ḥww	lɨ-ḥww	ly-jwd	ly-jww

چیوشُو　處暑

	BoL	BL	KM	SB	DK	BN	NK	KDT	BML
3 (T)	jyw-šɨw	jyw-synw	—	ḥɨw-šh	ḥyw-šyw	ḥyw-šw	jyw-šh	čiyw-šuw	čiyuw-šw
5 (T2)	jyw-syw(1)	ḥyw-šyw	ḥyw-šyw	ḥɨw-šw	ḥɨw-sɨw	ḥɨw-sw	ḥyw-šw	jyw-sw	jyw-sw

(1) In this case, we interpret that the scribe of BoL substituted a long stroke for a dot under jīm and two dots under yā.

بیلو　白露

	BoL	BL	KM	SB	DK	BN	NK	KDT	BML
3 (T)	ɨ-lw	yy-lw	—	ɨ-lw	bɨ-lw	by-lw	bay-luw	bîy-luw	yîy-luw(1)
5 (T2)	mɨ-lw	by-lw	bɨ-lw	ɨy-lw	ɨ-lw	ɨ-lw	ɨ-lw	by-lw	by-lw

(1) A mark on the yā is probably to strike through the previously-drawn fatḥa mark.

سیوفن 秋分

	BoL	BL	KM	SB	DK	BN	NK	KDT	BML
3 (T)	sɨw-fn	syw-fn	—	sɨw-fn	syw-fn	syw-fn	siyw-fan	siyuw-fan	siyw-fiun
5 (T2)	sɨw-mn	syw-fn	syw-fn	syw-9n	sɨw-fn	sɨw-qn	sɨw-fn	syw-fn	syw-fn

خنلو 寒露

	BoL	BL	KM	SB	DK	BN	NK	KDT	BML
3 (T)	xn-lw	x-lw	—	xn-lw	xɨ-lw	xn-lw	xan-luw	xan-luw	xa.n-luw
5 (T2)	ḣɨ-lw	xn-lw	xn-lw	ɨɨ-lw	ḣɨ-lw	xn-lw	xn-lw	ḣn-lw	ḣn-lw

شون کون 霜降

	BoL	BL	KM	SB	DK	BN	NK	KDT	BML
3 (T)	—	šwn-kwn	—	šwɨ-kwn	šw-kwn	šwn-kn	šuwn-kwn	šuwn-kuwn	šwn-kwn
5 (T2)	šwn-kwn	šwn-kn	šwn-kun	šwn-kn	šwn-kwn	šwn-kn	šwn-kn	šwn-kwn	šwn-kwn

لیتون 立冬

	BoL	BL	KM	SB	DK	BN	NK	KDT	BML
3 (T)	lɨ-twn	ly-twn	—	lɨ-twn	ly-twn	ly-twn	liy-tuwn	liy-tuwn	liy-tuwn
5 (T2)	lɨ-ɨwn	ly-twn	lɨ-twn	ly-twn	ly-twɨ	ly-twn	ly-twn	ly-twn	ly-twn

سیاوشه 小雪

	BoL	BL	KM	SB	DK	BN	NK	KDT	BML
3 (T)	syɒw-šh	syɒw-šh	—	sɨɒw-sh	syɒw-sh	syɒw-sh	syɒw-sh	syɒw-šh	siyɒwu-šah
5 (T2)	sɨɒw-šh	sɨɒw-sh	sayɒw-sah	sɨɒw-sh	sɨɒw-sh	sɨɒw-sh	sɨɒw-sh	syɒw-sh	syɒw-sh

دایشه 大雪

	BoL	BL	KM	SB	DK	BN	NK	KDT	BML
3 (T)	dɒw-sh	dɒy-sh	—	dɒɨ-sh	dɒy-sh	dɒy-sh	dɒɨu-šh	dɒy-šh	dɒyi-šahu
5 (T2)	dɒɨ-sh	dɒɨ-sh	dɒɨ-šh	dɒɨ-šh	dɒɨ-šh	dɒn-sh	dɒɨ-šh	dɒy-sh	dɒy-sh

دونجن　冬至

	BoL	BL	KM	SB	DK	BN	NK	KDT	BML
3 (T)	—	dhn-jn	—	dwn-ḥn	dwn-jn	dw-čn	dwn-jn	dwn-jn	duwn-jun
5 (T2)	rwɨ-mn	dwn-ḥn	dwn-ḥn	dwn-ḥn	dwɨ-ḥn	dwɨ-jn	dwn-ḥn	dwn-ḥn	dwn-jn

سيوخن　小寒

	BoL	BL	KM	SB	DK	BN	NK	KDT	BML
3 (T)	syw-9ɨ	sɨw-xn	—	sɨw-xn	syw-ḥn	syw-xn	snw-xn	syuw-xn	siyw-xun
5 (T2)	sɨw-jn	sɨw-xn	sɨw-xn	sɨw-xn	sɨw-ḥn	sɨw-ḥn	sɨw-ḥn	sɨw-xn	syw-xn

دايخن　大寒

	BoL	BL	KM	SB	DK	BN	NK	KDT	BML
3 (T)	—	dɒɨ-xn	—	dɒɨ-ḥn	dɒn-ḥn	dɒn-jn	dɒy-jn	dɒn-jn	dɒn-jin
5 (T2)	dɒy-mn	dɒn-ḥn	dɒɨ-xn	dɒɨ-ḥn	dɒɨ-ḥn	dɒɨ-ḥn	dɒɨ-ḥn	dɒn-jn	dɒn-jn

شانک ون　上元

	BoL	BL	KM	SB	DK	BN	NK	KDT	BML
4	šɒnk-wn	šɒnk-win	—	šɒnk-wn	šɒɫk-wn	šɒnk-wn	šɒnk-win	šɒnk-win	šɒnk-wn.
4	šɒnk-wn	šɒnk-wn	—	šɒank-wn	šɒɫk-wn	šɒnk-wn	šɒnk-win	šɒnk-wn	šɒnk-win
5	šɒnk-wn	šɒnk-wn	—	šɒank-wn	šɒbk-wn	šɒnk-wn	šɒnk-wn	šɒnk-win	šɒnk-wn.
5	šɒnk (1)	šɒnk-wn	—	sɒnk-wn	šɒɫk-wn	šɒɫk-wn	šɒnk-wn	šɒnk-wn	šɒnk-win. (2)
5	šɒnk-wn	šɒnk-wn	—	šɒnk-wnu	šɒɫk-wn	šɒnk-wn	šɒnk-wn	šɒnk-wn	šɒnk-wn. (2)
6	šɒnk-wn	(šɒnk-wn) (3)	(šɒnk-wn)	—	šɒɫk-wn	šɒnk-wn	(sɒnk-wn)	(šɒnk-wn)	(šɒnk-wn)
7	šɒnk-wn	šɒnk-wn	šɒnk-wn	šɒnak-wn	šɒɫk-wn	šɒnk-wn	(šɒnk-wun)	šɒnk-wn	(šɒnk-wn)
7 (T)	—	šɒnk-wn	šɒnk-wn	šɒnk-wn	šɒɫk-wn	šɒnk-wn	šɒnk-wn	—	šɒank-win.

10	šɒ—-wn (4)	šɒnḳ-wn	šɒnḳ-wn	šɒnḳ-wn	šɒłk-wn	šɒnḳ-wn	šɒnḳ-wn	—	šɒnḳ-win.
11	šɒnḳ-wn	šɒnḳ-wn	šɒnḳ-wn	šɒłk-wn	šɒłk-wn	šɒnḳ-wn	šɒnḳ-wɨ	šɒnḳ-wn	—	šɒnḳ-win

(1) The second word cannot be seen, because it extends over a fold.
(2) It is not certain how to interpret a diacritical mark just beside the right of the wāw.
(3) Forms with parenthesis are added in the margin of the page.
(4) The latter part of the first word cannot be seen, because it extends over a fold.

جونک ون　中元

	BoL	BL	KM	SB	DK	BN	NK	KDT	BML
4	čnk-wn	jwnḳ-wn	—	ḥwnḳ-wn	jwnk-wnu	jwnk-wn	čwnk-win	jwnk-win	čwnk-win.
4	čwnk-wn	juwnḳ-wn	—	ḥwnḳ-wn	jwłk-wnu	jwnk-wn	jwnk-win	jwnk-win	jwnk-win.

خاون　下元

	BoL	BL	KM	SB	DK	BN	NK	KDT	BML
4	xɒ-wn	xɒ-wn	—	ḥɒ-wn	xɒ-win	xɒ-wn	xɒ-wn	xɒ-wn	xɒ-win.

ون 萬

	BoL	BL	KM	SB	DK	BN	NK	KDT	BML
4	wn	win	—	wn	wn	wan	wan	wan.	wan.
4	wn	win	—	wn	wn	wn	wan	wn	wan.
4	wn	win	—	wn	wn	wn	wn	wan.	wn

کیجو 氣首

	BoL	BL	KM	SB	DK	BN	NK	KDT	BML
5	ky-jw	ĝy-jw (1)	—	lɨ-jw	kɨ-jw	kɨ-jw	kɨ-jw	ky-čw	ky-čw

(1) We interpret the first script as the kāf with consideration of a mark like the hamza on the right side of a vertical stroke.

سی یو 歲餘

	BoL	BL	KM	SB	DK	BN	NK	KDT	BML
5	sy-yw	suy-yuw	—	sy-ɨw	sɨ-yw	sy-yw	sy-ɨw	sy-ɨw	siy-yuwu
5	—	say-yuw	—	sy-yw	sy-yw	sy-ɨw	sy-yuw	sy-yw	sy-yww

šwn-jn　閏應

	BoL	BL	KM	SB	DK	BN	NK	KDT	BML
6	šwn-jn	šwn-ḥn	šwn-jn	šwɨ-ḥn	šwn-jn	šwn-jn	šwɨ-ḥn	—	šwn-jn
6	šwn-jn	(swɨ-ḥn)	—	—	—	—	šwɨ-jn	(šwn-ḥn)	šwn-jin
6	—	(suw-ḥn)	—	—	—	—	šwɨ-jn	(šwn-ḥn)	šwn-ḥɨ
6	—	(swɨ-ḥn)	—	—	—	—	šwɨ-jn	šwn-ḥn	(šwn-jn)

swɨ-jɒ　歲差

	BoL	BL	KM	SB	DK	BN	NK	KDT	BML
6	swɨ-jɒ	suwy-jɒ	suwiy-ḥɒ	swɨ-ḥɒ	šwɨ-jɒ	suwɨ-jɒ	swɨ-jɒ	suiwn.-jɒ	suwn.-jɒ

شوجه 朔策

	BoL	BL	KM	SB	DK	BN	NK	KDT	BML
6	sw-jh	šuw-jah	šuw-jah	šw-jh	šw-jh	šw-jh	šw-jh	šw-jh	šuw-jah
8	šw-jh	šuw-jh	šw-jh	šw-jh	šw-jh	šw-jh	šw-jh	—	šuw-jah
8	šw-jh	šuw-jah	šw-jh	šw-ḥh	šw-jh	sw-jh	sw-jh	—	šuw-jah
8	šw-ḥh	šw-ḥh	šw-ḥh	šw-ḥh	šw-jh	šw-jh	šw-jh	—	šuw-jah
9 (T2)	—	šw.-jh	šw-ḥh	sw-ḥh	—	sw-ḥh	sw-ḥh	—	šw-jh
10	šw-jh	šuw-jah	šw-ḥh	šw-jh	šw-ḥh	šw-jh	šw-jh	—	šuw-jah

كيجا 氣差

	BoL	BL	KM	SB	DK	BN	NK	KDT	BML
7	ky-xɒ	ky-jɒ	ky-jɒ	kn-jɒ	kɨ-jɒ	kɨ-jɒ	ky-jɒ	ky-jɒ	ky-jɒ

جونجونکا　轉終應

	BoL	BL	KM	SB	DK	BN	NK	KDT	BML
7	xwn-ḥwn-kᴅ	juwn-ḥuwn-kᴅ	jwn-ḥwn-kᴅ	jwn-ḥwn-kᴅ	jwn-jwɨ-kᴅ	jwn-jwn-kᴅ	jwn-jwn-kᴅ(1)	jwn-jwn-kᴅ	jwn-jwn-kᴅ
9	—	jw-ḥwn-kᴅ	ḥw-ḥwn-kᴅ	ḥw-ḥwɨ-kᴅ	jwɨ-jwɨ-kᴅ(1)	jwn-jwn-kᴅ	jw-jwn-kᴅ	—	juwn-juwn-kᴅ

(1) ḳ denotes a script kāf with three dots on it.
(2) It is not certain about some diacritical marks under the words.

جونجا　轉差

	BoL	BL	KM	SB	DK	BN	NK	KDT	BML
7	xwn-jᴅ	juwn-čᴅ	juwn-jᴅ	ḥwn-jᴅ	jwɨ-ḥᴅ	jwn-ḥᴅ	jwn-jᴅ	jwn-jᴅ	jwn-jaᴅ

جنجون　轉終

	BoL	BL	KM	SB	DK	BN	NK	KDT	BML
7節	ḥn-jwn	jn-jwn	jn-ḥwn	jɨ-jwn	ḥɨ-ḥwn	jn-jwn	jn-ḥwn	—	jn-jwn
7節	ḥn-ḥw	jn-ḥwn	jn-ḥwn	jɨ-jwn	ḥn-ḥwn	ḥɨ-ḥwn	jn-jwn	—	jn-jwn
9 (T2)	—	jn-ḥwn	jun-ḥwn	jɨ-ḥwn	—	ḥɨ-ḥwn	ḥn-ḥwn	—	jn-jwn

بیجوتن 半周天

	BoL	BL	KM	SB	DK	BN	NK	KDT	BML
8	tɨ-jw-tn	by-jw-tn	#-ḥw-tn	#-ḥw-tn	#-jw-tn	#-jw-tn	#-ḥw-tn	—	yy-jw-tn

نو 胸

	BoL	BL	KM	SB	DK	BN	NK	KDT	BML
8	nuw	nw	nuw	nw	nw	nw	nuw	—	nuw
9	nw	nuw	nw	ɨw	nw	nw	nuw	—	nuw

تیاوو 胱

	BoL	BL	KM	SB	DK	BN	NK	KDT	BML
8	tyɒww	tyɒwuw	tyɒww	tiɨww	tyɒwaw	tyɒww	tyɒww	—	tiyaɒwuw
9	tyɒww	tyɒwuw	tɨww	tbɒww	tyɒww	tyɒww	tyɒww	—	tyɒwuw

تایانک ژکی 太陽入気

	BoL	BL	KM	SB	DK	BN	NK	KDT	BML
8	tɒ-yɒnk-ž-ky	tɒ-yɒnk-zi-ky	tɒ-yɒnk-ž-ky	tɒ-yɒɨk-ž-ky	tɒ-yɒɨk-ž-ky	tɒ-yɒnk-ž-ky	tɒ-ɨɒnk-ž-ky	—	tɒ-yɒnḳ-ž-ky
9 (T1)	—	tɒ-yɒnk-zi-ky	tɒ-yɒnk-ži-ky	tɒ-yɒnk-ž-kiy	tɒ-yɒnk-ž-ky	tɒ-yɒnk-ž-ky	tɒ-bɒnk-r-ky	—	tɒ-yɒnḳ-ža-ky

جنجونشا　轉終差

	BoL	BL	KM	SB	DK	BN	NK	KDT	BML
9	ḥn-jwy-šp	jwn-ḥn-šp	ḥwn-ḥwn-šp	ḥn-ḥwn-šp	ḥɨn-jwn-šp	ḥɨ-ḥwn-šp	ḥn-ḥwn-šp	—	jwn-jwn-šp
9 (T2)	—	jn-ḥwn-šp	jun-ḥwn-šp	ḥɨ-ḥwɨ-šp (1)	ḥn-jwɨ-šp	jɨ-ḥwn-šp	ḥn-jwɨ-šp (1)	—	jn-jwn-šp

(1) Regarding the final scripts, our interpretation is that it is the combination of sīn and alif, though it seems also to be yā.

بنجوشا　半周差

	BoL	BL	KM	SB	DK	BN	NK	KDT	BML
9	tn-jww-šp	ɨn-juww-šp (1)	ɨn-ḥww-šp	ɨn-ḥww-šp	ɨn-jww-šp	ɨɨ-jw-šp	bn-jww-šp	—	byn-jw-šp

(1) The ḍamma appears to be put on the second wāw, but we interpret it as the diacritical mark for the first wāw.

تایانک ژچون　太陽入轉

	BoL	BL	KM	SB	DK	BN	NK	KDT	BML
9	tɒ-yɒnk-ž-čwn	tɒ-yɒnk-ž-jwn	tɒ-ɨɒnk-ž-ḥwn	tɒ-yɒnk-r-jwn	tɒ-yɒɨk-ž-ḥwn	tɒ-yɒnk-ži-čwn(1)	tɒ-yɒnk-ru-juwn	—	tɒ-yɒnk-ž-jwn
9 (T2)	—	tɒ-yɒnk-ž-jan	tɒ-yɒnk-ž-juwn	tɒ-yɒnk-r-xwn	—	tɒ-yɒnk-žu-čuwn	tɒ-yɒnk-z-ḥwn(1)	—	tɒ-yɒnk-ža-jwn

(1) The kāf and za are written with no spaces between them.

کن 建

	BoL	BL	KM	SB	DK	BN	NK	KDT	BML
11	kan	kin. (1)	kin	kn	kn	kan	kn	—	kn

(1) There are three dots on the kāf.

چو 除

	BoL	BL	KM	SB	DK	BN	NK	KDT	BML
11	jw	čuw	čwu	čw	jw	jyw	čw	—	čyw

من 滿

	BoL	BL	KM	SB	DK	BN	NK	KDT	BML
11	mn	man	man	man	mn	man	man	—	min

پن 平

	BoL	BL	KM	SB	DK	BN	NK	KDT	BML
11	bn	pin	bin	pn	bn	pin	pn	—	pin

تن 定

	BoL	BL	KM	SB	DK	BN	NK	KDT	BML
11	tn	tin	tin	tin	tɨ	tin	tin	—	tin

چه 執

	BoL	BL	KM	SB	DK	BN	NK	KDT	BML
11	čh	čih	čih	čh	jh	jh	čih	—	čih

پو 破

	BoL	BL	KM	SB	DK	BN	NK	KDT	BML
11	pw	puw	puw	pw	ɫw	pww	puw	—	puw

وی 危

	BoL	BL	KM	SB	DK	BN	NK	KDT	BML
11	wy	wiy	wiy	wy	wy	wy	wiy	—	wiy

چن 成

	BoL	BL	KM	SB	DK	BN	NK	KDT	BML
11	čn	čin.	jin	čn	hn	jin (1)	čn	—	jin

(1) Since the diacritical mark in this part is written with different colors, it is possibly a later insertion.

شیو 収

	BoL	BL	KM	SB	DK	BN	NK	KDT	BML
11	šyw	šyw	šyw (1)	šyw	šyw	šɫw	šiywu	—	šiyuw

(1) Three dots on the šīn and two dots under the yā are written in red ink.

خایی 開

	BoL	BL	KM	SB	DK	BN	NK	KDT	BML
11	xɒyy	xɒyy	xɒɫy	xɒyy	xɒɫy	xɒyy	xɒɫy	—	xɒɫy

پی 閉

	BoL	BL	KM	SB	DK	BN	NK	KDT	BML
11	pw	yiy	yiy	py	ṭy	pyy	py	—	py

خی 黑

	BoL	BL	KM	SB	DK	BN	NK	KDT	BML
11	xy (1)	xiy	xiy	xy	xy	xy	xay	—	xy

(1) It is uncertain how to interpret the beginning part which is written in a bold stroke.

خونک 黃

	BoL	BL	KM	SB	DK	BN	NK	KDT	BML
11	ḥiyzk	xuwnk	xuwnk	xwnḳ	xwṭk	xwnk	xwnk	—	xwnḳ

په 白

	BoL	BL	KM	SB	DK	BN	NK	KDT	BML
11	ph	puh	puh	ph (1)	ph	ph	ph	—	pih

(1) There are two dots, but it could be also regarded as a stain with spilled ink.

هون 紅？

	BoL	BL	KM	SB	DK	BN	NK	KDT	BML
11	huwn	huwn	huwn	hwn	hwn	hwn	hwn	—	hwn

『翻訳老乞大・朴通事』に存在する注音・用字上の内部差異について

遠藤　光暁

1. はじめに

　竹越孝氏の「『翻訳老乞大』における「匹」「疋」字の分布」，*KOTONOHA*，27，2005年は『老乞大』諸本における「匹」と「疋」の分布状況をつぶさに調査し，『翻訳老乞大』において上巻では「匹」，下巻では「疋」が優勢であることを示し，上・下巻とで刊行の経緯や状況が異なる可能性を示唆しておられる。

　私も以前類似現象に逢着し，1981 年 12 月に東京大学に提出した修士論文『『翻訳老乞大・朴通事』の声調について』に記したことがあった。この修論の中心的論旨は中国語で書きまとめて「《翻訳老乞大・朴通事》里的漢語声調」『語言学論叢』13 輯，1984年(遠藤光暁『中国音韻学論集』白帝社，2001 年にも収む)として発表してあるが，周辺的な内容については公刊していない部分がある。今回，竹越氏の論考に触発され，それに関連する論述をここに発表し，近来『老・朴』に対する精緻にして系統的な研究を推進しつつある竹越氏や同学の士の更なる考究に資したいと思うようになった。

　関連するのは主に修論の注 9 に記した内容なのだが，そこだけ抽出すると理解しづらいので，それに対応する本文部分(「1.3.板本について」の末尾)をまず下の第 2 節に掲げ，それに対する注 7,8,9 を第 3 節に掲げることとする。

2. 本文部分

　さて，今実際に利用できるのは次の影印本である：
ⅰ．『朴通事・上』，慶北大学校大学院国語国文学研究室，1959 年。
ⅱ．『老乞大・上』，中央大学校出版局，1972 年。
ⅲ．『老乞大・下』，仁荷大学校出版部，1975 年。
ⅳ．『翻訳老乞大・朴通事』，原本影印韓国古典叢書(復元版)Ⅲ，諺解・訳語類，大提閣，1974 年。

　このうち ⅳ は，ⅰ・ⅱ と全く同じ本を影印したものである。この研究では，ⅲ と ⅳ の影印本を元にしたが，途中で ⅳ がことわりなしに加筆しているのに気づき，[7] ⅰ を参照して一部訂正した。これら戦後に発見された声点本を韓国では『翻訳老乞大・朴通事』と呼び習わしているので，この論文でもその慣例に従う。[8]

　それでは，この『翻訳老乞大・朴通事』を崔世珍の原本と同一のものであると看做してよいだろうか?この点については疑問の余地があるが，[9] 今さしあたり所与の資料は発見された分の板本と，『四声通解』付載の「翻譯老乞大朴通事凡例」等だけであるので，それらを元に研究を進める他はない。結果的には，少なくとも声調に関する限り，

声点と「凡例」の記述の間には矛盾する点が認められないので，この研究の拠った資料は崔世珍の旧を伝えるものと考えて大過ないであろう。

3．注の部分

7) 気づいた限りでは，『朴通事・上』の 41, 79, 93, 94, 102, 118 頁。

8) そう呼ぶ根拠は，『四声通解』に付載されている「飜譯老乞大朴通事凡例」という題にあるようであるが，"飜譯"というのは"老乞大朴通事"を修飾しているのではなく，それを目的語にとっていて，それら全体が"凡例"を修飾しているものと私は考える。これを『老朴集覧』・「凡例」で「反譯凡例」と略称していることがその裏づけとなる。それでは崔世珍は自分の諺解を何と呼んでいたのだろうか。『四声通解』・「序」では「二書諺解」，『老朴集覧』・「凡例」では「両書諺解」と呼んでいる。又，発見されたテキストの表紙には「老乞大」・「朴通事」とだけ書かれている。恐らくこれは総称として言う場合であり，「諺解」と言う時は，特にハングル標音・朝鮮語訳の部分も含めて指しているのであろう。なお「飜譯老乞大朴通事凡例」の中で，時折「今之反譯」という言葉が出てくるが，これはハングル標音の部分，時に右側の標音のみを指すものと考える。結局，この板本も『老乞大諺解』・『朴通事諺解』と呼ぶべきことになるが，それだと 17 世紀の板本とまぎらわしくなってしまう。それを避けるためにも通用の名称に従うことにした。

9) これについては，少なくとも i と ii・iii を分けて論ずる必要がある。i (及び『老朴集覧』) が乙亥鋳字本であるのに対して ii・iii が木板本であることから，南広祐氏は，ii・iii の解題で，『老乞大上・下』でもこの木板本の前に乙亥鋳字本があったのではないかと推定しておられる。この研究でも，i と ii・iii の違いが一部で見出された。

その 1 つは入声の中で「閣各索卓脉活」の左側音及び「摘」の右側音に 2 種の標音があって，その分布が i と ii・iii の間で異なっていることである：

	閣		各		索		卓		脉		活		摘	
	ge'	gav	ge'	gav	syi'	sav	jav	joav	myi'	mai'	hhue'	hhui'	je^2	jai^2
ii 老上	0	3	0	3	0	0	0	3	0	0	0	0	0	1
iii 老下	0	1	5	0	1	0	1	0	2		2	4	1	0
i 朴上	6	0	5	0	1	0	3	0	1	0	7	0	1	0

このうち「閣各索卓脉」などは『老乞大上・下』に現れる方が規則的な標音である。

もう 1 つは漢字の異体字の現われ方にかたよりのある場合である。今まで気付いた限りでは，「来麤稱」の 3 字が次のように 2 種の字形で現われる：

	来　來　来/來	麢	麀	稱	秤
ii 老上	48　114　42%	1	0	1	0
iii 老下	27　 55　49%	4	1	8	5
i 朴上	13　124　10%	0	3	0	1

　3番目の対は,『老乞大・下』の130頁以前の8例がすべて「稱」,137頁以後の5例がすべて「秤」となっている。
　この事実はどう考えたらよいだろうか。あるいは崔世珍の原本でも既にそうであったとも考えられるが,いずれにせよ,i・ii・iiiが完全に同じでない場合がわずかではあるが存在することは確かである。
　又,中村1961では,「凡例」の第8・9条に該当する事実がiに見出されないことが述べられている。その他,山川1977は,『老朴集覧』が「凡例」では「單字累字之解 只取老乞大朴通事中所載者爲解」とあるのに,奎章閣叢書の『老乞大諺解』・『朴通事諺解』には見あたらない字を注解していることを指摘し,漢文本文については『朴通事諺解』上と『翻訳朴通事』上とではほとんど違いのないことから,『翻訳朴通事』上が崔世珍の原本であるとする通説に疑問を提出している。

4. 補説

　前節に掲出した表の中の注音はもとはハングルで記してあったが,ここでは河野式転写によってローマ字で表示しておいた。「卓」の注音のjで示したハングルはいずれも正歯音を表す右角が長いほうなので,jの上に˅がついた字で転写すべきなのだが,ふつうのフォントには用意されていないので,単にjとしておいた。また,「閣各索卓脉活」の注音はいずれも一点がついているのだが,欄が足りなかったため,上の表中では省略してある。
　さて,第2・3節に掲げたものは1981年に記したままなので,現在では補正すべき点がいくつかある。
　まず,菅野裕臣先生のご教示によると,いわゆる『翻訳朴通事』の原本には紙を貼って字を校正してある箇所があるという。また,それに対する初めての影印本・iであるが,福井玲氏の教示によるとこの段階ですでに影印時に修正が加えられている箇所があるという。この原本は韓国国会図書館現蔵で,国宝に指定されているので,容易なことでは目睹できないであろうが,殊に声点については原本に就いて照合するのが理想的である。
　また,中村1961が「凡例」の第8・9条に該当する事実がいわゆる『翻訳朴通事』に見られないとする点についてここで少し論じておこう。
　「飜譯老乞大朴通事凡例」の第8条の前半は以下の通り:
「一,正俗音　凡字有正音,而又有俗音者。故『通攷』先著正音於上,次著俗音於下。

今見漢人之呼，以一字而或従俗音，或従正音；或一字之呼有兩三俗音而『通攷』所不録者多焉。今之反譯書正音於右，書俗音於左；俗音之有兩三呼者則或書一音於前，又書一音於後，而兩存之。…」（一つ，正音・俗音。一般にある字には正音があり，また俗音があるものもある。そこで『四声通考』ではまず正音を上に掲げ，その次に俗音を下に掲げている。いま中国人の発音を観察するに，同一字なのに俗音によっていることもあれば，正音によっていることもあり，あるいは同一字の発音に二・三の俗音があり，『四声通考』が記録していないものも多い。この「翻訳」〈実際にはハングル転写のみを指し，朝鮮語訳は含まないであろう〉では正音を右に書き，俗音を左に書く。[1] 俗音で二・三の発音があるものは前〈の箇所〉ではある音を記し，後〈の箇所〉では別の音を記して，いずれも残しておいた。…）

問題になるのは，a)「以一字而或従俗音，或従正音」とb)「俗音之有兩三呼者則或書一音於前，又書一音於後，而兩存之。」の二点であるが，私は上掲の第3節の表に掲げた「摘」が正にa)の例であり，「閣各索卓脉活」がb)の例であると考える。つまり，同一箇所で前後して俗音・正音ないし複数の俗音を挙げるというのではなく，全体を通して前の箇所である字音を出したり後の箇所で別の字音を出す，ということだと解釈すればこの記載が宙に浮くことがなくなるわけである。

また，第9条は以下の通り（中村1961aが提起した問題を含む前半部分のみを引く）：「『通攷』「貲」字音 jy, 註云：「俗音 jyz, 韻内齒音諸字口舌不変，故以 z 為終声，然後可尽其妙。」今按：齒音諸字若従『通考』加 z 為字則恐初学難於作音。故今之反訳皆去 z 声，而又恐其直従去 z 之声則必不合於時音。今書正音加 z 之字於右［これを「左」に校訂する］，庶使学者必従正音用 z 作声然後可合時音矣。…」（『四声通考』は「貲」という字に jy という注音をつけ，その注に次のように言っている：「俗音は jyz, この韻の中の齒音声母の諸字は調音が変わらない（即ち声母の齒音の要素を伴って韻母も発せられる）ので，z を韻尾としてこそその微妙さが現れるのである。」ここでコメントをつけると，齒音の諸字はもし『四声通考』に従って z をつけて字を構成すると初学者が発音しづらくなることを恐れる。だからここでの訳音はいずれも z を取り去ってあるが，一方またそのまま z を取り去った発音によると必ずや現在の発音と合致しなくなることも恐れる。そこで正音に z を加えた字を左に書き，学習者が必ず正音に従って z を用いて発音し現在の発音に合致するよう希望している。）

『四声通考』の作者・申叔舟はハングル作成にも参与したと思われる一流の音韻学者であるが，『中原音韻』の支思韻に相当する韻母が舌尖母音であることを鋭敏に捉えており，その舌尖音の要素を日母を表す文字 z を終声につけることによって表現しており，これは現代の音声学からしても優れた表記法であると考えられる。

しかし，崔世珍は「飜譯老乞大朴通事凡例」第3条で「在左者即『通攷』所制之字；

---

[1] この箇所の「今之反譯書正音於右，書俗音於左」の「右」「左」をおのおの逆に校訂する説があるのだが，私はこのまま読む。

在右者今以漢音依国俗撰字之法而作字者也。…」(左にあるのは『四声通考』の定めている転写であり，右にあるのはここで中国音に基づき朝鮮で普通に書写に使っている方法によって転写したものである。…)と言うように，右側音は当時の固有朝鮮語で常用されているハングルの綴りのみに限定しようとしている。しかし，例えば声調などにしても右側音だけだと陰平と去声がいずれも一点となり区別がつかなくなってしまうので，より精密な表記として左側音も併記し，初学者への分かりやすさと注音の厳密さを両立させている。

『四声通考』は今は亡びていて見ることができないが，その元となった『洪武正韻訳訓』は発見されており，問題の第9条に記された止摂開口歯音字の発音表記に関してもその俗音が『翻訳老・朴』の左側音(遠藤1990，55-59頁参照)とほぼ一致することが確認できる。

中村1961(124頁)は第8・9条が『老朴集覧』に関する記述である可能性を想定するものの，その後『老朴集覧』の完本が発見されたがそのような事実は認められない。[2]

また山川1977が提起した問題，即ち『老朴集覧』の「単字解」「累字解」に奎章閣叢書の『老乞大諺解』・『朴通事諺解』に見当たらない字が解説されている点については元本『老乞大』が発見され，そこに見えることが田村祐之氏の一連の研究[3]によって明らかになりつつある。

その他，第2, 3節で引用した記述にはより系統的な補訂を施す必要があることが今回読み直してみて明らかになったが，そのためには相当の研究をなさねばならないので，小文ではここまでに留めておく。

引用文献

遠藤光暁 1990.『《翻訳老乞大・朴通事》漢字注音索引』，好文出版。
中村完 1961.「影印「朴通事上」付金思燁解題」(書評)，『朝鮮学報』，18，121-32頁。
山川英彦 1977.「《老朴集覧》覚え書」，『名古屋大学文学部研究論集』，LXX，61-72頁。
(補)
中村完 1967.「李丙疇編校『老朴集覧考』」，『朝鮮学報』，45，118-124頁。

---

[2] 中村1967(122頁)参照。この点は竹越孝氏の教示による。

[3] 田村祐之2001.「『老乞大』と『老朴集覧』の関係について——ならびに『朴通事』成立過程についての考察」，中国近世語学会第16回研究総会発表論文，於筑波大学，2001年5月27日；田村祐之2004a.「『老朴集覧』と『翻訳老乞大』『翻訳朴通事』の成立過程について」，中国近世語学会第19回研究総会発表論文，於関西大学，2004年5月30日；田村祐之2004b.「『老朴集覧』と『翻訳老乞大』『翻訳朴通事』の成立過程に関する一考察」，科学研究費特定領域研究「東アジア出版文化の研究」B班研究会「善本」と「底本」談話会(第二回)発表論文，於東北大学，2004年12月18日；田村祐之(近刊)「『老乞大集覧』所収語彙と日本『老乞大』『翻訳老乞大』用例対象(ママ)」，日本学術振興会科学研究費報告書。

《老乞大》·《朴通事》研究

遠藤光曉(青山學院大學)

《老朴集覽》裡的音韻資料

1. 前言

崔世珍(1473?—1542)[1])所編的《老朴集覽》對於《老乞大》《朴通事》出現的漢語詞彙進行考釋,在元明時期的漢語口語詞彙研究上具有極高的價值。其最主要的內容雖是在詞義方面,但在字形和音韻方面也含有其他資料難以提供的一系列寶貴信息。本文綜覽《老朴集覽》音韻方面的所有描寫,並進行初步分析。

《老朴集覽》的現存版本有兩種:

(1) 奎章閣叢書第八《朴通事諺解》所附,首尔,京城帝國大學法文學

---

1) 崔世珍的生平事蹟可參看小倉1913、李崇寧1965、朴泰權1974等。

部，1943年。

據《朴通事諺解·序》，1677年刊行《朴通事諺解》時發現當時已經亡佚的《老朴輯覽》，於是《朴通事集覽》的內容挿在各辭條的翻譯後面，《老乞大集覽》和《單字解》就附在後面。所據版本似乎已經是殘本，缺少《凡例》、《單字解》的最後部分、《累字解》和"《音義》云"的那一頁。另外，這個版本刻印時省去聲點。

(2) 東國大學校圖書館所藏乙亥(1455年)銅鑄字本《老朴集覽》(李丙疇1965、1966)。

這個版本是二次大戰後的重要發現之一，李丙疇1966(13－14頁)從版本學特徵來推測該本成立可能早於中宗代(1506－17)。這個版本保留聲點，很可能是原刊本。

關於《老朴集覽》和所謂《翻譯老乞大·朴通事》之間的先後關係有幾種不同的看法。李1966認爲《翻譯》早於《集覽》。朴1974(29頁)則認爲崔世珍先後三次編了《老朴》的諺解，他所說的《翻譯老朴》成書於中宗初年(1506?)，《諺解老朴》成書於中宗5年(1510?)，《老朴集覽》成書於中宗12年(1517年，也就是《四聲通解》成書年)以前，《老朴諺解》(也就是現在韓國的學界通稱的《翻譯老朴》)成書於中宗12年(1517年)前後。中村1967認爲《集覽》早於《翻譯》。山川1977指出《單字解》《累字解》所列的辭條中有33項在《老朴諺解》裡找不到相應的辭。由於《集覽凡例》第二條說，"單字、累字之解只取《老乞大》《朴通事》中所載者爲解。"，這是令人疑惑的現象。梁1998(57－67頁)也舉出許多《集覽》和《翻譯》之間參差不齊

的現象。田村2004b指出,像"恁、哏、悔交"等《單字解》《累字解》中出現而在《翻譯》或《諺解》裡找不到的詞彙出現在最近發現的元刊《老乞大》裡,於是他就進而推測《單字解》《累字解》是在新本編纂以前或舊本和新本並存的時期形成的[2];《老乞大集覽》《朴通事集覽》中只出現新本中的辭條,因此成書於新本編纂以後。他在一系列論文中對《集覽》和《翻譯》進行全盤細緻的比較,值得重視[3]。

《集覽》本身含有許多先行文獻的成份在內,其中要特別提到的是《音義》和《質問》。對此《老朴集覽·凡例》有說明:"《音義》者,卽原本所著音義也。所釋或與《譯語指南》不同,今從《音義》之釋。《音義》有誤者今亦正之。""《質問》者,入中朝質問而來者也。兩書皆元朝言語, 其沿舊未改者,今難曉解。前後質問亦有抵牾,姑幷收以祛初學之碍。間有未及質問,大有疑碍者,不敢強解,皆竢更質。"可見《音義》和《質問》的內容不是崔世珍撰寫的。至於其成書年代。兩者都有時用諺文來加以解釋,因此最早也是諺文發明(1443年)以後成文的;再說,《集覽》音義1－1條說:"《音義》云:舊本內說的呵字不是常談。…"旣然提到'舊本", 也就意味著《音義》的時代已經有新

---

[2] 比如像《單字解》6—2第7行'者'的註釋說:"蒙古語謂諾辭曰'者', 兩書舊本皆述元時之語,故多有'者'字。今俗不用,故新本易以'着'字"。從這兒也可以看出,《單字解》的這一條顯然是對舊本附加的。
[3] 依我看來, 《翻譯》是爲了初學者編的,因此一般不涉及到難以解釋的問題,只作最單純的翻譯;《集覽》則多列舉有關解釋,存異說,兩者的編輯目的和態度逈然不同。兩者之間的一些參現可據此加以說明。

本。據小倉1964(556－559頁),《老朴》的刊行最早見於《李朝實錄》1423年條目裡,1434年、1459年也印過,後來到了1480年敕命改訂《老朴》, 1483年由房貴和、葛貴等改訂,這可能就是新本的來由。由此可以推測《音義》是1483年以後撰述的。至於《質問》,據《集覽·凡例》就可知,是積累不同時期得來的筆記而成的。

下面分幾個類型來看《老朴集覽》中論及音韻的所有描寫。本文主要根據李丙疇1966的版本,《單字解》的部分利用了田村2000的電子文本。《朴通事集覽·上》第十章有缺頁, 但很容易用奎章閣叢書本來復原4)。每項開頭表示出處, 比如"1－1/2喫"是出現在《單字解》第1合頁上半頁表面第2行的"喫"字。《集覽》中的音韻描寫集中在《單字解》裡,因此出現在《單字解》裡的項目只寫頁碼,不加"單"等字樣;出現在《累字解》的加上"累", "老上""老下"分別指《老乞大集覽》上、下,"音義"是從"音義云"開始的那一條,"朴上""朴中"分別指《朴通事集覽》上、中(下卷不含有關音韻的描寫)。諺文用河野1947的轉寫方式來表示, 韓語的詞組之內的音節用"－"連結,這個處理方式依據田村2000。漢語注音部分附加聲點, 用0表示無點(即上聲),用1表示一點(陰平或去聲),用2表示兩點(陽平)。 "…"表示稱引時省略的地方。

---

4) 中村1967已經指出這一點。有的李丙疇1966本子貼上《'月印釋譜'第十七goa'老朴集覽'補缺紀實》《東岳語文論集》第八集的復原頁。還有金裕範1997也進行復原。

2. 輕音的描寫

《集覽》裡有關於漢語輕音的最早描寫[5]：

音義1-1/1：《音義》云："舊本內說的[呵]字不是常談,如今秀才和朝官是有說的；那箇[俺]字是山西人說的；[恁]字也是官話,不是常談；都塗吊了改寫的這們。助語的[那][也][了][呵]等字都輕輕兒微微的說順帶過去了罷。若緊說了時不好聽。南方人是蠻子,山西人是豹子,北京人是tai 0子,入聲的字音是都說的不同。"

附帶說一下，這一條的開頭提到的"呵、俺、恁"等都出現在最近發現的舊本《老乞大》裡。由"都塗吊了改寫的這們"的口吻來看，《音義》就是今本改訂者所編的。

還有一條談及輕音：

5-1/3/兒：嬰孩也：孩兒。又呼物名，必用兒字爲助語之辭：杏兒、李兒。凡呼物名則呼兒字只宜微用其音而不至太白可也。

這條記載可能是崔世珍自己寫的。他的《翻譯<老乞大><朴通事>凡例》裡有"…但連兩字皆上聲…若下字爲虛或兩字皆語助則下字呼爲去聲。"的描寫，從《翻譯老乞大·朴通事》裡的實例能確定這第二個字是輕音的條件下產生的變調[6]。下面的

---

5) Endo 2001綜述反映歷代漢語輕重音的資料。
6) 詳細討論請參看遠藤1984；遠藤1990附錄3列出所有實例。

描寫也屬於這種輕音變調,《翻譯老朴》裡正好把第二箇字記成去聲(見遠藤1990,214頁,424、425項):

朴上11-1/10耳朶:朶作垜是。 俗去聲讀。

3. 入聲的歸屬

由《翻譯老朴》右側音的聲點歸納的入聲分化條件如下:如果主要元音是i、u、iu就有一點,也就是類似於去聲調值的入聲;其他非高元音(a、ia、oa、e、ie、ue、iue、o、io、yi)字是兩點,也就是類似於陽平的入聲。但在《集覽》裡也出現與此不同的情況:

1-1/2/喫:正音ki 1,俗音ci 1,啖也:喫飯、喫酒。又被也:喫打mas-da。字雖入聲,而俗讀去聲,或呼如上聲。俗省文作"吃"。

朴上7-2/7窟嵌戒指:…《音義》窟音oa' 1。窟是穵字之誤。窟音ku' 0,穵音'oa'1。

朴上9-1/7骨朶:《南村輟耕錄》云:"國朝有四怯薛,中有云'都赤'。三日一次輪流入直,負骨朶於背。余究骨朶字義,嘗記宋景文筆記云:關中人以腹大爲'胍胀',音孤都。俗謂杖頭大者亦曰'胍胀',後訛爲骨朶。"古無稽據,國朝旣名衛士執撾扈從者爲'骨朶子班予'。按,字書"簻""撾"皆音竹爪切,通作"簻"。又音徒果切。簻之變爲骨朶,雖不雅馴,其來久矣。今俗音gu 0、do 0皆上聲。

朴上10－2/8跛：《音義》云："[跛]音疲。"今按，疲音gy0[7]。疲疸，mɐi－dɐb。朴上11－1/9斡：運也。俗音呼oa2。字作乞是。

朴中3－1/6刮劃：排擠開割之意。刮韻書不收，《免疑韻略》音百。凡陌韻陌字類諸字皆呼如泰韻之音，故百字呼如擺字；而鄉習傳呼刮字音bai 0，亦從上聲讀，則字作擺亦通。

朴中1－2/3禿禿麽思：一名手撇麵，即本國myi－ieg－jie－bi。禿字音tu上聲。讀"麽思"二合爲音mas0，急呼則用思字曰tu0－tu0－mas0；慢言之則用食字曰tu0－tu0－ma1－si1。元時語如此。…

朴中3－1/8攪撒：攪作覺是。覺字雖入聲，而凡入聲清聲則呼如上聲者多矣。如角字亦或呼如上聲。記書者以覺撒之覺呼爲上聲，而謂覺字爲入聲，不可呼如上聲，故書用攪字耳。撒猶知也。俗語亦曰"決撒了"。今以撒放之撒用爲知覺之義者亦未詳。

朴中9－1/3閣落：音ge 0 rao 1。指一隅深奥之處。舊本未得本字而借用栲栳二字。按，韻書栲栳木名，筹笔柳器，並音kao 0 rao 0皆上聲，與本語字音大不相同。但《免疑韻略》及《字學啓蒙》字作𪢮𪢯，音ge 1 rao 0。此二字乃俗之自撰，諸韻書所不收，今不採用。唯於《直解小學》內字作閣落，兩字之音稍爲仿佛，今亦用之。然閣字音亦少不合。讀者詳之。

---

[7] 在《四聲通解》和《翻譯老朴》中，作爲單韻母，y只出現在止攝舌上音和齒音，在入聲的範圍裡只有gy"肐疲紇飲"和hhy"麧粚齕紇"等字，這些標音來自《免疑韻略》，來源有所不同。見遠藤1994(收在遠藤2001,250頁)。

崔世珍在"攪撒"條裡已經道破了其中的規律性："凡入聲清聲則呼如上聲者多矣。"這是《中原音韻》類型的入聲分化條件[8]。
至於下面這些字的描寫難以理解：

累1-2/8則管：則音jɛ 0去聲。或作"只"。ɛi-e。亦曰"演成"。"演"亦作"偃"。

朴中2-2/10奪腦：奪字未詳。鄉習傳解曰：dɐi-go-ri-bdɐd-arb-py-da。奪音dɐ 0,去聲讀。

朴上2-2/4煠：《音義》音jja' 1,誤。以油煎也。

《翻譯<老乞大><朴通事>凡例》漢音條說："…入聲之音如平聲濁音之呼而促急。其間亦有數音,隨其呼勢而字音亦變焉。如入聲'軸'聲本音jiu 2,呼如平聲濁音,而或呼如去聲爲jiu 1。'角'字呼如平聲濁音爲gio,而或giao,如去聲爲giao,或呼如上聲爲giao,又從本韻ge之類。"可見,他接觸到了各種類型的入聲讀音。

比崔世珍早幾十年的申叔舟《四聲通考》凡例說："入聲諸韻終聲,今南音傷於太白,北音流於緩弛。《蒙古韻》亦因北音,故不用終聲。黃公紹《韻會》入聲如以質韻"颶、卒"等字屬屋韻匊字母,以合韻"閤、榼"等字屬葛韻葛字母之類,牙舌唇之音混而不別,是亦不用終聲也。平上去入四聲雖有清濁緩急之異,而其有終聲則固未嘗不同。況入聲之所以爲入聲者以其牙舌唇之全清爲終聲而促急也。其尤不可不用終聲也明矣。本韻之作,併同析異,而入聲諸韻牙舌唇終聲皆別而不雜。今以g、d、b爲終

---

8) 其實,《翻譯老朴》中也含有《中原音韻》類型的入聲分化層次。參看遠藤1984(172頁) ;遠藤2001(259頁)。

聲, 然直呼以g、d、b則又似所謂南音。但微用而急終之, 不至太白可也。且今俗音雖不用終聲,而不至如平上去之緩弛。故俗音終聲於諸韻用喉音全清 ,藥韻用脣輕全清v,以別之。"由此可見,申叔舟接觸到的15世紀中葉的北方漢語裡的入聲收[-ʔ],南方話收[-p、-t、-k]。

崔世珍接觸到的16世紀初漢語也有各種類型的入聲讀法,他在《翻譯老朴》的右側音採用的是標準音,還保留獨立的入聲,而且以元音類別為分化條件,十分罕見;他在《集覽》裡描寫到其他類型的入聲讀音,如《中原音韻》類型,在這種音系裡入聲已經失去塞音韻尾,合併到舒聲去了[9]。

4. 正音、俗音等有關方言差異的描寫

《集覽》裡包含一些方言差異的描寫。第2節引的下面這一條從正面描寫方言差異:

音義1-1/1:《音義》云:"舊本內說的[呵]字不是常談,如今秀才和朝官是有說的;那箇[俺]字是山西人說的;[恁]字也是官話,不是常談;都塗吊了改寫的這們。助語的[那][也][了][呵]等字都輕輕兒微微的說順帶過去了罷。若緊說了時不好聽。南方人是蠻子,山西人是豹子,北京人是tai 0子,入聲的字音是都說的不

---

9) 在元代已經有這種入聲歸屬不同的方言並存情況。參看遠藤1995、1997。

同。"

在這裡出現的"官話"是這一說法的最早用例之一[10]。另外,這一條對北京人的稱呼"tai 0<上聲>子",可能就是《現代漢語詞典》的"呔tǎi,說話帶外地口音"。這也就是說,在當時,北京人的口音不算是正音或官話。

《集覽》裡也出現"正音"、"俗音"等描寫,如下:

1-1/2/喫:正音ki 1,俗音ci 1,啖也:喫飯、喫酒。又被也:喫打mas-da。字雖入聲,而俗讀去聲,或呼如上聲。俗省文作"吃"。

老上2-1/6東厠:厠本音cyz 1,俗音syz 1。…

朴上1-1/5隨食:《音義》云:"與拖爐相似。"《質問》云:"以麥糊和油作小餅,喫茶時食之,取其香酥也。"原本用隨字,故反譯亦用隨字。俗音cui 2。今更質之,字作饊,宜從sui 2音讀。今俗亦曰"饊餅"。

朴上10-2/8謎:隱語也。正音mi,俗或呼myi。

朴中8-1/1呆種:《事林廣記》呆音爺。《易見雜字》呆音崖。今俗之呼皆從去聲ie 1。

下面這一條談及群母的存在:

7-1/4/饋:遺也。字本在群母,而俗讀皆從見母上聲,間有從本母讀者,而什有一二。

但從崔世珍的《翻譯老朴》、《四聲通解》等注音來看,全濁

---

10) 大塚1996全面討論明清時期各種文獻中出現"官話"一詞的用例。

音就和一般北方話一樣,已經合併到全清音和次清音去了。他說的情況可能就吳方言而言。《四聲通解》裡也有關於吳方言的描寫[11]。

5. 一系列常用詞的發音

《集覽》裡有眾多常用詞發音的描寫。這些口語詞彙對中國人來說太平常,寫文章的時候不會用到,因此很少收在中國的正宗韻書裡。《老朴》系統的資料作為外國語教科書詳細描寫口語的基本詞彙,所以在語音方面也是極難得的。在這裡擺列一系列例子,以供將來考證。

1-1/4/每:本音上聲,頻也:每年、每一箇。又平聲,等輩也:我每、咱每、俺每u-ri,恁每、你每ne-hyi,今俗喜用"們"字。

1-1/7/只:止此之辭,da-mɐn,又o-jig。韻書皆上聲,俗讀去聲,唯《韻會》註云:"今俗讀若質。"

1-1/7/這:此也:這箇、這裏。俗呼二音,之夜切jie 1,之石切ji 1,俗從ji 1音者多。

1-1/8/還:猶尚也,再也:還有多少dang-si-ron en-mei-na is-nɐ-nio。又da-ha:還要多少da-ha en-mei-da bad-go-jie hɐ-nɐ-nio。還有、還要之還,或呼如孩字之音,

---

11) 參看遠藤1994(收在遠藤2001,251頁)。

此或還音之訛，或別有其字，未可知也。又償也：還錢gab－ju－da。

1－2/1/和：平聲，調和也。又去聲，與也，及也：我和你ne－oa na－oa，銅匙和快子sur－oa mis－jie－oa。

2－1/3/俚：助語辭，亦作哩，凡言語有用ri 0音爲語助者，皆用裏、里、俚、哩等字。

2－1/5/噯：《五音集韻》："烏盖切，氣也。"今呼驚訝之聲曰噯，借用爲字也。考韻書，作"欸"是。

2－1/6/咳：《五音集韻》："何來切，小兒笑也。"口溉切，咳嗽，逆氣也。今呼驚嘆之聲曰"咳"，音hai 2，借用爲字也。考韻書，作"唉"是。

2－1/7/阿：俗音'a 0，阿的，猶言此也。又語助辭:有阿沒is－ne－nie eb－sy－nie，皆元朝之語。

2－2/1/挨：音ai 1，平聲。俗語"挨次"，謂循次歷審無纔越之意，ɐn－cɐ－ni－hɐ－da。又吏語:挨究、挨捕。

2－2/2/敎：平聲，使之爲也，通作交。

2－2/7/另：音零，去聲。別也，零也：另的bdɐn ges。吏語：另行 gag－bie－ri hɐ－da。

2－2/8/赶：音干，上聲。亦作趕。趂也，及也：赶上mis－da。又逐也：赶出去nai－ti－da。又驅也：赶牛sio mo－da。

3－1/6/咱：《五音集韻》：子葛切。俗謂自己爲咱。《免疑雜字》音匝。兩書皆有"咱們"之文，們字初聲爲合口聲，鄉習以們字初聲連咱字之終讀之，故咱字亦似合口聲之字，遂以咱字爲合口聲，習以爲常，誤矣。又着於詞終，則爲語助，今罕用也。

3－1/8/箇：一枚也，俗呼一枚爲一箇，亦曰箇把，又箇箇nan－na－ci。單言箇字亦爲一枚之意，有箇人hɛn sa－rɛ－mi。又語助：這箇、些箇。又音i，舌頭兩個hies－gy－to－ro，今不用。

4－1/8/怎：何也：怎麽es－di。字音本合口聲，或有不從合口聲而讀之者，則曰jɛ 0麽，呼如指字俗音，故或書作只字，又書作則字者有之。又有呼怎的兩字，則怎字音jɛn 0。秀才文士老成之人，凡呼合口韻諸字，或從本音讀之。

4－2/2/麽：本音mo 2，俗用爲語助辭，音ma 0。古人皆呼爲mo 0，故或通作莫：怎麽es－di，來麽o－na－ra。又用如乎字之意者，則曰去麽gar－da，有麽is－nɛ－nie。元語"麽道" ni－rɛ－nɛ－da，麽音mɛ 1，今不用。

4－2/3/甚：sɛm 1，俗語:甚麽my－sym，猶何也。又有呼爲sin 1音者，故古文語錄有"什麽"之語，音si 1 mo 2。以"甚"爲"什"，殊無意義，甚字用終聲連呼麽字，則難於作音，語不圓熟，故甚字不用終聲之音，今俗亦呼爲sɛ 1 ma 2。

5－2/8/哏：極也：哏好gɛ－jang dio－ta，今不用。音hyn 1，匣母。

5－2/8/丟：抛也，亦作㸰，音diu 1，平聲。

6－2/4/哄：音hung 0，上聲，瞞也，亦作嗊。

6－2/6/趲：jan 0，上聲，逼使走也，又促之也，通作儹。又縮之也：趲短些jo－rie dia－rɛ－gei hɛ－da。

7－1/8/扮：修飾也：裝扮sgu－mi－da，扮做sgu－mie meing－gy－da，音班，去聲。

7-1/9/偢：音秋。

7-1/9/保：音采，――聽理，採用之謂。保―保cai－hɐ－da，不保 dyd－di a－ni－hɐ－da，又作揪保。

8-1/3/媳：音息，子之婦曰媳婦，又古語泛稱婦人曰媳婦，次妻亦曰媳婦。

累2-1/1標致：聰俊敏慧之稱。俱美其心貌之辭。摽字本在並母則宜從俗呼爲去聲，而今俗呼摽致之摽爲上聲，則字宜作表字讀是。

老上2-1/5洒子：汲水之器，以柳編成者，呼曰"柳罐"，元語謂"帖落"。洒，音sa 0上聲。

老下4-2/3燒珠：音義云："gu－yn－gu－syr。"一說消子珠兒。今按，燒字審母，消字心母，其音稍似而深淺不同。"消"作"燒"是。

朴上2-2/6焩牛肉：《音義》焩音byng 0平聲。…

朴上6-2/5建子：a－hɐ－cɐ－nɐn－die－gi。建，《免疑雜韻》內字作毽，音健，俗自撰也。

朴上13-1/1娃娃：娃娃指孩兒之稱，字作咓，音oa1是。小兒啼聲。

朴中7-2/1取燈兒：《南村輟耕錄》云："杭人削松木爲小片，其薄如紙，鎔硫黃塗木片頂分許，名曰發燭，又曰焠兒。…"今按，舊本作吹燈兒。焠音cui 1，則舊本吹燈之名恐或爲是。

朴中7-2/9躧：《音義》云："跴音cai 0。躧通用。後同。"今按，舊本作躧，韻書趾音cai 0，又je 0；躧音sai 0，又si 0。兩字爲cai 0音者韻書不收，而俗讀則俱從cai 0音並上聲，今亦從之。《字學啓蒙》字作跴。

6. 多讀字

這一節擺列多音字,主要是與意義或詞性有關的。其中有不少是四聲別義的例子：

1-2/5/彈：平聲，鼓爪曰彈，又糾也，劾也。去聲，丸也，俗呼雞子曰雞彈，通作鴠。

2-1/9/乾：音干，徒然之辭，gong-hi，又siog-jier-eb-si。

2-2/4/與：給也：與你多少。又及也。又爲也，爲去聲。

3-1/1/倒：上聲，仆也：倒了gu-y-re-di-da。又換也：倒馬mɐr ge-da。又膽也：倒關字gyr-uer ben-dieb-hɛ-da。又去聲，反辭，do-rɛ-hie，通作"到"。

3-1/5/要：欲也，須也，去聲。

3-2/1/那：平聲音no 2，推移也：那一那non-hir-hu-da。上聲na 0，何也：那裏e-doi、那箇e-nyi，又誰也：那一箇nu-go。去聲na 1，那裏，彼處也；那箇die-ges。又語助：有那沒is-nɛ-nie eb-sy-nie。

3-2/6/做：《韻會》遇韻作字註云："造也，俗作做非。"箇韻作字註云："爲也，造也，起也，俗作做非，做音直信切。"今按，俗語做甚麽my-sym hɛ-rio，作衣裳os jis-da，作音jo 1，去聲；不走作dyrb-bdy-di a-ni-ta，作音jo 2，入聲。以此觀之，則"做"從去聲，"作"互呼去聲、入聲通，"做"字俗不用"直信切"之音。

3-2/9/勾：平聲，曲也：勾龍，社神；勾芒，春神；勾吳，地名。今按，俗語勾了 iu–ie–hɐ–da，又 ei–u–da，能勾 e–ru，又 iu–ie–hi，又吏語勾取 ja–pi–da，又勾攝公事 gong–sɐ–ro byr–ri–da，又勾喚 byr–ri–da。又去聲，勾當，幹管也。又事也，當亦去聲。

4-2/8/便：去聲，即也：便行 jyg–jai ga–ni–ra，便去 jyg–jai ga–ri–ra，又 jyg–jai ga–da。又則也：便有 god is–da，便是 god or–hɐ–ni–ra。又順也：順便。又安也：便當。又宜也：行方便 dio–hɐr iang o–ro–hɐ–da，不方便 da–hi–ma–ji suib–sa–di a–ni ta。又猶則也：你去便就有了 ne os–ga–mien i–si–ri–ra。又平聲：穩便 on–dang–hɐ–da。吏語：便益。

5-1/9/刺：音 ra 1，語助。又痛也：瘷刺疼。《集韻》作辢，又音 ci 1：刺繡。

5-2/2/朝：音潮，向也：朝南、朝東。

5-2/9/使：上聲，差也，役也：使的我 nar by–rie。又用也：使用了。吏語:行使 bdy–da，又使船 bɐi dar–ho–da。又去聲，使臣、差使。又官名。

6-1/1/好：dio–ta。又好生 ge–jang。又去聲，喜–、情–。

6-2/9/曾：cyng 2，乃也，則也，又經也，嘗也。又 jyng 0，曾孫，又姓。

7-1/3/旋：平聲，回也，幹也，又疾也，又 sieng–nieng ma–co–da：–做。

7-1/5/絟：纏縛也，音 soan 1，或音 suen 1，字亦作"拴"。

8-1/2/假：上聲，大也，借也。去聲，休告也。

累2-1/1空便：空隙順便之時。jo-gag。皆去聲。

朴中8-1/2操：去聲。曲名。…

7．結語

　　本文的主要宗旨是擺列事實,提供資料。今後還需要與《元本老乞大》、《翻譯老朴》、《朴通事諺解》、《四聲通解》等密切相關的資料進行比較，深入研究。[附記 本文承丁鋒先生過目，潤飾漢語，謹致謝忱。]

[参考文献]

遠藤光曉 1984〈《翻譯老乞大・朴通事》裡的漢語聲調《語言學論叢》,第13輯, 162−182頁; 遠藤 2001, 253−266頁。

遠藤光曉 1990〈《翻譯老乞大・朴通事》漢字注音索引〉,東京: 好文出版。

遠藤光曉 1994〈《四聲通解》の所據資料と編纂過程〉《青山學院大學一般教育論集》35, 117−126頁;遠藤 2001, 241−252頁。

遠藤光曉 1995〈中原音韻の成書過程〉《東洋學報》76: 3/4, 424−448頁;遠藤 2001, 219−236頁。

遠藤光曉 1997〈王叔和〈脈訣〉ペルシャ語譯に反映した14世紀初中國音〉,余靄芹・遠藤光曉編《橋本萬太郎紀念中國語學論集》, 61−77頁,東京:內山書店;遠藤 2001,195−218頁。

遠藤光曉 2001《中國音韻學論集》,東京:白帝社。

Endo, Mitsuaki 2001. "A Historical Study of Chinese Stress Accent", Hana Třísková, ed. *Tone, Stress and Rhythm in Spoken Chinese, Journal of Chinese Linguistics*, Monograph Series, No.17, 192−208.

金裕範 1997〈《老朴集覽》의 落張復原에 관한 研究〉《國語國文學》119, (未見)。

河野六郎 1947〈朝鮮語羅馬字轉寫案〉《河野六郎著作集》1,96−97頁,東京:平凡社,1979年。

李丙疇 1965〈《老・朴集覽》考究〉》《東國大學校論文集》第二集, 人文科學篇。

李丙疇編校 1966《老朴集覽考》,首尔:進修堂。

李崇寧 1965〈崔世珍研究〉《亞細亞學報》, 1, 21−41頁。

梁伍鎭 1998《老乞大朴通事研究》,首尔:太學社。

中村完 1967〈〈批評と紹介〉李丙疇編校《老朴集覽考》〉《朝鮮學報》45,1 18-124頁。

小倉進平 1913〈朝鮮の語學者崔世珍〉《東洋學報》6:3, 413-423頁。

小倉進平 1964《增訂補注朝鮮語學史》,東京:刀江書院。

大塚秀明 1996〈明清資料における官話という言葉について〉《言語文化論集》42, 111-129頁。

朴泰權 1967〈《老・朴集覽》小考〉《國語國文學》34·35, 198-200頁。

朴泰權 1968〈老朴集覽研究〉《李崇寧博士頌壽紀念論叢》, 255-268頁,首爾:乙酉文化社。

朴泰權 1974《崔世珍研究》,釜山:親學社。

田村祐之 2000《老朴集覽》〈單字解〉電子文本,白頭山電書館 http://www.d1.dion.ne.jp/~pak/jibran-fram.htm。

田村祐之 2001〈《老乞大》と《老朴集覽》の關係について——ならびに《朴通事》成立過程についての考察〉中國近世語學會第16回研究總會提交論文,於筑波大學,2001年5月27日。

田村祐之 2004a〈《老朴集覽》と《翻譯老乞大》《翻譯朴通事》の成立過程について〉,中國近世語學會第19回研究總會提交論文,於關西大學,2004年5月30日。

田村祐之 2004b〈《老朴集覽》と《翻譯老乞大》《翻譯朴通事》の成立過程に關する一考察〉,科學研究費特定領域研究〈東アジア出版文化の研究〉B班擧辦的研究會〈〈善本〉と〈底本〉談話會(第二回)〉提交論文,於東北大學,2004年12月18日。

田村祐之(即出)〈《老乞大集覽》所收語彙と旧本《老乞大》《翻譯老乞大》用例對象〉,日本學術振興會科學研究費報告書。

山川英彦 1977〈《老朴集覽》覺え書〉《名古屋大學文學部研究論集》XXL, 61-72頁。

崔世珍『韻會玉篇』について

遠藤 光曉

(日本，青山学院大学)

<ABSTRACT>

　この論文では，崔世珍の『韻会玉篇』(1536年)を扱い，まず第1節では現存諸本を通覧し，先行研究を簡単に概観した。第2節では巻頭に附されている崔世珍の「韻会玉篇引」と「韻会玉篇凡例」の全文を日本語訳し，編纂・刊行の経緯を考察した。崔世珍の考えに依ると，発音引きの辞書である韻書と字形引きの辞書である玉篇とは表裏一体の関係にあり，韻書があれば必ずそれに対する字形索引たる玉篇が必要であるという。『韻会玉篇』に先立ち，崔世珍は『四声通解』に対する字形索引である『(四声通解)玉篇』(佚)を編んでいることがその序から知られる。第3節では『韻会玉篇』の原刊本である乙亥字の尊経閣文庫本と東洋文庫本の比較を行い，尊経閣文庫本に見られる紙の切り貼りによる校正箇所を逐一記述した。その校正のタイプとしては，韻目の位置を移すもの，「侯」韻を「尤」韻に校正するもの，その他，が見られる。また紙による校正の手順として，まず要訂正箇所を切り取り，そこに訂正紙をあてがい，訂正後の字を活字により押し，その後で訂正紙を貼り付けたことが伺われる箇所がある。第4節では，更に日本の国会図書館本(二本)・書陵部本および韓国中央図書館本(三本)の異同のサンプルも加えて比較を行い，これらの諸本の系譜関係を推定した。最後に，第5節では『東国正韻』(1447)の収録字が『古今韻会挙要』の小韻ごとに比較すると同一の順番で現れることから，世宗が世宗26(1444)年に申叔舟ら集賢殿の学者らに諺文を以て「韻会」を「訳す」よう命じた成果が即ち『東国正韻』であると述べた。『古今韻会挙要』と『東国正韻』のこのような継承関係からすると，両者の綿密な比較研究を行うことは相互に有益な成果をもたらすであろう。

Key Words:「韻会玉篇引」,「韻会玉篇凡例」,『四声通解』, 乙亥字, 紙の切り貼りによる校正,『東国正韻』,『古今韻会挙要』

1. はじめに

1.1. 主題

　崔世珍の『韻会玉篇』(1536年)は『古今韻会』に出現する字を部首順に配列した索引である。周知の通り,黄公紹『古今韻会』は現存せず,その節略本である熊忠『古今韻会挙要』の諸版本のみが今に伝えられている。『韻会玉篇』に先行する崔世珍の『四声通解』(1517年)には『古今韻会』が多く引用されており,花登(1990)はその282の引用例のうち18条が現存する『古今韻会挙要』と合わないことから,崔世珍の参照したのは正に黄公紹『古今韻会』であったと推定している。『韻会玉篇』の収録字は網羅的なものであるから,現行の『古今韻会挙要』と比較して,更に不一致点が見つかれば,その底本は『古今韻会』であった可能性がますます高くなるであろう。小稿ではそのような系統的な比較をするための基礎として『韻会玉篇』諸本の書誌的事項の記述を行うこととする。

1.2. 版本

　遠藤等(2009:135)の記載に拠ると『韻会玉篇』の現存諸本は以下の通りである:

銅活字本：尊経閣文庫(『尊経閣文庫漢籍分類目録』752頁)；東洋(XI-4B-6)；国会(821-193).

木版本：奎章(奎983, 奎1013, 一蓑・古495.13 C456ua v.00, 一蓑・古495.13 C456u, 古3914-1)；中央(一蓑貴3134-2, 한貴古朝41-127, 한貴古朝41-23, b23134-2, BA3134-8)；延世；高麗大学校図書館(大学院貴10, 육당A12-A16-1-2, 晩松A12-A19-1-2)；中央大学校中央図書館(010.42)；成均館大学校尊経閣(A10B-0020)；圓光大学校図書館(AN723.2-ㅊ492)；宮内庁書陵部(556-14)；山形大学図書館(821/I2/1)【宮内庁書陵部図書寮本照片】；国会(821-14)；筑波大学(チ530-46 10076925937-8).

これまでのところ私が実見したのは日本に所蔵される東洋文庫本・尊経閣本・国会図書館本(二種)・書陵部本の5種である。ほか，韓国国立中央図書館電子図書館http://www.dlibrary.go.kr/WONMUN/では，同館所蔵のb2-3134-2, B2-古朝41-23の二種の木版本および『古今韻会挙要』に附されている写本のB1-3111-31の全文写真を公開している。
　これらのうち，尊経閣本と東洋文庫本はいずれも原刊本の系統であることから殊に重要度が高い。ところが，この二本は訂正を経ているか否かという点で異なり，その状況は第3章で詳しく記述する。
　岡井(1933:427)は図書寮には単行の版本の他，『古今韻会』に附した写本があることを報じている。東京大学東洋文化研究所・田中明彦研究室が提供している「『世界と日本』・日本政治・国際関係データベース」には日韓国交正常化の際の1965年6月22日に締結された「文化財及び文化協力に関する日本国と大韓民国との間の協定,附属書」が掲出されており(http://www.ioc.u-tokyo.ac.jp/~worldjpn/documents/texts/JPKR/19650622.TNJ.html) [1]，その中には(97)『古今韻会挙要』元・熊忠,光緒写本,12冊と(163)『韻会玉篇』崔世珍,光緒写本,2冊が含まれている。日本のどの図書館から韓国のどの図書館に返還されたのかは要調査であるが，韓国中央図書館所蔵のB1-3111-31が『古今韻会』に『韻会玉篇』が含まれている点で岡井(1933)の報ずる図書寮本と同じことは注意される。

1.3. 先行研究

　近代において『韻会玉篇』の語学的価値に注目したのは小倉(1913-14)が最早期のものであり，その記述は小倉(1920, 1940)や小倉(1940)に引き継がれている。岡井(1933:427-428)でも崔世珍の「韻会玉篇引」「韻会玉篇凡例」を部分的に訳して，その内容を紹介している。崔(1942:264)にも3行の言及があるが，現物を目睹しての記述ではない。朴(1986, 1989:378-382)は小倉論文を引きつ

---

[1] 出典は日本外交主要文書・年表(2), 601-606頁, 外務省条約局「条約集・昭和40年(二国間条約)」とされている。

つやや詳しい書誌学的記述をなしている。

尹(1986, 1987)は私の知る限り『韻会玉篇』に関する唯一の専論であり,『古今韻会挙要』との比較を通して崔世珍の修正・増補の過程を具体的に跡付けたり,『韻会玉篇』の部首の意味的類似に基づく排列原理を一覧表の形にして明らかにしている。

2. 編纂・刊行の経緯

次に,『韻会玉篇』に付された崔世珍の序「韻会玉篇引」と「韻会玉篇凡例」の全体を見ることを通して, 本書編纂の動機や崔世珍のなした仕事の概要を見てみたい。以下で引く原文は東洋文庫本に基づいているが, 字形の違いは必ずしも忠実に再現していない。

2.1.「韻會玉篇引」

東洋文庫本では巻頭にまず「韻会玉篇引」が掲出されている。

≪韻会玉篇≫引

臣窃惟：音学難明, 振古所患。諸家著韻, 概多訛舛。未有能正其失而帰于一者也。逮我皇明, 一以中原雅音釐正字音, 刊定≪洪武正韻≫。然後字体始正, 而音学亦明矣。然而詞家声律之用, 一皆帰重於≪礼部韻略≫, 而不従≪正韻≫者何哉？今見宋朝黄公紹始袪諸韻訛舛之襲, 乃作≪韻会≫一書。循三十六字之母, 以為入字之次；又類異韻同声之字帰之一音, 不更加切。覽者便之。但其粹字雖精而過略, 集解頗繁而不節。此未免後人有遺珠類玉之嘆矣。大抵凡字必類其声而為之韻書, 則亦宜必類其形而為之玉篇, 然後乃可易於指形尋字而得考其韻矣。今此≪韻会≫既類其声, 不類其形, 是乃存其韻而欠其篇, 宜乎？後学之深有所憾者也。是故今之観≪韻会≫者, 其為索篇如夸父之奔東海, 大旱之望雲霓也。臣既見其弊, 又迫衆求, 只取≪韻会≫所収之字彙成≪玉篇≫。不著音解, 独係韻母, 使後学尋韻索字如指諸掌, 終不至於冥行而索途也。臣初欲類

聚諸韻, 合為一書, 正其字音, 節其解義, 使覽者斷無他歧之惑矣。第縁功費浩繁, 年力衰邁, 雖竭私労於窮年, 恐難成, 始而成終。故今将≪韻会≫著其≪玉篇≫而已。以臣襪綫, 敢著此篇, 固知必得僭妄之罪於斯文之明識者矣。至於観韻索字之方, 豈無少補云爾。時嘉靖十五年 月 日。折衝将軍僉知中枢府事兼司僕将臣崔世珍謹題。

(日本語訳)臣下(私)がひそかに思うに，音韻学が分かり難いことは大昔から慮られていた。諸家が韻書を著しているが，いずれも誤りが多い。その欠点を正して，一つにまとめることができる者は未だかつていなかった。わが明朝に至って，もっぱら中原雅音によって字音を正し，『洪武正韻』を刊行した。そうして初めて字体が正され，音韻学も明らかとなった。しかし詞を作る者の韻律の用途としては，もっぱら『礼部韻略』を重んじ，『正韻』に従わないのは何故だろうか？宋の黄公紹が諸々の韻書が誤りを襲うのを初めて正し，『韻会』という書物を作ったのをいま目にすると，三十六字母に則って字を収録する順番としており，更に異なる韻(に分かれているが)発音が同じ字を類別して同一音に帰せしめ，別途反切を付けることはしていない。利用者はそれを便利であると考えた。ただし，その字の収録は精選を経ているものの簡略に過ぎ，義注を膨大に集めてあるが要領を得ない。これでは後人が玉にも疵があると嘆かざるを得ない。そもそも字を音声によって類別すると韻書となり，そうすると必ずその形を類別して玉篇をつくるべきであり，しかる後に形に基づいて字を探し，その韻において考察することが容易になるのである。いまこの『韻会』は音声を類別してはいるが形は類別しておらず，ということは韻書は存するもののその偏旁字書が欠けていることになるが，それでよいだろうか？後学が深く遺憾とするところである。そのため，現在『韻会』を見るものは偏旁字書を求めること(神話伝説上の)夸父が(喉が渇いて水を求めて)東海に走り，日照り続きのときに(雨が降って)虹の出るのを待ち望むようなものである。臣下はその欠点を見て，また多くの人の求めに迫られて，『韻会』に収めてある字だけを集めて『玉篇』を編んだ。音注と義注は付けず，韻母だけを掲げ，後学が掌を指すが如く韻書を探して字を見つけ，暗い中を歩いて道

を探すようなことにならないようにした。臣下は当初諸々の韻書を集めて一つの書物にまとめ、その字音を正し、義解を節略し、閲覧者が決して道に惑うことなきようしたいと希望していた。その作業量は膨大で、年ごとに力が衰えていて、年中自らの努力を尽くしてもおそらく完成しがたく、始めても終わりになってしまうだろう。そこで、いまは『韻会』を元にその『玉篇』を著すだけとしておく。臣下の凡庸を以て敢てこの偏旁辞書を著すことは、もとより斯文の名識者に僭越であるとのそしりを受けることは心得ている。韻書を引いて字を探す方法についてはいささかなりとも補うところがなきにしもあらずであろうか。時に嘉靖十五年 月 日。折衝将軍僉知中枢府事兼司僕将・臣下崔世珍、謹んで題する。

　以上に述べられているのは、発音順に排列された韻書があれば、それに対して字形順に配列された字書[2]があって然るべきである、という考えである。この点は既に崔世珍の『四声通解』(1517)「序」に表明されており、「但以古人取字凡音響協者以類而集,名之為"韻書"；偏旁同者以形而聚,目之為"玉篇"。蓋有声而無形者,随韻而准知其音；有体而無声者依篇而的見其韻。此有韻則宜有篇,而篇韻之相為表裏,不可欠一者也。…臣不揆鄙拙,敢叙己見,只取『通解』所抄彙成『玉篇』一帙。増那改併皆従『便覧』,不著音釈,独系韻母,使後学尋韻考字如指諸掌,而形声之兼通無碍,不至於偏滞也決矣。」[3](しかし古の人が字を取り、音の響きが調和するものを類に基づいて集めたものを「韻書」と名付け、偏旁が同じで形によって集めたものは「玉篇」と題する。思うに発音が分かって字形が分からない場合は韻に沿えばその音が正確に分かり、字形があって発音が不明の場合は偏旁に依ればその所属韻が的確に分かる。これは韻書があれば字形字書があるべきであり、字形字書と韻書は互いに表裏をなしており、いずれも欠けることができないわけである。…私は愚鈍をかえりみず自らの考えを敢えて建て、『四声通解』に記されている字のみを取って『玉

---

2) 崔世珍はそれを「玉篇」ないし「篇」と呼んでおり、時に顧野王『玉篇』を指すこともあれば、普通名詞として使われていることもあれば、『韻会玉篇』を指すこともある如くである。
3) 弘文閣1998年影印—養文庫本、上2b-3aに拠る。

篇』一帙を編んだ。増加・移動・修正・併合についてはすべて『便覧』に従っており，音注・義注を付けず，韻母のみをつけ，後学が掌を指すが如く韻書を探して字を考察し，字形と発音の両方に融通無碍に通じ，なすすべなくたたずむことなきようにせしめたことは確かである。)ということからすると，崔世珍は『四声通解』に対してかつて字形索引たる『四声通解玉篇』一秩を編んだことが知られる。30年近くの歳月を経て，今度は『古今韻会』に対して字形索引を作った動機はよく分からないが，その間『訓蒙字会』を編んだり，同時に『小学便蒙』(佚書)を編むなど，童蒙教育に力を入れていたことが窺われる。

「韻会玉篇引」の最後には歴代の韻書を集成したいとの願望が記されているが，『四声通解』はすでにその優れた成果ではなかったのであろうか。最晩年になってむしろ韻学研鑽の出発点の一つであった『古今韻会』4)に回帰したのであろうか。

2.2.「韻會玉篇凡例」

次に「凡例」を一条ごと見ていくこととする。

≪韻会玉篇≫凡例
一，古之≪玉篇≫廣收諸字，故必著音解。今撰≪玉篇≫，只收≪韻会≫所收之字。故不著音解，只著韻母，使知所載之韻。然後尋韻得字，則釋在其中矣。
(一つ，古の『玉篇』(即ち顧野王『玉篇』)は諸字を広く収めているため，必ず音注と義注を付けている。ここで編んだ『玉篇』は，『韻会』に収める字のみを収めることとする。それ故，音注と義注は付けず，韻母のみを付け，掲載されている韻が分かるようにしてある。その後でその韻を探して当該字を見れば注釈はそこにあるわけである。)

ここでは，顧野王『玉篇』はそれ自体として音注と義注を備えていて，字書の機能を完備しているのに対して，『韻会玉篇』は単に『古今韻会』に対する字形索引という性質をもっていて，訓釈は『古今韻会』の本体を参照すればよい，と

---

4)『四声通解』には「韻会三十五字母之図」も掲出されている。

いう考え方を述べている。

一、≪韻會≫諸字分收他韻者,其註內必著分收韻母,而間有缺誤者多矣。今於各字之下詳著分收韻母。雖本韻不收及錯誤者,或加或正之也。勿以本韻不載為疑也。
(一つ,『韻会』の諸字で別の韻にそれぞれ収録されているものは,その注において必ず別々の韻母を付しているが,間々誤っているものも多い。いま各字の下に別々の韻母を付けることとする。当該韻に収録していなかったり,誤っているものは(ここの「雖」は接続が悪い),追加したり修正した。当該韻に載せていないことを疑問に思わないでいただきたい。)

　『韻会』において同一字が別の韻に収められている場合,それらを併記する旨述べられている。『韻会』において別の韻に載っていなかったり,帰属が誤っていたりする場合には,修正を施すと言っているが,その具体例は尹(1987:241-243)に挙がっている。

一、今撰≪玉篇≫字下韻母多收二三母者,宜以四声循次著之可也。而或有倒次者以其主韻為首而著之也。餘下諸母可循四聲之次者,亦依其次收之。勿以倒次為疑也。
(一つ,ここで編んだ『玉篇』は字の下に韻母を二・三母収めるものは,四声の順に従って付けるのが適当である。しかるに順序が逆になっているものがあるのは,その主要な韻を冒頭にして付けているからである。残りの韻母で四声の順に従うことが可能なものはその順に従って収める。順序が逆転していることを疑問に思わないでいただきたい。)

　多属字の韻の表示が四声の順によっていない例としては例えば「楽」の字があり,注は「藥效覺」となっていて,去声の「效」が入声の「藥」の後ろに置かれている。これは日本漢字音で言うと「ラク」の字音が代表的な音義を反映すると考えていることになる(效韻所属のものは『経典釈文』に引かれた「協韻」説によって作られた特殊な字音)。

一、≪韻會≫必收正本之字，而不著常用之体者多矣。如"煮"字俗写，而≪韻會≫只著"鬻"字，而收"煮"於"鬻"註之内。此類甚多。今取常用俗體之字加出於偏旁之下，如以"煮"字收於火部之下，本字下分註曰"鬻註"是也。
（一つ，『韻会』は必ず本源的な正字を収め，常用の字体を付けないことが多い。たとえば「煮」は俗体であり，『韻会』では「鬻」だけを付け，「煮」という字は「鬻」の注の中に収めている。このような例は非常に多い。いま常用の俗体の字を追加して偏旁の下に出しておく。例えば「煮」を火部の下に収め，当該字の下に「鬻の注」と注記するのがその例である。）

『古今韻会挙要』を見ると確かに「鬻」が親字として掲出されており，「又省作㶎」と注されている5)。一方『韻会玉篇』上31b, 9行目では確かに㶎が掲出され，その注として「語，鬻注。」と出ている。

一、凡"或作"、"俗作"之字常用而難闕者，≪韻會≫不收而只於註内收著，則今乃收於部内為大字，其下分註曰某字註。如日部内"晃"字是也。若其偏旁同者則即於本字下細書而著之。如風部内颮颲字是也。然可著之字多矣。今不盡收也。
（一つ，「あるいは～の字形とする」や「俗に～の字形とする」という字で常用のもので収めないわけいかないのに（ここの「者」は余計?），『韻会』で収めずに注の中でだけ収めている者は（ここの「著」は「者」?），いま部の中に大字として収め（「則」の位置はおかしいか，不要），その下に「某字の注」と注記する。例えば日部の中の「晃」がそれである。もしその偏旁が同じものは当該字の下に小さく書いて付しておく。例えば風部の中の「颮颲」がその例である。しかし付けるべき字は多い。いま全部は収めないでおく。）

「晃」は『韻会玉篇』上1b, 3行目に大字で掲出されており，その注に「蕭。曡注。」と出ている。『古今韻会挙要』では確かに「曡」の注に「『説文』…徐曰今俗

---

5) 北京中華書局2000年影印明本では231頁下段1行目。『古今韻会挙要』の現存諸本のうち最善のものと目される宮内庁書陵部本巻12, 8aおよびソウル亜細亜文化社1975年影印本232頁でも同様。またパソコンで表示できない字は[ ]で囲んであり，その中の字を合せて1字とすべきものである。以下同。

作晁。」とあり6)、「俗作」の例である。また、「飈」は『韻会玉篇』上1a、6行目に大字で掲出されており、その注に「飈。」と出ている。『古今韻会挙要』では飈は掲出されておらず、「飆」の注には確かに「或作飈」と出ている7)。

一、≪韻会≫必收廣用之字、而又多遺漏。如"蹭蹬"兩字、只著"蹬"字、不著"蹭"字。又如"蚨蚍"、無"蚨"。"鷺鶿"、無"鶿"。此類甚多。今欲補遺、又不敢專擅為之也。
(一つ、『韻会』では広く用いられている字を必ず収めるが、遺漏もまた多い。例えば「蹭蹬」は「蹬」だけ付けて、「蹭」は付けていない。また「蚨蚍」の如きは「蚨」が無い。「鷺鶿」は「鶿」が無い。こういう例は非常に多い。いま補遺をしたいと考えたものの、敢えてみだりになすことができなかった。)

『韻会玉篇』下14b、6行目には「蹬」は出ているが、「蹭」は出ていない。『古今韻会挙要』では確かに「蹬」の注に「『説文』蹭蹬」となっているが8)、「蹭」は出ていない。また、『韻会玉篇』上21a、4行目には「蚍」は出ているが、「蚨」は出ていない。『古今韻会挙要』では確かに「蚍」の注に「蚨蚍」は出ているが9)、「蚨」は出ていない。更に、『韻会玉篇』上20a、3行目には「鷺」は出ているが、「鶿」は出ていない。ところが『古今韻会挙要』の「鷺」の項目には「鷺鶿」なる単語は出現しない10)。

一、今取字必用平上去入四声為次者、依≪韻會≫入字之次、而又使人明知其為四聲的主之韻也。一字而分入数韻、則宜以先著者為主也。
(一つ、いま字を収録するとき、必ず平上去入の四声を順番としているのは、『韻会』が字を収録する順に依っているものの、その一方ではそれが四声の中での主な韻であることを明確に知らせるものでもある。同一字でいくつかの

---

6) 注5所引北京本136頁上段6行目、書陵部本巻7、31a、ソウル本134頁。
7) 注5所引北京本144頁下段10行目、書陵部本巻8、12b、ソウル本142頁。
8) 注5所引北京本392頁上段14行目、書陵部本巻17、31b、ソウル本399頁。
9) 注5所引北京本158頁下段4行目、書陵部本巻8、6a、ソウル本157頁。
10) 注5所引北京本325頁下段9-10行目、書陵部本巻18、52b、ソウル本329頁。この点は崔世珍の見た『古今韻会』と現存の『古今韻会挙要』との相違点の一つとすべきかもしれない。

韻に分かれて入っているものは，最初に注記したものが主なものであるとするのが適切である。）

本体部分を見ると，部首の中が平上去入の四声に大きく分かたれており，その中は韻の出現順に字が排列されている。多読字の場合，当該声調の中に挙げられた読音が主たるものであることを知らしめようとしている(「凡例」第3項にも既出)。

2.3. その他の内容

上冊では以上で見てきた「引」「凡例」に続いて「韻会韻母目録」が掲出されている。その表題の下に「尋韻會各卷所在韻母者宜覽。」(『韻会』の各巻の所属韻母を捜す者はご覧いただきたい。）という注がついている。そこに挙がっているのは韻目なので，「凡例」にも出現した「韻母」というのは現今の中国音韻学の術語とは異なり，韻目のことを指すことが知られる。この項では平上去入声にわたる各韻の一覧と，それぞれの韻がどの巻に収められているかが表示されている。

その後「韻会玉篇部頭目録上」が続く。「部頭」とは部首のことで，上巻に収められる「天部第一」から「用部第一百九」までが列挙されており，どの部首がどの位置にあるかが一望できるようになっている。その後本体部分に続く。

下巻はまず「玉篇部頭目録下」が掲出され，「益部第一」から「雑部第二百三十」までが列挙されている。即ち，上下で別々に通し番号が振られているため，合計すると339の部首が建てられていることとなる。

2.4. 刊行の経緯

『朝鮮王朝實録』の中宗32年12月15日の条には「庚申上護軍崔世珍以≪韻會玉篇≫≪小學便蒙≫入啓, 曰：“我国有≪韻會≫, 而無≪玉篇≫, 故難於考見。臣玆會字類, 作≪韻會玉篇≫以進。若命刊行, 則庶有補於考字也。…"傳于政院曰：“崔世珍所進≪小學便蒙≫及≪韻會玉篇≫令人易曉, 而便於童蒙之學。世珍之留意成書誠為可嘉可別。賜酒, 給鞍具馬一匹, 除授僉知。11)"(庚申の日,

上護軍の崔世珍が≪韻會玉篇≫と≪小學便蒙≫を献上して申すには「我が国には『韻会』はあるものの，『玉篇』がなく，そのため参照するのが困難でした。臣下はここに字類を集めて『韻会玉篇』を作り，献上いたします。もしも刊行することをお命じくだされば，字を考察する助けとなると希望されます。…」(中宗は)政院に次のように伝達した。「崔世珍の献上した『小学便蒙』と『韻会玉篇』は分かりやすく，子どもが学ぶのに便利である。世珍が著書に心を配ったのは誠によきこととすべきでもあり類まれなことでもある。酒を下賜し，一匹の鞍具つきの馬を与え，僉知の官職を授けよ。」)

　中宗32年とは即ち崔世珍「韻会玉篇引」の最後に記された嘉靖15(1536)年で，崔世珍の「引」の最後の官職名が正に「僉知」となっていて，願いが容れられて刊行されたものであることが知られる。

3. 尊経閣本と東洋文庫本の記述

3.1. 書誌學的事項

　韓国国立文化財研究所のサイトhttp://www.nricp.go.kr/には『韻会玉篇』尊経閣文庫本の記述が以下のように掲載されている。

韻會玉篇 卷上, 下 崔世珍 編. 乙亥字版. 中宗36(1541)印. 2卷2冊. 四周單邊. 半郭 21.8×14.9cm, 有界, 半葉9行字數不定, 註雙行. 内向葉花紋魚尾. 30.6×18.9cm. 線裝 (黄糸5針綴日改裝). 楮紙. 卷首題. 版心題:韻會玉篇 引:時嘉靖十五年(中宗31, 1536) 月 日折衝將軍僉知中樞府事兼司僕將臣崔世珍謹題 內賜記:嘉靖二十年 (中宗36, 1541)正月 日/內賜弘文館副校理金半千韻會玉篇一件/命除謝/恩/右副承旨臣李＜手決＞印:「宜賜之記」「學」

　私が実見した結果も同様であったが，この記述から知られるようにこれは

---

11) ソウル大学校奎章閣のサイトにある五台山本『朝鮮王朝実録』の写真に基づいた。原書に付された朱字による校正に従った個所がある。

内賜本である。
　一方，東洋文庫蔵本も同一版で版框は上と同様であるが，紙高28.3×18.2cmとやや小さく，化粧裁ちを経ているかもしれない。表紙の裏紙の部分は取り去られており，表紙の裏には「朝鮮版韻會玉篇 崔世珍著/上下二巻/韓人竹軒敬庵/傳藏又經邦人/野間三竹白雲/書庫」と記されているほか，挟み込まれた和紙に秀吉がとってきた旨を記す明治24年の但し書きが付いている。「竹軒敬庵家蔵」「白雲書庫」「玉松家文庫」「雲腿文庫」「浅野源氏五万巻楼図書之記」の印が押されている。
　この二本を比較すると，尊経閣文庫本のほうが早期の刷りであるようで，鮮明であり，東洋文庫本はそれに対して活字が凹凸の激しくなった段階での刷りであるようで，原本に就いて見ると字による濃淡の差のある葉が目立つ。また紙の質も尊経閣文庫本のほうが厚手の良質の紙を使っているようであり，東洋文庫本は後に記すようにある一葉で二枚の紙を接合したものを使用していて，節約している様子が窺われるのである。
　両者の最大の違いは尊経閣文庫本が紙の切り貼りによる訂正がなされているのに対して，東洋文庫本がそれを経ていないことである。この点で，東洋文庫本が訂正を経る前の状態を反映しているため，より早期の崔世珍の原本に近い姿を反映するのに対して，尊経閣文庫本は訂正本であるため，より正確であると中央官衙が認めた字句が知られる[12]。この意味で，両者の比較は意義深い。
　また，東洋文庫本には墨や朱筆による修正が書きこまれており，これは後人の手になるものであろうが，以下にその様相を記述する。

3.2. 尊経閣文庫本の訂正箇所の記述と東洋文庫本との比較
　この節では尊経閣文庫本の紙の切り貼りによる訂正箇所の記述を行う。以下では未訂正の東洋文庫本と対照しつつ尊経閣文庫本の訂正を記す。なお，

---

[12] 崔世珍が没するのは中宗37(1542)年であり，その前年に内賜された訂正本にはあるいは崔世珍の意を汲んだ修正が含まれているかもしれない。

尊経閣文庫本における訂正は基本的には大半が訂正箇所の紙を切り貼りし，活字を押して正しい字を表示したものであって，筆による書き込みではない。

3.2.1. タイプ 1: 所属韻の位置を訂正

まず，第一のタイプは，当該字が『韻会』では親字として掲出されておらず，注の中に現れるという注記がついており，しかもその字に対して所属韻が表示されている場合，東洋文庫本では所属韻を先に示し，その後で当該字が現れる字を注記してあるところ，尊経閣文庫本では所属韻を後の位置に移す，というものである。

一番初めに出現するのは上3a/7の例であり，東洋文庫本では「埼」の下にこれらの5文字分の所属韻である「支」が注記され，その後で，「埼」の字自体は「碕」の注に現れるものであることを示す「碕注」が注記されている。それに対して尊経閣文庫本では注の中の「支」にあたる位置に「碕」が置かれ，「支」はその下の真ん中の位置に示されている。訂正箇所のみ表示するとその下のようになる。ここで，紙が切り取られているのは「支碕」に相当する箇所であり，修正後は「碕支」ともに活字で押印され，しかも「支」の字は注の左右2字分あるスペースの真ん中あたりに押されているため，元の紙と貼り付けた紙にまたがっている。

基堨坻埼埼
注支
碕

注碕
支

このような修正は，「碕注」が「埼」一字に関するもので，「支」が「基堨坻埼埼」の全体に関するものであるから，修正後のほうが確かに合理的なものであると認められる。

このようなタイプの修正を列挙すると以下の通り。

上3b/2, 先甄→甄先; 上3b/3, 陽牆→牆陽; 上3b/5, 腫豕→豕腫; 上3b/6麌鹵→鹵麌; 上5b/1, 麻沙→沙麻; 上11a/3, 麻桬→ 桬麻; 上11b/4, 旱盌→盌旱; 上14a/4, 御萸→萸御; 上16b/8-9, 庚駍注→駍注/庚【この注は二行にわたって

いるため庚は9行目の上の位置で修正してある】；上17a/8, 歌贏→贏歌；上18a/2, 寒源→源寒；上18a/7, 未蝐→蝐未；上19a/3, 斉霩→霩斉；上19a/4, 寒狹→狹寒；上20a/1, 侯鶄→鶄尤13)；上21a/3, 歌贏→贏歌；上21a/8, 銑繭→繭銑；上22a/2, 屋禿→禿屋；上23b/8, 屋箷→箷屋；上23b/8, 質罼→罼質；上24a/7, 葉鰈→鰈葉；上25a/5, 豪韜→韜豪；上15b/6, 霽剃→剃霽；上27b/6, 陽檣→檣陽；上27b/9, 葉楫→楫葉；上29a/3, 灰杯→杯灰；上29h/2, 漾盍→盍漾；上31b/4, 虞鑪→虞鑪；上31b/7, 陽光→光陽；上32a/2, 未気→気未；上33a/4, 支衹→衹支；上33a/6, 陽梁→梁陽；上33b/1, 梗鞕→鞕梗；上33b/1, 眞秘→秘眞；上34a/9, 陽妝→妝陽；上34a/9, 侯鯸→鯸尤14)；上35b/7, 諫㳂/燃→㳂燃/諫；上35b/8-9, 質帙/注→帙/注/質【この注は二行にわたっているため「質」は9行目の上の位置に置かれている】；上38a/3, 沃駅→駅沃；上39a/2, 斉甐→甐斉；上39b/4, 霰見→見霰；上40a/6, 支辞/辞→辞辞/支；下7a/7, 先県→県先；下8a/6, 願遜→遜願；下8b/3, 職徳→徳職；下9b/4, 霰眷→眷霰；下10a/7, 麻譁→譁麻；下14b/4, 眞甇→甇眞；下16a/7, 蕭韶→韶蕭；下18b/6, 眞寺→寺眞；下34a/3, 支螭→螭支；下34b/2, 尤鄒→鄒尤；下35a/2, 眞鄚→鄚眞；下36b/1, 隊覞→覞隊；下36b/2, 震卥→卥震；下36b/2, 願譁→蕕睭【これについては次の条とともに以下で詳論する】；下36b/8, 㿿蕕→譁頾.

最後の二条は特殊な状況を反映する。即ち, 訂正紙を相互に誤って貼り付けているのである。本来は「願譁」とあるものを「譁願」と訂正し, 「㿿蕕」とあるものを「蕕㿿」と訂正しようとしたところ, 前述のように所属韻は訂正紙と元の紙にまたがって活字を押されているため, 2字目は「願」の字の左半分が本来の紙に押印され, 切り貼りした箇所には誤って「蕕㿿」を貼り付けたため, 右半分は「㿿」の上の「力」が欠けた字となった。一方, 「㿿蕕」の切り取り箇所には「譁願」の訂正紙を誤って貼り付けたため, 2字目は左半分は「㿿」の右上半分の「力」で右半分は「願」の右半分の「頁」が来ることとなった。

以上のような状況は, 少なくともこの2箇所については以下のような過程を経て訂正が行われたことを物語っている。

---

13) これは次節で取り上げるタイプ(侯→尤)も兼ねている。
14) 同上。

1)まず要訂正箇所を切り取り，そこに訂正紙をあてがい，訂正後の字を活字により押した。
  2)その後で訂正紙を貼り付けた。

 これに先立ち，朝鮮本の訂正に関しては藤本(1994)が一般性の高い考察を具体例を通して行っている。繁をいとわずに，その関連箇所を引用すると以下の通り(同論文95頁)。

 「朝鮮の官版は、例えば百部印出されれば、その中八十部程は「内賜本(又は「宣賜本」)と称して、王から臣下や官衙に賜るのが普通である。この内賜本には王の権威が附与されており、誤字を含むことは許容されない。又上述の如くその中には地方官衙へ藍本として供するものもあり、やはり誤字の存在は許されない。しかし実際には誤字が存在し、それがために印出後に訂正が行われるのである。筆者の調査によれば、本稿で扱う『備用本草』には、①誤字を含んだままで訂正の一切ないもの、②完全に訂正が施されたもの(尤も訂正忘れ等の可能性はある)、③部分的に訂正されたもの、つまり①②の中間的なもの、の三種が存在し、訂正問題を検討する好条件にある。」(中略)

 「しかし李朝の中央官衙に於て刊行された官版の場合は、次のように訂正される。まず誤字を左右の界線や上下の文字にかからぬよう、四角に切除し、恰も窓の空いた如き状態にした後、訂正が加えられるが、その方法には以下の二通りがある。その一は、その窓の大きさより、四周に糊代分をとった分だけ大きい紙に、まず正しい活字を押し、次に糊代部に糊をつけて紙面(以下これを本紙という)の裏面に貼付する場合である。その二は、活字の押されていない紙を、まず前者同様に本紙裏面に貼りつけ、その後に前面から活字を押す場合である。この両方法は区別が甚だ困難であるが、訂正箇所が多数の場合には、版別の鍵を得ることができる。つまり第一の場合には、押された活字の一部分が本紙の下に入り込んで、一部が見えなくなり、第二の場合には、活字が窓の部分より外にはみ出て、本紙にかかることがあるからである。訂正の多い場合には、うっかりしたミスから右挙の如き現象が生じて、何れの方法に拠ったかが判るのであるが、訂正の少ない場合は、殆どの文字が窓の中央に捺されているため、その判別は為し難い。」

藤本(1994:96)は更に，内賜本の訂正は第一の方法に依っており，非内賜本の訂正は多くはずっと手間が省ける第二の方法に依っていると述べ，内賜本において第一の方法が採られるのは「手間をかけるということが，誠心を籠めているという意味を有するからではないかと思う。」とされた。

　さて，上で見た『韻会玉篇』の訂正紙の貼り付けミスから窺うことのできる過程は，引用した第一と第二の方法を兼ね備えた第三の方法に拠ったものだということになる。もしこのようなミスがなければ，『韻会玉篇』においてはほとんどのケースにおいて，本紙と訂正紙にまたがって活字が押されているため，第二の方法によって訂正がなされたものとしか考えようがないのだが，実際には第三の方法を経ても，貼付が正確に行われている限りにおいては結果は第二の方法と区別がつかないわけである。また，訂正紙が十分に大きければ，本紙にまたがらない範囲内に第三の方法によって活字を押したとしても，貼付が正確に行われるならば，結果は第一の方法と区別がつかない。

　朝鮮本の訂正過程についてはなお多くの具体例から帰納的に研究する余地があるように思われる15)。

3.2.2. タイプ 2：侯→尤

　もう一つの顕著なタイプとしては，東洋文庫本の「侯」を尊経閣文庫本で「尤」と改めるものがある。

　具体例は出現個所と親字のみを挙げることとする。上7a/4, 漚; 上8a/2, 瞴; 上8a/2, 雷; 上9b/4, 菽; 上9b/6, 篍; 上10b/5, 桴; 上11a/2, 檮【前節に挙げた上11a/3と同一訂正紙を使用】; 上11a/7, 楢; 上11a/7, 樧; 上13a/6, 蒜; 上13b/2, 芹; 上13b/2, 芜; 上15b/2, 魗; 上15b/2, 鯫; 上16b/6, 牛; 上17a/6, 駆; 上18a/4, 㺃; 上18a/4, 猶; 上19a/4, 貅; 上20a/1, 侯鵲→鶪尤; 上23b/5, 鞣; 上23b/5, 韇; 上24a/9, 侯【一字目の侯→尤】; 上30b/3, 罘; 上31b/7, 㐁; 上33b/9, 麻; 上

---

15) 竹越(2009)は天理図書館蔵の内賜本『老乞大諺解』に対して訂正状況を仔細に記述したものであり，朝鮮本の本文研究にとって紙の切り貼りによる訂正状況の記述がいかに基礎的な重要な作業であるかを物語っている。なお，藤本(1994)の閲読に際し竹越孝氏にお世話になったことに感謝する。

34a/9, 侯餱→餱尤; 上37b/3, 鍒; 上37b/3, 鍅, 下7a/8, 愀。

　これはむしろ元はなぜ「侯」と作るのかが疑問である。なぜなら，『古今韻会挙要』では下平声の11は「尤，与侯、幽通。」とあり，そもそも「侯」韻は存在しないからである。この点は『韻会玉篇』上の「韻会韻母目録」でも「下平声」11は「尤」と表示されており，その他に「侯」が立てられているわけではないのである。

　この点はもしかしたら崔世珍の目睹した『韻会』が『古今韻会挙要』ではなく『古今韻会』であったことを反映するのかもしれない。つまり，『古今韻会』では「侯」韻が立てられていたのに基づいて，崔世珍も『韻会玉篇』において本体部分では当初「侯」韻と表示したものの，最終的な定稿時には「韻会韻母目録」では『挙要』に従って「尤」韻のみを立てることにしたのかもしれない。

　ただし，その場合，東洋文庫本において「侯」と表示されている字の多くが三等であるのが問題となる。現行の『古今韻会挙要』では「尤」韻の中に「侯」の小韻が現れ，その後にも三等小韻がかなり現れていることがあるいはこの問題を解くヒントとなるかもしれない[16]。

3.2.3. その他のタイプ

3.2.3.1. タイプ 3：所属韻を訂正

　上13a/1, 菩薩虞/注, 注の中の「虞」をカットし，その左側に「斉」を押印。

　上13b/7,「苨」の注の二番目の「薺」をカットし，その左側に「斉」を押印。

　上16a/8, 小→篠。

　上24a/5, 弔肅/錫→, このうち「肅」を「嘯」に訂正。

　上24b/3, 歌歌→哿, ただしこの字は平声の位置に列挙されているので，更に上声の位置に移さなければ完全に訂正したことにはならない。

　下38b/6, 処慮御,「御」を「語」に訂正,「慮」の左脇の空白に「御」を押印。

---

[16] 崔世珍の編んだ資料に見られる類似例としては『四声通解』における刪・山韻の問題がある。即ち，小早川(1995)が見出したように，『四声通解』では韻目としては『洪武正韻』に従って刪韻のみを立てているのに，複数の音を持つ字がその他の韻に現れる際に刪韻所属音を「山」として表示する例が多数見られ，それらが『韻学集成』に由来する成分であるため，このような不統一が生じたという現象が存在する。

3.2.3.2. タイプ4：字形を訂正

上14b/6, 苆→苔, 親字の字形を訂正。

上17b/3, 馴→馴, これは真ん中三分の一のパーツのみを切り貼りして訂正している。

上22a/6, 猴→猴。

上25b/4, 阢→阮, これは「几」の上の横線を削り, 縦棒を上に伸ばすことによって訂正している。

上31a/4, 赳→右側の突き出ている横棒をカットして「丩」の形にしている。

下33a/6, 喬→㐬。

3.2.3.3. タイプ5：所属韻が重出しているのを削除

上3b/4, 堋蒸/徑増→堋増, これは「増」にすでに「蒸徑」という注が付いていて, その前の「堋」と全く同じ状況なので, 一つの項目にまとめたもの。

上10a/8, 葉/洽箑葉/洽→箑葉/洽, これはその前の字の「筴」の所属韻と「箑」の所属韻が同様なので一つの項目にまとめたもの。

3.2.3.4. その他

上7a/5, 沈侵平/声注→見平声/沈注侵, これは「沉」に対する注で, 尊経閣文庫本の注だと,「「沉」は平声の方の沈の注に見える,「侵」韻」という意味になるが, 東洋文庫本では行文に乱れがあり, よく読めない。

上32a/4, 煉注練→諫注。

下38b/3, 癸紙入発月→上癸紙入発月, 上声の表示が欠けていたのを補った。

3.2.4. 上巻と下巻の校正態度の差異

尊経閣文庫本の訂正において更に観察される顕著な点は, 下巻は訂正の分量が少なく, ほとんどタイプ1に限られることである。下巻においても所属韻が「侯」となっている箇所もあるのにそのままにしている。また, 前述の訂正紙を互いに貼り間違えてもその誤りに気付かずにそのままにした箇所も下巻

に現れている。このようなことから，上巻と下巻とでは訂正態度と精度にかなり大きな差が認められ，おそらく別の校正官の手になるものと考えられる。

　安(1989)は中宗38(1543)年の『大典後続録』巻三・礼典・雑令の「書冊印出時，監印官、監校官、唱准、守蔵、均字匠，毎一巻一字錯誤者笞三十，毎一字加一等;印出匠，毎一巻一字或濃墨或薏微者笞三十，毎一字加一等，並計字数治罪。官員五字以上罷黜;唱准以下匠人論罪後，削仕五十。並勿揀赦前。元本字誤者不在此限。」という規定を引いているが，下巻の校正を行った者への処遇はいかなるものであったであろうか。

3.3. 東洋文庫本の墨書

　3.3.1. 朱筆:部首の字形に対する校記
　まず朱筆で記されているものだが，部首の字形に対する校記である。
　部頭目録上1b/9, 免, 字の上に小さな朱点を打ち，版框の上に「免」の上が「ク」ではなく「刀」となっている字を朱筆で記す。しかし実際には「兎」と校正すべきもの。
　部頭目録下2a/7,「門部」の注の第一字「門」に朱点を打ち，版框の上に「門」と朱書。
　部頭目録下2b/2,「危」の右下角が「巳」となっている字に朱点を打ち，版框の上に「危」の右下角が「己」になっている字を朱書。
　部頭目録下3a/6,「辰」の中の「二」の真ん中に縦棒が入っている字に朱点を打ち，版框の上に「辰」と朱書。
　部頭目録下3b/9, 屮 に朱点を打ち，版框の上に「出」と朱書。
　部頭目録下5a/3,「亢」の上が「二」となっている字に朱点を打ち，版框の上に「亢」と朱書。
　部頭目録下5b/6, 䲷の上に朱点を打ち，版框の上に「鼇」と朱書。
　部頭目録下7a/2,「口」(くち)の右上角に朱点を打ち，版框の上に「囗音/為」(くにがまえ)と朱書。
　下32b/4,「亢」の上が「二」となっている字に朱点を打ち，版框の上に「亢」と朱書。

3.3.2. 墨書：親字の追加

黒い墨で版框の上に親字を追加する注記がある。上12b/6,「堇文」。上14a/3,「夢送」。上28b/3,「載隊支賄/霽」。上33a/6,「秦」。下1b/7,「奘輿從犬/者不同」。下15b/1,「膚虞/胡虞」。下26b/5,「武羹」。下36a/6,「頹灰」。

また，次は部首の字形を正すものである。下29b/1,寒当作[寒の最後の2点がない字]而/蹇蹇等数字/属下[寒の最後の2点がない字]古罅。

その他，本文中に付箋がついているものとしては，下30b/6の「欠屑」の下,「部首從哉可疑」と墨書されている。

3.3.3. 東洋文庫本の用紙

下42葉は上3/1くらいの箇所で二枚の紙が貼り合わされている。刷りがそこで途切れたりしていないので，元々料紙にこのようないわば「再生紙」を利用したこととなり，この本の刷り自体がややランクが下がる扱いであったことが窺われる。

4. 諸本の比較例

この節ではこれまで実見し得た日本所蔵の5本と韓国中央図書館電子図書館に公開されている3本の写真に就いていくつかの箇所を比較し，諸本の系譜関係を推定する。

4.1. 國會図書館本と書陵部本の記述

東京の国立国会図書館には『韻会玉篇』が二本所蔵されている。

一本は請求番号が821-193で，一冊，紙大が27.9×18.0cm,版匡が22.4×15.7cm,初めの3葉分の目録は墨書されており，本体部分と同じ和紙と見られる薄い紙を使用している。非常に精緻に東洋文庫本と同一系統の版本をかぶせ彫りした日本の木版本であると判断される。見たところ，字が濃かったり薄かったりする感じが活字本に似ているのだが，原本に就いて見ると活字本の凹凸感

がなく，刷りの濃淡に至るまで巧妙に再現しようとしたものの如くである。料紙はつぎあてしたものが多い。虫損あり。これは朝鮮における乙亥字初刊本ではなく，和刻本であるとすべきだが，校正前の初刊本の模刻という点での価値はある。

　もう一本は請求番号が821-14で，二冊，一冊目は28.9×19.7cm，二冊目は24.8×17.9cm，厚紙を使用した朝鮮本と見られる木版本である。

　書陵部本は請求番号が556-14で，一冊，紙大は29.2×21.0cm，版匡が24.1×18.0cm，裏映りがする薄い和紙に刷られている和刻本であるとすべきである。原本には欠損や虫損箇所は下の最後を除き見られないが，随所に字がデフォルメされて刻されている箇所が見られ，それはかぶせ彫りをする際の底本に存在した難読箇所を見えるままに刻したことによる。

4.2. 八本の比較例から見た系譜関係

　以下では日本所蔵の5本と韓国中央図書館電子図書館で公開されている3本に関して8か所の異同を比較してみる。

　下の表では日本の国会図書館の821-193を「国会193」，821-14を「国会14」，韓国中央図書館のb2-3134-2を「中央2」，B2-古朝41-23を「中央23」，B1-3111-31を「中央31」と略記する。また出現箇所は例えば「上3a/7」は上冊の第3葉表の7行目を表す。

漢語音韻学

本 箇所	東洋文庫	国会193	尊経閣	国会14	中央2	中央23	中央31	書陵部
上3a/7	支碕注	〃	碕支注	〃	〃	〃	〃	〃
上3b/4	埑蒸/徑増	〃	埑増	〃	〃	〃	〃	〃
上7a/4	漚侯	〃	漚尤	〃	〃	〃	〃	〃
上16a/8	小	〃	篠	〃	〃	〃	〃	〃
下33a/6	畚	〃	㐀	〃	〃	〃	〃	〃
下36b/2	願諢注	〃	蘇㒷	諢願注	〃	〃	〃	〃
下36b/8	㒷蘇注	〃	諢㒷	蘇㒷注	〃	〃	〃	※
下39a/5	平	〃	〃	空白	〃	〃	〃	墨書平

※は「蘇㒷注」となっており，これはこの木版本が刻工の見た目に基づいて刻し直したため形が訛ったものであり，このような例はこの版本には随所にみられる。また同本の下39a/5は印刷されたものとしては空白になっているが墨書で 平と記してある。

中央31は写本で，他の刊本版本が9行であるのに対して8行書写である点が異なる。

さて，以上の状況からして，未校正本と校正本の二つの系統に大きく分かれることが見て取れる。即ち:

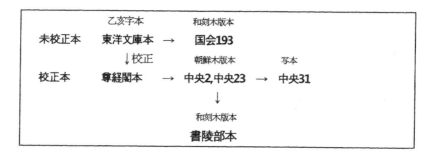

東洋文庫本も尊経閣本も共に乙亥字本であり，同一の原刊本によるものと見られるが，尊経閣本のほうが早期の刷りであるようで，紙の切り貼りによる校正を経ているため，本文自体としてはより正確だと認められたものを反映

する。しかし東洋文庫本は校正を経ていないため,尊経閣本で紙が切り取られた箇所にどのような字があったかが分かる点で大変貴重なものである。

他の木版本は活字本に基づいて倣刻されたものとして,テキストとしての価値は下がる。ただ,下36b/2および下36b/8の箇所が正確に校正されていることからして,この箇所の紙の貼り間違えがなかった乙亥字本に拠っていることが分かり,そのような箇所が他にもあるかもしれない。

和刻本であろうという推定は紙質に基づいており,和本と朝鮮本をたくさん実見している書誌学の専門家による鑑定を経る必要がある。

5. おわりに

小文では詳しく見ている余裕がないが,『東国正韻』(1447)は音韻体系こそ「東国正韻式漢字音」と呼ばれる韓国漢字音に独特の理論化を施した字音に拠っているが,その底本になったのは『韻会』であり,そのことは『東国正韻』と『古今韻会挙要』の収録字を小韻ごとに突き合わせていくと同一の順番で現れることから証される。それに先立ち,世宗26(1444)年には世宗は申叔舟ら集賢殿の学者らに諺文を以て『韻会』を「訳す[17]」よう命じているが,その事業は中止されたのではなく,まさにその成果が『東国正韻』なのである。申叔舟による『東国正韻』の序文には底本が『韻会』であったとする論述は全く見られないが,それは明朝の官修韻書である『洪武正韻』ではなく,『韻会』を底本としていることを明朝に対してはむしろ隠匿しなければならないためであったと考える。世宗が題を『洪武正韻』に倣った『東国正韻』としたのもそのような考慮に出ずるものであっただろう。

『東国正韻』には義注は全くついておらず,単体で辞書の用を果たすことを

---

17) この「訳」は現在のわれわれが理解するような外国語を自国語に訳すという意味ではなく,「注音をつける」というほどの意味であった可能性がある。崔世珍の「翻訳老乞大朴通事凡例」なども音訳に関する内容に終始しているから,その「翻訳」は音訳の謂いであると考えてよい。

目指したものとは思われず，実際には『韻会』の韓国漢字音による発音順索引という面もあった。『韻会』の字形順索引である『韻会玉篇』の体裁が『東国正韻』によく似ているのもうべなるかなである。

中国語音韻史研究の立場からすると，『東国正韻』は『韻会』系の韻書として，もしかしたら『古今韻会挙要』ではなく，それが『古今韻会』に基づく可能性も潜めているという点で，重視すべきものと考える。

小文では『韻会玉篇』と『古今韻会挙要』の全面的比較に着手することができなかったが，部首の分類がどの書物を継承したものであるかなど，今後なすべき課題は多い。

<参考文献>

安秉禧(1989),「국어사자료의 오자와 오독」『국어국문학논총 Ⅲ 二静鄭然粲先生回甲紀念論叢』738-751. 서울 : 塔出版社 ; 『국어사자료연구』28-42. 서울 : 문학과지성사.

崔鉉培(1942),『한글갈(正音学)』京城 : 正音社.

遠藤光暁(1994),「『四声通解』の所拠資料と編纂過程」『青山学院大学一般教育論集』35 : 117-126 ; (2001)『中国音韻学論集』241-252. 東京 : 白帝社.

＿＿＿＿＿・伊藤英人・鄭丞恵・竹越孝・更科慎一・朴真完・曲暁雲 編(2009),『訳学書文献目録』서울 : 博文社.

藤本幸夫(1994),「朝鮮本の訂正に就いて―『重修政和経史証類備用本草』を中心にして―」『朝鮮文化研究』1 : 93-136.

花登正宏(1990),「四声通解所引古今韻会考」『東北大学文学部研究年報』40 : 1-14 ; (1997)「『四声通解』所引の「古今韻会」について」『古今韻会挙要研究』65-76. 東京 : 汲古書院.

小早川真理子(1995),「『四声通解』と『韻学集成』」『開篇』13 : 56-60.

小倉進平(1913-14),「朝鮮に於ける辞書の沿革」『国学院雑誌』19/12 : 1053-1058 ; 20/2 : 121-142 ; 20/3 : 237-254.

＿＿＿＿＿(1920),『朝鮮語学史』東京 : 大阪屋号書店 ; 増訂版(1940)東京 : 刀江書院 ; 増訂補注版(1964)東京 : 刀江書院(河野六郎補注).

＿＿＿＿＿(1940),「朝鮮に於ける韻書と玉篇との関係」『安藤教授還暦祝賀記念論文集』1231-1244 ; (1975)『小倉進平博士著作集』4 : 547-562.

朴尚均(1986),「韓国「字書」解題」『京畿大学校論文集』19/1;『書誌学散藁』369-412. 서울
　　　:民族文化社, 1989年.
竹越孝(2009),「天理図書館蔵の内賜本『老乞大諺解』について―印出後の訂正状況を中
　　　心に―」『愛知県立大学外国語学部紀要(言語・文学編)』41 :379-404.
尹仁鉉(1986),『[韻会玉篇]의 [古今韻会挙要]에 対한 索引性』中央大学校碩士論文.
　　　【韓国の国会図書館や国立中央図書館で参照可】
＿＿＿(1987),「[韻会玉篇]考」『書誌学研究』2 :233-255.

□ 성명 : 遠藤 光曉
　주소 : (252-0184) 日本国 神奈川県相模原市緑区小渕1491-8
　전화 : 042-686-7065　　Fax : 042-686-7066
　전자우편 : mit.endo@gmail.com

□ 이 논문은 2009년 11월 21일 투고되어
　　　2009년 12월 1일부터 12월 21일까지 심사하고
　　　2010년 1월 14일 편집회의에서 게재 결정되었음.

介音與其他語音成分之間的配合關係

遠藤光曉*

摘 要

本文從現代北京話、《切韻》音系和由中古至現代所產生的語音變化中歸納出介音與其他語音成分之間所存在的排斥律與和諧律，從中探測其語音學上的根據和歷史上的成因。實際上，與介音有密切關係的是聲母和韻尾，主要元音和聲調很少與介音發生特殊現象。

關鍵詞：現代北京話、《切韻》、近代音

一、前言

　　介音介乎聲母和主要元音之間，因此一般來說是半元音性質的高元音，常見的是[i,u,y]等，但在個別方言裏頭有時也出現[ɿ,ʅ]等舌尖元音。本文主要討論現代北京話和切韻音系裏介音與聲母、韻尾之間的配合關係，進而考察由中古至現代所產生的介音衍生和脫落等現象。由於聲調、主要元音很少與介音發生特殊現象，因此本文幾乎不涉及到介音與聲調、主要元音之間的關係。

---

* 日本青山學院大學教授。

二、現代北京音系中的情況

首先從最親近的方言——現代北京音系中的情況入手。為了簡便起見，下面主要使用漢語拼音方案，有必要時再使用國際音標（用[ ]來表示）。

(一) 聲母與介音的配合關係

現代北京音系中的聲母與介音的配合關係如下頁表 1。介音當中，ü 兼具 i 與 u 的語音性質，可分析為/iu/。下文中，除了特別聲明時以外，對-i-介音說的事情也適用於 ü；對-u-介音說的事情也適用於 ü。

最明顯的是第 6 行至第 9 行：g-k-h-、z-c-s-、zh-ch-sh-r-祇和洪音配合，j-q-x-祇和細音配合；反過來說，g-k-h-、z-c-s-、zh-ch-sh-r-不和細音配合，j-q-x-不和洪音配合。從這個分布可以得到下列排斥律：

1. g-k-h-，也就是舌根音與-i-介音之間有排斥關係；
2. z-c-s-，也就是舌尖音與-i-介音之間有排斥關係；
3. zh-ch-sh-r-，也就是捲舌音與-i-介音之間有排斥關係。

至於 j-q-x-，把它解釋為下列和諧律更加合適：

4. j-q-x-，也就是舌面音與-i-介音之間有和諧關係。

表 1　現代北京話裡聲母與介音配合關係表

介音 聲母	洪 音		細 音	
	開口呼	合口呼	齊齒呼	撮口呼
	-φ-	-u-	-i-	-ü-
1. φ	+	+	+	+
2. b,p,m	+	(+)	+	−
3. f	+	(+)	−	−
4. d,t	+	+	+	−
5. n,l	+	+	+	+

6. g,k,h	+	+	−	−
7. z,c,s	+	+	−	−
8. zh,ch,sh,r	+	+	−	−
9. j,q,x	−	−	+	+

這些定律的語音學上的含義如何？

考慮到歷史來源，定律 1 和定律 2 是由於北京音系曾經經歷過[ki- khi- xi-]變[tɕi- tɕhi- ɕi-]以及[tsi- tshi- si-]變[tɕi- tɕhi- ɕi-]的語音演變，因而導致這套聲母不能結合在一起的局面。所以這反映很常見的顎化現象，也就是後面的-i-介音把前面輔音的發音部位同化成接近-i-舌位的舌面音。換句話說，這兩個定律是-i-介音排斥前面輔音的結果。

定律 3 的性質則與定律 1、2 有所不同：zh-ch-sh-r-，也就是捲舌音從來不與-i-介音連接在一起，因為這兩者的發音動作互相違背，根本不可能直接連在一起：捲舌音是 apical 性質的，而且要把舌尖翹起來；而 i 和普通的元音一樣，是 dorsal 性質的，舌尖不允許翹起來，一定要保持平舌狀態。❶中古音系裏內轉三等韻有個別莊組字，如"裝"字，寬式擬音可以記為[tʂiɑŋ]，不過，按發音動作，[tʂ]和[i]直接連在一起是幾乎不可能的，實際音值應為類似[tʂʅɑŋ]或者[tʂɿɑŋ]的音。❷因此在定律 3，捲舌聲母排斥-i-類介音，而且這是非常強的限制，從來不可能有違背這個定律的發音。相形之下，定律 1、2 的限制不是絕對的，[ki-khi-xi-]或者[tsi-tshi-si-]那樣的組合在別的方言或語言裏可以存在，在北方話的歷史上也曾經存在過。

---

❶ 現代北京話加"兒"尾時也產生類似性質的語音變化。參看 Chao (1968:46): "The general principle of change follows what I call the 'simultaneity of compatible articulations,' namely, the tendency for articulations to be telescoped together if they are not incompatible. Thus, al is pronounced like ar in Middle Western American 'art', where the vowel and retroflexion are for the most part simultaneous. (中略) The high front vowel i and iu, however, with the tongue flat, are incompatible with retroflexed; therefore they must be followed by a retroflexion midvowel, thus: *ji* + 儿-*l* → 雞儿 *jiel* 'chicks'. The endings -*i*, -*n*, also incompatible with retroflexion, are simply dropped, thus: 今 *jin* + 儿-*l* → 今儿 *jiel* 'today', consequently homophonous with 雞儿 *jiel*. ..."

❷ 後來由於伴隨捲舌聲母的翻唇動作，這個韻母變為 zhuang，-i-介音變成-u-介音了。

定律 4 不認定爲 j-q-x-與洪音之間的排斥關係，而認定爲 j-q-x-與細音的和諧關係，這基於兩方面的考慮：一方面，論歷史來源，現代北京話的 j-q-x-是從[ki-khi-xi-]和[tsi-tshi-si-]來的。因爲舌面音聲母與-i-介音的連接特別容易發音，所以產生了這一套聲母；並不是因爲 j-q-x-與洪音之間有互相違背的發音動作，所以導致這樣的分布情況。另一方面，別的漢語方言或語言裏[tɕ-tɕh-ɕ-]或其類似音與洪音確實可以相連接，如廣州話的"仔"[tɕɐi]等等。

現在再看看表 1 的第 4 行和第 5 行。n-l-可以與-ü-相拼，但 d-t-則不能。這是歷史來源所使然的。n-l-可以相拼的韻母是-ü 和-üe，前者來自中古遇攝三等，後者來自宕攝三等入聲。現代北京話的 d-t-聲母來自中古端透定母，而這三母，除了極少數的例外以外，在中古音系裏頭不出現在三等韻。

老派北京話裏有 lün 這個組合，比如在老舍的發音裏，"倫"念 lún，❸但在現代北京話裏已經變成 lún 了。另外，在早期北方話裏"內、累"等字念 nuì、luì ❹，但後來-u-介音脫落，變成 nèi、lèi 了（但 duì、tuì 沒有變爲 deì、teì）。

d-t-聲母在西北方言逢-i-介音就顎化爲 tɕi-、tɕhi-。❺這是因爲 d-t-也具有一種 apical 的發音動作，如果要使輔音和介音的連接更加順利進行的話，或者 d-t-被介音-i-同化爲 tɕi-、tɕhi-，或者介音-i-變成別的音，如-e-等等。❻日語的*ti、*di 變成 tɕi、dʑi，俄語的"軟音（也就是顎化的）"т、д 也接近 tɕi、dʑi。從這些跡象來看，應該認爲：

---

❸ 這反映在他在倫敦錄音的靈格風唱片裏。參看遠藤（1986：267）。

❹ 例如在反映 16 世紀初北京一帶官話的《翻譯老乞大・朴通事》的注音裏分別爲 nui、lui（原文爲諺文）。參看遠藤（1990a：42）。

❺ 如老派西安話。根據北京大學（1989：11），新派則不然，念得像北京話那樣。這可能是受到普通話影響的結果。

❻ 《西儒耳目資》（1626 年）把"聊"等記成 leao（省去聲調符號，下同），把"良"等記成 leam[leaŋ]（文字改革出版社，1957 年，中冊 222-226 頁）。藤堂（1952：134-135）說："晉陝官話的[l-]到現在也帶有很強的翹舌傾向，高本漢《方言字匯》也把太原、平涼、西安的"聊、良"記成[leau]、[leaŋ]，不與[i]拼在一起。（原文系日文）"按，就是平舌的[l-]也是 apical 的，因此在一定程度上難以與-i-連接在一起。

5. d-t-(n-l-)，也就是舌頭音與-i-介音之間有排斥關係。

但這個排斥關係在現代北京話和很多現代漢語方言裏沒有顯現出來（但在上古至中古之間曾經產生過這個定律所引起的變化）。這一方面是因為舌頭音與 i 之間的排斥關係比較弱，另一方面是因為很多漢語方言的音系裏已經有 tçi-、tçhi-等音，因此抑制 di-ti-等變為 tçi-、tçhi-，以免產生一系列同音字。

現在討論第 2 行和第 3 行，也就是雙唇音和唇齒音。限制唇音聲母分佈的條件不是洪細，而是開合。❼在現代北京話，唇音聲母除了單元音韻母 u 和 o ❽以外不與-u-介音相拼：

6. b-p-m-f-，也就是唇音與-u-介音之間有排斥關係。

理由可能如下：發 p、ph、m 等唇輔音時嘴唇以平唇狀態關閉起來，這個發音動作和元音 u 互相違背，因為發元音 u 時要把嘴唇弄圓並突出，這是與平唇關閉相反的發音動作。單元音韻母，與介音相比，分配在該元音的時間長，足夠形成 u 元音必備的發音動作，因此唇音聲母與元音 u 能相拼。

---

❼ 順便在這裏記一下，《韻鏡》裏的"合"的概念與現代中國音韻學所說的"合口"不完全相同。就是說：第 26 轉（效攝）、第 38 轉（深攝）、第 40、41 轉（咸攝）分別指定為"合"，但這些攝以唇音-u、-m 結尾，不可能具有-u-介音。那麼，這些攝的"合"所說的不可能是介音的語音性質，而是就韻尾或主要元音至韻尾的整個移動過程而言（同樣是效攝和咸攝，第 25 轉和第 39 轉指定為"開"）。《玉篇》、《廣韻》的一些版本在卷末附有〈玉篇廣韻指南〉（《廣韻》裏沒有這個題目），其中一項叫〈辯十四聲法〉（《廣韻》作〈～例法〉），說："一，開口聲：阿哥河等並開口聲。二，合口聲：苍甘堪諳並合口聲（《廣韻》作"苍甘堪諳等並是合口聲"）。三，蹙口聲：憂丘鳩休，能所俱重（《廣韻》作"憂丘鳩休等，能所俱重也"）。四，撮唇聲：烏姑乎枯，能所俱重。五，開唇聲：波坡摩婆，能所俱輕。……"在這裏，"開口聲"指發主要元音 a 時的開口動作；"合口聲"指發 am 韻母時由最大的開口度發出關閉雙唇的發音動作；"蹙口聲"指發 iu 韻母時由平唇至圓唇移動的嘴唇突出動作；"撮唇聲"指發 u 韻母時突出嘴唇的動作；"開唇聲"指發 pa、ma 等雙唇聲母加 a 韻母時由閉唇狀態移至 a 的開口動作，等等。在傳統等韻學裏，發音動作的掌握方法如此紛繁多彩，我們不能從現代的術語出發輕易"校訂"古文獻的記載；而要從古文獻本身出發歸納出古人的意旨所在。

❽ o 這個韻母實際上是合口，應看作是/uɔ/。詳細討論可參看平山（1972：57-70）。

唇齒音聲母 f-不能與-i-介音相結合。這事實應該追根於漢語唇齒音聲母的歷史來源：《切韻》音系祇有一套雙唇音聲母，後來在具有-i-介音並具有中、後主要元音的條件下變為唇齒音，❾與此同時丟失了-i-介音。雖然 fi 這個組合是完全能發的（英法德俄等歐洲語言不乏其例），但既然在北京話和許多漢語方言裏頭有這個限制，就應該建立下列定律：

7.　f-，也就是唇齒音與-i-介音之間有排斥關係。

其語音學上的理由可能如下：發 f-時下顎往後拉去，並且由於發音部位是上齒和下唇，因此下顎的位置比雙唇音低。發 i 元音時需要把舌面向前上方移動。這樣看起來，f 與 i 的發音動作之間含有互相矛盾的特性。

塞音的發音部位，祇是接近，而不接觸，所以嚴格來說，總比相對應的塞音、塞擦音低，因此有時語音學上的表現有所不同。在福建永定下洋方言（屬於客家話），塞音 ki-、khi-保持舌根音，但擦音*hi-變 s（介音 i 脫落）；另外，*hu-變 f-（這一點廣州話也如此）但 ku-、khu-保持舌根音（黃（1985））。在反映 14 世紀某種官話音的王叔和《脉訣》波斯文翻譯裏頭，塞音 k-、kh-沒有顎化的跡象，但舌根擦音逢細音就使用與洪音不同的文字，可能祇有擦音已產生顎化。這可能因為擦音沒有接觸，發音器官的可移動性大，因此有時經過比塞音、塞擦音更大的語音變化。

這裏附帶地談一下，在-u-介音開頭的韻母裏頭，uo、ui、uan、un 能和舌頭音（d-t-n-l-）、舌根音（g-k-h-）、捲舌音（zh-ch-sh-r-）、舌尖音（z-c-s-）結合，但 ua、uai、uang 卻祇和舌根音和捲舌音結合：

8.　-u-介音與捲舌音聲母、尤其與舌根音聲母之間有和諧關係。

這個定律存在的語音學根據可能如下：捲舌音固有的音色是第三共振峰低，這

---

❾ Chao（1940）首先提出了這一設想。平山（1967）對一些根據高本漢的擬音時難以回答的問題進行討論，輕唇音化的語音條件問題可算解決了。自高本漢以來，不少學者以為導致輕唇音化的語音條件是三等合口，但這個看法難以成立。詳細討論見遠藤（1991）。

是因發音部位前面形成很大的共鳴洞而來的。爲了增大共鳴洞的體積，捲舌音聲母往往同時伴隨著翻唇動作；另外整個舌頭也往後拉去：這些發音動作與 u 元音有共同之處。另外，舌根音的發音部位接近 u 元音，因此連著發起來特別順利。

其中 zhua、zhuai、zhuang 等等捲舌音的組合裏的-u-介音的來源，或者明顯是後起的（如 zhuang 等音節），或者摻雜著來歷不明的口語詞（如 rua 等）；舌根音的組合是合乎語音對應規律的，也就是說，中古音本身就具有舌根聲母和-u-介音之間的特殊分布（詳見後面第四章第二節的討論）。

(二) **韻尾與介音的配合關係**

北京話韻母的配合關係如下表 2：

表 2　北京話韻母配合表

	1	2	3	4	5	6	7
開口呼	i, er	a	e	ai　ei	ao　ou	an　en	ang　eng
齊齒呼	i	ia	ie		iao　iou	ian　in	iang　ing
合口呼	u	ua	o, uo	uai　uei		uan　uen	uang　ueng, ong
撮口呼	ü		üe			üan　ün	iong

從中可以得出下列定律：

9. 介音與韻尾之間，排斥出現同一半元音（-ü-介音兼有-i-介音與-u-介音的性質）。

比如說，-i-、-ü-介音不與-i-韻尾相配合；-u-、-ü-介音不與-u 韻尾相配合。這個定律在現代北京話沒有例外。但早期北京話裏，曾經有過 iai 這種組合，如"崖" yái 等。在《西儒耳目資》裏，除了零聲母以外，還可以與 k、kh 相拼，如"街 kiāi" 等。論來歷，這些-i-介音是牙喉音二等的條件下滋生的，但這種音節結構還是不穩定，現代北京話裏或者變成-ia，或者變成-ai，迴避同一半元音出現在同一個音節。-uau 這種組合，在方言裏或在歷代音系裏出現機會微乎其微，但也

不是絕對不可能的，八思巴字資料出現-uaw 韻母，如"郭 kuaw"。❿這個-u 韻是宕攝入聲-k 變過來的，這種音系反映在現代北京話的口語層，如"藥 yào"等等，但-uau 這個韻母卻沒有保留下來。

除了定律 9 以外，北京話韻母中看不到明顯的系統的排斥律或和諧律。這裏記一下零星的現象。

現代北京話的老派還能發-üo 這個韻母，但現在的標準音都變成-üe 了。⓫這個變化可以看做是介音所引起的同化。另外，現代北京話的-ia 韻母除了 jia、qia、xia 以外，祇有 liǎ "倆"。jia、qia、xia 來自中古牙喉音二等，就是說，-i-介音是後起的；"倆" liǎ 是"兩個"的合音（趙（1927）；Chao（1936））。屬於-ei 韻母的字不太多，除了唇音是合乎對應規律的形式以外，其他字一般都有較特殊的來歷：來自曾梗攝入聲口語層的"北" běi、"得" děi 等等，zhèi（"這一"的合音）、nèi（"那一"的合音）、shéi（由於"誰" shui 是常用詞，脫落了-u-介音）、由 *nui・lui 變過來的 nei・lei 等等。

三、《切韻》音系中的情況

接下來再看看漢語音韻史研究的出發點《切韻》裏的情況。

李（1952）列出《切韻》的同音字表，對求出各個語音成分的分布情況提供方便。但此書的底本為完本王韻，摻雜著王仁煦所增加的小韻和他改造的反切用字。本文則根據上田（1975）所擬陸法言原本《切韻》的小韻與反切加以修正，因此下文的分布情況偶爾與李（1952）所載不符。

㈠ 開合口的出現條件

由於在《切韻》音系裏，合口介音的出現受到韻尾的很強的制約作用，因此先確認一下這個情況：

---

❿ Dragunov（1930：797）《蒙古字韻》有一系列-uaw 韻母音節，見"十蕭"韻（大阪，關西大學東西學術研究所，1956 年；照那斯圖等（1987）。另外，《元朝秘史》蒙漢對音也反映 -uau 韻，見服部（1946：I,139）。

⓫ 平山（1958：37）。

表3　《切韻》音系各攝有無開合對立表

韻尾	有開合對立的攝				無開合對立的攝			
	-φ	-i	-n/-t	-ŋ/-k	-φ	-u	-m/-p	-uŋ/-uk
內轉	—	止	臻	曾梗	遇	流	深	通
外轉	果假	蟹	山	宕	—	效	咸	江

其中，"內外轉"是經過改訂的。⑫對通、江攝擬測合口韻尾是日本的中國音韻學界比較通用的學說。⑬雖然在細節上有一些問題需要討論，⑭但總的來看，可以看出：如果韻尾含有唇音性則排斥合口介音。這是從現代北京話歸納出來的定律9 "介音與韻尾之間，排斥出現同一個元音。" 的一部分。⑮

在這裏值得一提的是，就是在有開合對立的攝裏，個別韻的合口分佈也非常有限制（舉平以賅上去入）：

表4　祇在牙喉音才有合口的韻（標以粗體字）

	尾韻	-φ	-i	-n/-t	-ŋ/-k
內轉	一等韻	—	—	**痕魂**	**登**
	重紐韻	—	支脂	眞	蒸
	C類韻	—	之微	殷文	—
外轉	一等韻	歌	泰咍	寒	—
	二等韻	**麻二**	**佳皆**	**刪山**	**庚二耕**
	重紐韻	—	祭	仙	庚三清

---

⑫ 詳細討論參看遠藤（1988）。

⑬ 賴（1953）首先對上古音構擬合口喉音韻尾，接著三根谷（1956）對中古音也構擬了合口喉音韻尾。另外，賴（1956）對中古音構擬了硬顎韻尾。平山（1998）則認爲硬顎韻尾是在唐代受到前舌主要元音的同化而產生的。就是說，《切韻》音系曾梗宕-ŋ/-k：通江-uŋ/-uk 的對立在唐代變成曾梗-ɲ/-c：宕通江-ŋ/-k。

⑭ 平山（1995）認爲魚韻是開口的；平山（1982）根據敦煌毛詩音反切求出 "唇尾屬韻" 的開合性質，結果爲：談韻開口性、單合韻合口性、東屋韻三等開口性：東屋韻一等及鍾燭韻合口性。

⑮ 但在《切韻》音系裏-i 韻尾的攝（止攝和蟹攝）也有細音。

C類韻	—	廢	元	—
四等韻	—	齊	先	青

從這裏可以看出，二等韻❻、四等韻、C類韻（之韻系除外）以及具有舌根音韻尾的所有韻系都祇在牙喉音才有合口。臻攝一等痕韻系除了"吞"字以外祇有牙喉音，與此成對的合口韻魂韻系裏唇舌齒牙喉音俱全，也是類似情況。

這種分布情況要追溯到上古音才能加以說明，❼但在這裏可以據此建立下列定律：

10. 舌根音聲母與合口介音之間有和諧關係。
11. 合口介音與舌根音韻尾之間有和諧關係。

關於定律 10，現代廣州話也有類似情況：在現代廣州話音系裏，介音-u-祇出現在舌根音[k-、kh-、h-、φ-]後面。❽

《切韻》音系的唇音開合口也是一個重要問題。在漢語裏，唇音聲母後面一般沒有開合口的對立，但隨著後面韻母的類型或近開口，或近合口。本人曾經根據(1)唇音小韻在《切韻》開合合韻裏放在開口小韻群或者放在合口小韻群；(2)反切下字的選擇傾向（開口下字、合口下字和唇音下字的比率）；(3)因開合不同分韻的一系列韻裏頭，唇音小韻放在哪一種韻，等跡象調查了唇音音節的開合，得出下列結果（表中 p 表示開口；pw 表示合口；？爲難以確定者。參看遠藤（1991））：

---

❻ 二等韻有個別例外，有零星的合口字。

❼ 雅洪（1986）對上古音擬測 kw-、gw-、xw-等圓唇軟顎聲母，取消合口介音。蒲立本（1962）也持有同樣觀點，構成"古無合口說"。李（1971）也採納此說。蒲立本進一步提出"古無細音說"（參看蒲立本（1962；1999：207））。在他的上古音系統，除了*r等輔音介音以外就沒有元音介音。

❽ 因此如果把它們解釋爲/kw-、kwh-、hw-、w-/就可以取消介音（廣州音系裏介音-i-、-y-也沒有）。參看 Hashimoto（1972：137ff.）。

表 5 《切韻》唇音的開合

韻尾	-φ	-i	-n/-t	-ŋ/-k
一等韻	歌 p	泰 p 灰咍？	寒？魂 pw	唐 p 登 p
二等韻	麻 p	平上聲 p 去聲 pw	刪 pw 山 p	庚 p 耕 p
四等韻	—	齊 p	先 p	青 p
C 類韻	—	微 pw 廢 pw	元 pw 文 pw	陽 p
重紐 A 類	支 p 脂 p	祭 pw	眞 p 仙 p	清 p
重紐 B 類	支 pw 脂 pw	—	眞 pw 仙 pw	庚？蒸 p

其中，-ŋ/-k 韻尾的唇音字都算開口。❶另外，四等唇音算開口。重紐 A 類算開口（祭韻除外），B 類算合口。❷ C 類唇音算合口（陽韻除外）。其他韻就難以找出一刀切的條件。

(二) 聲母與介音洪細的配合關係

《切韻》的聲母與介音洪細的配合關係如下表 6：

表 6 《切韻》聲母與介音洪細的配合關係

	一四等韻	二等韻	重紐韻	C 類韻	C 類韻乙
幫組	+	+	++	+	+
端組	+	—	—	—	—
知組	—	+	+	+	+
精組	+	—	+	+	—
莊組	—	+	+	+	—
章組	—	—	+	+	—
見組	+	+	++	+	+

---

❶ 李（1971：55-57），李（1982，75-78）已指出這一點。
❷ 王（1941：190）已指出："唇音有二種，一具攝口勢（pw-），一爲平唇（p-）。……三等韻中重出之唇音，其三等爲攝唇而四等爲平唇。"這確實是唇音重紐的語音表現之一，但舌根音韻尾和唇音韻尾字哪怕是三等（B 類）也不可能是合口的，因此不能把開合看做是唇音重紐的區別特徵。

端組和知組構成互補關係，這一點古來由"古無舌上音"來加以說明。至於知組的中古音值有兩個說法，或擬捲舌音，或擬顎化音。如果是顎化音，由上古至中古的變化是上述定律 5，即"d-t-(n-l-)，也就是舌頭音與-i-介音之間有排斥關係"之一例，也就是說，後面的元音-i-把前面的舌頭音同化為顎化舌頭音。

精組和莊組的關係與舌音有類似之處，但沒那麼簡單。莊組字在《切韻》裏的分布情況如下表 7：㉑

表 7　莊組字在《切韻》裏的分布情況

內轉攝	果	止	遇	流	深	曾	宕	通
重紐韻	－	支(脂)	－	(幽)	**侵**	**蒸**	－	－
C類韻	<歌>	之<微>	**魚虞**	**尤**	－	－	**陽**	(東)<鍾>

外轉攝	假	蟹	效	咸	臻	山	梗	江
重紐韻	－	(祭)	<宵>	(鹽)	(眞)	(仙)	<清>	－
二等韻	**麻**	**佳皆**(夬)	**肴**	**咸銜**	**臻**	**刪山**	**庚耕**	**江**
C類韻		<廢>		<嚴凡>	(殷)<文>	<元>	－	－

舉平以賅上去入。粗體字為莊組字多的韻系；明朝體為莊組字少的韻系；加( )者為莊組字極少的韻系；加<>者為莊組字根本不存在的韻系；－表示無該韻。

這麼看起來，二等韻一般普遍存在莊組字，但三等韻的莊組分布情況頗不均勻，莊組字出現較均勻的韻系僅限於內轉諸攝（內轉沒有二等韻），而在外轉諸攝韻系裏或者很少出現莊組或者根本不存在。㉒

莊組不出現在一、四等韻；精組不出現在二等韻。在三等韻，莊組的出現機會

㉑ 轉引自遠藤（1990：75）。
㉒ 這就是《七音略》、《韻鏡》等韻圖得以把三等韻的莊組字排列在齒音二等的根據。因為內轉諸攝本來就沒有二等韻，因此把三等韻的莊組字排列在齒音二等也不可能衝突；外轉三等韻很少有莊組字，與二等韻的莊組字衝突的機會很少。自古以來就有人著眼於此對內外轉加以解釋（如《經史正音切韻指南》所載〈門法玉鑰匙〉說："韻逢照一，內轉切三，外轉切二"）。但僅據這一點就無法解釋伴隨於內外轉的一系列特性，因此不可能是內外轉的中心概念。詳細討論請參看遠藤（1988：130-131）。

較少，因此古來認為中古莊組是後起的，由上古的精組分化而來。㉓在這裏不擬繼續討論這個重要問題，祇確認一下：在《切韻》音系存在的莊組三等韻字的捲舌聲母與-i-介音之間應該有捲舌元音-ɿ-的過渡音，要不然就與上述定律 3，"捲舌音與-i-介音之間有排斥關係"有所抵觸，無法發音。

章組祇出現在三等韻。這個分布與牙喉音的重紐問題有關，因此現在談一下重紐問題。

有坂（1937-38）第一次解答重紐問題，他根據朝鮮漢字音裏的重紐反映推測重紐的區別在介音的顎化性強弱不同，A 類具有顎化性細音介音-i-，B 類具有非顎化性細音介音-ï-。服部四郎則從《蒙古字韻》裏的重紐反映出發，同時重視重紐的對立祇出現在唇音和牙喉音而不出現在舌齒音這個分布上的特徵，認為重紐的區別性特徵不在於介音，而在於聲母的顎化與否。㉔他以見母為例表示這兩個學說的不同：㉕

有坂說　　　服部說
kĭ-　　　　[kii-] /ki-/
ki-　　　　[k'i-] /kji-/　　（"'"表示輔音的顎化）

就是說，根據服部說，在音位學層面上，重紐的區別是輔音顎化與否的不同（如/k/:/kj/, /p/:/pj/等等），這個不同在語音學層面上帶來輔音與介音之間的過渡音的不同（B 類帶非顎化性的過渡音，A 類則直接接元音-i-）。

唇音重紐的 AB 兩類出現機會比較均勻，但牙喉音的重紐分布很不平衡，B 類較多，但 A 類卻很少：㉖

㉓ 詳細討論見董（1944：20-28）。
㉔ 據服部（1976：254），他在第二次世界大戰以前發展出這個想法。三根谷（1953）則據服部四郎的想法全面展開了這一設想。
㉕ 服部（1981：702-703）。引用時，音標上稍加簡化。
㉖ 據李（1952），再根據上田（1975）所推測的陸法言本《切韻》來加以修正求出小韻數目。庚清、幽、蒸等韻系的小韻數目暫時沒有加在一起。

牙喉音 A 類小韻　　60
　　牙喉音 B 類小韻　　157

　　河野（1953）則根據諧聲系列、梵漢對音等材料論證，上古的牙喉音 A 類由上古至中古的演變過程中，在口語層變爲中古章組，在文讀層則保留了牙喉音的音值。㉗中古章組也有一部分與舌音諧聲。總之，中古章組是由上古牙喉音與舌音受到後面細音的同化產生顎化的，因此祇出現在三等韻。

四、由中古至現代的語音變化中的介音問題

　　這一章綜觀由中古至現代（主要是北京或北方話裏）產生的語音變化當中有關介音的一系列現象。

(一) 介音的衍生

　　在唐代產生了四等韻的顎化並與重紐 A 類的合併（唇牙喉音音節），即*-e->-ie-。這個變化的語音學原因可能如下：聲母都是輔音，因此發音部位都是最高的；由輔音銜接到前半高元音 e 時經過前高元音 i 就更容易過渡，所以衍生 i 介音了。

　　與此差不多同時，牙喉音二等衍生了 i 介音，如*ka->kia-（例："家"*ka>kia："交"*kau>kiau，等等）。這個變化祇在舌根音後面產生，在別的聲母後面沒有產生。舌根音的發音部位，在共時層面上，也比較靈活，隨著後面的元音的發音部位而移動。中古二等韻主要元音是前低元音，那麼前面的舌根音聲母的實際發音部位也可能比較靠前面（接近[c]的發音部位），由這個位置移到 a 時中間經過 i 的部位。因此中間加上-i-介音就更容易過渡。

　　上面兩個變化是聲母（特別是舌根音）與前元音的結合促進顎介音的衍生；這裏順便記一下前元音與舌根音韻尾的結合促進韻尾的顎化，進而產生 i 韻尾的情

㉗ 董同龢爲了這些與牙喉音諧聲的章組字的上古來源構擬一套舌面音（見董（1944））；李方桂〈幾個上古聲母問題〉（收在李（1982））則構擬*krj-, *khrj-, *grj-, *hrj-, *ngrj-等聲母。如果不假定層次的不同，就非得這樣多構擬一套系列不可。但一旦採取層次不同，這些系列就沒有必要了。

況：

　　曾梗攝入聲在現代北京話口語層的反映是-ei、-ai 等（如"北"běi、"白"bái 等等），這是前元音同化了後面的舌根音韻尾，然後中間衍生過渡音-i-的結果：*ek＞ec＞eic＞eiʔ＞ei；*ak＞ac＞aic＞aiʔ＞ai。舌根鼻音韻尾在某些方言裏也曾經經歷過同樣的變化。㉘在北京話口語層裏，宕攝入聲的反映是-ao、-iao（如"烙"lào、"腳"jiǎo）。這是後元音和舌根音之間衍生過渡音-u-的變化：*ak＞auk＞auʔ＞au。㉙但宕攝鼻音韻尾似乎沒有產生過類似變化。

　　果攝一等端精組在現代北京話變成-uo，增加了-u-介音（如"多"duō）。這也可能是由舌尖聲母轉移到-o 元音時衍生的過渡音：*ta＞tɔ＞to＞tuo。果攝一等牙喉音在明代與端精組一樣帶有-o 元音，但後來失去了圓唇性，變成了ɤ。按照上述定律 8，舌根音聲母與-u-介音有和諧關係。在這一點上，元音 o 也可能與 u 相仿，但這個變化似乎走到相反的方向。㉚

　　現代北京話的語氣助詞"啊"的具體音值因前面音節的類型而異：㉛

前面音節的韻母或韻尾	"啊"的發音
i、ü	ya 呀
a、e、o	ya 呀
u、ao、ou	wa 哇
-n	na 哪
-ng	nga

顯而易見，除了第二行以外，都是前面一個音節的尾音加上了 a 前面。第二行

㉘ 參看平山（1998）。

㉙ 參看平山（2000：391-393）。

㉚ 現代廣州話的果攝一等的主要元音不管聲母如何都是-ɔ:，但山攝一等端精組合併到山攝二等-A:n/t，見組保留圓唇元音-ɔ:n/t。咸攝一等端精組也合併到咸攝二等-A:m/p，但見組曾經經過*-ɔ:m/p，現在變為-ɐm/p。這個-ɔ:m/p＞-ɐm/p 的變化可能是受到唇音韻尾的逆向異化而產生的。參看遠藤（1986）。

㉛ 太田辰夫（1958：371-377。漢譯本 342-348）討論這些形式產生的年代。

的變化與其他變化不同，經過變化的"啊"的語音形式反而不類似於前面音節的尾音。依我看來，這是為了避免元音連續（hiatus）而產生的變化。

(二) 介音的脫落

唐代產生了輕唇音化，那時-i-介音也同時脫落，前面 2.1.節已談到這個變化。其中，東韻系、尤韻系明母字事先脫落-i-介音，沒有經過輕唇音化，如"目"mù；"謀"móu 等等。㉜

章組聲母在明代產生捲舌化，這時同時伴隨著-i-介音的脫落，例如："者"*tɕiɛ＞tʃiɛ＞tʂɤ；"戰"*tɕiɛn＞tʃiɛn＞tʂan 等等。

通攝三等精組、泥來母、牙音舒聲脫落-i-介音，如"松"siuŋ＞suŋ；"龍"liuŋ＞luŋ；"弓"kiuŋ＞kuŋ 等等。

蟹攝合口一等幫組本來帶-u-介音，但在現代北京話已經脫落了，如："杯"puai＞pei。通攝合口一等幫組舒聲也產生了非圓唇化，如："蒙"muŋ＞mɤŋ。這些變化是異化過程。

現代廣州話的內轉諸攝字的-i-介音幾乎脫落，如"真"tɕen、"九"keu 等；但在外轉諸攝原來的介音吞沒主要元音，變成主要元音，如"天"thi:n、"杯"pu:i 等等。㉝一個音節裏同時存在高元音和非高元音時，按理說非高元音（即中元音或低元音）的響度一般比高元音大，因此高元音總是做過渡音，中（或低）元音做音節主音，也就是主要元音。但有時也可能存在例外，高元音做音節主音，後面的中（或低）元音做過渡音，如在現代越南話存在 i、u 做主要元音的 iă、ɯă、uă 和 ău、ŏu、ăi、ŏi 等等。漢語中古音支韻的音值*iɛ̯也應該如此。廣州話吞沒主要元音的介音可能原先經過前面的高元音做主要元音的階段。

(三) 介音的合併與轉變

《切韻》時期有重紐的區別，到了唐代，四等韻合併到重紐 A 類，C 類韻合併到重紐 B 類，但仍然有唇牙喉音三四等的分別。這種分別保持到《蒙古字韻》，但《中原音韻》除了止攝唇音以外就沒有分別了。元代是重紐消失的轉變時

㉜ 平山（1967）詳細討論這個問題。
㉝ 據賴（1954）歸納出來，但這祇是一種傾向而已，有一些例外。參看遠藤（1988：135）。

期。這時唇牙喉音三四等的分別，也就是（至少在語音層面上的）顎化性強弱不同的兩種介音（-I-、-i-與-Y-、-y-）分別合併在一起了。

比較晚的時期，㉞魚虞韻系的-i-介音與主要元音融化成一個單元音[y]，這是介音轉變的例子。

有坂（1940）舉出由中古合口變為開口（齊齒呼）的一系列字（如"遺季尹穎傾沿縣"等 26 個字），指出這些都是四等字（包括重紐韻四等和四等韻），從兩個方面對這個變化產生的原因加以解釋：第一，在聽覺方面，帶強顎化介音的舌根音的合口性被顎化音成份壓倒，與帶弱顎化介音的舌根音比，比較難聽到；第二，在發音生理方面，舌頭前面顯著隆起就會妨礙合口音所需要的嘴唇和兩頰的動作。

（四）介音所引起的變化

假攝三等由中古到現代北京產生了*ia＞ie 的變化（現代-ia 的來源是假攝牙喉音二等和一些入聲字）。這是介音-i-拉高了後面主要元音的變化。

山攝開口牙喉音二等首先變成-ian，然後在明代合併到山攝開口三四等的-ien。這個變化也是-i-介音拉高主要元音的過程，但這裏也含有韻尾-n 的作用在內。因為在效攝，三四等-ieu 合併到二等牙喉音-iau，在這個情況下，主要元音往低後元音方向變化顯然是受到後面-u 韻尾的影響。

山攝合口一等-uon 在明代合併到山攝合口二等-uan。在這裏，主要元音被介音-u-異化了。

在越南漢字音，唇音重紐 A 類變成 t-（重紐 B 類保持唇音聲母）。有坂秀世認為這是重紐 A 類的強顎化介音所導致的顎化。㉟

聲母受到介音同化的例子可舉尖團音的顎化並合併。但早於此，在宋代產生了支思韻。㊱論精組細音，這兩個變化都是上述定律 2，即舌尖音與-i-元音之間的排斥關係所導致的。在這裏令人百思不解的是，占整個韻母音長的單元音-i 受到舌尖

㉞ 藤堂（1952：119）認為，明末清初產生了這個變化。

㉟ 有坂（1937-38：340-343）。附帶說一下，越南漢字音 t-來自中古精從心邪母（參看三根谷（1993：304））。

㊱ 薛（1980）專門討論這個問題。

音聲母的同化而變成舌尖元音；但在音節裏祇占一點時間的介音-i-反而同化了舌尖聲母而使它們變成舌面音。對我來說，這一直是個謎。

在吳語的一些方言裏，也有圓唇舌尖元音和圓唇捲舌元音，這也是受到前面舌尖音聲母和捲舌音聲母的同化形成的。這些[ɥ、ʮ]等元音也能作為介音出現。

五、結語

本文所討論的一系列排斥律，除了捲舌音聲母與元音-i 之間的排斥律是強制性的以外，都是潛在性的限制，不是非遵循不可的。另外，哪個成分排斥哪個成分也不是祇有一個方向的。根據排斥律產生語音變化的先後關係也似乎沒有固定的順序。比如說，尖音和團音哪個先顎化這個問題，觀察方言中的演變類型就會發現，尖音先顎化的類型和團音先顎化的類型都存在。

但有些變化還是有一定的順序的，例如說，章組的捲舌化（非舌面音化與-i-介音的脫落）在明代先產生，然後在清代大規模地產生了尖團音的舌面音化及合併。[37]這種結構上的原因也關涉到排斥律的顯現與否。

參考書目

Dragunov, A.A.

    1930 "The hPhags-pa Script and Ancient Mandarin", *Bulletin de l'Académie des Sciences de l'URSS, Classe des Humanités*, 1930, 627-647, 775-797.

    1931 "A Persian Transcription of Ancient Mandarin", *Bulletin de l'Académie des Sciences de l'URSS, Classe des sciences sociales*, 1931, 359-374.

Hashimoto, Oi-kan Yue.

    1972 *Studies in Yue dialects 1: Phonology of Cantonese*, Cambridge University Press.

---

[37] 有關這個音韻演變中的結構原因與連鎖反映機制，藤堂（1960：171）已有所論述。音韻變化中的"結構的壓力""拉鏈""推鏈"等等概念是馬丁內系統闡述的。參看 Martinet（1952）等。

Martinet, A.
> 1952 "Function, Structure, and Sound Change", *Word*, 8。

三根谷徹
> 1953 〈韻鏡の三・四等について〉，收錄在三根谷 1993。
> 1955 〈安南語〉市河三喜、服部四郎編《世界言語概說》下冊，東京，研究社。
> 1956 〈中古漢語の韻母の體系〉，收錄在三根谷 1993。
> 1993 《中古漢語と越南漢字音》，東京，汲古書院。

上田正
> 1975 《切韻諸本反切總覽》，京都，均社。

太田辰夫
> 1958 《中國語歷史語法》，東京，江南書院，蔣紹愚、徐昌華譯，北京大學出版社，1987。

王靜如
> 1941 〈論開合口〉《燕京學報》29。

北京大學中國語言文學系語言學教研室
> 1989 《漢語方音字匯》第二版，文字改革出版社。

平山久雄
> 1958 〈北京語の音韻論に關する二三の問題〉，《言語研究》35。
> 1967 〈唐代音韻史に於ける輕唇音化の問題〉，《北海道大學文學部紀要》，15:2。
> 1972 〈北京話[-]の音韻論的解釋〉，服部四郎先生定年退官記念論文集編集委員會編《現代語言學》，東京，三省堂。
> 1982 〈敦煌毛詩音殘卷反切の研究〉《東京大學東洋文化研究所紀要》90。
> 1995 〈中古漢語魚韻的音值〉《中國語文》1995：5。
> 1998 〈隋唐音系裏的唇化舌根音韻尾和硬顎音韻尾〉《語言學論叢》，北京，商務印書館。
> 2000 〈兩點心得——首屆官話方言國際學術討論會上所感〉，錢曾怡、李行

傑編《首屆官話方言國際學術討論會論文集》，青島出版社。

有坂秀世
  1937-38 〈カールグレン氏の拗音說を評す〉，收錄在有坂1957。
  1940 〈唇牙喉音四等に於ける合口性の弱化傾向について〉，收錄在有坂1957。
  1957 《國語音韻史の研究 增補新版》，東京，三省堂。

李　榮
  1952 《切韻音系》，語言學專刊，第4種，北京，中國科學院第二版，1956年。

李方桂
  1971 〈上古音研究〉《清華學報》新9：1・2。
    〈幾個上古聲母問題〉，收錄在李1982。
  1982 《上古音研究》，北京，商務印書館。

服部四郎
  1946 《元朝秘史の蒙古語を表はす漢字の研究》，東京，龍文書局，1946年。
  1976 〈上代日本語の母音體系と母音調和〉，收錄在服部等1981年。
  1981 〈中古シナ語の研究〉，收錄在服部等1981年。

服部四郎等編
  1981 《日本の言語學》第七卷，言語史，東京，大修館書店。

河野六郎
  1953 〈中國音韻史研究の一方向——第一口蓋化に關聯して——〉，《河野六郎著作集2中國音韻學論文集》，東京，平凡社，1979年。

雅洪托夫
  1960 〈上古漢語的唇化元音〉，收錄在雅洪托夫《漢語史論集》，北京大學出版社，1986年。

黃雪貞
  1985 〈福建永定（下洋）方言語音構造的特點〉《方言》1985：3，222-231

頁。

照那斯圖、楊耐思

    1987　《蒙古字韻校本》，北京，民族出版社。

董同龢

    1944　《上古音韻表稿》，臺聯國風出版社，1975 年。

蒲立本

    1962　《上古漢語的輔音系統》，潘悟雲、徐文堪譯，北京，中華書局，1999 年。

趙元任

    1927　〈「倆」「仨」「四呃」「八阿」〉《東方雜志》24：1285-88 頁。

Chao, Yuen Ren

    1936　"A Note on lia3（倆），sa1, etc.", *Harvard Journal of Asiatic Studies*, 1：1, 33-38.

    1940　"Distinctions within Ancient Chinese", *Harvard Journal of Asiatic Studies*, 5.

    1968　*A Grammar of Spoken Chinese*, Berkeley, University of California Press.

遠藤光曉

    1986a　〈老舍の le と liǎo〉，收錄在遠藤 2001a。

    1986　〈粵語咸攝一等牙喉音の主母音について〉，收在遠藤 2001b。

    1988　〈三つの內外轉〉，收錄在遠藤 2001a。

    1990a　《〈翻譯老乞大・朴通事〉漢字注音索引》，東京，好文出版。

    1990b　〈臻櫛韻の分韻過程と莊組の分布〉，收錄在遠藤 2001a。

    1991　〈《切韻》における唇音の開合について〉，收錄在遠藤 2001a。

    1997　〈王叔和《脉訣》ペルシヤ語譯に反映した 14 世紀初中國音〉，收錄在遠藤 2001a。

    2001a　《中國音韻學論集》，東京，白帝社。

    2001b　《漢語方言論稿》，東京，好文出版。

賴惟勤

    1953　〈上古中國語の喉音韻尾について〉，收錄在賴 1993 年。

1954 〈廣州方言の介音について〉《中國語學研究會會報》30。
1956 〈中古中國語の喉音韻尾〉,收錄在賴1993年。
1993 《中國音韻論集》,東京,汲古書院。

薛鳳生
1980 〈論"支思"韻的形成與演進〉《書目季刊》14:2。

藤堂明保
1952 〈官話の成立過程から見た《西儒耳目資》〉,收錄在藤堂1987。
1960 〈ki-と tsi-の混同は18世紀に始まる〉,收錄在藤堂1987。
1987 《中國語學論集》,東京,汲古書院,1987年。

The Distributive Relationships between Medial Onglides and Other Phonological Elements

Endo Mitsuaki

In this paper, the author induces exclusive rules and harmony rules between medial onglides and the other phonological elements as revealed in Modern Pekinese, Middle Chinese and the phonological changes from Middle Chinese to Modern Pekinese. Moreover, the paper surmises the phonetical reasons and the historical causes of these relationships. As a matter of fact, only initial consonants and ending consonants/vowels have close relationships with medial onglides, while principal vowels and tones rarely have special relationships with them.

Keywords: modern Pekinese   Ts'ieyun   old Mandarin

By permission from Journal of Chinese Linguistics publishing office, the paper, "A historical study of Chinese stress accent," is reproduced from Hana Třísková, ***Tone, Stress and Rhythm in Spoken Chinese***, Journal of Chinese Linguistics Monograph Series no.17 (Berkeley, CA: Project on Linguistic Analysis, 2001), 192-208. ©2001 by the Journal of Chinese Linguistics.

A HISTORICAL STUDY OF CHINESE STRESS ACCENT
Mitsuaki Endo
Aoyama Gakuin University

ABSTRACT

This paper aims to collect phenomena reflecting Chinese stress accent from historical materials as much as possible, and explore its conditioning factors. The paper contains 8 sections: 1. Theme, 2. Pre-Han Period, 3. Tang Dynasty, 4. Yuan Dynasty, 5. Ming Dynasty, 6. Qing Dynasty, 7. The First Half of the 20th Century, and 8. Comparative Study of Modern Dialects.

1. THEME

The history of Chinese stress accent, like the history of tone value, is one of the most difficult problems in Chinese historical phonology. In this paper, the author comprehensively surveys previous historical studies on Chinese stress accent, and investigates yet unstudied old materials, in order to illustrate the present state of research in this area in the hope of promoting more exhaustive inquiries in the future.

2. PRE-HAN PERIOD

Jakhontov (1965, p. 33) inferred that functional words and pronouns had weak accent in Old Chinese on the basis of the characteristic rhyming features of the Book of Odes, and the existence of archaic fusion words.

In the Book of Odes, if the functional words and pronouns are at the end of each verse, penultimate syllables also are often rhymed or else penults only are rhymed. According to Wang 1980 (pp. 42-48), when "之 zhi, 兮 xi, 矣 yi, 也 ye, 止 zhi, 思 si (息 xi), 忌 ji, 焉 yan, 哉 zai, 與 yu, 乎 hu, 我 wo, 女 (汝) ru" etc. occur at ultima, penults are also rhymed. In many cases, such rhyming is made between one and the same functional word or pronoun, hence Wang

(1980) says: "Actually rhyme is composed of two syllables, so I call it 'rich rhyme'."[1] However, there are sometimes cases where functional words or pronouns are placed at the end of a verse, and the syllable rhymes with the other syllables (such examples can also be seen in Wang 1980). On the other hand, in the pre-Han period existed a series of fusion words, such as "之 zhi +乎 hu → 諸 zhu", "不 bu + 之 zhi → 弗 fu", "何 he + 不 bu → 盍 he" and so on. Jakhontov presumes that one or both of the two words involved received light pronunciation. He also points out that one of these two functional words is often eliminated, and they commonly disappeared at a later stage.

These two arguments seem to be convincing, so accordingly we may assume that these words had weak stress in the pre-Han period.[2]

3. TANG DYNASTY

3.1 Irregular Change of "不 (弗)"

According to the citation of Ding 1935 (p. 996), Li Fang-kuei inferred that the negative particle "不 (弗)" had experienced the following irregular change conditioned by stress accent:

"'不' *pieu* in the Qieyun (切韻) changed into contemporary *fau* (Canton), *fou* (Peking), where it is preserved only in usages such as '然否' (yes or no), '否認' (to deny), which are usually written as '否'. As for *pat* (Canton), *pu* (Peking) in the modern dialects of the language, although the character is written as '不', it is actually derived from *piuet* (弗) of the Qieyun. Maybe at a very early stage, '弗' already had two pronunciations: one, which was accented, preserved the pronunciation of *piuet*, later changed into *fat* (Canton), *fu* (Peking), used as a literary pronunciation in the Cantonese and Pekinese dialects. The other, which was unaccented, changed into *puet*, and because it was weakly pronounced, it lost the medial -i-, so that the labial was not subsequently modified into the dentilabial and it became *pat* in Canton, *pu* in Peking. Many Mandarin dialects use this word as the ordinary negative, but it is written as '不'. It comes as no surprise that this word preserved its weak reading in ordinary spoken language, because it originally received weak stress in the language (except for circumstances in which it was necessary to give special emphasis to the negation). The usages of '否' and '不' were long ago confused in the written language. '弗' and '不' thus lost their original grammatical significance and came to represent respectively the two readings of '弗' : '弗' represents the accented *piuet* (*fat* in Canton, *fu* in Peking), while '不' represents the unaccented *puet* (*pat* in Canton, *pu* in Peking). Their developments are as follows:

*piuet (弗) > accented *piuet* > *fat* (Canton), *fu* (Peking)
                                              --written by the character '弗'
            > unaccented *puet* > *pat* (Canton), *pu* (Peking)
                                              --written by the character '不'
*piueg (不) > *pieu* (不) > *fau* (Canton), *fou* (Peking)
                                              --written by the character '否'

If Li Fang-kuei's assumption is correct, then the loss of medial -i- must be completed before dentilabialisation. Dentilabialisation is a sound change which developed extensively in the Tang dynasty, so this irregular change of "不(弗)" must have taken place at the latest before the Tang dynasty. In the following sections, we will be able to detect forms lacking medial -i- in the several transcription materials of the Tang dynasty.

3.2 Sanskrit-Chinese Transcription Material

Csongor (1959), having researched a Sanskrit-Chinese transcription source discovered in Dunhuang,[3] regards the existence of a series of doublet readings for one and the same character to be due to difference of stress accent.

For example, the main vowel of "人" in the transcription of "女人" is rendered as short i, whereas it is rendered as long i in other cases where it appears solely or in other word combinations, the difference of length of the main vowel possibly reflecting the difference of stress accent. Moreover, "次" and "四" are rendered as "tsiysi[4] : tse", "siysi : si" respectively. In each case the former reflects the heavily stressed reading, while the later reflects the weakly stressed reading. Besides, "此" has only one reading "tsiysi", presumably representing accented pronunciation. "子" appears only in the word "男子" and has the reading "tci", possibly reflecting unaccented pronunciation.[5] The initials of Quanzhuo 全濁 are rendered as aspirated if stressed, otherwise as unaspirated.

Csongor deduced the stress accent appearance rules as follows (Csongor 1959, pp. 81-82, question marks are also cited from his article): Weak stress appears a) in the second syllable of disyllabic words, b) in a numeral attributive, c) in proclitic "不", used mostly as a negation of verbs, d) at the end of long attributive compounds, e) in accusative (?) and in the second verb of the sentence (??). Whereas, strong stress appears a) in monosyllabic attributes, b) in numbers in enumeration, c) in verbal predicates and auxiliary verbs (?)[6], d) at the head of long attributive compounds, e) in demonstrative and personal pronouns, including cases where these are attributive, f) in the adverb dan 但, g) in accusative (?).

A series of phonetic variations other than these alternative pronunciations is discussed in Csongor 1959 (e.g. alternations between nasal ending -ng or entering tone ending -r, -k and zero, etc.). The conditional rule presumably can be set up simply in terms of position, but it is also possible that there are other factors reflecting the difference of stress pattern. In any case, this paper, written from a unique viewpoint, is highly enlightening.

3.3 Other Transcription Materials of the Tang Dynasty

There are also several transcription sources which reflect weakened form caused by weak stress in the Tang dynasty.

There is a series of spoken language expressions in the Tibetan-Chinese conversation manuals discovered in Dunhuang, S.2736 and S.1000,[7] where "了" is rendered as "le'u" if used as a verb (meaning "finish"), but if used as a particle, it is rendered as "la'u" or "la". Here we can infer that "了" as a particle was pronounced weakly, so a weakened form had already been produced.[8]

In Khotan-Chinese transcription sources S. 5212V, Or. 8212, P. 2927V,[9] we find modal particle "來" rendered as "la", "le" (this form also appears in the above mentioned Tibetan-Chinese transcription sources), which is probably a weak form caused by weak stress.

4. YUAN DYNASTY

Endo (1997), on studying Persian transcription of Chinese contained in the early 14th century document Tanksuqnameh (a Persian translation of Wang Shuhe's Maijue) preserved in Istanbul, discovered that the mark denoting glottal stop is used in the middle of a rising tone vowel and after the word "之", but does not appear at the end of an entering tone. The glottal stop mark used in the middle of the rising tone vowel can be interpreted as a glottal stop which is frequently accompanied by a low falling-rising tone, as the giong nga tone of Vietnamese, or as the slight glottalisation which tends to accompany a rising tone of the modern Peking dialect. As for the glottal stop after "之", it may be a glottal stop caused by weak stress.

If we observe minutely the words ending with a weak stress syllable like "東西 dōngxi" in modern Pekinese, the glottal stop is perceptable at the end. This element is added automatically in order to reduce the length of the syllable. In several dialects preserving a glottal stop ending to a rising tone, such as Jin dialect or Wu dialect, certain weakly stressed words (syllables) originating from a zero ending have further modified into the entering tone. This is a phonological change, in which the glottal stop added phonetically to reduce the length of a weak stress syllable became a distinctive feature.

Moreover, generally speaking, each syllable is written separately in this Persian document, but there exist some examples which are linked. One such case is "不" linked with the succeeding syllable. This can be explained by the fact that "不" is weak and short, and so is pronounced proclitically (just like "不" in "不敢當" of modern Pekinese).

In short, "之" and "不" at the very least were pronounced weakly and shortly in the phonological system reflected in this transcription material.

5. MING DYNASTY

In Fanyi Laoqida, Piaotongshi 翻譯老乞大。朴通事, and Lao-Piao Jilan 老朴集覽 (both compiled in the early 16th century), Cui Shizhen 崔世珍, an eminent translation officer of the Korean Lee dynasty, describes weak stress in Mandarin at that time, and further, tone sandhi conditioned by stress accent. To the best of my knowledge, these are the earliest documents which intentionally describe Chinese stress accent.

凡例（翻字九則・右頁）

一、旁點。諺字下皆一點。在左字旁之點則字用通攷所制之字故點亦從通攷所點而去聲入聲一點上聲二點平聲無點故在右字旁之點則字俗諺音平仄之呼與國音全濟次清通同故鄉漢之法而作字故點亦從國語平仄之呼而加之漢音去聲之呼與國音全濟次清同故一點漢音平聲之呼故反譯則亦無點而

其呼與圓音去聲相似故反譯則亦一點而
人之呼亦相近似為諺音上聲通攷則二點
而其呼翻同國音或通攷則無點而為漢
音入聲同國音上聲或去聲者皆一點漢人
聲勢金濁及不清不濁有同上聲平聲
漢人呼平聲或同國音上聲之呼故反譯則皆
聲直而高呼如上聲二點則字上字
急少似平聲難俱依本點但連兩字皆
上聲而勢難俱依本聲之呼者一點則字上字如
平聲濁音之勢然後呼下字可存本音故上
字二點若下字為虛或兩字皆語助則下字
呼為去聲

左下（翻譯老乞大 1-1）

老컬乞킹大따哥거大따어上썅
我ᅌᅩ從쭝高걍麗리王왕京깅
裏리來래。你니如슈今금那나
裏리去큐。我ᅌᅩ往왕北븍京깅
去큐。你니幾긔時씨離리了
王왕京깅。我ᅌᅩ這저月
初츄一힁日싛離리了王왕京깅來래。

中下（翻譯老乞大凡例 1-1）

音義云舊本內說的「這」字是
和朝官商量說的那「阿」字是
助語辭「也」是官話不是常談
今更之「的」字是山西人說的
「有」字也是山西人說的今之
秀才哀人都說這「的」字
的不同

右下（翻譯老乞大凡例・兒字註解）

也後學又呼兒爲必用兒字
若見子字為名則呼兒字
至兒九字為名即呼兒字六聲雜居其音而不
可也

The upper half of the previous page shows a chapter on Pangdian 旁點 (diacritical dots on the sides of characters) of the Fanyi *Laoqida Piaotongshi* fanli 翻譯 老乞大 朴通事 (Explanatory notes on the transcription of the *Laoqida* and *Piaotongshi*).[10] At the end, there is a description of the tone changes which take place when two rising tone syllables are concatenated, including the statement: "If the second character is 'vacant' [auxiliary word? or weakly stressed?] or both characters are particles, then the second character will be pronounced as a departing tone."

An example occurring in the text is to be seen in the second line of the first volume of the Laoqida reproduced on the lower right of the same page, where the tone dot to the right side of the Korean transcription for the second character of "那里" (which is an interrogative pronoun, now written as "哪里") has been changed into one dot denoting the departing tone, instead of no dot denoting the rising tone. Such tone sandhi occurs when "子, 里, 也 (adverb), 了, 也 (modal particle)" etc. are preceded by another rising tone syllable, and in words like "耳朵","姐姐" (only one occurrence out of 5, the others remaining unchanged) and "早起" (one occurrence out of 4, in the other cases, the first syllable changing into the lower even tone) etc.[11]

These examples tell us that the condition leading to such tone change is weak stress of the second syllable. The existence of weak stress is confirmed by the Cui Shizhen's description in another work, Lao-Piao Jilan 老朴集覽[12] (see the lower center of the same page): "Yinyi 音義[13] says,... auxiliary words '那, 也, 了, 阿' are pronounced lightly and faintly, only passed incidentally, if it were said emphatically, then it would grate on the ear." In his own work Danzijie 單字解 (Commentary on Single Character Words) of Lao-Piao Jilan 老朴集覽 (see the lower left of the same page), Cui Shizhen says: " '兒', using this word as auxiliary particle in naming things: '杏兒', '李兒'. When pronouncing the names of things, '兒' should sound faintly, it is better to avoid making it too clear."

At first glance, this tone sandhi is similar to the neutral tone of modern Pekinese. In this case, however, only a weak rising tone syllable after another rising tone syllable undergoes such tone sandhi. If the weak syllable is of another tone, then tone sandhi does not occur. Hence, at that time, "neutral tone" (i.e. a weak syllable which lost its original tone) was yet to come into being, so weak syllables preserved their original tone, though they were pronounced weakly.

6. QING DYNASTY

6.1 Исаия

Fr. Исаия, a Russian orthodox missionary in Peking compiled *Русско-Китайский Словарь* (Russian-Chinese Dictionary), 1867, supplement 1870[14], in which stress accent is denoted by "´" and "`" (but there is no notation for tone).

As this dictionary includes thousands of words or expressions with descriptions of stress accent, it is a valuable source for mid 19th century Pekinese. As for "´" and "`", presumably "´" is a primary stress, and "`" is a secondary stress (see the example reproduced below, where in "氣的臉紫", "氣" has "´" and "紫" has "`").

6.2 Arendt

Carl Arendt, in his *Einfuhrung in die nordchinesische Umgangssprache* (Stuttgart & Berlin, W. Spemann, 1894), describes stress accent for every sentence. Here is a random example taken from p. 338, first in transcription, then in Chinese characters.

1. *I²-čiě⁴-ti ší⁴ pu²-šĭ⁴ mién³-čiang³ tě²-lai²-ti.* 2. *ćiá¹-fu⁴ hṣiě³-liǎo hṣin⁴ lai², ćú³-fu⁴ tsáo³-žĭ⁴ ȟúi²-čü⁴.* 3. *ni³ mei²-yō³ yáng⁴-tsẓě, wo³ ṗa⁴ šĭ⁴ mái³-lai² pu⁴-ȟo²-šĭ⁴.* 4. *ni³ ǩuai⁴ kèi³-wo³ či¹-čá² lai².* 5. *hṣiǎo³-ćià⁴-čien² mái³-lai²-ti, tá⁴-ćià'rh⁴ mái⁴, na⁴ ćiù⁴-šĭ⁴ ćuan⁴-čién².*

Below follow the sentences in Chinese characters. Stressed characters are written in bold type:

1. 一切的事不是**勉強**得來的。
2. 家父寫了信來，囑咐早日回去。
3. 你没有樣子，我怕是買來不合式。
4. 你快給我起**價**來。
5. 小**價**錢買來的，大**價**兒賣，那就是賺錢。

These brief examples alone make it readily apparent that Arendt's description is very minute. He generally uses "ʼ" to denote stress, but sometimes "`" is used to denote secondary accent (e.g. "給" in the 4th sentence and "價" and "就" in the 5th sentence). He distinguishes genuine neutral tone (without a tone mark) and weakly stressed syllable (with a tone mark), and uses "V" to denote a short vowel, and " ʼ " to denote a long vowel. However, where words or phrases are linked by "-" , it denotes grammatical level, not phonetic level.[15]

Of course, stress in this description is still at the phonetic level, word stress and sentence stress are yet to be distinguished here. However, currently well recognized rules, such as that object, nominal and verbal attributives have stress accent, are perceptable in this work.

6.3 Seidel

A. Seidel, in *Chinesische Konversations-Grammatik* (Heidelberg, Julius Groos' Verlag, 1901), gave a similar description of Chinese stress accent:

Vermischte Fragen.

šɨ⁴ čę̆-mŏ-čŏ mŏ	Ist es so? Verhält es sich so?	是**这**么着么?
nin² t'íng¹-čien⁴ lă mŏ	Haben Sie es gehört?	您听见了么?
t'a¹ šúo¹ ti šɨ⁴ šęn²-mŏ hua⁴ ni	Was hat er gesagt?	他说的是**什**么话呢?
na⁴·kŏ žęn² šuo¹ ti šęn²-mŏ	Was sagt der Mann?	那个人说什么?
šɨ⁴ šéi² šuo¹ ti	Wer hat das gesagt?	是**谁**说的?
t'a¹ šuo¹ lă čę̆⁴-kŏ hua⁴ mei² šuo¹	Hat er das gesagt oder nicht?	他说了这个话没说?
ni³ šɨ⁴ tsęn³-mŏ kăo⁴-su⁴ t'a¹ ti	Was hast du ihm gesagt?	你是**怎**么告诉他的?
ni³ šuo¹ ti šɨ⁴ šęn²-mŏ šɨ⁴ ni	Wovon sprichst du?	你说的是**什**么事呢?
ni³ šuo¹ t'á¹ mŏ	Sprichst du von ihm? Meinst du ihn?	你说**他**么?

The fact that two sentences lack stress marks is probably a printer's error. Seidel's transcription is more simple than that of Arendt, and whilst he likewise does not distinguish word stress and sentence stress, it still is a really practical notation. From the examples above, it is easy to ascertain that interrogative pronouns and demonstrative pronouns have stress accent.

7. THE FIRST HALF OF THE 20th CENTURY

As other domains of Chinese phonetics and historical phonology, Karlgren is to be regarded as the founder of modern study on Pekinese stress accent. Karlgren in his *Mandarin Phonetic Reader in the Pekinese Dialect* (1918) described Pekinese stress accent very minutely and exhaustively. He distinguished between weakly stressed syllable and neutral tone, and gave the lexical conditioning factors for the neutral tone (but some cases are not pronounced with the neutral tone in modern Pekinese, so it is necessary to re-evaluate them). The main part of his book is a phonetic transcription of long texts, describing the actual distribution of stress accents. However, he had not as yet investigated the grammatical conditions which govern stress.

The disks accompanying the obsolete version of *Chinese Linguaphone* (which was available for purchase in the seventies) were recorded by C. C. Shu

舒慶春 (a.k.a. Laoshe 老舍) in London in 1928. This is the earliest aural source of spoken Chinese[16], which when heard today, exhibits several sound peculiarities different from modern Pekinese. The most remarkable difference is the pronunciation of "了": the so called "了$_1$" (i.e. proclitic of verb) is pronounced constantly as "liao", whereas the so called "了$_2$" (i.e. modal particle) is pronounced as "le" after a stressed syllable, but as "liao" after an unstressed syllable.[17]

In the phonetic transcription accompanying the Chinese Linguaphone disks, made by the committee including Daniel Jones, stress accent is also taken into consideration: "In fully stressed syllables, where the full etymological tone occurs, a thick mark is used; in syllables with a weak stress, in which the tone though weak, still retains the direction of the etymological tone, a thin mark is used; in unstressed syllables in which the tone has lost its original direction, or in which its original direction is negligible, a thick dot is used."[18] The examples below are cited from p. 88:

1. ⁻tha ʃɪ ⁻ɕiɛn ′laɪ·dɪ, ˌwɔ ʃɪ ˋxou ′laɪ·dɪ. 2. ⁻tha ʃɪ ′dzɔ·thiɛn ′laɪ·dɪ, wɔ ʃɪ ′chiɛn·thiɛn ′laɪ·dɪ. 3. ′mɪŋ·thiɛn ni ′ʃə·mə ′ʃɪ·xou ˌchi·laɪ? 4. da ˋxou·thiɛn ⁻tha jao ′xuei·laɪ. 5. ˋxou·thiɛn wɔ ˋchy ba ˋna·ɕiɛ ⁻ʃu ′na·xuei ′laɪ. 6. ni ⁻ʃɪn·thiɛn ′ʃə·mɔ ′ʃɪ·xou ˌdzou? 7. daŋ ⁻thu tha ʃuɔ ′jao, ˋɕiɛn ˋdzaɪ ′bu·jao·lə.

1. 他是**先**来的, 我是**后**来的。
2. 他是**昨天来**的, 我是**前天来**的。
3. **明**天你**什么时候**起来?
4. 大**后**天**他**要回来。
5. **后天我去**把**那**些**书拿**回来。
6. 你**今**天**什么时候**走?
7. **当初**他说要, **现在不**要了。

This is one of the earliest transcriptions by International Phonetic Alphabet, but there are obviously several shortcomings. They transcribed some non-neutral tone syllables as neutral tones, sometimes the stress is misplaced, e.g. "現在" and "不要" in the 7th sentence. Furthermore, there appears to be too many stressed syllables. This is not, however, simply a matter of transcription, for on listening to the disks, it is apparent that Laoshe pronounces each word as if exaggerating, giving a slightly strained impression.

8. COMPARATIVE STUDY OF MODERN DIALECTS

Hirayama (1961, 1992) discovered the rules of correspondence between tone sandhi patterns of the Wu dialect, and stress patterns of Pekinese. In the Wu dialect, tone patterns of modification construction are determined by the tone of the first syllable, where the succeeding syllables do not manifest their original tone; the reverse applies to tone patterns of verb-object constructions, in which the first syllable is modified to weak form tone. In Pekinese, generally speaking, there is a first stressed, last unstressed pattern in modification construction, while in verb-object construction, the pattern is first unstressed and last stressed (in the case of disyllabic construction).

According to these correspondences, Prof. Hirayama assumed such stress patterns to have existed in the proto-forms of these two dialect groups. Hirayama (1996, p. 37) further surmised that there were similar distinctions of stress pattern in Old Chinese.

G. A. Kennedy spoke the Tangsi dialect of Wu as his mother tongue, his report on the Tangsic tone sandhi being the earliest description of the two tone patterns existing in Wu dialect, on which Hirayama (1961, 1992) were based. With indication from the modern Wu dialect, Prof. Kennedy reconstructed the stress patterns of Old Chinese in great detail. In his most systematic work (Kennedy 1964) he determined the relations between stress patterns and part of speech / word construction in the language of Mencius. Furthermore, he considers "我" to be the accented form and "吾" the equivalent unaccented form in the pre-Han period. His conception is extremely inspiring, but it is based on analogy, lacking such evidence from the pre-Han language itself as inferred by Jakhontov, so it is not included in the section on the pre-Han period above.

As a matter of fact, the phenomena examined in this paper are nothing but minor clues to assist in revealing the total history of Chinese. Old documents do not hold out much hope. It seems to me that the most promising source for reconstructing the history of Chinese stress accent are, after all, the modern dialects. The direction established by predecessors like Kennedy and Hirayama is the one to follow.

ACKNOWLEDGMENT

This study was supported by the Grant-in-Aid for Scientific Research (A), entitled "Linguistic Geography & Cultural/Natural Geography in China" (Representative of Project: Mitsuaki Endo, Project No. 09301022), 1997-99, The Ministry of Education, Science and Culture, Japan.

NOTES

1. "Rich rhyme" is translated from French "rime riche". This term denotes a rhyme comprising two syllables (or three sounds).
2. In the pre-Han period, the objective pronoun is placed before the verb in a negative sentence. Feng 1997 (chap. 4) interprets this phenomenon (and the fact that the interrogative pronoun object is placed prior to the verb) as arising from the stress. But this phenomenon is not necessarily caused by a phonological factor, but can be explained by the fact that the pronoun has a low information load (or, in other words, it carries "old information"). According to the Functional Sentence Perspective theory propounded by the Czech linguist V. Mathesius, old information tends to be located toward the beginning of the sentence. There is a parallel phenomenon in French, namely, the objective pronoun is always placed before the verb (e.g. Je l'aime. [I like it.]), while in other cases the object is placed after the verb (e.g. J'aime le the. [I like tea.]). In this case, the decisive factor of word order is not the phonological condition, but the grammatical-semantic category.
3. The source is Thomas 1937. This manuscript was preserved in the India Office Library (Ch. 00120) at that time. Thomas 1937 supposed that it reflected the pronunciation of ca. 8-9th C.
4. The transcription -iysi may reflect an apical vowel (see Csongor 1959, fn. 7). The change of the main vowel of the Zhi 止 rhyme group from open dental plosives and sibilants into apical vowels is generally considered to have happened in the Song dynasty (e.g. these characters are arranged in the first

grade in Qieyun Zhizhangtu 切韻掌圖), but this transcription reveals that the change had begun as early as the Tang dynasty.

5. However, Takata 1988b (p. 110, fn. 36) disagrees with this interpretation from the point of view of stress accent.

6. From the examples cited there, "auxiliary verbs" would appear to mean "prepositions".

7. See Thomas et al. 1948, Huang 1984, Takata 1988a, etc.

8. For the evolution of the pronunciation of "了", see Endo 1986b. Incidentally, negative "不" is always rendered as a form lacking the -r ending in this source. However, this rendering does not necessarily reflect a weak form. It is also probable that the conditioning factor is the position of the -r ending (descended from Ancient Chinese *-t), namely the -r ending is lost within a phrase, but it is preserved in the final position of a phrase. "不", as a negative particle, always appears before a verb or an adjective, hence the -r ending is always dropped. As for the usage of "不" appearing at the end of an interrogative sentence, it has a dentilabial form, so it is actually "否". As it is a rising tone word, it is only natural that it should be rendered without the -r ending.

9. See Takata 1988a, pp.195-227.

10. It is appended in Cui Shizhen's Sisheng Tongjie 四聲通解 (1517), here cited from the appendix of Laoqida Yanjie 老乞大諺解, Kuizhangge congshu 奎章閣叢書, No. 9, Faculty of Justice and Letters, Imperial University of Seoul, 1944.

11. Examples are to be seen in Endo 1990, pp. 214-218.

12. Reproduced from the offset reprint with commentary and correction by Lee Byoung-ju 李丙疇, Dongguk Journal, Humanities 東國大學校論文集人 文科學篇, Vol. 2, No. 1, 1965; Lao-Piao jilan kao 老朴集覽考, Seoul, 進修堂, 1966.

13. Yinyi is not the work of Cui Shizhen, but it is from approximately the same date. See the argument in Endo 1984, p. 178, fn. 2.

14. Preserved in Toyo Bunko, Tokyo (book number: III, 12-D-b, 69). Hashimoto (1958) has already pointed out the importance of this dictionary to the historical study of Chinese stress accent.

15. He wrote another textbook entitled "Handbuch der nordchinesischen Umgangssprache", which is also worth researching.

16. Yuan Ren Chao made Mandarin disks before World War II, but the author has not yet had the opportunity to listen to them. The pronunciation in the disks of his Mandarin Primer is already very similar to modern Pekinese.

17. For details, see Endo 1986a.

18. J. Percy Bruce & E. Dora Edwards, C. C. Shu, Chinese, Vol. 1, London, Linguaphone Institute, Ltd., p. 21.

REFERENCES

CSONGOR, B. 1959. A Contribution to the History of the 輕音 ch'ing yin. *Acta Orientalia* 9: 75-83, (Chinese translation: Chen Guo: Hanyu qingyin de lishi tantao. *Zhongguo Yuwen* 1960, 3: 137-140)

DING, Shengshu. 1935. Shi foudingci 'fu' 'bu'. Qingzhu Cai Yuanpei xiansheng liushiwu sui lunwenji. *Shiyu Jikan waibian di'yi zhong*, xia ce, 967-996.

ENDO, Mitsuaki. 1984. Fanyi Laoqida Piaotongshi li de Hanyu Shengdiao. *Yuyanxue Luncong* 13: 162-182.

_____1986a. Roosha no 'le' to 'liao' ('le' and 'liao' of Laoshe). *Nihongo to Chuugokugo no Taishou Kenkyuu* (Contrastive Studies between Japanese and Chinese) 11: 84-103.

_____1986b. 'le' on no hensen (The development of the pronunciation of '了'). *Chuugoku Gogaku* (Bulletin of the Chinese Language Society of Japan) 233: 35-45.

_____1990. Honyaku Rookitsudai Bokutsuuji. Kanji Chuuon Sakuin (Single character index of transcription of 'Fanyi Laoqida, Piaotongshi'), *Chuugoku Gogaku Kenkyuu Kaipian*, Monograph Series 3, Tokyo: Koobun Press.

_____1997. Oo Shukuwa Myakuketsu Perusha go yaku ni han'ei shita 14 seiki sho Chuugokuon (Early 14th century Chinese phonology as reflected in a Persian translation of Wang Shuhe's 'Maijue'). Yue, Oi-kan, and Mitsuaki Endo, eds., In Memory of Mantaro J. Hashimoto, 61-77, Tokyo, Uchiyama Book.

HASHIMOTO, Mantaro J. 1958. Roshia no Chuugokugo Kenkyuu (Russian studies on Chinese). *Chuugoku Gogaku Jiten* (Dictionary of Chinese Linguistics), 328-336, Tokyo: Koonan Press.

HIRAYAMA, Hisao. 1961. Pekin-Go Sohougen niokeru Akusentoso nitsuite (On the Prosodeme in the proto Peking-Wu dialect). *Chuugoku Gogaku* (Bulletin of the Chinese Language Society of Japan) 110: 7-15; 111: 6-13.

———1992. Cong lishi guandian lun Wuyu biandiao he Beijinghua qingsheng de guanxi. *Zhongguo Yuwen* 4: 244-252.

———1996. Iwayuru Chuugokugo no tokushitsu nitsuite (On the so called peculiarities of Chinese). *Kyouyou Shogaku Kenkyuu* (Studies in Liberal Arts, Faculty of Politics and Economy, Waseda University) 100: 27-49.

HUANG Bufan. 1984. Dunhuang Zang-Han duizhao ciyu canjuan kaobian dingwu. *Minzu Yuwen* 5: 36-48, 22.

JAKHONTOV, S. E. 1965. *Drevne-kitajskij jazyk*. Moskva: Izdateljstvo Nauka. (Partial translation into Chinese: Yahongtuofu, *Hanyushi lunji*, 206-7, Beijing: Beijing University Press, 1986.)

KARLGREN, Bernhard. 1918. *A Mandarin Phonetic Reader in the Pekinese Dialect*. Stockholm, Kungl. Boktryckeriet. P. A. Norstedt & Soner.

KENNEDY, George A. 1964. Word-classes in Classical Chinese. In Tien-yi Li, ed., *Selected Works of George A. Kennedy*. New Haven: Far Eastern Publications, Yale University, 323-433.

TAKATA, Tokio. 1988a. *Tonkou Shiryou niyoru Chuugokugoshi no Kenkyu* (A Historical Study of the Chinese Language based on Dunhuang Materials). Tokyo: Soubunsha.

———1988b. Kootan Bunsho chuuno Kango Goi (Chinese Words in Khotanese Texts - A Phonological Analysis). In Yujiro Ozaki, and Shoji Hirata, eds., *Kangoshi no Shomondai* (Contributions to Chinese Historical Linguistics and Philology), 71-128, Kyoto: Research Institute of Humanities, Kyoto University.

THOMAS, F. W. 1937. A Buddhist Chinese Text in Brahmi Script. *Zeitschrift der deutschen morgenlandischen Gesellschaft* 91: 1-48.

THOMAS, F.W., and L. Giles. 1948. A Tibeto-Chinese Word-and-Phrase Book. *Bulletin of the School of Oriental and African Studies* 12: 753-769.

WANG, Li. 1980. *Shijing Yundu*. Shanghai: Shanghai Guji Chubanshe.

漢語輕重音的歷史研究

遠藤光曉

日本青山學院大學

　　本文從歷代文獻中盡量搜集反映漢語輕重音的現象，探索其產生條件。文分8節：第1節說明本文主題，以下各節分別討論（2）先秦時期、（3）唐代、（4）元代、（5）明代、（6）清代、（7）20世紀前葉、及（8）現代方言里的情況。

年齢差・近過去の音韻史

从年龄差异归纳音变的方向性
——以汉语荔波方言为例

远藤光晓
日本青山学院大学

提要 本文以汉语荔波方言为例,探讨从年龄差异归纳音变的方向性问题。文章对不同年龄层次的发音人进行了声、韵、调系统的调查,结果表明:荔波话音变的方向不是向普通话靠拢,而是走独立发展的道路,而且其中可以找出结构上的原因。这说明从年龄差异归纳出来的音变方向性可以反映出内在的语言变化机制。

关键词 音变 方向性 荔波话 年龄差异

1. 音变的方向性

印欧语比较语言学提供语音对应规则和音变的规律性等音类构拟的原则,但具体哪些语音会变成哪些语音,却还没给出确切的原则。因此找到各语言或方言之间的语音对应规则以后,各家构拟出的祖语音值以及从那个祖语音值到各个语言或方言的变化过程就往往有分歧。这是由于还没有公认的音值变化的方向性原则,各家根据自己的主观推测来进行构拟的缘故。

有没有找出音值变化方向性的途径呢?以晚近的文献描写与现代的音值进行比较,就是一种比较可行的方法。但所描写的是否完全同一个地点就成问题,另外还会有描写者不同所带来的主观偏差。最可靠的方法还是同一观察者亲自调查同一个地点的年龄差异,从中求出正在进行中的活的语言变化,其精确性就再高没有了。这样得出来的语音变化的具体过程积累下来以后,就有可能归纳出有关音变方向性的普遍性定律,会对构拟工作提供具有经验论基础上的客观准则。

我们本着这样的理论考虑,2003年9月前往贵州省荔波县调查了当地的汉语方言和水语方言的年龄差异。参加调查的有10位日本和5位南开大学的学者、研究生和学生,分别就18位汉族发音合作人描写《方言调查字表》,作了同音字表。每位发音人的音系框架归纳出来以后,选了大约130个音类代表字,由我和南开大学教授曾晓渝就每一位发音人进行核对,然后再根据这个简表描写了3位老年人和2位儿童的情况。本文是这次调查得出来的汉语部分成果之一[①]。

2. 发音合作人

我们的发音合作人如下(为了节省篇幅起见,恕不附加敬称):曹树彬,男,84岁;李世儒,男,80岁;蒙健华,男,71岁(父亲是布依族,母亲是汉族);杨锦鹏,男,65岁;董凡,男,56岁;徐国荣,女,47岁;李银荣,女,45岁;申忠伟,男,40岁(40a);姚幸波,男,40岁(40b);蒙若勇,男,40岁(40c);韦敏权,男,34岁;安双化,男31岁;黄莲,女,25岁;安荣举,男,22岁;董明川,男,16岁(16a);董明义,男,16岁(16b);

庄婷，女，8岁（8a）；全修豪，男，8岁（8b）。两个儿童都是布依族，但他们不会布依语，只会说汉语荔波话和普通话。除了加以说明的人以外，都是生长在荔波县城的汉族。下面用年龄来称引，同一年龄有两位以上发音人时则加a、b、c来区别。

3. 声调的情况

荔波话的单字调的系统如下（如有自由变体用逗号隔开表示）：

调类	中古来源	例字
阴平	全清和次清平声	诗衣妈开
阳平	次浊、全浊平声和入声	时移麻才,石一麦七
上声	全清、次清和次浊上声	使椅马口
去声	去声和全浊上声	是意骂怕

	84	80	71	65	56	47	45	40a	40b	40c	34	31	25	22	16a	16b	8a	8b
阴平	33	33	33	33	33	33	33	33	33	33	33	33	33	33	33	33	33	33
阳平	52	52	52	52	52	52	52	52	52	52	52	52	52	52	52	52	52	52
上声	45	55,45	55	55,45	45	45	45	45	45	55,45	45	45	45	45	45	45	35	35
去声	113	113	113	113,213,313	113,213,313	21,213	21,212,213	11,212	21,113	21	21,11,213	21,11,213	21	21,11,213	21	21	11	11

由上表可见，阴平和阳平没有差异，分别都是33调和52调。但上声有差异，大致上是高升调，但发音人71只有55调，发音人80、65、40c有时55调，有时念45调。发音人8a、8b的上升幅度比较大，所以记成35，实际上其他发音人的高升调也有时接近35。由此可以归纳出：

音变方向性（1） 55>45>35

去声的差异最明显：最老的发音人（84、80、71）只有低升调113，发音人65、56就有时念低升调113，有时念低降升调213或313。中年人以下就除了40b以外没有念低升调的，或者念低降升调213、212等，或者念低降调21，或者念低平调11。再年轻一点，就只念低降调21（如发音人40c、25、16a、16b）。儿童都念低平调11。由此可以归纳出：

音变方向性（2） 113>213>212>21>11

这些变化以后的音值并不接近于北京话（上声21或214，去声51）或贵阳话（据贵州省1998：阴平55，阳平21，上声42，去声13②），因此不是受到标准语或者地方上有威信的方言的影响而产生的，而是荔波话独自发展的结果。

这两种音变方向的音值过渡过程可以这样解释：发高平调时，一开始由最高点出发是比较困难的，要是由较低的音高开始再过渡到最高点就能更易于发音，因此由55变成45。下一代如果把这个高微升调的上升特征认为是这个声调的固有特征的话，就会用更明显的高升调

35 来模仿，这样就会有 55>45>35 的变化。另外，发低升调 113 时，一开始就由最低点出发是比较困难的，要是由接近发声时的中性音高 3 的音高出发再过渡到最低点就能更易于发音，因此由 113 变成 213 或 313。不过，这样的调型就不再是单纯的升调，如果下一代认为前面的下降部分的特征更重要的话，就会变成 212 或 21。另外，21 比 212 省力些。21 的下降不太明显，所以再下一代用单纯的低平调模仿的话就会变成 11。

另外，再从声调征性的观点来看看荔波话声调的变化过程：

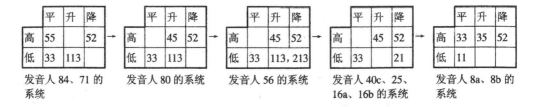

发音人 84、71 的系统　　发音人 80 的系统　　发音人 56 的系统　　发音人 40c、25、16a、16b 的系统　　发音人 8a、8b 的系统

由上可知，有空档的时候就有可能变成毗邻征性的调型值③。另外，这样看起来，调型变化的动因在于避免同一种调型（平、升、降）中有高低的对立。但平调的高低取消了，就导致升调的新的高低对立；升调的高低对立取消了，又产生降调的高低对立；降调的高低对立取消了，又重新产生平调的高低对立:就这样，一个矛盾解决了，就会导致新的矛盾，事物永远在变化之中。声调构成紧凑的很小的系统，一个调的一点微小的变化就会导致一连串调整。汉语方言当中，声调调值的变异最大的原因应该就在这里。

我们调查方言时往往碰到音值的游移现象。描写时，这是令人困惑的棘手的现象，但是从上面的讨论可以看出，音值的游移范围正好是关连着上下两代的音值，作为中间过渡状态，这种游移现象反而是非常可贵的④。

在这里附带说一下，平山 1984 曾经就声调调值变化的方向性提出过自己的看法，他认为下面的一系列变化容易产生：

　　　　11 >33>44>55
　　　　55>53>51> 31> 11 >13>35>55
　　　　51>412>213>24>35
　　　　412>313>33

据他的看法，要是在两个方言之间遇到 35｜55 或 11｜13 等对应关系，就分别构拟祖语调值*35 或*11，进而推测曾经产生过*35>55 或*11>13 的变化。但我们观察到的音变过程恰恰相反。这就使人感觉到，须要从事实的观察出发再重新构成声调调值变化的理论。

4．声母

	84	80	71	65	56	47	45	40a	40b	40c	34	31	25	22	16a	16b	8a	8b
布步	p	p	p	p	p	p	p	p	p	p	p	p	p	p	p	p	p	p
怕盘	ph	ph	ph	ph	ph	ph	ph	ph	ph	ph	ph	ph	ph	ph	ph	ph	ph	ph
门妹	m	m	m	m	m	m	m	m	m	m	m	m	m	m	m	m	m	m
符飞	f	F	f	f	f	f	f	f	f	f	f	f	f	f	f	f	f	f
胡	x	f	f	f	f	f	f	f	f	f	f	f	f,x	f	f,x	x	x	x

	84	80	71	65	56	47	45	40a	40b	40c	34	31	25	22	16a	16b	8a	8b
元远	0	0	0	0	0	0	0	0	0, v	v	v	0	0	0	0	0	0	0
到道	t	t	t	t	t	t	t	t	t	t	t	t	t	t	t	t	t	t
太同	th	th	th	th	th	th	th	th	th	th	th	th	th	th	th	th	th	th
难	n	n	n	n	n	n	n	n	n	n	n	n	n	n	n	n	n	n
女	ȵ	ȵ	ȵ	ȵ	ȵ	ȵ	ȵ	ȵ	ȵ	ȵ	ȵ	ȵ	ȵ	ȵ	ȵ	ȵ	ȵ	ȵ
兰吕	l	l	l	l	l	l	l	l	l	l	l	l	l	l	l	l	l	l
精经	tɕ	tɕ	tɕ	tɕ	tɕ	tɕ	tɕ	tɕ	tɕ	tɕ	tɕ	tɕ	tɕ	tɕ	tɕ	tɕ	tɕ	tɕ
秋丘	tɕh	tɕh	tɕh	tɕh	tɕh	tɕh	tɕh	tɕh	tɕh	tɕh	tɕh	tɕh	tɕh	tɕh	tɕh	tɕh	tɕh	tɕh
修休	ɕ	ɕ	ɕ	ɕ	ɕ	ɕ	ɕ	ɕ	ɕ	ɕ	ɕ	ɕ	ɕ	ɕ	ɕ	ɕ	ɕ	ɕ
祖主	ts	ts	ts	ts	ts	ts	ts	ts	ts	ts	ts	ts	ts	ts	ts	ts	ts	ts
醋处	tsh	tsh	tsh	tsh	tsh	tsh	tsh	tsh	tsh	tsh	tsh	tsh	tsh	tsh	tsh	tsh	tsh	tsh
苏书	s	s	s	s	s	s	s	s	s	s	s	s	s	s	s	s	s	s
认日	z	z	z	z	z	z	z	z	z	z	z	z	z	z	z	z	z	z
贵跪	k	k	k	k	k	k	k	k	k	k	k	k	k	k	k	k	k	k
开葵	kh	kh	kh	kh	kh	kh	kh	kh	kh	kh	kh	kh	kh	kh	kh	kh	kh	kh
硬袄	ŋ	ŋ	ŋ	ŋ	ŋ	ŋ	ŋ	ŋ	ŋ	ŋ	ŋ	ŋ	ŋ	ŋ	ŋ	ŋ	0	0
红灰	x	x	x	x	x	x	x	x	x	x	x	x	x	x	x	x	x	x
而约	0	0	0	ʔ	0	0	0	0	ʔ	ʔ	ʔ	0	0	0	0	0	0	0

声母的差异很小。"胡"字的荔波话固有读音应为[fu]®，年轻人读[xu]可能受到普通话的影响。发音人84也读[xu]，可能因为调查时用普通话提问，描写那个音的时候他偶然用普通话回答的缘故。"元远"，有的中年人念成[v]®。日母字的声母有时接近[ɻ]（即像普通话的日母字音值那样），但似乎因人或因韵母环境而异，难以精确描写，上表一律使用z来描写。"硬袄"，两个儿童以零声母念，可能是受到普通话影响而变的。有的发音人念零声母时喉塞音比较明显。

另外，虽然在表中没有列出，但老年人之间似乎还部分保留尖团音的区别。如发音人56读"姐"字时念[tɕie]，但"大姐""二姐"等词里的"姐"就发成[tse]；发音人71读"姐"为[tsie]。但是"九酒""间尖""欺妻""休修""稀西""减剪"等字，就是最老年龄层的发音人也读成一样的音。

5. 韵母

	84	80	71	65	56	47	45	40a	40b	40c	34	31	25	22	16a	16b	8a	8b
资知	ɿ	ɿ	ɿ	ɿ	ɿ	ɿ	ɿ	ɿ	ɿ	ɿ	ɿ	ɿ	ɿ	ɿ	ɿ	ɿ	ɿ	ɿ
第以	i	i	i	i	i	i	i	i	i	i	i	i	i	i	i	i	i	i
故午	u	u	u	u	u	u	u	u	u	u	u	u	u	u	u	u	u	u
雨虚	yi	yi	yi	yi	yi	yi	yi	yi	yi	yi	yi	yi	yi	yi	yi	yi	yi	yi
爬辣	ɑ	ɑ	ɑ	ɑ	ɑ	ɑ	ɑ	ɑ	ɑ	ɑ	ɑ	ɑ	ɑ	ɑ	ɑ	ɑ	ɑ	ɑ
架丫	iɑ	iɑ	iɑ	iɑ	iɑ	iɑ	iɑ	iɑ	iɑ	iɑ	iɑ	iɑ	iɑ	iɑ	iɑ	iɑ	iɑ	iɑ
花刷	uɑ	uɑ	uɑ	uɑ	uɑ	uɑ	uɑ	uɑ	uɑ	uɑ	uɑ	uɑ	uɑ	uɑ	uɑ	uɑ	uɑ	uɑ

保草	ɑɔ	ɑː	ɑu	ɔ, ɑɔ	ɔ	ɒ	ɔ	ɔ	ɔ	ɔ	ɔ	ɔ	ɔ	ɔ	ɔ	ɔ
条腰	iɑɔ	cɑi	cɑi	cɑi	ci	ci	ci	ci	ci	ci	ci	ci	ci	ci	ci	ci
河说	ou	ou	ou	ɔː	ɔː	ou	uo	ou	uo	ou	ou	ou	ou	ou	ou	ou
脚约	uoi	iou	iou	iou	ɔi	ɔi	iou	iou	iou	iou	iou	iou	iou	iou	iou	iou
色	ɤ	ɤ	ɤ	ɤ	ɤ	ɯɤ	ɯɤ	ɯɤ	ɯɤ	ɯɤ	əɯ	əɯ	əɯ	əɯ	əɯ	əɯ
耳	ɚ	ɚ	ɚ	ɚ	ɯɤ	ɯɤ	ɯɤ	ɯɤ	ɯɤ	ɯɤ	əɯ	əɯ	əɯ	əɯ	əɯ	əɯ
官缓		ɛu˜	aũ	aũ	mẽn	men	men	men	men	men	men	men	men	men	men	men
国	uə	eu	eu	uəm	uəm	uəm	uəm	uəm	uəm	uəm	uəm	uəm	uəm	uəm	uəm	uəm
斗收	ue	ue	ne	ne	ou	ou	nɑ	nɑ	nɑ	nɑ	nɑ	nɑ	nɑ	nɑ	nɑ	nɑ
油牛	iɐu	iɐu	iɐu	uɐi	uɐi	uɐi	uɐi	uɐi	iou / uɐi	uɐi	uɐi	uɐi	uɐi	uɐi	uɐi	uɐi
育流	iu	iu	iu	iu	iu	iu	iu	iu	iu	iu	iu	iu	iu	iu	iu	iu
倍妹	eː	ei	əi	ei	ei	ɛi	iɐ / iɐ	əi	əi	ɛi / ie	ɛi	ɛi	ɛi	ɛi	ɛi	ɛi
桂尾	uei	uei	uei	uei	uei	uɐi / iɐu	iɐu	iɐu	uɐi / iɐu	iɐu	uɐi	uɐi / iɐu	uɐi	uɐi	uɐi	uɐi
列铁	ie	ie	ie	ie	ɪe, e	e, ɛɪɐɪ	ɛɪ	ɛɪ	ei	ɛɪ	ei	ei	ei	ei	ei	ei
连田	iẽ	iẽ	iẽ	iẽ	ɪe, e	ɛɪɐ	ɛɪ	ɛɪ	ei	ɛɪ	ei	ei	ei	ei	ei	ei
月	ye	ye	ye	ye	ye, yɐ	ye	yeɪ	yɐɪ	ɪɐɪ	vɐɪ	vɐɪ	yei	yei	yei	uei	uei
元	yẽ	yẽ	yẽ	yẽ	ye, yẽ	ye	yeɪ	yɐɪ	ɪɐɪ	vɐɪ	vɐɪ	yei	yei	yei	uei	uei
雪	ye	ie	ye	ie	ye	yeˇ	yeɪ	yeɪ	yeɪ	yei	yei	yei	yei	yei	yei	yei
玄	yẽ	yẽˇ	yẽ	yẽ	yeɪ	yeɪ	yeɪ	yeɪ	yeɪ	…	yei	yei	yei	yei	
才卖	ai	ai	ai	ɐə	ɐ, ã	æ̃	æ̃	æ̃	æ̃	æ̃	æ̃	æ̃	æ̃	æ̃	æ̃	æ̃
残慢	ã	ã	ã	ã	ɐ, ã	æ̃	æ̃	æ̃	æ̃	æ̃	æ̃	æ̃	æ̃	æ̃	æ̃	æ̃
乖歪	uai	uai	uai	uɐə	uɐ, uã	uæ̃	uæ̃	uæ̃	uæ̃	uæ̃	uæ̃	uæ̃	uæ̃	uæ̃	uæ̃	uæ̃
关弯	uã	uã	uã	uã	uɐ, uã	uæ̃	uæ̃	uæ̃	uæ̃	uæ̃	uæ̃	uæ̃	uæ̃	uæ̃	uæ̃	uæ̃
根更	ən	ən	ən	ən	ən	ɛn, nɑ	ən, nɑ	ən	ən	ən, nɑ	ən	ɐn	ɐn	nɑ	ɐn	ɐn
兵	m̩	m̩	m̩	m̩	m̩	m̩	m̩	m̩	m̩	m̩	m̩	m̩-u	m̩	m̩	m̩	
心今	ien	ien	ien	ien	ien	ien	ien	ien	ien	ien	ien	ien	ien	ien	ien	ien
魂温	uən	uən	uən	uən	uən	uən	uən	uən	uən / uɐn	uən / uɐn	uən	uən	uən	uən	uən	nɐn
云群	yn	yn	yn	yn	yn	yn	yn	yn	yn	yn	yn	yn	yn	yn	yn	yn

圆	ye~	ye~	ye~	ye~	ye	yeɪ	yeɪ	yeɪ	veɪ	Yeɪ	veɪ	yeɪ	Yeɪ	yeɪ	Yeɪ	ueɪ	ueɪ
桑党	Aŋ	Aŋ	Aŋ	Aŋ	Aŋ	Aŋ	Aŋ	Aŋ	ɑŋ	Aŋ	ɑŋ	Aŋ	ɑŋ	Aŋ	ɑŋ	Aŋ	Aŋ
良羊	iAŋ	iAŋ	iAŋ	iAŋ	iAŋ	iAŋ	iAŋ	iAŋ	iAŋ	iAŋ	iAŋ	iAŋ	iAŋ	iAŋ	iAŋ	iAŋ	iAŋ
光王	uAŋ	uAŋ	uAŋ	uAŋ	uAŋ	uAŋ	uAŋ	uAŋ	uAŋ	uAŋ	uAŋ	uAŋ	uAŋ	uAŋ	uAŋ	uAŋ	uAŋ
红翁	oŋ	oŋ	oŋ	oŋ	oŋ	oŋ	oŋ	oŋ	oŋ	oŋ	oŋ	oŋ	oŋ	oŋ	oŋ	oŋ	oŋ
兄勇	ioŋ	ioŋ	ioŋ	ioŋ	ioŋ	ioŋ	ioŋ	ioŋ	ioŋ	ioŋ	ioŋ	ioŋ	ioŋ	ioŋ	ioŋ	ioŋ	ioŋ

ɿ、i、u、yi、A、iA、uA 等韵母没有差异，只是发音人 40a 把 A、iA、uA 的主要元音发成 ɑ，这可能是个人的发音习惯。

"保草""条腰"等字，老年人的韵母动程比较明显，发成 ɔɑ、iɔɑ 等。在中年人以下的发音里虽然有时也能觉察到微小的动程，但基本上还是单元音。单韵母 ɔ 的舌位稍微低一点，介乎 ɔ 与 ɑ 之间。在此，可以归纳出：

音变方向性（3）　　(i) ɑɔ>(i) ɔ

"河说""脚约"等字，发音人 65、56 读为 o:和 io:。虽然最老的发音人 84、80、71 念 ou 是个问题，但中青年层都念 ou，因此解释为下列方向性：

音变方向性（4）　　(i) o:>(i) ou

荔波方言的中青年层有总的倾向，对零韵尾字加上韵尾。这也可以从"色"的读音看出：

音变方向性（5）　　ɣ>ɯɤ

"耳"字的读音变化如下：

音变方向性（6）　　ɿ>ɯɤ

在发音人 56 的音系里，ɯ>ɿ 的变化还没带来音位的合并，所以算是语音变化，但发音人 47 以下就合并到"色"类韵母，因此这是音位变化。

由"官缓"类韵母的变异情况可以归纳出：

音变方向性（7）　　uen<uen~<uen~

这种鼻化元音的消失也在别的韵母里产生。发音人 80、71 念为 ua~，应该是受到普通话或贵阳话的影响。因为保持山摄合口一等和二等韵母的区别是荔波话的特点，但把"官缓"念为 ua~ 就和二等的"关弯"没有区别了。从这种状态绝不可能发展出中青年层的"官缓" uɯ:"关弯"uæ~ 对立的系统。

音变方向性（8）　　uen<uəɯ

从"斗收""油牛""桂尾""倍妹""根更""魂温"等类韵母，可以归纳出主要元音 ə，a<ɐ 的方向性：

音变方向性（9）　　(i) əu, (u) ei, (u) ən > (i) ɐu, (u) ɐi, (u) ɐn

但这个变化并不是在所有的韵母里一齐产生的，而是有因韵母类型不同有早晚之分：(i) əu, (u) ei 比 ən, uən 变得早些。

"连田""元玄"等类韵母，老年人还保留鼻化，但中年人以下已经消失鼻化，分别合并到"列铁""月雪"等类韵母。即：

音变方向性（10）　　ie~, ye~>ie, ye

"连田""列铁"类韵母的 i 介音，在老年人的发音当中很清楚，但发音人 56 就比较松一些，发成 ɪe，甚至 i 介音脱落，发成 e。发音人 47 的发音，除了念 e 以外，还滋生出比较

模糊的韵尾，发成 eɪ。中年人大都发成这个 eɪ，年轻人的韵尾发得很清楚，就变成 ei 了。就是说：

音变方向性（11） ie>ɪe>e>eɪ>ei

青年层把这个韵母发成 ei，也不合并到老年层的 ei 韵母，因为青年层已经把老年层的 ei 韵母发成 ei 了。

ye 或 ye~的发展过程也类似于 ie 或 ie~，但零声母的 ye 有些中年人发成 veɪ，青年人的介音发得松一些，成为ɣei，儿童就发成 uei。即：

音变方向性（12） ye>ɣe>ɣeɪ>veɪ>ɣei>uei

"才卖""乖歪"等类韵母（ai, uai），老年人和"残慢""关弯"(a~, ua~)等韵母保持区别，但中年人以下已经取消了这个对立，分别合并在一起。即：

音变方向性（13） (u) ai>(u) æe>(u) æ>(u) æ~>(u) æ~

该方言的 æ~类韵母的鼻化程度很微弱，有时几乎听不到，径直记成 æ 也可以。但 uæ~类韵母的鼻化较明显。在这里令人费解的是口音韵母反而变成鼻化韵母。

口音元音变成鼻化元音的变化确实稀罕，但也不是绝对没有。山西省襄垣方言的(u) ai，(i) au 韵母逢上声时分别变为(u) an，(i) aŋ（参看金 1985）。这个音变可看作是韵尾的弱化现象。发生弱化时，倾向于接近发音器官的中性状态，也就是休息状态。发音器官休息的时候，也就是接近于呼吸状态时，小舌下垂，喉头到鼻腔的通道开通。发元音时产生弱化，小舌就会有下垂的倾向，也就接近于鼻化元音。元音的舌位越低，鼻化的倾向越明显[③]。

这样，在荔波话里，老年人原来的鼻化元音 ə~，e~，a~ 到了中青年层的发音里只有最低的元音保留鼻化性质，还包括来自口音韵母(u) ai，变成(u) æ~。

6. 结语

由上面的讨论可见，在荔波话产生的音变不是向普通话靠拢的过程[⑧]，而是走独自的道路的。其中也往往能找出结构上的原因。这就说明从荔波话的年龄差异归纳出来的音变方向性反映内在的语言变化机制。如果我们能接着在别的各种方言或语言中找出这种年龄差异，就有希望最后能给出普遍性的音变方向性。

附 注

①调查过程当中受到荔波县政府的领导和干部的大力支持和各位发音合作人的热心协助，在此谨致谢忱。这次调查始终与曾晓渝教授合作进行，本文初稿也请她过目，提出宝贵意见；另外，其他调查者的贡献也是不可忽略的。在此一并致谢。

②虽然李 1997（7 页）所记调值与此相同，但据李 1997 的录音，阴平应该记为 45，去声记为 113 更确切些。

③有关这种音变机制中的结构上的原因问题可以参看 Martinet 1952 的论述。

④Mathesius 1911 指出，共时态中的游移现象（oscillation）正好反映历时可变性（也就是他所说的 potentiality）。

⑤由于 u 韵母的圆唇作用，声母 x 变成 f，就产生了*xu>fu 的变化。

⑥零声母开头的[y]介音的摩擦程度加强以后就会变成[v]。

⑦更详细的讨论可参看远藤 1987。

⑧比如像贵州省 1998，47-49 页、78 页、108-111 页、115 页等描写的各地新老语音的差异往往（但不是全部）是新派受到普通话影响而导致的。这种受到外来影响的变化不能当作内在的"音变方向性"的例子。

参考文献

贵州省地方志编纂委员会 1998 《贵州省志·汉语方言志》，北京：方志出版社。
金有景 1985 《襄垣方言效摄、蟹摄（一、二等韵）字的韵母读法》，《语文研究》1985年第2期，58-62页。
李蓝 1997 《贵阳话音档》，上海：上海教育出版社。
Martinet, André.1952. "Function, Structure, and Sound Change", *Word*, 8, 1-32.
Mathesius, Vilém.1911. "On the Potentiality of the Phenomena of Language", in Josef Vachek ed. *A Prague School Reader in Linguistics*, 1-32, Bloomington: Indiana University Press, 1964.
平山久雄 1984 《官话方言声调调值の系统分类》，《言语研究》，86，33-53页。
远藤光晓 1987 《襄垣方言における母音韵尾の鼻音韵尾への变化过程》，《中国语学研究开篇》，4，20-21页；亦收在远藤光晓《汉语方言论稿》，153-154页，东京：好文出版，2001年。

Drawing the Direction of Sound Changes from Different Ages

Endo Mitsuaki
Aoyama Gakuin University

Abstract: Taking Chinese Libo dialect for example, the paper tried to explore whether the universal direction of sound change can be drawn from sound change of people of different ages. A research on the systems of initial, vowel and tone of the dialect on people of different ages has been conducted. The result showed that the change direction of Libo was not towards Mandarin, but owed some specific characteristics, which could find their explanations in phonetic structures. The result proved that the direction of sound change of people of different ages could reflect the inner change system of language.

Key words: sound change, direction, Libo dialect, age differences

現代漢語各方言年齡差異所反映的音韻變化類型

遠　藤　光　曉

1. 主題

　　歷時類型學在音韻方面已有兩種研究方向。一種如 Jakobson 1957 所提倡的那樣，從現時能觀察到的共時音韻系統類型觀點去重新檢驗構擬出來的祖語音韻系統自然性。Gamkrelidze 等人就根據這種研究方法提出了印歐祖語輔音系統的新構擬。在此包含規律（implicational law）起到重要作用。另一種試圖找出音變的方向性：Greenberg 1995（p.147）說：兩種狀態 A 和 B 之間有（1）A 能變為 B，但 B 不能變為 A；（2）B 能變為 A，但 A 不能變為 B；（3）A 不能變為 B，B 也不能變為 A；（4）A 能變為 B，B 也能變為 A。他那篇論文的主題是詞序問題，Ramat 1995（pp.36-37）則舉了音韻方面的例子：$p>p^h>f>h>\emptyset$（cf.e.g. Lat. *pater* vs. Eng. *father* vs. Arm. *hair* vs. Ir. *athir*）。如果能找出相當於 Greenberg 1995 所說的第一種或者第二種情況，也就是音韻變化的單向性，就對歷史比較構擬方面大有幫助。因為給出各種語言或方言之間的音韻對應關係以後，只有具備這種音變方向性的認識才能去進一步推測哪種音是更早的。

　　關於普通的輔音和元音，以往的歷史語言學積累了很多經驗，歸納出種種音韻變化類型，如 Jakobson 1930、Jones 1950（pp.233-252）、Hock 1991（pp.34-168）、Campbell 1999（pp.16-43）等等。其中不僅列出分化、合併、脫落、換位等音類變化的類型，還包含末尾清化、中間濁化、擦音化等具體音值變化方面的類型，例如 Hock 1991（p.83）所示輔音弱化序列圖等非常有意義。Reid 1973 和 Blust 1991 則根據南島語族的實際例子具體討論各種音變過程。中尾 1996 綜覽各種語言當中音韻變化實例，可謂集輔音和元音變化方向性之大成。

　　漢語無論在使用人口方面或者多姿多樣的變異種類來說都稱得上相當於一個

語族，完全可以根據漢語本身的例子顯示出人類語言共有的音變方向性的一些姿態。尤其是漢語有豐富多彩的聲調變體，這是印歐語等非聲調語言無法提供的寶貴材料。

本文的目的是為構擬較早階段的音系提供具有經驗論上基礎的實際音變方向性例子，因此需要盡量避免含有某種構擬或者推測的成份在內，否則就會成為循環論證。同一個觀察者所描寫的當代同一地點方言內存在的年齡差異雖然從嚴格的立場上來說還可能摻雜著調查者的主觀誤差，但精確度應該是最高的。

本文的主要資料來源是李榮主編《現代漢語方言大詞典》(江蘇教育出版社)，這套分地詞典特別注重描寫內部差別，除了個別分卷（即忻州、西寧、崇明、婁底、于都、梅縣、南寧平話、建甌、廈門、雷州、海口）未來得及描寫以外，其他30卷都含有年齡差異的描述。漢語各大方言都包含在裡面，除了少數零星的個別字以外，本文都逐一引述。本文中只注明地名的舉例均來源于該資料。

系統地描寫漢語方言中的年齡差異方面，許寶華、湯珍珠1962開了先河，還有一系列有意義的研究。因為有關年齡差異的描寫分散在眾多文獻裡，一時難以網羅無遺，本文引到的研究還只不過是一部份而已。

2. 變化以後與普通話一樣或相近的現象

綜覽《現代漢語方言大詞典》所有年齡差異的實例，有三分之二是變化以後的姿態與普通話一樣的，也就是"向普通話靠攏"的例子。語言學家一般認為這是普普通通的沒有意思的現象，但仔細考察起來就有令人深思的現象，因此不把這些例子排除在外，一一羅列出來進行討論。

2.1. 聲母的例子
2.1.1. 尖團合併

這是很多地方正在進行中的變化，即尖音 tsi-、tshi-（本文用h來標寫送氣音，下同）、si- 合併到團音 tɕi-、tɕhi-、ɕi-，如洛陽、南京、长沙、萍鄉、金華等，柳州也有這種傾向。

在蘇州和上海也正在經歷同樣的變化，但這兩地方言保留全濁音，zi- 經過

顎化以後變為 zi-，多出了一個音位。因為普通話根本沒有 zi- 這種音，因此這不可能是單純模仿北京音而來的。這個現象意味著蘇州話和上海話的尖團合併哪怕是在普通話的影響下進行的，也不是單純地拷貝個別字音，而是 "整套舌尖音在細音前產生顎化" 這一規律在起作用。也就是說，就這種變化類型而言，從其他方言接受的是一條音韻規律，而不是個別字音的具體音值。

在上海新派，zi- 變 zi- 的字例中，如果是北京話讀 tɕ-、tɕh- 聲母的，就一般併入 dz- 聲母。在此也可看出，在新派上海人的心理中有 "北京話舌尖塞擦音對應於上海話舌尖塞擦音" 這種音韻對應規律，把擦音改為塞擦音，卻保留了上海話原來的發聲特點，因此有了這種現象。此例也顯示出，區別性特徵並不僅僅是理論假設，而是實際存在的。

在牟平，團音 ci-、chi-、çi- 等變為 tɕi-、tɕhi-、ɕi- 等，這是山東半島一帶方言的通例。江西黎川也產生了見組細音 ki-、khi->tɕ-、tɕh- 的變化。

2. 1. 2. 疑影母

疑影母洪音字在老派方言中讀 ŋ- 的變為零聲母的變化很多，如濟南（又見下文 2.5.）、武漢、成都、柳州、金華等。哈爾濱老派讀 n- 變成新派零聲母。成都老派把疑影母細音字讀為 ń-，新派變成零聲母。

徐州老派把 "倪霓擬逆" 讀為零聲母，新派讀成 n-，這顯然接受了北京話中的例外語音形式。

2. 1. 3. v-

在徐州，vi>ue。在柳州，今合撮零聲母字 v-> 零。在金華，老派把微母讀為 v-，中派有的讀 v-，有的讀合口呼零聲母，新派一律讀為合口呼零聲母。雖然在北京話裡也有 v- 或者 ʋ- 聲母，但在普通話裡不出現這種輔音，因此這種變化也可以解釋為接受普通話影響的。

2. 1. 4. 日母

濟南老派把日母字讀為 l-，新派變成 ʐ-，向普通話靠攏。柳州老派把日母

開口（止攝除外）讀為零聲母 -i，新派 z-，因為本音系中沒有捲舌音，也就用 z 來代替。武漢老派讀 n- 的日母字新派讀 z-，也是一個道理。

2.1.5. hu-, fu-

柳州話新派分 hu- 和 fu-，老派都讀成 fu-。按道理，如果沒有別的方言影響介入，一旦合流完畢的音不會再重新分，因為對混讀的人來說沒有分化條件可尋。新派從分不可能是該地內部的變化，而是接受了保留原來類別的普通話的緣故。

在上海也有類似情況，老派合口三等非敷母、奉微母和合口一二等曉母、匣母分別混讀為 ɸ-、β-，但中派、新派 fu、hu、vu、ɦu 分。在此也可以觀察到出現普通話所沒有的 ɦu 這種音的現象：發聲方法保留原來的音值，卻接受了普通話有關喉部摩擦音這個發音部位的區別性特徵。

2.1.6. 西北官話的唇齒音聲母

西北官話有一個特點，捲舌音聲母在合口前面變為唇齒音，如西安老派 pf-、pfh-、f-、v-，但新派恢復了原來的音值 tʂ-、tʂh-、ʂ-、ʐ-。在烏魯木齊也如此，相當於北京話 ʂu-、ʐu- 的 f-、v->ʂu-、ʐu-。在這裡，並不是所有的 f- 和 v- 都變為 ʂu-、ʐu-，而是只有相當於北京話 ʂu-、ʐu- 的 f-、v- 才會變，因此這也不可能是該地內部產生的變化，因為從老派到新派的變化沒有分化條件可尋。

2.1.7. ʐ-

在南京，"戎茸冗融榮"等字最老派讀 ioŋ，最新派讀 ʐoŋ，中派兩讀。"育"字老派讀 zuʔ，新派讀 yʔ。

2.1.8. 其他

萬榮老派把端組細音顎化為 tɕ-、tɕh-，但新派讀同普通話 t-、th-。黎川老派把精組今送氣齊齒字讀為 th-，新派讀為 tɕh-，如"斜" thia > tɕhia、"千" thiɛn > tɕhiɛn。萬榮老派把"雞蛋"的"雞"讀為 tʂ-，新派讀為 tɕ-。南京老派 ie、ien、ieʔ 的介音極短，新派則有明顯的介音。

2.2. 韻母的例子
2.2.1. 撮口呼的恢復

貴陽老派沒有撮口呼，但新派開始有了撮口呼："現在不少年輕人的貴陽話有了撮口呼，可能是受普通話的影響。從北京話的標準看，這種撮口呼是不準確、不穩定的。這表現在以下三點：①y 的圓唇度不夠常常在 [i] 和 [y] 之間。②哪個字撮口，哪個字不撮口分不太清楚；同一個字有時撮口有時齊齒。③撮口不撮口不能準確地區別意義。"

在萍鄉，"新派中最新的一派所有讀撮口呼韻母的字跟老派讀音不同，這些字的讀音老派內部也有甲、乙派的差異。

	老派甲	老派乙	新派		老派甲	老派乙	新派
雨	ʮ35	ɤ35	y 13	越	uɛ13	uɛ13	yɛ13
豬	tʂʮ13	kɤ13	tɕy 13	缺	tʂhyɛ13	khuɛ13	tɕhyɛ13
女	ȵʮ35	ŋɤ35	ńy 35	月	ŋʮɛ11	ŋuɛ11	ńyɛ11
書	ʂʮ13	fɤ13	ɕy 13	血	fɛ13	fɛ13	ɕyɛ13
雲	ʮŋ44	ɤŋ44	yŋ44	袁	ue~ 44	ue~ 44	ye~ 44
軍	tʂʮŋ13	kɤŋ13	tɕyŋ13	穿	tʂhye~ 13	khue~ 13	tɕhye~ 13
				軟	ŋʮe~35	ŋue~ 35	ńye~ 35
熏	ʂʮŋ13	fŋ13	ɕyŋ13	懸	fe~ 44	fe~ 44	ɕye~ 44

[uɛ ue~ fɛ fe~] 這四個音節，老派甲有少數人有時讀成 [ʮɛ ʮe~ ʂʮɛ ʂʮe~]（[ʂ] 通常伴有唇齒擦音，讀成 [fʂ]，但很不穩定，本書不取。拿老派城關話的甲乙兩派相比較，甲派的年齡層次總體上說更老一些，分佈區域也相對小一些（集中在城關及附近地區）。"

武漢老派把"濾聚絕俊取泉需宣巡"等字讀為齊齒呼，新派讀為撮口呼。

這些地方的情況也不可能是內部產生的變化，因為一旦合併了的音類不可能自然而然地恢復起來。

2.2.2. 入聲韻母的音值

在官話方言音系裡，入聲韻母的音值分歧比較大，這也是北京音系中的層次

分歧主要集中在入聲對應上的原因。

其他官話地區老派音系的語音對應情況整齊，新派接受普通話各種層次雜亂的情況，打亂了原來的對應規律。例如，在烏魯木齊部份曾攝開口一等入聲 -ei>-ɤ，部份梗攝開口二等入聲 -ei>-ai。在徐州，"國幗或惑獲" -ue>-uə，曾梗攝開口一二等入聲 -e>-ə，-uə（唇音），部份通攝三等入聲 -y>-u，-u>-ou。在成都，部份入聲字 -ie>-i。在哈爾濱，"鶴" xau 陽平>xɤ 去聲，"墨" mi>mɤ，"液" i>iɛ，"或" uei>uo。在銀川，"郝赫" xɯ>xə，"俗宿" ɕy>su，曾梗攝入聲 -a、-ia>-ə、-ɛ，等等。這些變化都是個別字的，不是同一條件下的語音一律變成另外一個音，因為普通話的範本本身來源很雜亂。

2.2.3. 二等牙喉音韻母

普通話裡二等牙喉音一般都衍生 i 介音，在其他地方不一定如此，於是在哈爾濱，部份蟹攝開口二等見系字 -ai>-iɛ，在銀川二等牙喉音 -ɛ>-ie，-aŋ>-iaŋ，"杏" xəŋ>ɕiŋ，"去" khɯ>tɕhy，等等。

另外，在成都，蟹攝二等牙喉音 -iɛi>-ie；在寧波，假攝開口二等見系 -yo>-ia。

2.2.4. fi>fei

在普通話裡，沒有 fi 這種組合，都念 fei 等。西安老派讀 fi、vi，新派變為 fei、vei，可能受到普通話影響。徐州 fi>fe 也如此。

2.2.5. 鼻音韻尾

太原老派把宕江攝讀為 -ɒ̃、-iɒ̃、-uɒ̃，鼻音韻尾弱化成鼻化元音；新派讀為 -aŋ、-iaŋ、-uaŋ，重新恢復鼻音韻尾。弱化以後的成分再強化，內部變化也不是完全不可能的，但很可能還是受到普通話影響的變化。

2.2.6. -m>-n

在黎川，大多咸深攝字 -m>-n。

2.2.7. 流攝一等

貴陽老派把流攝一等讀為 -iou，這個 i 介音是後來衍生的，新派讀同普通話 -ou。

2.2.8. ɯ>ər

武漢老派把"兒耳二"讀為 ɯ，新派讀為 ər。老派的語音形式已經脫落了 r 的成份，新派不可能無中生有，應該是借入了普通話的形式。

2.2.9. 往 ə 變

南京有 -e>-ə, -ae>-ə, -o>-ə 等變化。

2.2.10. ɑŋ、an

南京最新派有 -ɑŋ、-an 的區別，否則都一律念 -ɑŋ。

2.2.11. ɒ>ɑ

南京最老派 -ɒ、-iɒ、-uɒ、-ɒʔ、-iɒʔ、-uɒʔ 的主要元音，老派、新派、最新派讀為 ɑ。

2.2.12. 入聲韻母

在南京，"削確學約掠"等字 -ioʔ>-yeʔ，"郭國闊"等字 -ueʔ>-oʔ，等等。

2.2.13. 其他

在徐州，果攝合口一等牙喉音 -uə>-ə。在牟平，-uo>-ə。在柳州，麻韻三等章組字 -e>-ə，如"遮"。在上海，-ø>-ei。在徐州，pi 去聲 >pe 去聲。

在萬榮，"最催歲"一類字老派讀 tɕy-、tɕhy-、ɕy-，新派讀 tsu-、tshu-、su-，這是兼有聲、韻母兩方面的現象，如果是 y 變 u 是內部變化就應該能保持舌面聲母的音值，但既然變為 ts- 等，就可能是接受普通話的形式。在溫州，"宮弓躬" tɕyoŋ>koŋ，成因也可能一樣。在哈爾濱，"傾" khəŋ 陰平 >tɕhiŋ 上聲，

從聲調的不規則性來看，這可能是"念白字"導致的變化。

2.3. 聲調
2.3.1. 入聲的歸類

柳州老派把古入聲讀為去聲，新派讀為陽入。這不是向普通話靠攏的例子，而是向西南官話大勢靠攏的例子。

2.4. 雖然音值不同，但仍然可能是受到普通話影響的例子

還有一種情況是，雖然變化以後的音值不完全和普通話一樣，但仍然可能是受到普通話影響的例子。

例如，在太原有"薄潑沫握色熱鴿克惡盒" -aʔ>-əʔ 和"奪脫落桌戳郭闊活" -uaʔ>-uəʔ 的變化。變化以後還是保留入聲韻尾，但元音音值的變化可能受到普通話影響。

在揚州老派，咸山開口三等知章組 tɕ-、tɕh-、ɕ-、零聲母後面接 -ie~ 或 -ieʔ；新派則念為 ts-、tsh-、s-、l- 加 -æ~ 或 -əʔ。老派讀音保留三等 i 介音，聲母也保留舌面音；新派則丟失了 i 介音，聲母雖然不是捲舌音，但新派讀音可能是接受普通話語音形式的。南昌遇攝三等知章組 tɕy、tɕhy、ɕy>tsu、tshu、su 也是類似情況。

揚州老派把蟹攝開口一二等影疑母念為 -iɛ 韻母，新派念為 -ɛ 韻母，音值雖然與普通話 -ai 不同，但以洪音形式發音是受到普通話影響的。

上海老派把日母讀為 z-，新派讀 l-，要模仿普通話 r- 的音值，但上海話沒有該音類，因此用音系裡已有的 l- 來代替。

上海流攝 ɤ>ɤɯ，雖然音值不像普通話 -ou 那樣，但增加韻尾可能受到普通話影響。

在溫州，部份流攝一等 iu>ɣu，三等字也變成 ɣu。這可能是"矯枉過正"的現象。

在丹陽，"耳" ɲi>e，親屬排行"二"和"兒子"的"兒" zɿ>e，e 的音值不同於普通話，但可能用 e 來模仿普通話 er 音。

在牟平，"產" san 上聲 >tshan 上聲，這是個別讀音的變化。新派讀音雖然不是捲舌音，但可能是接受普通話讀音。

2．5．接受強勢方言音韻特點時的一種機制和心理狀態

曹 1998（97 頁）和曹 1999（97 頁）列出《濟南話清入字在不同年齡段裡的讀音》表：

例字	拆	則責	德	百	策冊	色	克客
老年	tʂʰei²¹³	tsei²¹³	tei²¹³	pei²¹³	tsʰei²¹³	sei²¹³	kʰei²¹³
	陰平						
中青年	tʂʰei²¹³/tʂʰɛ²¹³	tsɣ²¹³	tɣ²¹³	pei²¹³/pɛ²¹³	tsʰɣ²¹	sɣ²¹	kʰɣ²¹
	陰平				去聲		
少兒	tʂʰɛ²¹³	tsɣ⁴²	tɣ⁴²	pɛ²¹³	tsʰɣ²¹	sɣ²¹	kʰɣ²¹
	陰平	陽平		陰平	去聲		
北京話	tʂʰai⁵⁵	tsɣ³⁵	tɣ³⁵	pai²¹⁴	tsʰɣ⁵¹	sɣ⁵¹	kʰɣ⁵¹
	陰平	陽平		上聲	去聲		

他說，"普通話讀陰平、上聲的清入字如"拍拆"、"百窄"等，在濟南年輕人裡，雖然韻母由［ei］變成了［ɛ］，但聲調仍保持陰平［213］未變。"由此可以看出，濟南新派根據多數蟹攝字所見北京話 ai：濟南話 ɛ 的對應規律折合出了新的字音形式。我們在進行方言調查的時候經常遇到同樣的情況，本地人的腦子裡有現成的普通話和當地話之間語音折合公式，哪怕想不出方言讀音，如果給他啟示一下普通話讀音就能說出當地話的字音。在這種借用類型情況下，借來的語言特徵不是具體音值，而是音類的對應關係。

另外，中青年的"拆"、"百"字有兩讀的情況。中介年齡層往往顯示出這種現象，要麼老派和最新派的兩種音位形式都有，要麼老派和最新派之間同一個音位的兩種語音變體自由交替。這不一定反映"詞彙擴散"的中間狀態，最新派還是一律都變，中介年齡層只是借用最新派的形式，於是導致這種局面。

曹 1991（38 頁），曹 1999（94 頁）列出《濟南方言中［ŋ］聲母使用者的分佈情況（%）》：

	老 (51-82 歲)	中 (36-50 歲)	青 (21-35 歲)	少兒 (5-20 歲)
男	100	100	58	22
女	100	94	43	0

他接著說，女性青少年使用傳統當地話形式的比率顯著下降，20 歲以下的完全換用為普通話的零聲母形式。

年輕女性愛美的心理特別強，由此可見，新的語言形式的傳播有時和語言的美學功能密切相關。用 Jakobson 1960 的術語來說，這是 poetic function（詩的功能）。一般來說，音韻變化的原因主要有節省發音勞力和增加傳達明確性這兩個機制起作用，但由此可見想要說得更好聽這種動機也是非常重要的。

2. 6. 接受強勢方言影響這一變化類型的重要性

上面看到了接受強勢方言影響時並不一定是單純地拷貝範本，而是往往有選擇地納入某些規律。接受哪些特徵，不接受哪些特徵這個問題可能和該方言整個音系框架結構有關。另外，既然這種變化類型相當普遍，構擬音韻史時就應該重視這種可能性，因為標準語影響地方方言的情況在過去也應該很普遍。進行歷史比較時往往只考慮到內部變化過程，顯然是片面的。

3. 往獨自方向的變化

變化後的音值或者音系和普通話不同，這種類型的音韻變化可能就是該方言獨自產生的，因此最有啟發性。

3. 1. 聲母

3. 1. 1. 非捲舌音化

tṣ-、tṣh-、ṣ->ts-、tsh-、s-，也就是非捲舌音化在很多地方產生，如徐州、成都、長沙和蘇州等。在溫州，新派把遇止攝部份字 tʃ-、tʃh-、dʒ-、ʃ-、ʒ- 加 ɿ 的音節發成 ts-、tsh-、dz-、s-、z- 加 ɿ。南京新派除了 ʅ 和 ʅʔ 韻母出現捲舌聲母以外都產生了非捲舌音化。捲舌音是標記性高的語音，往標記性低的音值變化是容易理解的現象。這種變化能在不同的地方獨自產生。

3. 1. 2. 非舌面音化

在柳州，部份青少年把 tɕi-、tɕhi-、ɕi- 發為 tsi-、tshi-、si-。北京也有"女國音"的現象，按音理說，反而往不容易發音的方向變化。這可能和語言的美學功能有關。

3. 1. 3. n- 變 l-

在廣州，老派分 n-、l-，新派合併為 l-。揚州老派把中古泥來母字在細音前讀成 n-，在洪音前讀成 l-，新派一律讀為 l-。武漢老派把中古泥來母字都念成 n-，新派念成 l-。從武漢老派的情況來看，n-、l- 合流時，l- 變 n- 的方向也可能產生，現在又從 n- 變為 l- 了。可見這兩個音之間雙向變化都可能產生。

3. 1. 4. 疑（影）母

太原老派把疑影母洪音字讀為 ɣ-，新派則讀為 ŋ-。在丹陽，古疑母一般在洪音前讀 n-，細音前讀 ń-，在 -ɿ、-ʯ、-iŋ、-iʔ 前老派發為 n-，新派發為 ń-，這個發音特點與郊區同。據說明，"拿新派老派相比，我們可以發現一個很奇特的現象，那就是新派方言的形成發展是受了農村及郊區的影響，這跟一般所說的語言逐步向中心城市靠攏是不相符合的，其原因主要是大量農村及郊區人口湧入城區，而且在城區機關工作的人員及中小學教師多數是農村人，而他們的語言影響力是強大的。"這樣一來，這個變化雖然不是向普通話靠攏的方向，但也不是獨自產生的變化，而是接受周圍地區方言影響的。

3. 1. 5. f、v>h、ɦ

溫州老派逢中古非組拼 -o、-oŋ、-uɔ 時發為 f-、v-，新派則發為 h-、ɦ-。

3. 2. 韻母

3. 2. 1. 鼻化成份的消失

在寧波產生 -u~>-u 的變化，在杭州產生 -ɛ~、-uo~、-yo~>-ɛ、-uo、-yo 的變化。

3.2.2. 圓唇成分的消失或弱化

在東莞產生單元音 -y>-i 的變化。在寧波產生 -yɔ~>-ɔ~ 的變化，y 介音脫落。在上海圓唇舌尖元音 ʮ 合併到平唇舌尖元音 ʅ，這個特點與北郊、嘉定同。在杭州，遇攝 -y>-ʮ，變為舌尖圓唇元音。在長沙，-oŋ>-ən，除了圓唇元音平唇化以外，韻尾也變了。在長沙，-ioŋ>-in，圓唇主要元音脫落或者弱化並伴隨著韻尾的變化。在廣州，kuɔŋ/k>kɔŋ/k，圓唇介音脫落。

3.2.3. 入聲韻的合併

入聲念得短促，舌位滑動的時間較短，因此更容易產生元音音值的變化。在寧波，-ieʔ>-iɪʔ、-yœʔ>-yoʔ。在上海，-øʔ-ʂe-ʔɔʔ-ʂo-ʔcu-ʔəʔ-ʂo-ʔcu-ʔii-ʂeu-ʂo-ʔie-ʂii-ʔ、-yøʔ>-yɪʔ，另外 -aʔ、-ɑʔ、-uɑʔ 和 -aʔ、-iaʔ、-uaʔ 之間的舌位前後對立合而為一，發為中間的發音部位 -Aʔ、-iAʔ、-uAʔ。還有，-əʔ、-ʂo-ʔie-ʔ-ʂa-ʔau-ʂeu-ʔ，另外 -iAʔ>-iɪʔ、-ioʔ>-yɪʔ。

3.2.4. 低元音的前後對立消失

在蘇州，-ɑ 和 -a 合併為 -A。在上海，-ɑ~、-iɑ~、-uɑ~ 和 -a~、-ia~、-ua~ 分別合併為 -A~、-iA~、-uA~。

3.2.5. 前中元音的對立消失

在上海，-e 和 -ɛ 合併為 -E。最新派把北京話讀 -ei、-uei 的變成 -ei、-uei，其餘的仍讀 -E。

3.2.6. i 介音的衍生

在福州，聲母 ts-、tsh- 後面的 -a、-aŋ、-aʔ 衍生 i 介音，變為 -ia、-iaŋ、-iaʔ。陳等 2004 認為福州早期的 ts-、tsh- 聲母音值為 [tʃ tʃʰ]，由於顎化，與 [a] 之間衍生了過渡音 i。

3.2.7. -k>-ʔ

在福州，-k 韻尾的舌根部位閉塞動作消失，變為 -ʔ。

3.2.8. jy>vu

在溫州，遇蟹止攝合口三等喻母 jy>vu，影母 y>u。j 的摩擦成份加強，並受到後面 y 元音的撮口動作影響，變為唇齒摩擦音。

3.2.9. -iɛ>-ie

在南京，-iɛ>-ie。

3.2.10. 單元音化

在南京，-ae>-ɛ、-ɔc>-ɔc、-uae>-uɛ、-ɔci>-ci、-oci。

3.2.11. əʔ

在南京，əʔ 韻最老派逢唇音聲母念 Eʔ，其他聲母介於 E、əʔ 之間，逢零聲母為 əʔ。新派一律念 əʔ。

3.2.12. 其他

下面是一些零星的變化：在牟平，-yuo>-yə。在寧波，-ɥøŋ>-oŋ、-yəŋ>-yoŋ。據《福州方言詞典》記載，在福清 -iu>-ieu、-ui>-uoi。在蘇州，-iɤ>-iø，另外 -ɤ>-ei，該特點向郊區和吳縣靠攏。在上海，覃韻泥母、仙韻開口知系 -e>-ø、-e 和 -ue 變為 -uø，最新派念為 -ø，另外 -ie>-i，這一點與松江同。在溫州，部份咸山攝開口三四等 -ie>-i。

3.3. 聲調

3.3.1. 寧波

在寧波，陽平 24 和陽去 213 合併。據趙 2010（104 頁），寧波江北區新馬路老中派的陽平為 22，陽去（包括陽上）24，新派則合併為 24。由此可見，

22>24。據同文，老派陰平為 53，陰去為 44，中新派則合併為 44。由此可見，53>44。

3.3.2. 上海

在上海，老派陰上 55，新派合併到陰去 35，即 55>35。

3.3.3. 廣州

在廣州，老派的陰平有兩個音值，名詞 55，動詞和量詞 53，新派一律讀為 55。

3.3.4. 入聲調值的變化

在太原，老派分陰入 2，陽入 54，新派則合併為 2，即 54>2。老派連讀變調時，陽入在上聲、去聲前變陰入。

在南昌，老派陰入 5，陽入 2，新派則合併為 5，即 2>5。老派陽入幾乎都可以又讀陰入。

論調值來說，高短促調變低短促調，或者相反方向的變化都可能產生。

3.3.5. 集寧

王 2005 描述的內蒙古集寧方言的聲調變化過程極有啟發性。她用機器測量各種年齡層發音人的調值，用五度制標寫如下：

	平	上	去	入
老派	31	52	132	32
新派	41	54	24	54

她指出：新派的調值是老派的連讀變調調值進入單字調的結果；平聲變高降調就會導致平、上聲調域重合，上聲於是往高平調方向演變；入聲調值的升高和平聲調頭和上聲調尾的升高具有共變關係。

31>41 的變化在南京也有，據劉丹青《南京方言詞典》(p.9) 的描寫，這不

僅僅是音值的不同，而且導致"陰平＋陰平"和"去聲＋陰平"的合併，老派分別讀為 33 + 31 和 44 + 31，但新派合併為 44 + 41。

3．3．6．天津

石等 2004 顯示出，天津話新派在單字調調值的差異不太顯著，但在變調時出現的調值反而接近普通話，如下：

	老派	新派
上上變調	天津陽平 55 ＋上聲	北京陽平 35 ＋上聲
陰陰變調	天津上聲 25 ＋陰平	天津陽平/北京陰平 55 ＋陰平
去去變調	天津陽平 21 ＋去聲	天津去聲/北京半去 53 ＋去聲
去陰變調	天津陽平 55 ＋陰平	天津陽平/北京陰平 55 ＋陰平

最後一個變調老派不一定產生，但新派經常產生。該變化不是向普通話靠攏的過程。

3．3．7．荔波

遠藤 2004 報告，貴州荔波話的上聲有 55>45>35，去聲有 113>213>212>21>11 的變化，並從聲調徵性的觀點分析了結構上的原因。

3．3．8．聲調調值變化的方向性

由這一節的例子可見，聲調調值方面有各種變化方向，對此加以規律化還為時過早。

4．結語

綜上所述，當代漢語各方言中所見音韻方面的年齡差異一大半還是接受標準語的，但仍然有各方言內部產生的變化。語言變化有兩種類型，一種是波浪說，另外一種是樹狀說，前者是強勢方言影響弱勢方言而產生的變化，後者則是該方言裡的獨自變化，這兩種變化都有。接受外來因素時也有可能經過該方言本身的規律化。總的來說，似乎有這種傾向：北方話的音系比較接近普通話，因此接受

普通話音系的程度更大；東南部方言的音系差距較大，因此往獨自方向變化的機會較多。

　　本文的主要資料來源是《現代漢語方言大詞典》，該資料描寫到的年齡差異一般都是帶來音類合併的音位變化，很少涉及到語音層面上的音值變化。其實，根據我們以往的經驗來說，音值方面的年齡差異也相當大、相當普遍，幾乎到處都有，只是還沒來得及調查而已。

　　上海的發展速度極快，流入人口增加的速度也特別快，因此語言變化的速度也非常快。上海話或吳語地區方言在漢語方言年齡差異描寫方面佔有領先地位也有這種客觀原因。參考文獻裡舉了一些本人注意到的文獻，但還有眾多年齡差異方面的描寫。

　　不僅是漢語方言，還有中國少數民族語言的，如：梁 1987 報告，壯語南寧下楞鄉方言 pl、phl、kl、kw、khl、khw、ml 第二個輔音丟失，hl 的第一個輔音丟失；傣語馬關方言 aa 和 a 的對立合併，-p、-t、-k 韻尾丟失。還有曾 2005 描寫的水語音韻年齡差異，等等。本人也報告過台灣南島語之一卑南語的音韻年齡差異（遠藤 2007）。

　　進一步把這些音韻年齡差異現象綜合起來，進行歸納，就有希望能整理出具有普遍性的一系列語音變化方向性的定律。

附記

　　本文為日本學術振興會科研費資助的研究成果之一。定稿時承曾曉渝教授過目，謹致謝忱。

參考文獻
曹志耘 1991《濟南方言若干聲母的分佈和演變》《語言研究》1991/1：36-44 頁。
曹志耘 1998《漢語方言聲調演變的兩種類型》《語言研究》1998/1：89-99 頁。
曹志耘 1999《二十世紀漢語方言的發展變化——歷史和地域的角度》《中國語學開篇》19：92-99 頁。
陳澤平、秋谷裕幸 2004《福州方言的塞擦音演變考察》《慶祝＜中國語文＞創刊 50 週年學術論文集》180-186 頁，北京：商務印書館。
侯超 2010《近 20 年來江陰方言聲調演變研究》《第五屆國際吳方言學術研討會論文集》

66-72 頁,上海:上海教育出版社。
梁敏 1987《兩代人之間的語音變化》《民族語文》1987/3:25-26 頁。
錢乃榮 1987《上海方言音變的微觀》《語言研究》1987/2:104-115 頁。
錢乃榮 1992《當代吳語研究》上海:上海教育出版社。
錢乃榮 2005《上海方言音變的雙向擴散》《第三屆國際吳方言學術研討會論文集》185-191 頁,上海:上海教育出版社。
石鋒、王萍 2004《天津話聲調的新變化》石鋒、沈鍾偉編《樂在其中 王士元教授七十華誕慶祝文集》176-191 頁,天津:南開大學出版社。
許寶華、湯珍珠 1962《上海方音的内部差異》《復旦大學學報》1962/1:87-94 頁,附表。
許寶華、湯珍珠、湯志祥 1986《上海市區少年所使用的上海話語音》《語文論叢》3:112-120 頁,上海:上海教育出版社。
許寶華、湯珍珠、湯志祥 1988《上海人祖孫三代語音情況的抽樣調查》《吳語論叢》120-131 頁,上海:上海教育出版社。
王宇楓 2005《集寧方言聲調格局的調查與分析》《南開語言學刊》5:43-48 頁。
楊佶 2005《當代蘇州方言韻母語音演變的初步考察》《第三屆國際吳方言學術研討會論文集》192-195 頁,上海:上海教育出版社。
游汝傑 2010《上海郊區方言語音 30 年來的變化》張洪年、張雙慶主編《歷時演變與語言接觸——中國東南方言》《中國語言學報》單刊 24,12-20 頁。
遠藤光曉 2004《從年齡差異歸納音變的方向性——以漢語荔波話為例》石鋒、沈鍾偉編《樂在其中 王士元教授七十華誕慶祝文集》168-175 頁,天津:南開大學出版社。
遠藤光曉 2007《卑南語知本方言中的音韻年齡差異——近期產生的音韻變化個案研究》《佐藤進教授還曆紀念中國語學論集》297-302 頁,東京:好文出版。
曾曉渝 2005《荔波漢語水語現代音系的年齡差異》《慶祝劉又辛教授九十壽辰學術討論會論文集》411-422 頁,重慶:西南師範大學出版社。
趙則玲、大西博子 1999《蕭山方言的若干內部差異》《方言》1999/1:50-55 頁。
趙則玲 2010《寧波方言的語音特點及其內部差異》《第五屆國際吳方言學術研討會論文集》97-105 頁,上海:上海教育出版社。
鄭張尚芳 1995《溫州方言近百年來的語音變化》徐雲揚編《吳語研究》345-361 頁,香港:香港中文大學新亞學院。
中國人民大學中文系方言調查實習小組 1988《蘇州方言三項新起音變的五百人調查》《吳語論叢》27-43 頁,上海:上海教育出版社。
鍾敏 2005《略談常州話 70 年來的變化》《第三屆國際吳方言學術研討會論文集》50-54 頁,上海:上海教育出版社。
中尾俊夫 1996《音韻における通時的普遍—最小變化の原理—》東京:リーベル出版。
Blust, R. 1991. Patterns of sound change in the Austronesian languages, Philip Baldi ed. *Patterns of Change Change of Patterns*, 129-165. Berlin: Mouton de Gruyter.
Campbell, L.1999. *Historical Linguistics, An Introduction*, Cambridge, Mass.: MIT Press.
Greenberg, J. 1995.The Diachronic Typological Approach to Language, Masayoshi Shibatani & Theodora Bynon eds. *Approaches to Language Typology*, 145-166, Oxford: Clarendon Press.
Hock, H. 1991². *Principles of Historical Linguistics*, Berlin: Mouton de Gruyter.

Jakobson, R.1930, 1949. Principes de phonologie historique, *Selected Writings*, I, 202-220, 'S-Gravenhage, Mouton, 1962; 長嶋善郎日譯「史的音韻論の諸原則」『ロマーン・ヤーコブソン選集』1: 11-30, 東京：大修館書店, 1986 年。

Jakobson, R.1957. Typological Studies and their Contribution to Historical Comparative Linguistics, *Selected Writings*, I, 523-532, 'S-Gravenhage, Mouton, 1962; 八幡屋直子日譯「類型學とその比較語言學への貢獻」ロマーン・ヤーコブソン『一般言語学』45-55 頁, 東京：みすず書房, 1973 年。

Jakobson, R. 1960. Linguistics and Poetics. Thomas Sebeok ed. *Style in Language*. 350-377. Cambridge, MA: MIT Press; 八幡屋直子日譯「言語學と詩學」ロマーン・ヤーコブソン『一般言語学』183-221 頁, 東京：みすず書房, 1973 年。

Jones, D.1950[1], 1962[2]. *The Phoneme: its nature and use*, Cambridge: W. Heffer & Sons Ltd.

Ramat. P.1995. Typological Comparison: Towards a Historical Perspective. Masayoshi Shibatani & Theodora Bynon eds. *Approaches to Language Typology*, 27-48, Oxford: Clarendon Press.

Reid, L. 1973. Diachronic Typology of Philippine Vowel Systems, Thomas A. Sebeok ed. *Current Trends in Linguistics, Vol.11, Diachronic, Areal, and Typological Linguistics*, 485-505. The Hague: Mouton.

Types of Phonological Change Reflected in Age Difference among Modern Chinese Dialects

Mitsuaki Endo

This paper presents a collection of phonological changes reflected by different generations of speakers across 30 Chinese dialects. About two thirds of examples are due to standardization. This fact demonstrates the importance of contact in real language change. Internal changes of consonant, vowel, and tone were observed as well. Among these, examples of tonal change are of special importance, such as the following (numbers plus a/b after the place names indicate tonal category) : 22>24 of Ningbo 1b, 53>44 of Ningbo 1a, 55>35 of Shanghai 2a, 53>55 of Guangzhou 1a, 54>2 of Taiyuan 4b, 2>5 of Nanchang 4b, 31>41 of Jining 1, 52>54 of Jining 2, 132>24 of Jining 3, 32>54 of Jining 4, 55>45>35 of Libo 2, and 113>213>212>21>11 of Libo 3.

近 150 年来汉语各种方言里的
声调演变过程

——以艾约瑟的描写为出发点

远藤光晓

一　前　言

　　本文以艾约瑟对各地方言声调调值的描写为出发点，同时参考 19 世纪后半到 20 世纪的其他资料，追踪北京、南京、上海、天津、烟台、成都、开封、苏州、宁波、厦门、济南、西安等地在近 150 年间产生的声调调值变化。

　　艾约瑟(Joseph Edkins,1823—1905)是英国传教士，曾居住在上海(1848—1860)、烟台(1860—1861)、天津(1861—1863)、北京(1863—1905)。他的著作众多，仅在语言方面就有：

　　(1852) *Chinese conversations*. Tr. from native authors. Shanghae.

　　(1853^1, 1868^2) *A grammar of colloquial Chinese as exhibited in the Shanghai dialect*. Shanghai：Presbyterian mission press.【据第二版，略称《上海》】

　　(1857^1, 1864^2) *A grammar of the Chinese colloquial language commonly called the Mandarin dialect*. Shanghai：Presbyterian mission press.【据第二版，略称《官话》】

　　(1862^1, 1864^2) *Progressive lessons in the Chinese spoken language*. Shanghai：Presbyterian mission press.【据第一版，略称《课本》】

　　(1869) *A vocabulary of the Shanghai dialect*. Shanghai：Presbyterian mission press.

　　(1871) *China's place in philology*. London：Trübner.【略称《语文学》】

　　(1876) *Introduction to the study of the Chinese characters*. London：Trübner.

　　(1888) *The evolution of the Chinese language*. London：Trübner.

他描写声调调值时统一使用整齐的术语系统,即他所说的"natural tones 自然声调";他使用"u.：upper 高,l.：lower 低,q.：quick 快,s.：slow 慢,e.：even 平,f.：falling 降,r.：rising 升,c.：circumflex 曲折,sh.：short 短"的略称,用这些罗马字符号的组合来描写各个声调的调值。其中,"快"和"慢"的概念比较费解,根据《语文学》第 116 页的图表来看,"快"指整个音节短些,调值的滑动也就快些;"慢"指整个音节长些,调值的滑动也就慢些。不过,如果转写成五度制标调法就很难反映出不同来。另外,从后面的讨论可知,"sh"用在入声音节,因此指的是带喉塞尾的短调。《官话》第 13 页有这些符号的组合一览表,即：l. q. e. 低快平调 11；l. q. f. 低快降调 31；l. q. f. c. 低快降曲折调 312；l. q. r. 低快升调 13；l. q. r. c. 低快升曲折调 132；l. s. e. 低慢平调 11；l. s. f. 低慢降调 31；l. s. f. c. 低慢降曲折调 312；l. s. r. 低慢升调 13；l. s. r. c. 低慢升曲折调 132；l. sh. f. 低短降调 31；l. sh. r. 低短升调 13；u. q. e. 高快平调 55；u. q. f. 高快降调 53；u. q. f. c. 高快降曲折调 534；u. q. r. 高快升调 35；u. q. r. c. 高快升曲折调 354；u. s. e. 高慢平调 55；u. s. f. 高慢降调 53；u. s. f. c. 高慢降曲折调 534；u. s. r. 高慢升调 35；u. s. r. c. 高慢升曲折调 354；u. sh. f. 高短降调 53；u. sh. r. 高短升调 35(汉语名称和五度制调值是本文作者附加的)。

据我所知,使用这么系统化的标调法还是前所未有的,应该是赵元任制定五度制标调法以前最严格的描写方法。由此可见他的调值描写的细致。但是艾约瑟描写的声调调值往往和 20 世纪初以后的描写不一致。然而,参考其他资料的记载,这不是因为他的描写错误所导致的,而是反映出这 150 年之间产生的声调调值变化。

过去很多学者以为语音演变的速度是缓慢的,经过一两百年以后才能觉察出来。其实,这种认识不一定对。我们最近在中国十个左右汉语方言和少数民族语言的年龄差异现场调查结果表明,辅音、元音、声调都有相当显著的年龄差异,特别是声调调值的差异最大,在几十岁之间声调系统具有相当大的变异(参看远藤 2004 等)。既然活的语言中能观察到四五十年之间产生的变化,解释 20 世纪前半叶以前的语言描写时,也应该考虑到语言变化的可能性。

二　天津话、西安话和成都话

首先从古今差异微小的方言开始讨论。西安三原话和天津话的描写见于《官话》第 18 页,成都华阳话的描写见于《上海》第 11 页。三原县位于西安市北部 30 公里左右,华阳镇离成都市中心大约有 15 公里。虽然艾约瑟描写的发音人不是西

安市区和成都市区人,但调值和当代的描写基本上一致(表1):

表1　西安话、天津话、成都话古今声调比较表

	西安三原	北大 1995	天津	杨等 1999	成都华阳	北大 1995
阴平	l. q. f. 31	21	l. s. e. 11	21	u. e. 55 或 u. q. r. 35	44
阳平	l. q. r. 13	24	u. q. r. 35	45	l. q. e. 11 或 l. q. f. 31	31
上声	u. q. f. 53	53	l. q. r. 13	13	u. q. f. 53	53
去声	u. e. 55	55	u. q. f. 53	53	l. q. r. 13	13
入声	阴平、阳平等		阴平、上声等		阳平	

王萍(2009:64)的结果表明,天津的20岁以下人的阴平是41,20岁以上的人是31。远藤(1983)描写的成都话阴平调值是35,该文中引到的50年代到60年代成都话报告中有35、45、55的描写。① 由此可见,在这些地方150年之间几乎没产生调值变化。艾约瑟很少谈及连读变调,因此下文一般只就单字调进行比较。

三　厦门、漳州话

《上海》第12页列出了厦门和漳州话的声调调值。据马(1994),漳州话的声调和厦门话差不多,但是阳入调是121,和艾约瑟的调值较难联系,因此表2中只引用现代厦门话的情况。

艾约瑟对阳上调加以与阴上一样的调值。如果这不是印刷错误,就可能反映文读次浊上的情况。周(1993)说:"厦门话古全浊上声字和古浊音声母去声字今都读11调,就是说阳上、阳去不分……古次浊声母上声字今白读并入阳去11调,文读并入阴上53调……"

---

① 千叶(2005:46ff)已经引用 Edkins 的描写讨论成都话和其他方言的调值。另外,杨(1951:292;2009:332)说:"成都旧派及各乡间的音,大部分还保持入声存在,五个调类。"袁(1960:40;1983:39;2001:38)则说:"成都有小部分人保存入声,调值近似阳平而略长,阳平是21,入声略似331,共有五个声调。"由此可见,20世纪前半在成都产生了入声331>阳平21的合并过程。

表 2　厦门话古今声调比较表

	Edkins	Douglas 1873	罗 1930	周 1934	董 1957	福建 1962	周 1993
阴平	u. e. 55	h. l. 55	55	44	44	44	55
阳平	l. q. r. 13	f. r. 313	24	24	14	24	24
阴上	u. q. f. 53	r. f. 453	51	52	53	53	53
阳上	u. q. f. 53	-	=阳去	=阳去	=阳去	=阳去	=阳去
阴去	l. f. 31	l. f. 31	11	31	11	21	21
阳去	l. e. 11	l. l. 11	33	22	33	22	22
阴入	l. sh. f. 31	r. & f. 453	32	42	32	32	32
阳入	u. sh. f. 53	r. 35	4	4	44	4	55

Douglas(1873)的声调描写分别是：阴平 high and level，阳平 slow circumflex, first falling and then rising, as in astonishment or interrogation，阴上 slightly upward and rapidly downwards, like a strong imperative，阳上 it is not divided into an upper and a lower subclass，阴去 low, slow, downward slide，阳去 low and level，阴入 rising slightly and then falling rapidly，阳入 rising abruptly。其中上声的情况和艾约瑟一样，阴入和阳入的描写令人费解，表中所填调值是暂拟的。现代厦门话的阴入比阳入高，艾约瑟的情况也相同。但从 Douglas 的描写来看，阴入的调型似乎和上声一样，也就是高升降调，阳入是升调，这种状态与现代厦门话和艾约瑟的状态不一致。

总的来说，艾约瑟的描写和现代厦门话大同小异，这 150 年间似乎没有产生大变化。

四　南京话

南京话就是艾约瑟的官话课本所根据的基础方言，说明当时南京话具有标准语的地位，入声都带有 -h 的标记，表示喉塞韵尾。上元位于南京南郊，离市中心大约 10 公里。表 3 根据《官话》第 18 页，但《上海》第 11 页对阴平只列出低平调。《课本》第 101 页说，阴平具有低慢平调，有时是低慢降调，其他描写与《官话》相同。

表3　南京话古今声调比较表

	南京上元	Kühnert 1894,98	赵 1932	江苏 1960	费等 1993	刘 1995
阴平	l. e. 11 或 l. s. f. 31	gleichmässig 平	322	31	31	31>41
阳平	u. q. r. 35	gleichmässig 平	113	13	13	23
上声	l. s. r. 13	steigend 升	22	22	212	112
去声	q. f. 42	fallend 降	43	44	44	44
入声	sh. 短	abschneidend 促	4	5	5	5

赵(1932)使用数字谱描写调值，还不是五度制标记，因此没有5的阶段。引用时，#b和长短的符号从略，下同。Kühnert(1894:25)说，阴平比其他声调低，阳平是曲折调。Kühnert给南京话声调的德语译语也可能是"平上去入"的硬译。刘(1995)说，南京新派的阴平调值是41，这不仅仅是语音学上的差异，而是在变调中具有音位学上的不同。艾约瑟描写的19世纪中叶南京话声调系统有高平调的空档。赵(1932)时，去声的下降程度已经不大明显，到了20世纪60年代就变成了高平调。这样就没有高降调了，就给后来的新派准备低降调的阴平变成高降调的可能。阳平在19世纪中叶是高升调，赵(1932)的时候已经变成了低升调，但原来的低升调上声变成了低平调。费等(1993)和刘(1995)对上声的描写是低降升调或低微升调，接近阳平。19世纪中叶时阳平和上声的对立更清楚，变化以后的调值反而变得难以区分，这一点有点费解。在艾约瑟的描写系统中，高低只有两个阶段，upper和lower，所以南京话的阳平只是比上声高一点，绝对高度实际上也可能接近24、23等。至于入声，艾约瑟没有给出具体调值，但从20世纪的情况来看，应该是高调。

下面从整个声调系统的观点看一下变化的历程(入声只出现在喉塞尾音节，因此不放在框架里，下同)：

Edkins				赵 1932				江苏 1960				费等 1993				刘 1995		
	升	平	降		升	平	降		升	平	降		升	平	降		升	平	降
高	35		42	高			43	高		44		高		44		高	23	44	41
低	13	11/31		低	113	22	32	低	13	22	31	低	13	212	31	低	112		

Edkins的系统有两个升调和两个降调，分别构成高低对立。阴平有低降调和低平调两个变体，这种游移现象在活的方言中很常见。到了赵(1932)的阶段，阴平的低平调消失了，上声从13变为22，填补了低平调的空档。阳平从35变为13，占据了原来上声的地位。在这个系统里，降调有高低对立，43和322之间的距离很小。到了江苏(1960)，去声从43变为44，补救了原有的结构上的问题。但又产生了两个平调44和22之间的高低对立。到了费等(1993)，上声从22变为212，从

而容易和高平调区别了。曲折调是较难发的调型,但和其他升降平调区别,因此往往在同样的调型有高低对立的时候,某一边的声调会变为降升调或升降调。不过降升调还是难发音,到了刘(1995),212 变为 112,原来的低声调 13 变为较高的 23。论绝对音高,23 不能算高调,但和 112 比相对高,构成高低对立。

单纯的调型只有平、升、降三种,在有四个以上声调对立的系统里总要有高低对立。但同一个调型有高低对立时,总难免有听觉上太接近的问题。汉语声调的调值变化特别快的根本原因也就在此。

五 烟台话

《课本》第 101—102 页有芝罘(福山县,也就是烟台)的声调描写(表 4)。艾约瑟在烟台居住过一年左右。

表 4 烟台话古今声调比较表

	Edkins 1862	钱 59	中文 63	钱 82	陈 88	姜 90	丁 95	孙 07
阴平	l. s. r. 13	21	21	31	31	51	31,平	51
阳平	l. q. f. 31	42	55,445	55,445	55/31	53	35,53,55	55
上声	u. q. r. 35	214,45	214	214	214	213	214	214
去声	u. q. f. 53	42	55,445	55,445	55	53	35,53	55
入声	清:上声,浊:阳平							

钱(1959)的上声在原表中描写为 214,在说明中说:"烟台的上声还有一个调值是 45。单念时可以随便读。"中文系(1963)和钱(1982)等说:"去声……调值 55。有时收尾略上扬,可记 445,但是起音比上声的收尾要高。"陈(1988)的阳平列出全浊"陈寒"标为 55(即去声),次浊"文人"标为 31(即阴平)。姜(1990)测量了 19 岁和 21 岁发音人,孙(2007)测量了 50 岁左右的四位发音人。丁(1995)测量了 10 个高中一年级学生和 10 个大学一年级学生,结果表明:阴平读降调 31 的有 6 名,14 名读平调;阳平读降调 53 或 54 的有 7 名,读升调的有 11 名,读短平调的有 2 名;至于上声,所有测试者都读为曲折调。

19 世纪中叶时阳平和去声保持对立,后来低降调和高降调的对立消失,合并为一个降调。中文系(1963)的作者也应该是钱曾怡教授,但钱(1959)和中文系(1963)的描写之间有很大的不同:一个是阳平/去声 42 和 55、445 的差别;另一个是上声的自由变读的有无。

阳平/去声从高降调变成高平调或高微升调,到了 20 世纪 90 年代又出现了高降调。从丁(1995)的描述来看,这些变读情况因人而异。

就上声来说,读低降升调是现代胶东半岛东部地区方言共有的特点。假如没有钱(1959)的描写,就难以追踪高升调到低降升调的变化过程。高升调和低降升调的音值距离相当大,恐怕不大可能在一个地区社会内部一下子产生这种变化。因此,低降升调可能是外来成分,胶东半岛东部一片和辽东半岛的交通和居民来源有很密切的关系,所以要么来自辽宁,要么来自普通话。引进这个调值以后产生了自由变读的状态,也就是正如钱(1959)描写的那样,但原来的调值被淘汰掉,也就成了中文系(1963)以后的状态。钱(1982:284)说:"按一九六三年的记音,上声字在去声前,214一般是不变调的;这次复查看到,去声前的上声,后面上升的部分已经减弱或基本消失,这种情况在快读时更为明显。"这可能是内部独自产生的变化,也可能受到普通话的影响。

至于阴平的变化,从低升调到变为低降调需要有一些中间状态,但钱(1959)以前似乎没有合适的资料可以填补100年之间的空白。在山东省的大部分地区,包括胶东半岛西部,阴平是低降升调。假定中间有过低降升调的阶段,末尾的上升部分消失就会变成低降调。在晚近50年之间,低降调逐渐变成了高降调。这个变化也和阳平/去声从高降调变为高平调的变化有关。另外,由于普通话的去声是51,因此低降调变为高降调也可能受到普通话的影响。

作为整个体系的变化过程如下:

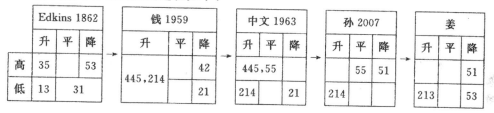

Edkins(1862)的系统非常均匀,升、降调分别构成高低对立。不过到了钱(1959)的时候两个降调53和31的对立取消了,合并成中降调42。阴平从原来的13变为21,又构成了降调的高低对立。上声原来是35,但到了钱(1959)的阶段,有两个自由变体445和214了。在中文(1963)的系统里,上声的45变体被淘汰掉了,阳平/去声从42变为445填补了这个空档,还有55的自由变体。孙(2007)虽然发表年代最新,但测量的是50岁左右的人,因此论相对年代来说应该反映比姜(1990)和丁(1995)20岁以下人更早的阶段。在这个系统里阳平/去声是高平调55,升平降调都没有高低对立,只有曲拱特征了。在这种三调系统中,每个声调能利用的音高空间比较大,也就容许较大幅度的自由变体。丁(1995)的阳平/去声有35/53/55等变体的原因也可能一样。在姜(1990)的系统中,阳平/去声是53,在那以前是低降调的阴平变成51,这种对立相当难以区别,为什么偏偏会变成这种系

统令人费解。

六　上海话

根据《上海》第11页，1853年左右还区分8调，Pott(1917)的描写相当简略，但似乎和艾约瑟的系统差不多(表5)。艾约瑟对阳上的描写是 lower slow rising，因此标为113；阳去是 lower quick rising，因此标为13，两者的区别相当微细。Pott(1917)对阳上的描写是"The Zang-sung【上声】... In the lower series it has a wave sound wich can be symbolized to the eye by the curve 〜〜；the voice first falls and then rises."于是把它标为313。

表5　上海话古今声调比较表

	Edkins	Pott 1917	赵28	江60	许88¹	许88²	许88³	平2001
阴平	u. q. f. 53	h. falling 53	41	53	53	53	53	51
阳平	l. e. 11	?	=阳去	=阳去	31	=阳去	=阳去	=阳去
阴上	u. e. 55	h. twanging ?	32	=阴去	44	44	=阴去	=阴去
阳上	l. s. r. 113	l. f. & r. 313	=阳去	=阳去	=阳去	=阳去	=阳去	=阳去
阴去	u. q. r. 35	h. rising 35	23	34	34,35	34	34	445
阳去	l. q. r. 13	l. rising 13	13	14	23	23	23	113
阴入	u. sh. 5	h. 5	4	5	5	5	5	4
阳入	l. sh. 1	l. 1	23	2	12	12	12	23

赵(1928)的标写不是五度制，而是数字谱。既然没有5，如果转换成五度制的话，4应该成为5，但在表格中没有做调整，解释的时候记在心里就行。赵(1928：82)说，"有新旧派，……两派阳平上去单读时都不分(阳=养=样)，在词中阳平跟上去不同。(按本书中所谓旧派恐怕已经是混合派，真正的旧派，大概还能辨全浊上去……)"由此可见，1928年以前所有阳调都合并在一起了。113和13的合并是容易产生的，从合并后的音值来看，阳平所经历的变化应该是11>13。

许等(1988：56)记录三派："第一种为原从松江、嘉定、宝山、奉贤、上海等县迁来的一些老年人，……第二种为一部分旧上海县城区今南市区老年人，……第三种占绝对优势，青少年中有把有的阴去字读作阴平调的情况。"表5中分别用1、2、3来表示。既然第一种人是从郊区迁来的，就不能径直看作是上海市区话的古老面貌。因此在这里把许(1988)[1]反映的阳平调值31置之度外。

江苏(1960)已经报告阴上和阴去的合并,从合并以后的音值来看,应该是阴上(高平调)合并到阴去(高升调)。许等(1988)报告的第二种也是旧南郊区话的情况,不过和第一种一样,阴上的调值是 44,和艾约瑟的描写一致,因此可以看作是反映上海市区话的古老调值。

平(2001)是机器测量的结果,发音人是作者自己,1970 年生,测量时 30 岁,可以看作是青年派。阴平调值变为高全降调,和烟台话一样,有可能用普通话的去声调值来模仿上海话的阴平。在上海青年人的发音里,有不少字不按传统的音类读,而从普通话的读音折合成上海话相应的音值。越年轻越习惯于普通话,因此在音值方面也可能产生同样的机制。

上海话还保持全浊音,入声有喉塞尾,从音位学的观点来看,阴阳调和舒声/入声构成互补关系,因此原来的 8 调可以解释为三个调位,合并后的 5 调可以解释为两个调位。可见声调数目减少速度确实特别快。这和上海人口爆发式的增长有关。周(1988)说,外来人口主要来自苏北和宁波,不过对上海话直接起影响作用的是宁波话。他说:"Edkins 所记录的上海语音的声调中,阴上为高平调,阴去为高升调,而宁波语音的阴上、阴去声的调形正好倒过来:阴上为高升调,阴去为高平调。这两种语音在当时交融的结果,先是阴上、阴去互变,最后导致大多数上海人二者都混而不分了。在今天,只有浦东等地的老年人,阴上仍念平调,阴去则念高升调,区别才是显明的。"他对上海话阳调的合并也提出了同样的机制。

附带说一下,胡(1978)、汤(1995)已对上海话声调演变过程做过研究。

下面是声调系统的变化过程:

	Edkins 1853				赵 1928				许 1988[2]				江苏 1960				平 2001		
	升	平	降		升	平	降		升	平	降		升	平	降		升	平	降
高	35	55	53	→	23		41	→	34	44	53	→	34		44	→	445		51
低	13	11			13		32		23				14				113		
	113																		

Edkins(1853)的系统有两个低升调 13 和 113,两者的对立相当微细。到了赵(1928)的阶段,13、11 和 113 都合并为 13,也就是说阳调都合并为一个了。如果在 Edkins(1853)和赵(1928)之间产生这个合并时的声调系统中三个阳调分别是相应的阴调的音位变体,就不可能产生这种变化。再说,在 Edkins(1853)的系统中,平声阴阳调 53—11、上声阴阳调 55—113、去声阴阳调 35—13,除了去声以外调型的配合也不匀称。因此,虽然在包括上海话在内的吴语里还保持声母清浊对立,阴阳调和声母清浊之间有互补关系,却有可能分别构成独立调位。

许(1988)的第二种虽然绝对年代比江苏(1960)晚,但相对来说反映更早的阶

段,因此放在前面(第一种更早,但由于是从郊区迁来的一派,因此不在此比较)。在许(1988)的第二种系统里,阴上是高平调44。在江苏(1960)的系统里,阴上已经和阴去34合并了。平(2001)的系统和江苏(1960)相同,只是降调的幅度增大了。

七　宁波话

《上海》第11页有宁波话的描写(表6)。其中,阳平是 lower slow circumflex quick falling,别处没有这种描写,令人费解。从赵(1928)的阳平调值反推,似乎是低凹降调2131。

表6　宁波话古今声调比较表

	Edkins	赵1928	徐1991	汤1997老	汤1997新	方2001
阴平	u. q. f. 53	31 [31]	42(44,435)	53	53	51
阳平	l. s. c. q. f. ?	241 [231]	=阳上	24	=阳上	=阳上
阴上	u. s. r. 35	546 [435]	(435)	35	35	34
阳上	l. s. r. 13	=阳去?	24	213	213	13
阴去	u. e. 55	323 [323]	=阴平	44	44	43
阳去	l. s. r. 或 e.13,11	72 [13]	=阳上	=阳上	=阳上	=阳上
阴入	u. sh. 5	5 [4]	5	55	55	54
阳入	l. sh. 1	23 [23]	23	12	12	13

赵(1928)使用数字谱,方括弧里面加了徐(1991)转换成五度制的标记。赵(1928)时,阳上和阳去已经几乎合并了,这个迹象可见于艾约瑟的描述,阳去可读为13(阳上)或11。到了赵(1928)的时候,阳去已经没有11的音值,可见这两个调的合并方向是阳去合并到阳上,即11＞13。

Möllendorff(1901)也有声调调值的描写:平声是平调,上声是升调,去声是降调,入声是短促调,阴阳调分别是高调和低调。他还说,(阴)平声和(阳)平声听辨有困难,需要加以区别时才明确区分。

就相对次序来说,徐(1991)的情况应该是最前进的阶段,因此最后提及。

汤等(1997)描写的老派分合情况和赵(1928)差不多,调值方面阳平231变24,后面的降尾丢失了。新派的阳平合并到阳上去了。方(2001)的结果和新派大同小异。这是机器测量的结果,其中阴入的基频是高降,不过入声短促,这个下降在听觉方面能否觉察出来还需要斟酌。我直接听到宁波话单字调,阴入5,阳入13,阳入是明显的升调,但阴入听起来像平调。

徐(1991)详细讨论宁波话声调系统的演变过程。他在1980—1982年之间做过宁波城区、边缘地区以及郊区的调查,上表中列的是城区40多岁的两位发音人的情况。他说:"原来的三个舒声阴调字合并为一类,调值42,但有一部分字偶尔也会念44的调值;有少数原阴上字也可以念435调值,但不稳定,而且其间也缺乏规律,发音人对这些调值差别已无分辨能力,因而无法分成不同的声调。原来的三个舒声阳调字已合并为一类。"这就是说,已经接近4调的系统,从声母清浊和喉塞韵尾的互补关系来说,就只有一个调位了。① 不过,他还提到变调的情况,在上字的位置上还是有区别。在单字调的环境里,舒声阴调字趋于合并为42,44和435的调值作为自由变体还保留着,但基本上经历了44>42和435>42的变化。

声调系统变迁过程如下:②

Edkins 1853				赵 1928				汤 1997 老				方 2001				徐 1991		
	升	平	降		升	曲	降		升	平	降		升	平	降		升	平	降
高	35	55	53			435	31		35	44	53		34	44				42	
低	13	11	?		13	323	231		24	213			13		43		24		

上面提到,Edkins的阳平是"lower slow circumflex quick falling",似乎是2131,反正有低降调的成分是没有问题,升平降调都有高低对立。到了赵(1928)的阶段,阳上和阳去合并,没有低平的调值了。在这个系统里有三个曲折调,没有平调。Edkins时的高降调53变为31,反而和阳平231接近了,这可能由于吴语还保留声母清浊对立,存在互补关系,因此哪怕调值接近也没有合并的危险。

汤(1997)的老派有五调,和赵(1928)相同,但调值却类似于Edkins(1853)。在汤(1997)的新派和方(2001)的系统中,阳平和阳上合并了。

相对来说,徐(1991)描写的系统经过了最多的合并过程,三个舒声阴阳调基本上分别都合并了。这是在阴调和阳调的调位之间分别取消了高低对立的结果。

---

① 宁波附近的慈溪方言就是这种情况,见慈溪(1992:882)。这一点承岩田礼先生指教(参看岩田2001:19)。据该书第882页,阴舒声445,阳舒声223,阴入声5,阳入声2,还提到"60年代普查时为7调浊上归去"。据《浙江方音集(二)》(文革前油印本),慈溪话的声调系统如下:"阴平53,阳平51,阴上545,阳上323,阴入5,阳入1,古去声分别归入阴平阳平。"在30年左右之间,从合并后的音值来看,阴平合并到阴上,阳平合并到阳上。远藤(近刊)也讨论这个变化。

② 在下面的表格中不附加箭头"→",因为各个系统之间的关系不一定是一条直线继承下来的。下文中苏州话、北京话和济南话也有类似情况。

八　苏州话

《上海》第 11 页所描写的苏州话声调系统在阴调方面和 20 世纪的情况差别相当大（表 7）。

表 7　苏州话古今声调比较表

	Edkins	赵 1928	廖 1958	江苏 1960	叶 1993	汪 1996	孙 2001
阴平	u. q. f. 53	44	44	44	55	44	44
阳平	l. q. r. 13	14	24	13	13	223	224
阴上	u. e. 55	41	51	52	51	51	51
阳上	l. q. f. 31	441	31	31	31	231	231
阴去	u. s. r. 35	512	412	412	513	523	422
阳去	l. s. r. 113	=阳上	=阳上	=阳上	=阳上	=阳上	=阳上
阴入	u. sh. 5	4	5	5	5	43	53
阳入	l. sh. 1	23	2	2	3	23	23

叶（1993:6）说："苏州城区阳上、阳去不分……调值都是 31 降调。吴县有二十多个乡镇，阳上、阳去有分别，就调值说，阳上读 31 降调，阳去读 213 降升调。假如我们拿调值异同为命名依据，苏州阳上、阳去不分的调类可以叫阳上，认为阳去并入阳上。"苏州郊区的阳上、阳去正好和艾约瑟的描写一致，赵（1928）以前的时候阳去 113 合并到阳上 31，可能经过 213>212>21>31 的过程。

从 19 世纪中叶到赵（1928）之间，阴平 53 变成高平调 44 或 55，阴上 55 变成高降调 51 等，阴去 35 变成了高降升调 512 等。这三个变化是一连串的锁链变化，但由于中间一百年左右没有合适的资料，因此演变次序难以推测。

赵（1928）以后的调值基本相同。孙（2001）是机器测量的结果，阴入调的解释问题和宁波话的方（2001）一样。

声调系统演变过程如下：

	Edkins 1853				赵 1928				廖 1958				汪 1960				孙 2001		
	升	平	降		升	平	降		升	平	降		升	平	降		升	平	降
高	35	55	53	→		44	512	→		44	52	→		44	51	→		44	51
低	13		31		14		41		24		412		223		523		224		422
	113						441				31				231				231

Edkins(1853)的系统比较均匀,但阳平 13 和阳去 113 的区别很微细。到了赵(1928)的系统,阳去却没有合并到阳平去,倒和阳上合并,并变成 441。这个 441 和阴上 41 的区别作为调值来说未免太小,但由于阴调和阳调之间有声母的互补关系,因此还能变成这种格局。

赵(1928)和廖(1958)之间,阴上 41—阴去 512 的高低关系反过来,变成了阴上 52—阴去 412。这种变化之所以能产生是因为阴去末尾有上升尾,能和单纯的下降调区别开来。就调型来说,在廖(1958)的系统里也有三个广义的降调,但 31 是阳去,和其他两个阴调构成互补关系。

到了汪(1996),阳去从 31 变 231,这也可以理解为浊声母或者伴随于此的浊气流降低了音节开头音高,另一方面在调值曲拱方面也有利于和其他降调区别开来。到了孙(2001),阴去的上升尾消失了。

九 北京话

9.1 各家的描写

《上海》第 11 页、《官话》第 17—18 页、《课本》第 97—101 页都有较详细的北京话声调描写。《官话》第 17 页引到 Meadows (1847) 的北京话声调描写,然后提出自己的观点。因此先看看 Meadows (1847:63) 的说明:"shang ping commences at a high note, and keeps high and even; hsia ping commences at a high note, and rises still higher; shang commences at a low note, and rises to a higher one; chǔ commences at a low note, and sinks still lower."《官话》接着说:"The following account differs but little from this. It has been drawn up from the pronunciation of a native of Ta-hing, one of the two districts included in the city of Peking.

Ⅰ[阴平] Upper quick falling tone, or upper even tone.

Ⅱ[上声] Lower quick rising tone.

Ⅲ[去声] Lower quick falling tone, or lower slow falling circumflex tone.

Ⅳ[入声] Distributed among the other four.

Ⅴ[阳平] Upper quick rising tone, or upper quick falling circumflex tone."

文中 Ta-hing(大兴)指清代顺天府城东,即相当于现在的东城区一带,并非现代北京南郊的大兴区。

《官话》第 18 页说:"In the pronunciation at Peking, Ⅰ[阴平] is sometimes u. e. [55]; Ⅲ[去声] is also heard l. s. f. c. [313]; and Ⅴ[阳平] is also u. q. f. c.

[353]. It is not uncommon in Chinese dialects for two intonations to be appropriated to one tone-class."《官话》第 16 页说:"Thus in Peking, words of the third tone-class [去声] receive usually the intonation lower-slow-falling-circumflex when alone, but when quickly spoken and when they stand last in a collocation of two words, they are heard in the lower-quick-falling intonation."由此可知,去声在单独发音的时候是低凹调,在其他环境下是低降调,是条件变体。

《课本》第 97 页说:"Words in first tone class,上平 shang p'ing, take the upper quick falling inflection;… But this becomes the upper even monotone, in combination with another word following."可见阴平在单独发音和词组末尾时是高降调,非末尾的位置上是高平调,也是条件变体。

《课本》第 97 页说:"Words in the fifth class,下平 hia p'ing, take the upper quick rising inflection, or occasionally the upper quick rising circumflex, which is a double inflection, first rising and then falling."

《官话》第 18 页提到上声相连时前面变成阳平,还说:"When a word in c'hü sheng follows another in c'hü sheng it rises in pitch, so that the intonation l. q. r. [sic] becomes u. q. r. [sic]."就是说,去声相连时后面变高调。去声本来是降调,因此这里应该记为 f,但实际上记为 r,可能有错误,实际上是低降调变为高降调。《课本》第 97 页说:"When two words of this class are placed together, the last is pitched high, and becomes the upper quick falling inflection."这是鲜为人知的早期北京话变调规则,值得注意。

表 8 北京话古今声调比较表

	Meadows 1847	Edkins 1857 官话	Forke 1895	Seidel 1901	Courant 1914	Karlgren 1915	Bradley 1915	刘 1924	Bröring 1927	Chao 1948	王萍 2009
阴平	h. even 55	u. q. f. 53, u. e. 55	441	44	33	44	44,55	34	55	55	44
阳平	h. rises 35	u. q. r. 35, u. q. f. c. 353	45	45	445	53	35	14	243	35	24
上声	l. rises 13	l. q. r. 13	113	114	2233	325	15	114	314	214	203
去声	l. sinks 31	l. q. f. 31, l. s. f. c. 313	331	331	221	41	41,51	4414	41	51	51
入声		其他声						15			

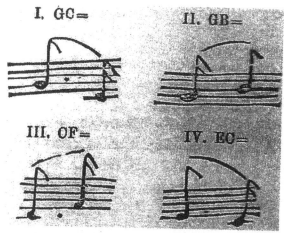

图1 Forke 所记北京话声调

图 1 的乐谱引自 Forke (1895:183)。最低 C(即 do)到最高 B(即 si)有七个阶段,把它转换为五度制如下:

	七度制	五度制
阴平	551	441
阳平	57	45
上声	114	113
去声	331	331

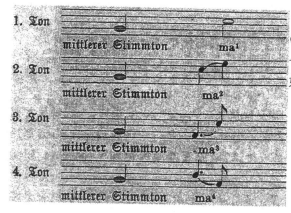

图2 Seidel 所记北京话声调

图 2 的乐谱引自 Seidel (1901:22)。最低 fa 到最高 mi 有七个阶段,把它转换为五度制如下:

	七度制	五度制
阴平	55	44
阳平	57	45
上声	115	114
去声	441	331

图 3 的乐谱是 Courant(1914:19)的北京话声调描写:

图3 Courant 所记北京话声调

最低 do 到最高 re 有 9 度，转换成五度制如下：

	九度制	五度制
阴平	55	33
阳平	889	445
上声	2255	2233
去声	♯1♮1	221

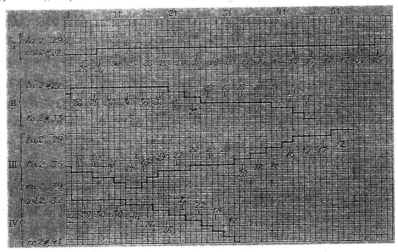

图 4　高本汉所测量的北京话声调

图 4 引自 Karlgren(1915:257)①。这是来自北京的 20 岁青年（三代都是北京人）的音高测量结果。四个声调显示在一张表，其实，每一个调构成每一栏，音高用音阶表示，最低 re 到最高 la 正好是五度，转换成五度制标记如下：阴平 44、阳平 53、上声 325、去声 41。

Karlgren(1915:259)讨论阳平调的调值，Courant 描写为升调，他的结果是降调，说："实际上北京有这个声调的两种变体，不易决定哪一个更'纯粹'。或许升调稍微常见些。[原文是法语]"Karlgren (1918:24)说："As to its form the **hia p'ing shêng** appears in Peking in two varieties. Many speakers produce it as a high-keyed falling tone (opposed to the **k'üshêng** as a low-keyed falling one). See for instance the diagram in my Phonologie Chinoise p. 257. Others, perhaps the ma-

---

① 高本汉著，赵元任、李方桂、罗常培译(1940)《中国音韵学研究》，长沙：商务印书馆，第 167 页没有译出这个部分，说："因为发音人不是个好代表者，结果（特别是阳平）不能用，所以略去不译。"赵元任他们无法理解早期北京话的调值和 1920 年代以后有所不同。

jority, produce it as a rapidly rising tone. ... This surprising double nature of a tone inside the very city of Peking has been already observed by Edkins. [注里引了《官话》第 17 页]"

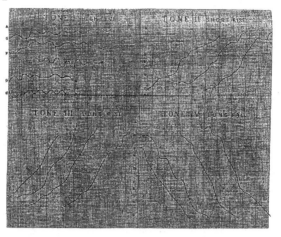

图 5 Bradley 所测量的北京话声调

图 5 是 Bradley(1915)的测量结果。阴平有 5 次发音的记录,最多的是 G 的高平调,还有 A 和 F 附近的高平调,在 44 和 55 之间游移。阳平的 5 次发音都是从 C 到 A 的高升调 35。上声的 4 次发音都是单纯的升调,而不是降升调。起点比阳平低,从下面的 A 或 B 之间开始迅速上升,是 15 调。去声的四次发音起点从 F 到 A 之间游移,降到最低,是 41 调或 51 调。

图 6 是刘(1925)测量的北京话声调(Liu 1925 有更详细的包括二字组在内的测量结果):

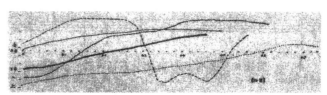

图 6 刘复所测量的北京话声调

图 7 转换成乐谱,从最低 mi 到最高 si 正好 5 度。有入声的测量结果使人疑惑,不过据说旧时北京文人能读出入声调值。

图 7　转换成乐谱的刘复对北京话声调的测量结果

高(1922:107)对北京话的描写中也有入声(图8):

图 8　高元所记北京话声调

他在第131页的乐谱中对阳平加上了渐强符号"＜",对去声加上了渐弱符号"＞",对音强加以描述,非常细致。

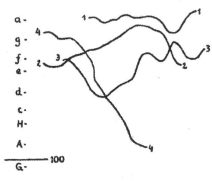

图 9 是 Bröring(1927)的实验结果。图10的乐谱把它转换为五线谱(1 到 4 的数字分别指阴平、阳平、上声和去声)。阳平后部下降,是 243,和 Edkins 的阳平一个变体 353 基本一致,值得注意。

图 9　Bröring 所测量的北京话声调

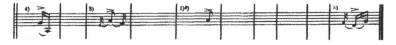

图 10　转换成乐谱的 Bröring 对北京话声调的测量结果

图 11 是 Chao(1948:85)的描写:

图 11　Chao 的五度制标调　　　图 12　赵元任用乐谱所记北京话声调

赵(1922)的实验结果已经如此：

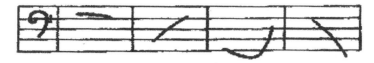

图 13 赵元任所测量的北京话声调

王(2009)测量了北京人各年龄段的声调，图 14 中 1 是 20 岁以下，2 是 20—29 岁，3 是 30—39 岁，4 是 40—49 岁，5 是 50 岁以上。其中阴平有年龄差异，50 岁以上的人是平调，40 岁以下成为微降调，而且年龄越小绝对值越低。这是父母都是北京人的"老北京人"的情况。父母双方或一方不是北京人的"新北京人"则没有这种倾向，不管年龄大小都是微降调，甚至年龄越大音高越低：

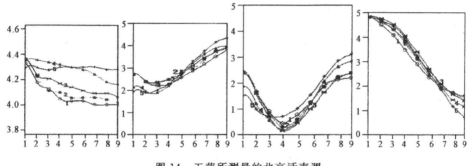

图 14 王萍所测量的北京话声调

9.2 北京话声调的变化过程

首先讨论上声。除了高本汉和赵元任以后的人都说是降升调以外，早期描写都说是低调调，只是低音部长一些。特别是 Bradley(1915)的测量结果，上声是单纯的上升调。因此可以说，到了 20 世纪，上声前面附加了降尾，从低升调变为低降升调。

阳平的上升调也一直没有很大的变化。只是艾约瑟说，还有高降曲折调，如果没有高本汉的论述，就无法理解这个调。不过，既然高本汉接触到的 20 世纪初北京话也有读高降调的一派，应该承认有这个现象。

在艾约瑟的描写中，阴平和去声的情况最使人困惑。去声的情况还比较容易理解，因为还有很多人都说早期北京话的去声是低降调，如 Meadows(1847)、Forke(1895)、Seidel(1901)、Courant(1914)等。艾约瑟说，去声单字调和多音节末尾的调值是低降升调，刘(1924)的结果也如此，Liu(1925)还有两字组的测量结果，去声后字也是低降升调，相互印证。去声调值的起点越到后来越高，王(2009)的测

量结果是去声起点最高,阴平和阳平终点更低,其实这是用耳朵也能听出来的。20世纪的北京话经历了去声低降升调的消失(也就消失了去声变调)和降调起点的提高:31＞41＞51。

至于阴平,据艾约瑟,单字调和词组末尾的调值是高降调。Forke(1895)的描写也相同。远藤(1986)曾经就老舍1928年在伦敦录音的灵格风汉语课本的发音特点指出:"另外还有一个现象令人感到奇怪,即轻声前的第一声有时变成第四声的发音倾向。例如说,'先生、声音、东西、工夫、天津、干净'等除了'第一声＋轻声'的发音以外还可能发为'第四声＋轻声'。举个三音节的例子,例如'高高儿地'发为'第一声＋第四声＋轻声'。这是出现在范例时特别显著的发音倾向,出现在课文里时发音却和现代一样。以上的例子根据北京人的范畴式语音形式感知也判断为第四声,还有的情况下出现语音学上末尾下降的[553]的发音,但北京人把它感知为第一声,如'刀子、屋子'等。这个现象引人注目。"在老舍的发音,阴平在轻声前面发为高降调,由这个现象来看,艾约瑟描写的阴平高降调也不会是虚假的。

Hopkins(1895)是吴启太《官话指南》的英文翻译,还附有"Essay on Tone and Accent in Pekinese and a Glossary of Phrases"。他对北京话声调和重音加以极其细致的描述,他对两音节词区分"重重型"和"重轻型"以外,还设立中间的类型,也就是后字读得轻一点,但还保留原声调的第三个范畴。这是很有见地的看法,北京话确实有这么一个重音格式,却到了20世纪中叶才有一些人重新发现这个事实,而且到现在为止还没有成为学界的共识。可见他的审音能力极高。他比较了艾约瑟等19世纪的声调描写,结果还是承认阴平在非末尾位置是高平调,在末尾是高降调;去声是低降调,在末尾具有重音时是低降升调(第130—137页)。

Hopkins提到《官话指南》(1882年)也把阴平调描写为降调。在此把有关描述引为如下(《凡例》第2页):

初学四声之法,最难解说,今举梗概:
如上平,其发声时,系自上落下而止,声音较短。
如下平,其发声时,系向右旁一掷而止,声音较短。
如上声,其发声时,系半含其音,渐渐而上,声音较长。
如去声,其发声时,系半含其音,向左旁渐渐垂下,声音较长。
又如上平,其发声时,系如点首之状。
如下平,其发声时,系如将首向右旁稍转之状。
如上声,系如人仰首之状。
如去声,系如人将首向左下垂之状。

这些描写用词相当玄虚，光看这个记载较难把握具体音值。但阴平是高降调，去声是长降调，却是很清楚的。至于"右、左"，既然去声是"向左旁渐渐垂下"，"左旁"就意味着"低"，"右旁"就是相反，意味着"高"了。由此可以拟测如下的调值：阴平53、阳平35、上声113、去声331。①

艾约瑟的系统中，阴平是高降调，去声是低降调。到了20世纪，除了老舍的轻声前阴平以外，阴平高降调消失，也就消失了阴平的变调。由此高降调成为空档，有了低降调变成全降调的余地，于是在20世纪中，去声渐渐变为全降调。

高本汉(1915)和刘(1924)的实验结果表明，阴平调是微升调。王(2009)的测量结果倾向于微降调。这些不同也值得注意。

声调系统的变化过程如下：

Meadows 1847				Edkins 1857				Forke 1895				Karlgren 1915				Chao 1948		
	升	平	降		升	平	降		升	平	降		升	平	降	升	平	降
高	35	55			35	53,53			45		441			44	53	35	55	51
低	13		31		13	313,31			113	331			325		41	214		

Meadows(1847)的系统倒像当代北京话的情况，不过去声是低降调，上声是低升调而不是低降升调。Edkins(1857)显得复杂些，但这是由于他描写了单字调和变调情况所使然。

在Forke(1895)的系统里，阴平只有高降的变体，和其他记录不同，没有高平的调值。在Karlgren(1915)的系统里，阳平只有高降的变体，和其他记录不同，没有高升的调值。另外，去声的开头开始上升，到了Chao(1948)，去声成为全降调。

十　开封话

《上海》第11页有开封话声调的描写(表9)，赵(1922)也有用五线谱的形式表

---

① 《官话指南》《凡例》第4—5页还提到"重念"：
　　我可以给你钱。我字重念，其意我独能与汝钱，而他人不能与汝钱也。
　　我可以给你钱。可字重念，其意我实能与汝钱，非不能与也。
　　我可以给你钱。你字重念，其意我止能与汝钱，而不能与他人钱也。
　　我可以给你钱。钱字重念，其意我止能与汝钱，而不能与汝他物也。
据我所知，这是有关强调重音的最早的精辟描述。Endo(2001)曾经综览过汉语轻重音的历史资料，没提到《官话指南》和Hopkins(1895)是憾事。

示的机器测量结果（图 15）：

图 15　赵元任所测量的开封话声调

表 9　开封话古今声调比较表

	Edkins	赵 1922	周等 1957	开封 1960	河南 1995	刘 1997
阴平	u,q,e 55	24	24	24	24	24
阳平	u,q,r, 35	52	41	41	53	41
上声	l,q,r, 13	45	55	55	55	55
去声	l,q,f, 31	213	31	31	31	312

　　周等（1957）说："(1)开封市阳平落音比 1 微高。(2)开封市上声介于 55 和 45 之间，其音高而短，和北京的阴平不同。"开封（1960）说："阳平是中降调 41，收音时比 1 度稍高。上声是高平调 55，实际发音时起音比尾音低，但不到一度。"

　　上声的变化较容易理解，从低升调变为高升调，然后再变为高平调：13>45>55。阴平和阳平的变化过程不易推测：如果阴平 55 先变 24 的话，为什么跳过阳平了？阳平 35 直接变 52，还是经过 55 的阶段？如果经过 55 的阶段的话，和原先是 55 的阴平的关系如何？这些问题需要有反映中间阶段的资料才能回答。

　　下面是声调系统的演变过程：

Edkins 1853				赵 1922				周等 1960				河南 1995				孙刘 1997		
	升	平	降		升	平	降		升	平	降		升	平	降		升	平	降
高	35	55		→	45		52	→	24	55	41	→	24	55	53	→	24	55	41
低	13		31		24						31				31				312
					213														

　　根据 Edkins（1853）的描写，声调系统和 Meadows（1847）描写的北京话系统一模一样。后来，到了赵（1922），阴平 55 变为 24，阳平 35 变为 52，上声 13 变为 45，去声 31 变为 213，产生了三个升调，其中有一个加上了上升尾以资和其他两个升调的区别。当中 70 年之间为什么产生了这么偏颇的变化就难以追踪。

　　到了周等（1960），上声 45 变为 55，去声 213 又脱落了上升尾，变为 31，解决了有三个升调的僵局。但出现了两个降调的高低对立。河南（1995）的系统差不多。到了刘（1997），去声又衍生了末尾的上升部分以便和高降调区别开来。

虽然一百五十年前的出发点一样,当代的北京话和开封话的声调系统完全两样。① 这就令人了解到声调变化之快,并有"差之毫厘,谬之千里"的感觉。②

十一 济南话

《官话》第 19 页有济南话声调的描写(表 10)。

表 10 济南话古今声调比较表

	Edkins	Forke 1895	Bousack57	Giet 1950	山东 1960	姜 1990	钱 2001
阴平	u. e. 55	GC51 [41] FG45 [34]	24	213	213	223	213
阳平	u. q. f. 53 or l. s. r. c. 131	GB57 [45] EC31 [31]	42	42	42	543	42
上声	u. q r. 35	GB57 [45]	25	55	55	444	55
去声	l. s. r. 13	EC31 [31]	41	31	31	321	31
入声	其他						

Forke (1895:189)说:"A peculiar intonation is given in *Chinan-fu* to many of those words which in Peking have the first tone e. g. to 江,身,貓,村,屋,燒. It rises from the quaver F to the quaver G. The words which preserve the first tone seem, however, to be in the majority. In like manner second tone words have at Chinan partly the second partly the fourth tone. Instead of the third tone we always find the second, the fourth is regular."Forke 用音阶名描述调值,在表中把七度制转换为五度制的结果记在方括号里。他的描写中,阴平和阳平不好理解。Bousack(1957)的出版年代比 Giet 晚,但他是传教士,不可能在新中国成立后逗留在中国,因此反映的应该是 1949 年以前的情况。从调值来看,更接近艾约瑟的系统,于是排列在 Giet 前面。

声调系统的变化过程如下:

---

① 如果不管历史来源不同,作为类型来看倒是相当接近的。
② 梅(1982)认为开封话等中原一带的上声高调反映唐宋元时的中原音,和本文观点迥然不同。

Edkins 1857			Forke 1895			Bousack 1957			Giet 1950			钱 2001		
	升	平	降	升	平	降	升	平	降	升	平	降	升	平	降
高	35	55	53,131	45		41	25		42		55	42		55	42
低	13			34		31	24		41	213		31	213		31

如果撇开 Forke(1895) 不论，阳平的高降调一直没有变。上声从高升调变为高平调。去声从低升调变成低降调，这个变化在 19 世纪末以前就产生了。阴平的变化过程有点费解，如果 Forke 的中升调是中间状态的话，应该如下：55＞34＞24＞213。

十二　调值变化的方向

前面看到的各地方言每一个近期历时变化列举如下：

高平＞高降　　烟台阳平 55＞53、苏州阴上 55＞51、宁波阴去 44＞43、北京阴平 55＞54

高平＞高升　　上海阴上 44＞34、开封阴平 55＞24、济南阴平 55＞24

高平＞低降升　宁波阴去 55＞323

高升＞低升　　南京阳平 35＞13、上海阴去 35＞23、宁波阳平 24＞13

高升＞中升　　宁波阴上 35＞34

高升＞低降升　烟台上声 35＞214、济南阴平 24＞213

高升＞高降升　宁波阴上 35＞435、苏州阴去 35＞512

高升＞高平　　开封上声 45＞55、济南上声 35＞45＞55

高升＞高降　　开封阳平 35＞52

高降＞全降　　上海阴平 53＞51

高降＞高平　　南京去声 42＞43＞44、烟台阳平 42＞55、烟台去声 53＞55、苏州阴平 53＞44

高降＞中降　　烟台去声 53＞42、开封阳平 52＞41

高降＞低降　　宁波阴平 53＞31

高降升＞高升　宁波阴上 435＞35

高降升＞高降　苏州阴去 523＞422

低平＞低升　　上海阳平 11＞13、宁波阳去 11＞13

低平＞低降　　天津阴平 11＞21

低平＞低降升　南京上声 22＞212

低降＞高降　　天津阴平 21＞31＞41、南京阴平 31＞41、烟台阴平 21＞31＞

51、烟台阳平 31＞42、北京去声 31＞41＞51
  低降＞中降   烟台阳平 31＞42
  低降＞低降升 开封去声 31＞213、开封去声 31＞312
  低降＞低升降 苏州阳上 31＞231
  长低降＞低降 成都入声 331＞21
  低升＞低平   南京上声 13＞22
  低升＞低降   苏州阳去 113＞31、烟台阴平 13＞21、济南去声 13＞31
  低升＞低降升 宁波阳上 24＞213、北京上声 13＞214
  低升＞中升   南京阳平 13＞23、宁波阳上 13＞24
  低升＞高升   开封上声 13＞45、上海阴去 23＞34＞445
  长低升＞低升 上海阳上 113＞13
  低升降＞低升 宁波阳平 231＞24
  低升降＞低降 济南阳平 131＞31
  低降升＞低升 南京上声 212＞112、宁波阳上 213＞13
  低降升＞低降 开封去声 213＞31
  低降升＞高平 宁波阴去 323＞44

  这些"不等式"连接起来就得到下页的锁链(图15)。由此可见,调型之间的变化大都是双向性的,比如说,高平调能变高降调,高降调也能变高平调。因为本文只考察了12个方言,因此在这个表格上没有箭头的变化也可能存在,只是还没有找到而已。既然声调调值变化是双向性的,就无法应用到方言之间的比较研究上。因为假设A方言某调是55、B方言是53,祖语调值有可能是＊55,也可能是＊53,无法定为某一种。

  现在以高平调和高降调之间的实际变化为例,探讨调值变化的机制。高降调变高平调的例子有四个:南京去声、烟台阳平和去声、苏州阴平;高平调变高降调的例子也有四个:烟台阳平、宁波阴去、北京阴平、苏州阴上。

  南京去声从43变为44是赵(1932)到江苏(1960)之间产生的变化,变化前的系统中没有高平调,而且有两个降调的高低对立。因此这个变化的结构上的动机是高降变高平以便取消降调的高低对立。烟台阳平和去声分别从31和42变为55或445是钱(1959)到中文系(1963)之间,结构上的原因和南京去声完全相同。苏州阴平从53变为44是Edkins(1853)到赵(1928)之间,变化之前阴上是55,变化之后阴上是41,高平调和高降调之间产生了交叉变化,此中机制未明。

  烟台阳平从55变53是孙(2007)描写的50岁左右的发音人和姜(1990)描写

的 20 岁左右的发音人之间的年龄差异。两个系统中的阴平都是 51，阳平却变成 53，就有了两个降调的高低对立了。宁波阴去的情况也相似，从 44 变为 43 是汤 (1997) 到方 (2001) 之间产生的变化，变化前后阴平都是高降调 53 和 51，经过变化又产生了降调的微细高低对立了。北京阴平从 55 变为 54 是王 (2009) 报告的最新动态，系统中有 51。苏州阴上从 55 变为 41，如上所述，是 Edkins (1853) 到赵 (1928) 之间产生的变化。

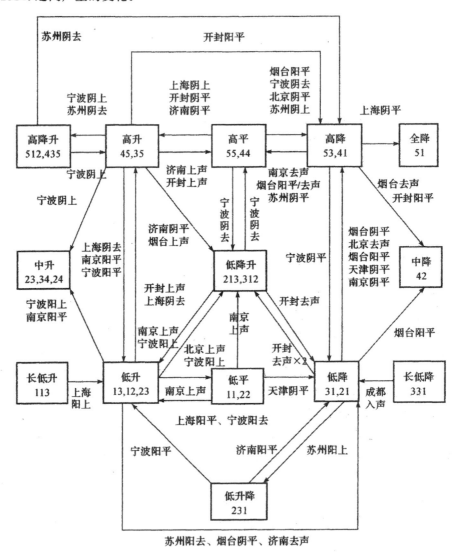

图 15　汉语各地方言中调值变化方向综合图

根据这种考虑,对两个调型之间有双向变化的实例加以结构上的分析。经过变化后,声调格局扩大听觉上的距离或者平、升、降调及高低对立的对立更加均匀就加"＋"号,也就是这个调值变化带来更具区别度的声调系统。否则加"－"号。不好判断的加"？"。结果如下:

高平→高降:－烟台阳平、－宁波阴去、－北京阴平、？苏州阴上

高降→高平:＋南京去声、＋烟台阳平/去声、？苏州阴平

高降→低降:－宁波阴平

低降→高降:－北京去声、＋烟台阳平、？天津阴平

低降→低升降:＋苏州阳上

低升降→低降:－济南阳平

低升→低平:＋南京上声

低平→低升:＋上海阳平、？宁波阳去

低降→低降升:＋开封去声、＋开封去声

低降升→低降:－开封去声

低升→高升:－开封上声、＋上海阴去

高升→低升:－上海阴去、？南京阳平、？宁波阳平

低升→低降升:＋宁波阳上、？北京上声

低降升→低升:？南京上声、？宁波阳上

低降升→高平:？宁波阴去

高平→低降升:？宁波阴去

高平→高升:？上海阴上、－开封阴平、－济南阴平

高升→高平:＋济南上声、＋开封上声

高升→高降升:？宁波阴上、－苏州阴去

高降升→高升:＋宁波阴上

由此看来,调值变化有时会带来更均匀的声调系统,但在更多的情况下反而变得难以辨别或使得系统更加偏颇。这个事实就告诉我们:声调调值的变化,一方面可能是往听觉更易分辨的方向变化,另一方面则可能往发音动作更容易的方向变化。或许还有我们还不知道的许多机制。这些问题还要留待积累更多、更丰富的例子以后才能得到最后解决。

(附记:本文定稿时承蒙曾晓渝教授过目,谨致谢忱。)

参考文献

北京大学中国语言文学系　1995　《汉语方言词汇》第2版,北京:语文出版社。

Bousack, P.　1957　*Chinesische Wortkunde*. Münster: Aschendorffsche Verlagsbuchhandlung.

Bradley, B.　1915　The Tone-Accents of two Chinese Dialects. *Journal of American Oriental Society*, 35:199—206.

Bröring, T.　1927　*Laut und Ton in Süd-Schantung*. Hamburg: Kommissionsverlag L. Friederichsen & Co.

Chao, Y.　1948　*Mandarin Primer*. Cambridge, Mass.: Harvard University Press.

陈洪昕、陈甲善　1988　《烟台方言音系》,《烟台师范学院学报(哲学社会科学版)》1988(2):50—57;1988(2):52—79。

慈溪市地方志编纂委员会编　1992　《慈溪县志》876—933,杭州:浙江人民出版社。

Courant, M.　1914　*La langue chinoise parlée*. Paris: Leroux.

丁信善　1995　《烟台方言声调系统对学习英语语调影响的声学研究》,《烟台师范学院学报(哲学社会科学版)》1995(2):82—87。

Douglas, C.　1873　*Chinese-English Dictionary of the Vernacular or Spoken Language of Amoy*. London: Trübner.

董同龢　1957　《厦门方言的音韵》,《历史语言研究所集刊》29:231—253;2009《中研院历史语言研究所集刊论文类编》语言文字编·方言卷,1,483—505,北京:中华书局。

Endo, M.　2001　A Historical Study of Chinese Stress Accent. Hana Třísková ed. *Tone, Stress and Rhythm in Spoken Chinese, Journal of Chinese Linguistics*, Monograph Series No. 17:192—208.

方　婷　2001　《宁波方言声调实验研究》,游汝杰、杨剑桥主编《吴语声调的实验研究》131—155,上海:复旦大学出版社。

费　嘉、孙　力　1993　《南京方言志》,南京:南京出版社。

Forke, A.　1895　A Comparative Study of Northern Chinese Dialects, *The China Review*, 21:181—204.

高　元　1922[1]、1925[3]　《高元国音学》,上海:商务印书馆。

Giet, F.　1959　*Zur Tonität Nordchinesischer Mundarten*. Wien: Verlag der Missionsdruckerei St. Gabriel.

福建省汉语方言调查指导组　1962　《福建省汉语方言概况》。

河南省地方史志编纂委员会　1995　《河南省志方言志》,郑州:河南人民出版社。

Hopkins, L.　1895　*The Guide to Kua Hua*. Shanghai: Kelly & Welsh.

胡明扬　1978　《上海话一百年来的若干变化》,《中国语文》1978(3):199—205。

姜宝昌、许维江　1990　《山东方言声调的声学测算——济南、青岛、烟台》,《山东大学学报(哲学社会科学版)》1990(1):27—42。

江苏省和上海市方言调查指导组　1960　《江苏省和上海市方言概况》，南京：江苏人民出版社。

开封师范学院方言调查研究室　1960　《河南方言概况（初稿）》油印本。

Karlgren, B.　1915　*Etudes sur la Phonologie Chinoise*, Upsala：Appelberg.

Karlgren, B.　1918　*A Mandarin Phonetic Reader in the Pekinese Dialect*. Stockholm：Norstedt & Söner.

Kühnert, F.　1894　Die chinesische Sprache zu Nanking, *Sitzungsberichte der Kaiserlichen Akademie der Wissenschaften in Wien*, *Philosophisch-historische Classe*, 131：1—38.

Kühnert, F.　1898　*Syllabar des Nanking-dialectes*, Wien：Alfred Hölder.

廖序东　1958　《苏州语音》，南京：江苏人民出版社。

刘丹青　1995　《南京方言词典》，南京：江苏教育出版社。

刘冬冰　1997　《开封方言记略》，《方言》1997(4)：271—285。

刘　复　1924　《四声实验录》，上海：群益书社。

Liu, F.　1925　*Etude Expérimentale sur les Tons du Chinois*. Paris：Société d'édition "Les Belles Lettres".

罗常培　1930　《厦门音系》，北平：中央研究院历史语言研究所。

马重奇　1994　《漳州方言研究》，香港：纵横出版社。

Meadows, T.　1847　*Desultory Notes on the Government and People of China, and on the Chinese Language*. London：Allen and Company.

梅祖麟　1982　《说上声》，《清华学报》14(1—2)：233—241；2000《梅祖麟语言学论文集》340—351，北京：商务印书馆。

Möllendorff, P.　1901　*The Ningpo Syllabary*, Shanghai：Americal Presbyterian Mission Press.

平悦玲　2001　《上海市区方言声调实验研究》，游汝杰、杨剑桥主编《吴语声调的实验研究》17—38，上海：复旦大学出版社。

Pott, H.　1917　*Lessons in the Shanghai Dialect*. Shanghai：American Presbyterian Mission Press.

千叶谦悟、熊　进、高桥庆太　2005　《百年前の四川方言》，东京：早稻田大学中国古籍文化研究所。

钱曾怡　1959　《胶东方音概况》，《山东大学学报》1959(4)：110—129。

钱曾怡　1982　《烟台方言报告》，济南：齐鲁书社。

钱曾怡　2001　《山东方言研究》，济南：齐鲁书社。

Seidel, A.　1901　*Chinesische Konversations-Grammatik*. Heidelberg：Julius Groos' Verlag.

山东省方言调查总结工作组　1960　《山东方言语音概况》油印本。

孙慧明　2007　《胶东方言声调的实验研究》，烟台：鲁东大学硕士论文。

孙锐欣　2001　《苏州方言声调实验研究》，游汝杰、杨剑桥主编《吴语声调的实验研究》39—45，上海：复旦大学出版社。

汤珍珠、陈忠敏、吴新贤　1997　《宁波方言词典》，南京：江苏教育出版社。

汤志祥　1995　《上海方音内部差异的历时变化》，《吴语研究》363—381，香港：香港中文大学新亚书院。

汪　平　1996　《苏州方言语音研究》，武汉：华中理工大学出版社。

王　萍　2009　《北京话声调和元音的实验与统计》，天津：南开大学出版社。

徐通锵　1991　《百年来宁波音系的演变》《语言学论丛》1：61—46；1993《徐通锵自选集》22—69，郑州：河南教育出版社。

许宝华、汤珍珠主编　1988　《上海市区方言志》，上海：上海教育出版社。

岩田礼　2001　《中国語の声調とアクセント》，《音声研究》5(1)，18—27。

杨时逢　1951　《成都音系略记》，《历史语言研究所集刊》23上，289—302；2009《中研院历史语言研究所集刊论文类编》语言文字编·方言卷，1，329—343，北京：中华书局。

杨自翔、国赫彤、施向东　1999　《天津话音档》，上海：上海教育出版社。

叶祥苓　1993　《苏州方言词典》，南京：江苏教育出版社。

袁家骅　1960　《汉语方言概要》，北京：文字改革出版社；1983第二版，北京：文字改革出版社；2001北京：语文出版社。

远藤光晓　1983　《成都方言の声調》，《均社论丛》13：26—38；2001《汉语方言论稿》3—15，东京：好文出版。

远藤光晓　1986　《老舍のleとliǎo》，《日本語と中国語の対照研究》11：84—103；2001《中国音韵学论集》267—281，东京：白帝社。

远藤光晓　2004　《从年龄差异归纳音变的方向性——以汉语荔波方言为例》，石锋、沈钟伟编《乐在其中　王士元教授七十华诞庆祝文集》168—175，天津：南开大学出版社。

远藤光晓　近刊《20世纪以来汉语几个方言声调调值史》。

赵元任　1922　《中国言语字调底实验研究法》，《科学》7(9)：871—882；2007《赵元任语言学论文集》27—36，北京：商务印书馆。

赵元任　1928　《现代吴语的研究》，北京：清华学校研究院。

赵元任　1932　《南京音系》，《科学的南京》65—96，上海：中国科学社。

中文系社会实践方言调查小组1963《烟台方言报告》，《山东大学学报》1963：21—51。

周辨明　1934　《厦语音韵声调之构造与性质及其于中国音韵学上某项问题之关系》，厦门：厦门大学。

周长楫　1993　《厦门方言词典》，南京：江苏教育出版社。

周孟哲、吴宏绪、王镜川　1957　《开封市方言调查报告》，《开封师范学院学生科学习作》第一集：36—61。开封：开封师范学院。

周同春　1988　《十九世纪的上海语音》，《吴语论丛》175—183，上海：上海教育出版社。

20世紀以來漢語幾個方言聲調調值史

遠藤光曉

青山學院大學

提要

本文根據20世紀初以後出現的各種漢語方言中的聲調描寫進行歷時比較，從中歸納出短時間內產生的聲調調值變化過程。討論對象為廣西博白方言（粵語）、四川重慶方言（西南官話）、浙江湖州方言（吳語）、上海青浦方言（吳語）、山東青島方言（膠遼官話）、遼寧大連方言（膠遼官話）和浙江慈溪方言（吳語）。

關鍵詞

聲調調值，歷時變化，送氣分調，曲折調，性別差異

1. 前言

從當代方言的年齡差異來看，聲調變化的速度特別快，在幾十年或幾年之內會產生幅度相當大的變化（遠藤光曉 2004等）。這是因為聲調構成極小的系統，一般只有三、四個到八、九個調位，因此一個組成成分的微小變化會一下子導致整個系統的結構調整。

本文根據20世紀初以後的較可靠的語言學家的漢語聲調調值的描寫進行歷時比較，具體地追踪聲調調值系統的變化過程。

2. 廣西博白方言

廣西博白是王力先生的家鄉，以他的博士論文（Wang 1932）著稱。下面表1是各家聲調描寫比較表：

表 1 廣西博白方言聲調比較表

	王力（1928）[1]	廣西師範學院中文系（1960）	楊煥典等（1985）[2]	謝建猷（2007）	彭敏（2011）
陰平	5553	55	55	55	55
送氣					35
陽平	2342	213	213	232	13
陰上	3333	33	33	33	533
陽上	2223	23	23	24	33
陰去	4—2	51	51	52	51
送氣					351
陽去	2111	21	21	21	22
上陰入	444	5	5	55	55
下陰入	3333	33	33	33	送氣：35
上陽入	222	23	23	11	22
下陽入	2223	21	21	22	33

　　由表 1 可見，王力（1928）和廣西師範學院中文系（1960）之間的不同是陰平 5553 |[3] 55、陽平 2342 | 213、上陽入 222 | 23 和下陽入 2223 | 21。入聲調值的不同問題暫時撇開不論，5553>55 和 2342>213 都是末尾的降調消失的過程，有共同之處，因此認為這兩個調類的不同是歷時變化。雖然絕對年代更晚，謝建猷（2007）的系統與王力（1928）最接近，陽平還是低升降調，上陽入是低平調。

　　彭敏（2011）描寫的是博白縣水鳴鎮 72 歲發音合作人的方言。水鳴鎮離縣城有 17 公里，雖然是西部中心鄉鎮，但嚴格來講，可能和縣城話有所不同。因此把彭敏（2011）的聲調系統徑直看作博白縣城話內部的時代差異可能有點問題。但這個聲調系統本身非常有趣，和其他博白方言的聲調系統比較起來，很有啟發性。該次方言聲調系統的最大特點是送氣分調現象：陰平非送氣 55、送氣 35；陰去非送氣 51、送氣 351，陰入非送氣 55、送氣 35，送氣調的開頭都比非送氣調低。這合乎送氣分調的總傾向，可以看作分別經歷了 55>35、51>351 的變化。陰上 33>533 和陽上 23>33 是一連串變化，因為低升調變中平調，原來的中平調不得不變為別的調型，否則會合併在一起。陽去 21>22 的變化的原因未明。

---

[1] 調值由趙元任描寫。Wang（1932）的聲調調值機器測量結果與此不相符，因為測量時以句子為單位，因此語調的成分也包括進來。

[2] 經比較可見，楊煥典等（1985）實際上根據廣西師範學院中文系（1960）。

[3] 在本文中，"｜"用為語音對應的符號，也就是說，某方言和某方言之間有這個對應。

入聲方面,在該方言中,上、下陰入的分化條件不像其他方言那樣的元音長短或內外轉來歷不同,而是送氣不送氣。按理說,陰入送氣調產生 55>35 變化以前,需要產生上下陰入的合併,因此這個特徵的來歷應該不是幾十年的事情。

總之,彭敏(2011)提供了饒有趣味的資料,很值得繼續做博白縣城話和周邊地區年齡差異的系統化調查研究。

3. 四川重慶方言

表 2 是重慶方言的情況。表中文獻中,丁聲樹(1941)、董同龢(1946)根據楊時逢(1984: 211-2, 227)。下面的五線譜是趙元任(1922)機器測量的結果:

表 2 四川重慶聲調比較表

	趙元任 (1922)	丁聲樹 (1941)	董同龢 (1946)[4]	四川大學 (1960)	遠藤光曉 (1983)	楊海明 (1995)	代璐 (2011)	黃雅婷 (2011)	曾曉渝 (2013)
陰平	445	55	45	55	35	45	55	45	45
陽平	21	31	31	21	31	21	21	21	31
上聲	442	42	42	42	53	42	42	42	441
去聲	24	25	24	214	213	214	214	213	214

楊海明(1995)調查了重慶市區 50 位各種年齡的發音人,並與四川(1960)比較說:"老派陰平為高平調 44,新派為高升調 45。"黃雅婷(2011: 314)說:"陰平調值接近普通話的陰平調值 55,但不完全相同,總的來說是高而平的,只是平中略有上升,如果將聲音延長,就有繼續上升的趨勢,所以本文將陰平調值記為 45"。其實,仔細看趙元任(1922)的實驗結果,最末尾也有上升部分。楊時逢(1984: 211)記載董同龢(1946)的說明說:"陰平由'半高'升至'高'的高微升調(45),寬式一律作高平調號(55)。"這樣看來,55 和 45 的不同有可能只是標調法的寬嚴不同。[5]

---

[4] 他記錄的是重慶江北三聖場話,離重慶市區有 50 多公里遠,因此也可能反映的是地域變體。
[5] 冉啟斌(2005)就重慶巫溪話的陰平是高平調還是高升調這個問題進行詳細的討論。

去聲調值早期是單純的升調，從四川（1960）開始都記為低降升調。如果比較趙元任（1922）和曾曉渝（2013: 10）的去聲基頻曲拱，兩者之間的差別還是非常清楚。我認為這個變化的原因是因為聲調系統中有兩個上升調，為了更清晰地區別起見，低升調變成了低降升調，也就是 24>214。

　　至於陽平和上聲的調值，各家的描寫較為一致，不同之處可能是描寫寬嚴的不同。

　　梁磊、孟小淋（2013: 943）報告當代重慶話有上聲的年齡差異，大致上來說，老年層 441，青年層 331，中年層介於兩者之間（見下圖）。由此可見，重慶話上聲的起音正在降低中。

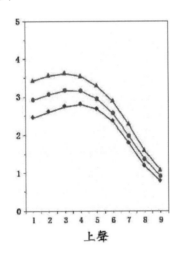

上聲

4. 浙江湖州方言

　　高元（1922: 117）用五線譜描寫錢玄同（湖州人）的方言聲調調值如下：

從書中論述來看，高元的音樂素養很高，除了高低、節拍以外，還對每個聲調的強弱進行描寫，[6] 可見他記錄的精確度之高。

---

[6] 據我所知，單字調的描寫中考慮到 crescendo（漸強）、diminuendo（漸弱）等強弱特徵的學者還有 Malmqvist（1962）、平山久雄（1974）和遠藤光曉（1983）。

表 3 浙江湖州聲調比較表

	高元（1922）	傅國通等（1985）	赤松祐子（1991）	俞允海、蘇向紅（2001）	徐越（2007）
陰平	55	44	44	55	44
陽平	221	11	12	12	11/112
陰上	52	53	423	52	534/ 快讀 53
陽上	31	244	312	31	312/ 快讀 31
陰去	445	34	335	24	35/ 緩讀 335
陽去	233	24	24	13	24/ 緩讀 113
陰入	5	4	5	5	45/54
陽入	2	2	23	2	12/21

請注意，在吳方言裡還保持聲母清濁對立，因此聲調的陰陽構成互補關係，平上去入調的陰陽調分別具有類似的調型，只是陽調低些。

經比較，陰平都是高平調，55 和 44 的不同可能只不過是描寫者的主觀差異。陽平經歷了 221>11>12 的變化。陰陽上聲的變化最大，高元（1922）分別是單純的降調，但赤松祐子（1991）和徐越（2007）都描寫為降升調，音節後面附加了微升的尾巴。陰陽去聲各家的調值基本相同。關於入聲，徐越（2007）記為升調或降調，赤松祐子（1991）把陽入記為 23，可能和陽平的變化平行。

5. 上海青浦方言

高元（1922: 109）描寫江蘇（現在屬上海）青浦人許藻鎔的聲調系統如下：

青浦話的描寫不多，江蘇（1960）只有陰陽平、陰上和陰去的信息（第19圖～第22圖）：

表 4 上海青浦方言聲調比較表

	高元（1922）	江蘇（1960）	沈鍾偉（1988）	游汝傑（2013）
陰平	44	53	53	53
陽平	221	31	21	31
陰上	54	43	433	523

送氣				44
陽上	＝陽去		＝陽去	22
陰去	334	35	335	35
陽去	233		113	13
陰入	4		5	5
陽入	2		2	12

沈鍾偉（1988）描寫的是青浦縣商榻鎮話，聲調系統和高元（1922）基本相同，只是陰平變成高降調 44>53。

游汝傑（2013）描寫的是青浦縣練塘鎮話，離商榻大約有 15 公里，而且隔著湖，其聲調系統差別相當大。就保存陽上和陽去的對立來說，相對階段比高元（1922）早。陰上分出送氣調是較新的特點。論音節開頭的高度，陰上送氣調 44 比陰上非送氣調 523 低，和一般的傾向相符。不過這個變化產生以前的陰上調，如果像高元（1922）或其他青浦話描寫那樣的 54 等微降調的話，變到 523 的距離比較大。無論如何，練塘鎮的系統不可能是一百年之內的年齡差異所能產生的。

6. 山東青島方言、遼寧大連方言

膠遼官話有很多方言只有三個調。其中也有些方言在幾十年前還有四個調，但到了晚近的時候合併為三個。對此問題已有劉俊一（2000, 2012）、張世方（2000）、亓海峰（2010）等進行了有意義的討論。在此只舉山東青島方言和遼寧大連方言的例子，從中得出聲調變化方向性的實例。

先看看青島方言：

表 5 山東青島方言聲調比較表

	山東（1960）	李行傑（1997）	尹梅（2008）男	尹梅（2008）女
陰平	213	213	13	35
陽平	42	42	51	51
上聲	55	55	55	55
去聲	31	＝陽平	＝陽平	＝陽平

尹梅（2008）把機器測量的數據換算成 5 度制，她把陰平男、女的結果分別換算成 113 和 445，但引用時根據 13 頁的 T 值表重新換算出來填寫。

由表 5 可以看出，從 1960 年到 1997 年之間去聲合併到陽平去，即 31>42。尹梅（2008）測量的是 20 多歲青年，因此反映最新的系統。陰平由低降升調

213變成單純的升調，男的是低升調13，女的變為高升調35。這種男女不同在聲調變化過程中非常值得重視。因為女的聲音絕對值本來就比男的高，如果在該聲調系統中沒有高低對立，就把音高抬高；另一方面，幼兒小时候主要模仿母親的發音，因此對下一代的影響也更大。

附帶說一下，青島方言有輕聲變調，在輕聲前面到現在還保持陽平和去聲的對立：

表6 青島方言輕聲變調表

資料	陰平＋輕聲	陽平＋輕聲	上聲＋輕聲	去聲＋輕聲
李行傑（1997: 21）	31+輕聲	55+輕聲	434+輕聲 55+輕聲	42+輕聲
李行傑（1999: 47）	31+3；42+2	55+4	45+5	42+2
尹梅（2008: 45）	女41+24， 男31+23； 53+21	35+41	22+44	53+21

李行傑（1997, 1999）是同一個人的描寫，但有所不同。1999年的資料還描寫後字音高，更加細緻，因此可能更可靠。尹梅（2008）的實驗結果和李行傑（1997, 1999）又不一樣，輕聲變調方面也反映最新派的情況。經比較可以得出下列音變方向性：陰平31>41（女）、陽平55>35、上聲434或55或45+5>22+44、去聲42>53。無論如何，輕聲變調後出現的調值和單字調有一系列不同，應該反映不同時間層次的調值。變調調值不是本文的直接對象，因此姑且不討論。

下面看看大連方言：

表7 遼寧大連方言聲調比較表

	宋學（1963）	高玉娟（2007）老	高玉娟（2007）中	高玉娟（2007）青
陰平	312	31男/41女	=去聲	=去聲
陽平	34	24	24	24
上聲	213	213	212	212
去聲	53	52男/51女	51	51

高玉娟（2007: 52-54）對當代大連各年齡層的人進行機器測量，表7根據測量結果換算成5度制。高玉娟（2007: 53）說："陰平…傳統的結果是中降升調，調

值是 312。…陰平的這個尾巴丟失的較早，70 歲以上的老人中保留較多，60 歲左右的人保留的較少。"

經比較我們得出下列的聲調變化方向性：陰平 312>31>41>51、陽平 34>24、上聲 213>212、去聲 53>52>51。

從聲調系統的角度去觀察一下整個變化過程如下：

表 8 大連方言聲調系統的結構變化過程

	升	曲	降		升	曲	降		升	曲	降		升	曲	降
高	34	312	53	→	24		52	→	24		51	→	24		51
低		213				213	31			213	41			212	
	宋學（1963）				老年層男				老年層女				中青年層		

在宋學（1963）描寫的系統裡沒有平調，而有兩個曲折調，這是比較罕見的聲調系統。有兩個曲折調的結構上的原因應該是為了分別和高升調和高降調予以區別：34—213、53—312。從這個意義上來說，312 也可以看作是一種低降調。和平調、升調、降調相比，曲折調更需要發音勞力和時間，而且在宋學（1963）的系統裡兩個曲折調的距離太近。因此，312 變成了單純的低降調 31，這是男性的情況；女性則更前進，陰平變成 41，另一方面高降調降到最低。在老年層的系統裡，降調有高低對立了，而且兩者的距離越來越小。於是到了中青年層的階段兩個降調合併在一起，取消了高低對立。在沒有高低對立的系統裡，升調或降調的幅度越大越有利於辨認，低降升調越接近平調越有利於和升調加以區別。於是產生了 213>212 的變化。

在這個變化過程中，女性扮演重要角色。另外，老年層男、女的聲調系統在音位學層面上屬於同一個系統，卻有細微的具體音值不同。這個微小差異卻對從四調到三調這個很大的變化起了關鍵性作用。在此我們能了解到語音學特徵在音位變化過程中所起的作用。

7. 浙江慈溪方言

下面是浙江慈溪方言的情況：

表 9 浙江慈溪方言聲調比較表

	陰平陰去	陰上	陽平陽去	陽上 [7]	陰入	陽入
浙江（1959）	53	545	31	323	5	1
慈溪（1992）	445		223		5	2

岩田禮（2001: 19）認為慈溪（1992）在音位學層面上只有一個聲調，因為舒聲和入聲構成互補關係，而且這個方言保持濁音，因此陽調可以看作是陰調受到濁音而降低的變體。

慈溪（1992: 881）說："60年代普查時為7類（濁上歸去），近經在滸山及其附近調查，單字調實際已只4個調類。"但浙江（1959）的情況與此不同。傅國通等（1985）是1957、1959、1964-1966年三次調查的報告，但沒有慈溪方言的記載。不知慈溪（1992: 881）根據60年代普查時的什麼資料。

從表9可知，在三十年之間經歷了53、545>445，31、323>223的變化。從調值的特徵來看，降調53、31合併到微（降）升調。然而慈溪（1992: 882）說："目前（慈溪）滸山的調類區分，其特徵在音節的高低、長短和聲母的清濁，至於平直和高低曲折的形態，可不甚計較。"

以上看到的是單字調的情況。慈溪（1992: 882-883）描寫兩字組連讀變調，由表中可知，雖然第一字古清平和古清去、古濁平和古濁去的組合之間差不多有同一個調型，但也有不同的組合。清上和濁上就和其他舒聲有不同的表現。因此應該說，在慈溪方言裡，需要分辨平上去入的陰陽調才能解釋變調情況。也就是說，雖然單字調的層面上可以解釋為只有一個調位，但那是在那個特定條件下經過中和的。

單字只有兩個調的方言裡似乎也有類似情形。雒鵬（1999）描寫甘肅蘭州市紅古鄉方言說："中古平聲、全濁聲母上聲、去聲、入聲字今為1聲，清聲母、次濁聲母上聲字今為2聲。"1聲是13，2聲是554。但該文沒具體描寫連讀變調情況。張世方等（2000: 86）說，上聲（即2聲）調值"有3個自由變體：53、553、55，第一個比較典型，故以之為代表。"接著描寫兩字組變調，需要設立陰平、陽平、上聲和去聲才好。舍秀存（2013）則描寫西寧城東區回民話，

---

[7] 雖然聲調註解第一條說："古去聲分別歸入陰平陽平。（例如：蓋靠漢，共害口【該字認不出來】）"，陽上的七個例字中，"號射亂夜萬"來自去聲，"樹禮"才是上聲，因此似乎也可以叫"陽去"。存疑。

單字調也只有兩個，陰平上 55 和陽平去 13。但從連讀變調的表現來看，需要區分陰平、陽平、上聲和去聲四個聲調。

現代上海市區方言裡佔優勢的是 5 調系統，岩田禮（2001: 25）認為在音位學層面上只有兩個調位。這個解釋在兩字以上的組合裡也基本成立，但陽入的表現和舒聲調有所不同。

8. 結語

以上討論了 7 個方言裡近期產生的聲調變化。下面摘取其中比較可靠的一地產生的調值變化，分為幾種變化類型如下：

高降調變高平調：博白陰平 5553>55
高平調變高降調：青浦陰平 44>53
高平調變高升調：青島輕聲前陽平 55>35
降調開頭高度提高：青島去聲 31>42、青島輕聲前陰平 31>41（女）、青島輕聲前去聲 42>53、大連陰平 31>41>51
降調開頭高度下降：重慶上聲 441>331
升調開頭高度降低：大連陽平 34>24
降調末尾高度降低：大連去聲 53>52>51
降調變升調：湖州陽平 221>11>12、慈溪陰平陰去 53>445、慈溪陽平陽去 31>223
降升調末尾降低：大連上聲 213>212
升降調變降升調：博白陽平 2342>213
升調前面附加降調變為降升調：重慶去聲 24>214
降升調末尾丟失：大連陰平 312>31

高平調能變高降調，相反地，高降調也能變高平調。其實，遠藤光曉（2015）也用同樣的方法歸納出了 9 個方言中近 150 年經歷的調值變化方向性，合起來看，在很多調型之間都存在這種雙向性。

鳴謝

1979 年本人撰寫本科畢業論文時，余靄芹教授的 *Phonology of Cantonese* 一直在座右。當時的題目是廣州話陰入聲以元音為條件的分化問題。1997 年得以協助余教授編輯橋本萬太郎先生紀念論文集並出版橋本先生著作集共三卷（1999-2000 年），現在又能以漢語聲

調歷時研究論文祝壽余教授,是分外的榮幸。另外,本文定稿時承蒙曾曉渝教授過目,謹致謝忱。

參考文獻

慈溪市地方誌編纂委員會編。1992。《慈溪縣誌》。杭州:浙江人民出版社。
赤松祐子。1991。湖州音系。《均社論叢》第 17 期,頁 33-56。
代璐。2011。重慶方言兩字組連讀變調考察。《安徽文學》第 5 期,頁 245-246, 256。
傅國通等。1985。《浙江吳語分區》(《語言學年刊》第三期方言專刊,杭州大學學報增刊)。杭州:浙江省語言學會。
高玉娟。2007。《大連方言聲調研究》。大連:遼寧師範大學出版社。
高元。1922。《高元國音學》。上海:商務印書館。
廣西師範學院中文系。1960。《廣西漢語方言概要(初稿)》上冊(油印本)。南寧:廣西師範學院。
黃雅婷。2011。重慶方言二字組連讀變調研究。收錄於鄧章應主編:《學行堂語言文字論叢》(第一輯),頁 313-322。成都:四川大學出版社。
李行傑。1997。《青島市誌・方言誌》。北京:新華出版社。
李行傑。1999。《青島話音檔》。上海:上海教育出版社。
梁磊、孟小淋。2013。重慶方言單字調的共時變異。《語言暨語言學》第 14 卷 5 期,頁 929-959。
劉俊一。2000。膠東話四聲變三調的現狀和趨勢。收錄於錢曾怡、李行傑主編:《首屆官話方言國際學術討論會論文集》。青島:青島出版社,頁 141-145。又刊於《漢字文化》第 5 期(2012),頁 35-40。
雒鵬。1999。一種只有兩個聲調的漢語方言——蘭州紅古話的聲韻調。《西北師大學報(社會科學版)》第 6 期,頁 74-77, 100。
彭敏。2011。廣西博白地佬話比較研究。廣西師範學院碩士論文。
平山久雄。1974。北京語の聲調體系。《言語の科學》第 5 期,頁 85-96。
亓海峰。2010。膠遼官話的聲調簡化現象。《中國海洋大學學報(社會科學版)》第 2 期,頁 118-120。
冉啟斌。2005。巫溪話陰平調的調值。收錄於劉利民、周建設主編:《語言》(第五卷)。北京:首都師範大學出版社,頁 282-295。
冉啟斌。2012。西南官話陰平調調值的實驗分析。收錄於冉啟斌著:《漢語語音新探》。北京:中國社會科學出版社,頁 115-130。
舍秀存。2013。二聲調方言西寧回民話音略。《宜春學院學報》第 35 卷 4 期,頁 108-112。
沈鍾偉。1988。青浦商榻話語音結構。收錄於復旦大學中國語言文學研究所吳語研究室編:《吳語論叢》。上海:上海教育出版社,頁 162-171。
四川大學。1960。四川方言音系。《四川大學學報(社會科學)》第 3 期,頁 1-123,附圖。
宋學。1963。遼寧語音說略。《中國語文》第 2 期,頁 104-114。
王力。1928。兩粵音說。《清華學報》第 5 卷 1 期,頁 1519-1565。

謝建猷。2007。《廣西漢語方言研究》上冊。南寧：廣西人民出版社。
徐越。2007。《浙北杭嘉湖方言語音研究》。北京：中國社會科學出版社。
岩田禮。2001。中國語の聲調とアクセント。《音聲研究》第 5 卷 1 期，頁 18-27。
楊海明。1995。近四十年來重慶音系的變遷。《重慶教育學院學報》第 1 期，頁 29-32, 57。
楊煥典、梁振仕、李譜英、劉村漢。1985。廣西的漢語方言（稿）。《方言》第 3 期，頁 181-190。
楊時逢。1984。《四川方言調查報告》。臺北：中央研究院歷史語言研究所。
尹梅。2008。《青島方言聲調實驗研究》。南京師範大學碩士論文。
游汝傑。2013。《上海地區方言調查研究》第 1 卷。上海：復旦大學出版社。
俞允海、蘇向紅。2001。《浙北吳語聲韻調研究》。合肥：黃山書社。
遠藤光曉。1983。成都方言の聲調。《均社論叢》第 13 期，頁 26-38。又刊於遠藤光曉（2001）《漢語方言論稿》，頁 3-15。東京：好文出版。
遠藤光曉。2004。從年齡差異歸納音變的方向性──以漢語荔波方言為例。收錄於石鋒、沈鍾偉編：《樂在其中：王士元教授七十華誕慶祝文集》。天津：南開大學出版社，頁 168-175。
遠藤光曉。2015。近 150 年來漢語各種方言裡的聲調演變過程──以艾約瑟的描寫為出發點。收錄於遠藤光曉、石崎博志主編：《現代漢語的歷史研究》。杭州：浙江大學出版社，頁 199-228。
曾曉渝。2013。重慶話音系七十年比較分析。《重慶廣播電視大學學報》第 25 卷 2 期，頁 3-11。
張世方。2000。漢語三調現象初探。《語言研究》第 4 期，頁 48-61。
張文軒、鄧文靖。2010。二聲調方言紅古話的語音特點。《語言研究》第 4 期，頁 85-88。
趙元任。1922。中國言語字調底實驗研究法。《科學》第 7 卷 9 期，頁 871-882。又刊於趙元任（2002）《趙元任語言學論文集》，頁 27-36。北京：商務印書館。
浙江省推廣普通話工作委員會、杭州大學中文系方言調查組。1959。《浙江方音集》（油印本）。
Malmqvist, Göran. 1962. Studies in Western Mandarin Phonology. *Bulletin of the Museum of Far Eastern Antiquities* 34: 129-192.
Wang, Li. 1932. *Une Prononciation Chinoise de Po-pei*. Paris: Librairie Ernest Leroux.

日本 東京都 澀谷區 青山學院大學 經濟學部

A History of Tone Values in Several Chinese Dialects since the 20th Century

Mitsuaki Endo

Aoyama Gakuin University

Abstract

In this paper, a historical comparison is given based on descriptions of several Chinese dialects, dating from the early 20th century. This comparison isolates concrete processes of tone change that have emerged in the short term. Varieties examined were the Bobai dialect of Guangxi (a Yue dialect), the Chongqing dialect of Sichuan (southwestern Mandarin), the Huzhou dialect of Zhejiang (a Wu dialect), the Qingpu dialect of Shanghai (a Wu dialect), the Qingdao dialect of Shandong (Jiaoliao Mandarin), the Dalian dialect of Liaoning (a Jiaoliao dialect), and the Cixi dialect of Zhejiang (a Wu dialect).

Keywords

tone value, diachronic change, tone split conditioned by aspiration, circumflex tone, gender difference

西南官話祖調値の再構

中国語学会第34回全国大会
1984年10月27日 於神戸大学

遠藤 光暁（東京大学大学院）

1. 本発表の目標
   i) 桂林・武昌・成都・宜良の各方言の祖調値を内的再構によって推定する。
   ii) 上記方言と近い関係にある諸方言に対して方言間比較によって祖調値を再構する。但しそれは西南官話祖調値そのものではなく、それに至る一段階である。

2. ここでの西南官話の定義
   i) 中古全濁音が平声で無声有気音、仄声で無声無気音になる。
   ii) 去声が陰陽調に分れない。
   iii) 中古入声が声母を条件とせず一律に現代のある調類に対応する。
   iv) 地理的に四川・雲南・貴州・湖北に連続する。

3. 内的再構 (internal reconstruction)
   i) 定義："一方言の共時的現象のみに基づいてその方言のより古い段階を推定する方法"

   ii) 中国語声調研究への応用：

   a. 頼惟勤 1954,「丹陽方言と日本漢字音との声調について」,『お茶の水女子大学人文科学紀要』, 第5巻。

   b. 平山久雄 1972,「客家祖源方言声調調値の内的再構」,『鳥居久靖先生華甲記念論集 中国の言語と文学』。
   _____ 1974,「中国語閩南閩北祖方言の声調調値」,『東京大学文学部研究報告5 文学哲学論文集』。
   _____ 1975, "廈門話古調値的内部構擬" JCL, 3:1.
   _____ 1983, "山東西南方言的変調及其成因" CAAAL, 21.

   声調交替現象に対し、もと同一調類がほぼ単一の調値をもっていたと仮定し、"i) 現在の基本調値・交替調値への変化をできるだけ単純に説明しうること、ii) 各調類の古調値が互に区別し易く且つまとまりのよい体系をなすこと"（平山 1974, 201-2）を考慮して、声調交替が生まれる直前の調値を推定する。

   c. Hashimoto, M.J. 1981. "A Phonological Characterization of Syllabic Intonations in the so-called Tone Languages", Linguistics across Continents, Manila.
   _____ 1982. "The so-called 'Original' and 'Changed' Tones in Fukienese", BIHP, 53:4.

Ting, Pang-hsin. 1983. "Some Aspects of Tonal Development in Chinese Dialects", CAAAL, 21.

この二者は、従来の所謂"変調"がより本来的な調値であり、所謂"本調"の方が変化を蒙った形だとする。

iii) 本発表の立場：

a. ある調類に声調交替が起る場合、その各調値間に音韻環境の相補分布が見いだされれば、元は単一の調値をもっていたのがその音韻環境のちがいを分化条件として現在の各調値に分裂したと推定することが可能である。

b. 元の単一の調値（即ち祖調値）には、現代の各調値への変化が自然な音声学的過程によって説明できるような形を推定しなければならない。その際、分化条件の持つ音声的特質が推定への大きな手がかりとなる。

c. そうして推定された各調類の祖調値が全体として共時的に見て有り得る体系をなしていることが必要である。

3.1. 桂林方言祖調値の内的再構

材料：遠藤光暁 1984.「桂林・貴陽・宜良方言の声調」,『均社論叢』, 15.

	頭位形	中位形	*祖形	末位形	単独形
陰平	33:	33:	*33:	33:	33:
陽平	22:	22: <	*21:	21:	21:
上声	55:	55:	*55: >53: >52:		52:
去声	24:	24:	*24:	24:	24:

3.2. 武昌方言祖調値の内的再構

材料：遠藤光暁 1983.「成都方言の声調」,『均社論叢』, 13.

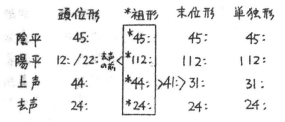

	頭位形	*祖形	末位形	単独形
陰平	45:	*45:	45:	45:
陽平	12:/22: 去声の形く	*112:	112:	112:
上声	44:	*44: >41: >31:		31:
去声	24:	*24:	24:	24:

3.3. 成都方言祖調値の内的再構

材料：遠藤1983。

	頭位形	中位形	末位形	単独形	祖形
陰平	35:	{44:	44:}	35:	*35:
陽平	{33:	33:}	{31:	31:}	*31:
上声	{55:	55:}	{53:	53:}	*55:
去声	213:	{11:	11:}	213:	*21:

強さ	強	{中	中2·3声 弱1·4声	強※
長さ	{中	短}	{長	長}
喉頭化（去声）	強	{弱	中}	強

※単独形の音節内での強さのパターン：

陰平	陽平	上声	去声
漸強<	漸強<	漸弱>	漸弱>

変化過程：

	非末位	祖形	末位
上声	55:	*55:>54:>	53:
陽平	33:<32:<*31:		31:

	頭位	祖形	非頭位
陰平	35:	*35: >	44:
去声	213:<212:<*21: >		11:

3.4. 宜良方言祖調値の内的再構（材料：遠藤1984）

	頭位形	祖形	単独形	末位形
陰平	35:/33:喉頭化	*35:>34:>33:※		33:
陽平	31:	*31:	31:	31:
上声	55:	*55:>53:>52:		52:
去声	212:<	*21:	21: >	11:

※陰平単独形の音節内での強さのパターン：漸弱>

4. 方言間比較

	成都祖調値	宜良祖調値	四方言祖調値	桂林祖調値	武昌祖調値
陰平	35:	35:	*35: >34: >33:		→45:
陽平	31:	31:	*31: > 21: > 11:		>112:
上声	55:	55:	*55: 55: >		44:
去声	21:	21:	*21: >213: >24:		24:

▷ 単字調の比較:

	陰平	陽平	上声	去声	入声
●成都（四川大学1960）	55:	21:	53:	213:	=陽平
●昆明（楊1969）	44:〜45:	31:	53:	22:〜212:	〃
●桂林（遠藤1984）	33:	21:	52:	24:	〃
*●桂林祖調値	*33:	*21:	*55:	*24:	〃
宜良（遠藤1984）	33:	31:	52:	21:	〃
* 宜良祖調値	*35:	*31:	*55:	*21:	〃
○成都（遠藤1983）	35:	31:	53:	213:	〃
*○成都祖調値	*35:	*31:	*55:	*21:	〃
□武昌（遠藤1983）	45:	112:	31:	24:	〃
*□武昌祖調値	*45:	*112:	*44:	*24:	〃
☒武昌（趙等1948）	55:〜44:	213:	42:	25:	〃
■巴東（趙等1948）	45:	11:	43:	35:	〃
☒興山（趙等1948）	55:	11:	52:	25:	〃
●自貢（四川大学1960）	55:	31:	53:	24:	=去声
●雅安（四川大学1960）	55:	21:	42:	14:	=陰平
▼双流（四川大学1960）	55:	31:	52:	13:	33:
▽眉山（四川大学1960）	55:	31:	53:	13:	24:
△峨眉（四川大学1960）	44:	21:	42:	13:	55:
成都老派（袁等1960）	44:	31:	53:	13:	331:
*▽"西南官話祖調値"	*35:	*31:	*55:	*21:	*33:

```
        1    2    3    4
   *
a   ▽ > ○ > ■ > □
    v    v
b   ▼ > ● > ◪ > ⊠
    v
c   ▽ > ◐
    v
d   ▲ > ◑
```

但し峨眉 a では古去声のうち入声と同韻母の音節が入声に
合流している。(陳紹齢、郝錫炯、「峨眉音系」、『四川大学
学報(社会科学)』1951年第1期。)

資料来源:

　四川大学1960:『四川方言音系』、『四川大学学報(社会科学)』
　　1960年第3期。

　楊時逢1969:『雲南方言調査報告』、中央研究院。

　趙元任等1948:『湖北方言調査報告』、商務印書館。

　袁家驊等1960:『汉语方言概要』、文字改革出版社。

5. おわりに

・上記"西南官話祖調値"はあくまでも今回とりあつかった範囲
内の方言の共通祖形であり、更に今回は論じなかった地点をも
比較することによって、より古い段階を再構することができるも
のと考える。

・今回とりあつかった声調交替の他、末位が弱アクセント(であ
った)か否かを条件とした声調交替もある。(普通、"かさね形
で起る"と報告されることの多いタイプの声調交替である。)今後
それも議論にとりこむ必要がある。

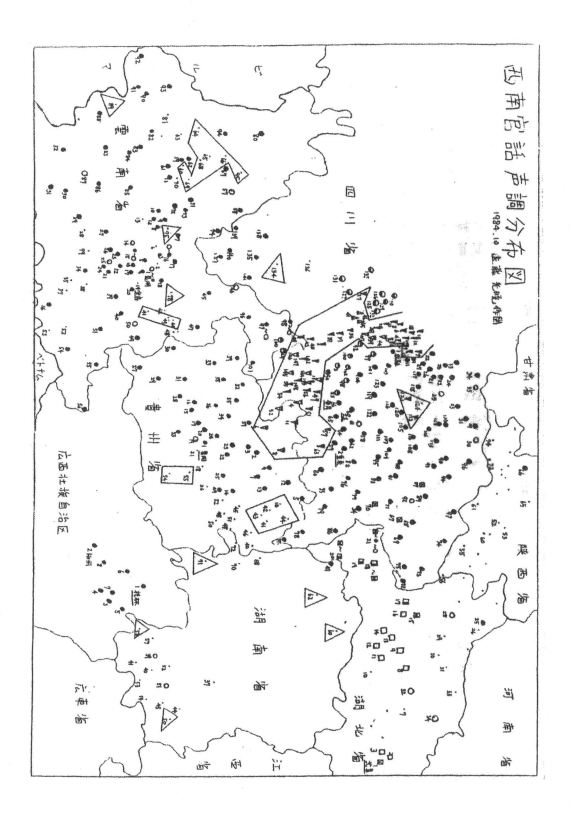

漢語語彙史

漢語語彙史

"世"の字源と語源をめぐって

遠藤　光暁

董同龢『上古音韻表稿』(もと1944年，台聯国風出版社，1975年，p.59)は「世 śiäi:葉 iäp——'世' 可能来自 śiab。」(原表記ではiはいずれも音節副音の記号つき)と述べる。つまり，この諧声関係から，「世」はもと入声-pに対する陰声であったと推定する。

『説文解字』(中華書局(香港)有限公司，1972年，pp.50-51)には「世」(④)は「三十年為一世，从卅而曳長之，亦取声也。」とあり，その前字「卋」(③)は「三十并也。古文省。凡卋之属皆从卋。」である。「十」(①)については「数之具也。一為東西，丨為南北，則四方、中央備矣。凡十之属皆从十。」とあり，「廿」(②)の「二十并也。古文省。」と合わせて考えてみるに，「廿」の字形を「二つの十が並んだもの」，「卋」の字形を「三つの十が並んだもの」と許慎が説解したものと読める。

段玉裁は「廿」の説解について，まず『韻会』所引に基づき「古文省多。」に校訂し，更に『周礼』「考工記」を引きつつ「廿」が「二」と「十」とで句読が切れるとすべきことから周代には「廿」を「二十」の二音節で発音していたと推定し，それに基づき許慎の説解はその二字(「多」)を一字に省いて記した合文である旨を述べたものと解し，更に秦碑の例を引いて秦代には既に一音節で発音されるようになっているとしている(『説文解字注』上海古籍出版社，1981年，p.89)。同様にして，「卋」の段注でも「此亦当云省多。奪也。」と言っており，文献学的な根拠がないため校訂はしないものの，本来は「多」があって，脱落したものと推定している。やはり一字ではあるが古くは「三十」と発音されていたと推定することになろう。[1]

その「卋」が声符として機能しているのであれば，「世」も単に「三十年」という意味を

---

[1] 大西克也氏の教示によると，「廿」には新蔡楚簡乙4-6号簡のように重文符号付きのものがあって明らかに「二十」と読んでおり，一方『石鼓文』作原に「為卅(三十)里。」という一句があり，四字句であることから考えて，やはり「三十」と読まれていたらしく(郭沫若『石鼓文研究』もと1939年，『郭沫若全集』考古編第9巻，74頁，北京，科学出版社，1982年所収)，秦碑「維廿六年」が四字句に合わせて「廿」を一音節で読んだのと好対照をなす由である。

持つだけでなく，語源的にも「三十」に由来する可能性がある。その場合，それが合音によって一音節となり，generation という意味や world という意味が派生するのに応じて入声から去声に変えられ，入声-p に対する陰声が音変化によって入声-t に対する陰声に変化するに至ったと考えることになろう。[2]

ちなみに，『古文字詁林』第2冊(上海教育出版社，2000年，pp.709-712)には「世」の古文字の字例と諸家の字解が集成してあるが，甲骨文の字例はなく，金文以降の字例が挙げられている。同書の「十廿卅」の古文字の字形と比較しても，「世」の字形を「十」が三つ並んだ要素を含んだものと見立てて差支えないようだが，『説文解字』の説解「从卅而曳長之，亦取声也。」はどう理解したらよいだろうか。

段玉裁は「曳長之」に対して「曳長之，謂末筆也。」と言い，「世」の末筆の横棒を指すものとし，更に「亦取声也。」に対して「末筆曳長，即為十二篇之乁，从厂反，亦是[才世]引之義。"世"合卅、乁，会意，亦取乁声為声，読如曳也。許書言"取其声"者二，禿取粟声、世取曳声也。曳从厂声，厂、乁一也。舒制切。十五部。毛詩"世"在十五部，而"枼"、"葉"以為声，又可証八部与十五部合韻之理也。」(末筆の「曳長」とは十二篇の「乁」のことであり，厂の反面の字形で，それも引きずるという意味である。「世」は「卅」と「乁」の会意で，「乁」の発音を声符ともしている。許慎の書で「取其声」には，「禿」は「粟」の声を取る，「世」は「曳」の声を取る，の2例ある。「曳」は厂声に従い，「厂」と「乁」は同一のものである。舒制切。十五部[引用者注，祭部を含む]。毛詩では「世」は十五部にあるが，一方「枼」「葉」はそれを声符としており，ここでも八部[談葉部]と十五部が合韻することわりが証せられる。)と言う(同一箇所)。

「世」が「三十」に由来するとする解釈からすれば，「从卅而曳長之，亦取声也。」は「「卅」に従い，それを引き伸ばしたものであり，また声符としたものでもある。」と解され，「…而曳長之」は当然のことながら「引き伸ばす」という動詞句として解され，声符となっているのは「曳」ではなく「卅」である。即ち，許慎も「世」と「卅」の間の音声的類似を認めていたこととなる。『説文通訓定声』(中華書局，1984年，p.675)が「按，音読亦卅之声転。」はそのように解釈したものであろう。

一方，許慎の解釈とは異なり，「世」を「止」の系統の字だとする解釈もある。白川静『説文新義』巻三(五典書院，1970年，p.26)は「ただ字は卅に従うというも，金文は多く止字形に作り，ときに木に従う。縦画の上端に近く，それぞれ肥点を加えることが多い。世・枼・葉の関係からいうと，この肥点は新生の萌芽の象ともみられ，丨の肥筆の状とやや異なるようである。三十を世というが，世が卅に従うとするのは疑問である。呉大澂の字説にいう。

葉世二字、古本一字、詩長発、昔在中葉、伝、葉世也、文選呉都賦、雖累葉百畳、劉注、葉猶世也、淮南子、称誉葉語、注葉世也、凡訓世之葉、疑即从木之世字

---

[2] 俞敏 1948「論古韻合怗屑没曷五部之通転」『燕京学報』34, 38-39, 45頁(俞敏 1984『中国語文学論文選』132, 136頁，光生館)を参照。

なお歩字形の図象を「此世字之最古者、世止同音、古或相通、詩、縄其祖武、武亦足跡」というが、世の字形は止に類するとしても、趾と解しては肥点の説明が困難である。

文二。すでに述べたように、古は十系統の字、世は止形の字であり、両字は系統の異なるものと思われる。」とする。

何琳儀『戦国古文字典』（中華書局，1998 年，p.917）も「世，甲骨文作⚓（類纂〇八九六笹作⚓）。从止，加三。分化為一。止亦声。一，透紐；止，端紐。端、透均属舌音，一為止之準声首。指事兼形声。」という。何琳儀の引く⚓という字形ならば葉を指したものであるとしても納得が行くが，金文の「十廿古世」の肥点は真ん中にあるので，葉を指したものとは俄に信じがたい。

字形について言えば，確かに「止」の構造を持っているのだが，音声的には「葉」の声符になることが説明し難いであろう。

「世」と「葉」との関係について言うと，Axel Schuessler, *ABC Etymological Dictionary of Old Chinese*, University of Hawai'i Press, 2007, p.562 は「葉」の同源語として"世($śiäi^C$) LH śas, OCM *lhats < *-ps 'Genertation, epoch' [Shi]> 'world'[Li] (Pulleyblank 1962: 234).中略 [<]iterative devoicing of *lap (§5.2.3),+s/h-suffix(§4.2), meaning successive foliages of a tree > generations. [E] The relationship with WT *rabs* 'lineage, succession of families, generation' is not clear because the initial correspondence is unusual (OC *l = WT r)."を挙げ，「木の次々と生える葉」から「世代」の「世」の意味が生じたと解釈している。同書 p.53 では反復相接頭辞 s-の例の一つとして「葉」＞「世」が挙がっている。

ここで，大西克也氏の教示によると，楚簡では「世」と「桀」とが同じ字で書かれる（例：上博楚簡『容成氏』40 号簡の「桀」と 42 号簡の「世」）由である。この事実をどのように理解したらよいかは熟考せねばならないが，音韻的には「世」の韻母がすでに祭部に変化していることは確かであり，更にこのことから「世」の声母が第一口蓋化に関連するものであり，より古くは牙喉音に由来する可能性もあることになろう。

小文はもともと『説文』に基づき「世」が「三十」に由来することを論じようとしたものであったが，甲骨・金文・戦国文字の関連事象を検討していくと，事はそう簡単なものではなさそうなことが明らかとなった。これまで上古音研究の根拠として用いられる諧声系列は古くとも漢代の『説文』であり，甚だしきに至っては便利な工具書があって字数が多く揃うことから『広韻』すら使われることが最近でも珍しくない。しかし，先秦の一次資料の形音義に渡る検討を経ねば危ういことをこの一字の例だけからも痛感させられる。

水の単語家族

遠藤　光曉
青山学院大学

　　"水"和"川"在上古时意义相通，都来自牙喉音，构成同一个词族。词族早于谐声关系，也可当作构拟上古音的一个依据。广泛使用为意符的汉字很少当作声符，反之亦然。属于"水川"词族的还有"くくくくく甽澮涓㳅巡順準貫穿串泉源原気雲"等。"水"字在甲骨文一般具有"洪水"义，"水"字也应该是描写中间一条河两边涨水的洪水状况的象形文字。文章末尾讨论侗台语"血"字的原始形式，根据侗语的 qat 构拟其侗台祖语为*ql-声母。

词族　上古音　同源词　第一次颚化　侗台语

1 「水」と「川」

　　大きな都市を訪れると，たいてい町の真ん中に大河が流れている。文明の揺籃期に思いを馳せると話は逆で，人間の毎日の生活に不可欠な水が得やすい川のほとりに集落ができ，その水量と平野の広さに応じて都市化が進んだわけである。タイ語では川のことを mɛ̂ɛ náam「母・水」，つまり「水の母」というが，まことに川は命をはぐくむ水の源泉となる母のような存在であった。上古漢語では「水」にはwaterとriverの意味があったが，日本語の「ちち」や現代中国語の「奶」が「乳房」と「乳汁」の両方の意味をもつことから類推して，二つの意味が未分化のまま一語で表される状態がありうることもうなずけよう。

　　『詩経』では「水」は55例現れ，いずれもriverの意味で使われている。入韻例は「鄭風・揚之水：水弟」のように脂部字と通押，「齊風・敝笱：唯水」のように微部字と通押，「小雅・沔水：水隼弟」のように脂部・文部と通押，という状況になっている。董(1944:15-17)は「水」が群母字の「瀢」と諧声することから，声母にɣを推定し，表では脂部と認めて x̣i̯wedと再構している。河野(1950)はこうした牙喉音と通ずる章組字を上古音に存在した音韻対立としてではなく，上中古間に生じた音韻変化の過程で方言差があったためにもたらされた層の違いで解釈した。韻部についてはBaxter(1992:461-2)は微部と認めている。

　　一方，「川」も牙喉音と諧声し，まさに河野(1950)の例としても挙がっているものである。そして，「水」と「川」は微部と文部とで陰陽対転の関係にあることから，単に意味的に通じるだけでなく同源語である可能性がある。「水」自体が『詩経』で文部字と押韻しているのであるから，「川」と同音ないし近似音であった可能性がある。藤堂(1965:641)もつとに

「川も，中古音 tʃʻɪuɛn，北京語 tʂʻuan であるけれども，穿や串の場合と同じく，上古には kʻを声母とした公算がある。というのは，川と酷似したコトバに「く」および畎があり，

　くヶン(水の流れ)＝*kuän→kuen
　畎(同上)＝*kuän→kuen

のように，舌根音を声母とする。「く」印はいうまでもなく水の曲がって流れるさま，川の字もそれを三すじ重ねたにすぎない。従って川も上古には*kʻiuan であり，それが中古に口蓋化を起こして tʃʻɪuɛn となったと考えるのが妥当である。

…これを第一次口蓋化と称する。(引用者注：傍点は原文では下付き，以下で同著から引用する際も同様)」と述べている。

Schuessler (1996: 207)，大西(2007: 64-65)は戦国楚系文字での通仮からやはり「川」が上古には牙喉音系であったとしている。Sagart (1999: 158)は奥舌主母音が後続する牙喉音が口蓋化することを問題視するが，この通仮例は音理によって覆すことができないものである。

牙喉音と通ずる章組字は，推古朝遺文で例えば「支」をキに当てたり，現代閩語で牙喉音で反映される現象があるが，個別字にとどまり系統的なものではなく，「水」については潮州・厦門などで tsui 上声と発音され(『説文解字』巻十一「氺，之壘切」に対応)，牙喉音の音価とはなっていない。しかし，Boltz (1991: 63) はそれに対し*khrj- のような牙喉音系の閉鎖音声母を再構している。ほか，「川」は日本語の片仮名の「ツ」の由来となったとされ，その場合は舌音の反映を示すことになる。ただし推古朝遺文は絶対年代は『切韻』と同時期であり，朝鮮半島に当時伝えられていた漢字音に由来する上古最晩期のおもかげが留められたものの如くである。

2 声符になりにくい文字

平田(2010)は「水」が諧声文字ではなく，それを声符とする文字もほとんどないことなどから，その上古音の決定が難しいとしている。そして上古音の推定において字音の強度差があると述べている。

そもそも，上古音の推定根拠は当初は『詩経』など先秦の押韻資料のみであったから，入韻字の韻部のみを推定することができた。段玉裁に至り諧声文字も推定根拠に組み入れられ，諧声文字全般の上古音の推定ができるようになり，また声母も推定可能になった。カールグレンは比較言語学的方法を導入して，中古音との音韻対応を上古音推定の一つの梃子とした。この投影法により，およそ中古の韻書に存在する文字に対してはすべて上古来源を与えることが可能になったが，章組のように上古の由来が舌音と牙喉音に分かれる一対多対応の場合は諧声系列や通仮などの根拠がない字については不確定要因が残ることとなる。

「水」の場合，それを声符とする文字が一つあり，それが牙喉音であったため，諧声系

列の根拠から上古音を推定することが可能であった。しかし,「瓏」という僻字が存在しなかったとしても,前節のような単語家族の観点からすれば依然として牙喉音系列であったと推定が可能である。つまり,より早期の原始漢語の側から逆に上古音を推定する道筋もありうるということである。

ところで,「水」を声符とする字がほとんど存在しないのは何故だろうか。それにはそれが偏として広範に使われているという要因が大きく利いているであろう。つまり,ある単体文字が声符としても意符としても同じような頻度で使われると,合体文字のなかに現れたときに判断に困る。そこで,意符として頻用されるものは声符となることが抑制され,またその逆の傾向も成り立つであろう。ここで具体的にいくつかのサンプルの用例数を見てみよう。意符としての用例数は『説文解字』(一篆一行本,香港中華書局,1972 年),声符としての用例数は『説文通訓定声』(北京中華書局,1984 年)に基づく。

	木	火	土	金	水	糸	玉	工	才	元	方
声符	3	2	5	15	3	2	5	32	23	25	32
意符	421	112	131	197	468	248	126	4	1	1	2

その差は明らかであり,上の推論がこのデータにより裏書きされる。ここで,意符として使われる例は絶対値が高いのに対して,声符として使われる例は少ないのは何故かという疑問が浮かぶ。それは音声の類似する範囲に属する字には自ずと限りがあることによるだろう。

3 「川」の系列

『説文解字』巻十一では「川,貫穿通流水也。『虞書』曰:「濬く巜,距水」。言深く巜之水會爲川也。凡川之屬皆从川。昌緣切。」(川は通貫して流れる水のこと。『虞書』[『尚書』「皋陶謨」])は「小川を深くして大河に至らせる」といい,それは小さな川の流れを大河に合流させるという意味である。川の属はすべて川に従う。昌緣切」)と言っている。『説文解字』では「く」は「水小流也。」(水の小さな流れのこと。)と解しており(姑泫切,上古元部),「巜」は「水流澮澮也。」(水[川]がとうとうと流れること。)と解している(古外切,上古祭部)。段注は「濬く巜」を『尚書』が「濬畎澮」に作るのは後人が改めたものとし,また「く」は「涓」と音義が同じだとする。

「川」については段玉裁が「今昌緣切。古音在十三部。讀如春。雲漢之詩是也。」と述べるように,『詩経』「大雅・雲漢」では「焚薰聞」と押韻し,文部に属すものとせねばならないが,中古音から投影させると元部相当となる。

藤堂(1965:643)は歌部・祭月部・元部の箇所で「くケン・巜ケン・巛セン(川)はいずれも流れを表わす象形文字を,二筋三筋と合わせ,小流・中流・大流を表わしたにすぎず,コト

バとしては同系と考えられる。川は第一次口蓋化をへて舌面音となったもの。穿と同系である。もと上古の文部に属す。」と述べている。

　音韻面からすると、「川」が果たして牙喉音由来であるならば渓母相当であり、「く」見母→「巛」渓母のように有気音に交替することにより、より程度が甚だしくなることを表している可能性がある。

　藤堂(1965:640-3)はこうした字を「貫穿串」などと共に「タイプ{KUAN}、基本義：つきぬける。」という単語家族にまとめている。

　一方、「巛」は諧声系列に「巡順」などがあり、藤堂(1965:684)は「水は平準の準ジュン(たいら)と同系であると考える説がある。これは成立しうる考えであるが、水の本質は、「平らになる」ということよりも、むしろ凹みや溝に沿って、低いところへと流れる点にある、と考えるのが自然であろう。つまり順・巡・遂など、所定のルートに沿って、どこまでも進むことを意味するコトバと同系だと考えたほうがよい。」と述べ、邪母・神母と諧声することから舌音の系列と認め、「水」と共に「タイプ {TUÊT TUÊR TUÊN}、基本義：ルートに従う。」の単語家族にまとめている。

　「準」については、『説文解字』では「水、準也。」といい、これは『白虎通』を承けた声訓で、『釈名』も「水、準也、準平物也。」とするが、声訓は往々にして同源語であることがあり、「水」から派生した語である可能性がある。

　「川巛」は『詩経』の押韻と諧声系列からすると上古文部だとすべきだが、元月部の「くくく」とも単語家族をなす如くである。藤堂(1954)は『詩経』のうち雅頌と秦風・豳風は唇音韻尾と喉音韻尾の間の通押例が多く、上古漢語より古い太古漢語の趣を保存していることを示している。「水」が文部字と通押するのは小雅で、「川」が文部字と通押するのは大雅であり、より古い段階を示す可能性がある。このような時代差の観点からすると、「くく巛」が単語家族をなすのは「川」が元部に変化してから派生されたと説明することになろう。

　その一方で、単語家族は同一部ないし同一主母音からなる対転の関係にある部の内部でのみ構成されるとは限らず、傍転であってもよい可能性がある。Pulleyblank(1965)はそのような Ablaut の例として「譚談」「似象」「嗣序」「依倚」「克可」などを挙げる。

4 「泉」「源」「原」「気」「雲」など

　「泉」は元部だが、「水川」に連なる単語家族の一員である可能性がある。大西克也氏の教示によると、郭店楚簡『成之聞之』14 号簡などに「水＋泉」で「源」を表現した例があるという。その場合、「泉」は従母字なので、章組における第一口蓋化を経た例とは別のケースとなる。Яхонтов (1960: 105-6；漢訳本 57 頁)には喉音と心母・邪母が諧声系列をなす

例が挙がっている。『説文解字』では「泉，水原也。」(泉は水の源[1]である。)とし，「原」とは語源的に関連する可能性がある。

更に「原」も「平野」という意味で「川」と意味的に連なる。ちなみに「川」にも「平野」という意味があり，川があるところは洪積作用により平原が出来るから，これらはやはり同じ単語家族をなす可能性がある。

「淵」は真部なので音声的な距離が遠いが，備忘のためここに記しておく。

「気」は微部で，水蒸気として「水」とは意味的にも関係する。これまで見てきた諸字がいずれも合口であるのに対して，「気」は開口だが，Karlgren (1934:109-110) には「景」「光」のように開合の別を超えて同一単語家族をなす例が数多く挙がっている。

「雲」は文部で，『説文解字』は「山川气也。」といい，水蒸気が集まったものなので，やはり水の単語家族に属する可能性がある。

5 甲骨文字での用例と字源について

「水」は甲骨文字においては洪水という意味で使われることが多かった。貝塚等(1960:139) は「卜辭において河川を示すときには一般に河・洹・滴の如く、水偏を附して一字で書き、某水の如く書くことは殆どない。…卜辭に水があらわれるのは、…洪水を表現している。」と述べる。伊藤 (1975: 56ff.) は更に殷人が洪水を鎮めるために特に黄河の神に対して祭祀を行なっていたという。「水」は動詞としても使われ，「洪水になる」という意味を表わした。河川名を表わす固有名詞の「河・洹」などの文字は合文である可能性もある。つまり一字で記されていても，口頭では「可水」「亘水」などのように発音していたということである。

「水」と「川」は甲骨文字では字形上ほとんど区別がなかった(松丸他 1994 の両者の該当箇所を比較)。

「水」の小篆 (下の B) に対して『説文解字』は「象眾水並流，中有微陽之气也。」と釈するが，小篆の字形のもとになる字形(A)は両側は間が切れているから4つの点だとすべきである(以下の図版は『説文解字』一篆一行本および『古文字詁林』第九冊，上海教育出版社，2004 年から引用)。

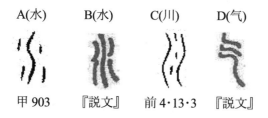

A(水)　　B(水)　　C(川)　　D(气)

甲 903　　『説文』　　前 4・13・3　　『説文』

---

[1] 日本語でも「みなもと」は「み+な(の)+もと」のように「水のもと」という構成になっている。

甲骨文字では点は液体を表わすことが多く，真ん中は「く」で一本の川を表わすので，その四周に水があるという状況からして洪水の象形とするのがよい。

「川」についても様々な字形があるが，上掲のCは『古文字詁林』第九冊, 265頁が「象畔岸而水在中流之形」と釈する如くである。

ちなみに，「気」は小篆ではDの如くなっており，徐(1988:38)は甲骨文字として「三」の字を掲げ，「象河床涸竭之形, 二象河之兩岸, 加一於其中表示水流已盡。即汔之本字。…小篆譌作气，借為雲气之气。」と述べる。川の両岸の真ん中に水滴を表わす点が入り，流れが止まっている様子を象形し，それが気体の「気」を表わすようになったのは仮借だとする。

小文の第4節では専ら単語家族のレベル，つまり音と意味の結合関係に基づく語源の面から議論をしており，字源はまた別の問題となる。一般に，甲骨文字などの字源は，時代的に近接するかまたは同時期の資料なので語源を論ずるに際して参考にはなるが，区別して論ずるのが有利であろう。

6 終わりに

以上の議論では上古音の音価の問題に触れることをむしろ意識的に避けてきた。音類に基づくだけでもかなりの議論が可能であること，上古音の再構音は諸家の間で非常に大きな差があること，むしろ単語家族の立場から上古音を検証できるだろうこと，がその理由であった。最後に小文で取り上げた字に対する諸家の再構音価を一覧しておこう。

	水	川	泉	原	气	雲
Karlgren (1940)	śi̯wər	t̂'i̯wən	dz'i̯wan	ngi̯wăn	k'i̯əd	gi̯wən
董(1944)	xi̯wed	t̂'i̯wən	dz'i̯wän	ngi̯wăn	k'i̯ə̆d	ɣi̯wə̂n
藤堂(1965)	thiuər	k'iuən	dziuan	ŋüăn	k'iər	ɦiuən
李(1971)	—	thjiən(?)	—	—	khjəd	gwjən
Baxter (1992)	h[l]juj?	KHju/on	Sgʷjan	ngʷjan	—	wjɨn
郑张(2003)	qhʷlji?	khjon	sgʷen	ŋʷan	khɯds	ɢun
Schuessler (2007)	lhui??	k-hlun	dzwan (!)	ŋwan	kə(t)s	wən
Handel (2009)	ᴮhluj?	ᴮkhlun	—	—	—	—
Baxter-Sagart(n.d.)	*s.tur?	t.l̥u[n]	s-N-ɢʷar	[ŋ]ʷar	C.qʰəp-s	[ɢ]ʷə[n]

こうしてみると，「川」については牙喉音系と認めるのが多数派なのに，「水」については一部に限られる。これについては「水」を声符とする牙喉音字が僻字1つのみに限られることが大きいであろう。しかし，小文で見たように，「水」と「川」は最早期の中国語では音・義そして形も共に分かちがたい関係にあるから，両方とも牙喉音系と認めるのがよ

い。一方,「泉」について牙喉音要素を認める学者もいる。

　藤堂(1954; 1987: 26-7)は上古の陰陽対転のうち -n に関わるものを現代北京語の -r 化に類する交替規則を想定している。「水」と「川」の韻尾の違いについても同じ条件に当てはまり,このアイディアを更に検討する価値があろう。

　上表から見て取れるのは,李方桂に至り簡素化された上古音がその後また複雑化している傾向である。これには新たな進展を組み込んでいった面も無論あるが,李方桂が取り入れた頼惟勤の喉音韻尾説が等閑に付されているため主母音が多く必要とされ,また河野六郎の第一口蓋化説は言語層の観点を取り入れるべき方向性の一つのサンプルとして挙げられたに過ぎず,他にも例えば上中古間の韻母の対応にも層の観点によって簡明に説明できることはある。

　近年,上古漢語の形態論については Schuessler や Sagart らが多く研究しているが,こと単語家族に関しては藤堂(1965)は一大宝庫であり,多くの優れた着想が盛り込まれている。こうした日本の学者の成果を今後の上古音研究に組み入れていく価値がある。

余論：タイ・カダイ語の「血」と漢語の「血」

　ここでタイ・カダイ語における「血」の祖形と更に漢語の「血」との対応関係について論じておきたい。

　Li (1977: 134, 281)は現代タイ系諸言語 (Tai) における対応に基づきタイ祖語を*lïet と再構している。Thurgood (1988: 184) は侗語と仏佬語がそれぞれ pha:t⁹, phγa:t⁷ であることから,侗水祖語として*phla:t⁷ を再構している。Norquest (2007: 584) は黎語の ɬa:c⁷ のような語形に基づき,黎祖語として*hla:c を立てている。梁 (1996: 471, 805)は以上のような状況に対して「台语支与侗水语支是否同源,存疑。」としつつも,*spluɯat という祖形を擬している。s は有気音で現れることから再構したものである。

　さて,最近入手した中国科学院少数民族語言調査第一工作隊『関於侗語方言的划分和創立侗文問題的初歩意見（草稿）』1957 年,貴陽の「各地侗語声母対応例字簡表」によると,「血」には pat⁹, ɬat⁹, qat⁹, kat⁹, tat⁹, pjat⁹, tjat⁹のような方言差異が見られる(貴州省民族語文指導委員会編『侗族語言文字問題科学討論会彙刊』貴陽,1959 年,83 頁にも出ている)。そのデータを元に方言地図化すると次の頁の通り。

　ここで特に貴重なのは q-で始まる地点がいくつかあることであり,ここから「血」の侗祖語の形を*qla:t のように推定することができる。つまり,q を発音する際には円唇性を伴いやすく,q>p のような音韻変化が想定できるが,逆は考えにくい。q はまた摩擦音に変化しやすいので,hl-のような形を経て ɬ に変化することもあり得る。hl-の段階で陰陽分裂を経れば陰調となるが,hl-の h-が脱落した後で陰陽調分裂が起これば陽調になる。タイ系諸語は後者のケースである。第二子音に同化されて ql->t-のような変化が生ずることも想定できる。q と k が対応する場合,例えば奥舌母音の前後に q が現れるといった分布が

見られるのならばk > q という方向を考えることになるが，そうでない場合は有標的な音が無標的に音に変化する方がふつうなので，q>k という変化があったとするのがよかろう。

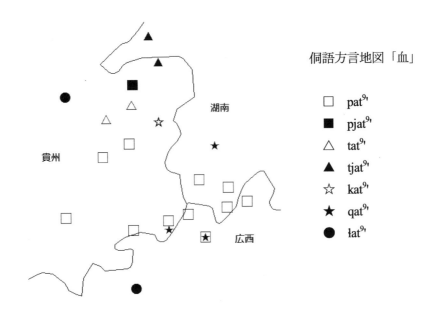

侗語方言地図「血」

□ pat⁹¹
■ pjat⁹¹
△ tat⁹¹
▲ tjat⁹¹
☆ kat⁹¹
★ qat⁹¹
● ɬat⁹¹

第二子音の -l- が -j- に変化するのはよく見られる変化である。

声母に関してはこの侗祖語の*ql-をタイ・カダイ祖語にも推定することによりすべての言語への変化を説明することができる(ただし，有気性や陽調になっている点を更に考慮に入れる必要がある)。

龔(2002: 345)は漢語の「血」(同書が使用する中古音は hʷet，上古音は qhʷiig)を泰語(Siamese)の lɯat とが関係詞であるとするが，このままでは音価の差が大きすぎ，同書では「我们认为可信度相对低的对应」を表示する * が付されている。声母について言えば，侗語方言に基づく新たなタイ・カダイ語再構音によれば，より音価が近いことになる。

参考文献

平田昌司 2010.「"水"の字音から」,『日本中国語学会第 60 回全国大会予稿集』62-65 頁。
伊藤道治 1975.『中国古代王朝の形成』。東京：創文社。
貝塚茂樹・伊藤道治 1960.『甲骨文字研究』本文篇。増補訂正版，東京：同朋舎，1980 年。
河野六郎 1950.「中国語音韻史研究の一方向」,『河野六郎著作集』2, 227-232 頁，東京：平凡社。
松丸道雄・高嶋謙一 1994.『甲骨文字字釋綜覽』。東京：東京大学出版会。
大西克也 2007.「楚簡における第一口蓋化に関わる幾つかの声符について」,『佐藤進教授還

暦記念中国語学論集』62-76 頁，東京：好文出版。

藤堂明保 1954.「上古漢語の方言－特に周秦方言の特色について－」,『東方学論集』1, 85-104 頁；『藤堂明保中国語学論集』22-40 頁，東京：汲古書院，1987 年。

――――1965.『漢字語源辞典』。東京：學燈社。

董同龢 1944.『上古音韻表稿』。台北：台聯國風出版社，1975 年。

李方桂 1971.「上古音研究」,『清華學報』新 9 卷：1-61 頁；北京：商务印书馆，1982 年。

平田昌司 2012.「上古漢語和古方言文獻」,第四屆國際漢學會議論文，台北：中央研究院。

龔群虎 2002.『汉泰关系词的时间层次』。上海：复旦大学出版社。

徐中舒 1988.『甲骨文字典』。成都：四川辞书出版社。

郑张尚芳 2003.『上古音系』。上海：上海教育出版社。

Baxter, William. 1992. *A Handbook of Old Chinese Phonology*. Berlin: Mouton de Gruyter.

Baxter, W. and L. Sagart. (n.d.) Baxter-Sagart Old Chinese reconstruction (Version 1.00). Online at http://crlao.ehess.fr/document.php?id=1217. Accessed 25th Aug. 2012.

Boltz, William, G. 1991. Old Chinese Terrestrial Rames in Saek. In William G. Boltz and Michael C. Shapiro (eds.) *Studies in the Historical Phonology of Asian Languages*. Amsterdam: John Benjamins.

Handel, Zev. 2009. *Old Chinese Medials and Their Sino-Tibetan Origins: A Comparative Study*. Taipei: Institute of Linguistics, Academia Sinica.

Яхонтов, С.Е. 1960. Фонетика китайского языка тысячелетия до н. э. (лабиализованыегласные). *Проблемы востоковедения* 6: 102-115;「上古汉语的唇化元音」, 雅洪托夫『汉语史论集』53-77 页。北京：北京大学出版社，1986 年。

Karlgren, Bernhard.1934. Word Families in Chinese. In *The Bulletin of the Museum of Far Eastern Antiquities* 5:9-120.

――――1940. Grammata Serica. In *The Bulletin of the Museum of Far Eastern Antiquities* 12: 1-471.

Li, F.K. 1977. *A Handbook of Comparative Tai*. Honolulu: The University Press of Hawaii.

Norquest, Peter K. 2007. *A Phonological Reconstruction of Proto-Hlai*. Ph. D. diss., The University of Arizona.

Pulleyblank, E.G. 1965. Close/open Ablaut in Sino-Tibetan. In *Lingua* 14:230-240.

Sagart, Laurent. 1999. *The Roots of Old Chinese*. Amsterdam: John Benjamins.

Schuessler, Axel. 1996. Palatalization of Old Chinese Velars, In *Journal of Chinese Linguistics* 24/2: 197-211.

―――― 2007. *ABC Etymological Dictionary of Old Chinese*. Honolulu: University of Hawai'i Press.

Thurgood, Graham. 1988. Notes on the Reconstruction of Proto-Kam-Sui, In Jerold A. Edmondson and David B. Solnit (eds.), *Comparative Kadai: Linguistic Studies Beyond Tai*. Dallas: The Summer Institute of Linguistics. 179-218.

謝辞　小文をなすにあたり平田昌司氏・大西克也氏との意見交換により多くの教示を受けた。また曾暁渝先生には中文要旨を見ていただいた。あわせて謝意を表する。

中国語の"来"の文法化
―『老乞大』諸本におけるテンス・アスペクトマーカーの変化を中心として―

遠藤　光曉

1. 序

　"来"は中国語の最古の記録である3500年ほど前の甲骨文字の資料でも既に「来る」という意味で使われており，現代北京語に至るまでその基本義は一貫して保持されている。しかし，中国語の各歴史段階や現代諸方言において，"来"は本動詞として使用されるのみならず，さまざまな方向・程度に文法化した形でも使われている。

　この論文では，元代から清代の北方口語中国語を反映する文献・『老乞大』の諸本（13～14世紀から18世紀まで）において文末に置かれてある種のテンス・アスペクトを表す"来"の用法を帰納し，その消長を跡付ける。そして，更に他の言語における「来る」を表す動詞の類似の用法と対照しつつ，それがテンス・アスペクトマーカーとなる理由を考察する。

2. "来"のテンス・アスペクトマーカーへの文法化

"来"がある種のテンス・アスペクトマーカーとなるのは『老乞大』の最古の版本が出た元代よりも古い時代であるので、ここでまずその意味・用法と変遷過程について太田(1958：91-2)と曹(1992：121-129)に依って概略を把握しておこう。

"来"の文末助詞としての用法は唐代に起こった。例えば白居易の詩句"木蘭曾作女郎来"(木蘭はもと少女であった)や撫州曹山本寂禅師語録(大正蔵巻47)の"師問金峰志曰：'作甚麼来？' 金峰云：'蓋房来。'"(師は金峰志に尋ねて言った「何をしていたのか？」金峰は言った「家を作っておりました。」)の如くであるが、曹(1992)はこのような"来"の文法的な意味は「ある出来事や過程がかつて起こったことがあり、過去に完成したものであることを示す」と述べ、殊に「かつて」起こったことを表すことを重視している。

このような用法の"来"は宋元代には広く使われたが、特に元代には支配層のモンゴル語の影響を強く受けた言語(「漢児言語」)や文体(「蒙文直訳体」)が優勢であったこともあり、それ以前の時代から漢語に存在していた文末助詞としての"来"が更にモンゴル語の影響を受けて独特の用法を持つに至った。次節ではこの時代の文末助詞"来"の『老乞大』元本における意味用法を帰納的に検討する。

さて、文末助詞としての"来"は明代になるとあまり使われなくなり、清代には非常に稀となり、そのかわりに"来着"が使われ始めた。この辺の変遷過程も『老乞大』の歴代諸本に如実に現れており、第4節で検討する。

3. 元本『老乞大』における文末助詞"来"の文法的意味

『老乞大』はごく最近まで明代の改訂を経たいわゆる『翻訳老乞大』[1]が現存の最も古い版本であったが，1998年になって原本に近い様相を示すと思われる『旧本老乞大』[2]が発見され，語彙・文法のさまざまな面において元代の言語をよりリアルな形で窺い知ることができるようになった。

以下では竹越孝氏がそれを電子テキスト化されたコーパスを使用して"来"の全用例を検索し，そこから文末助詞用法のものを抜き出したものを基礎資料とする。[3] 見落としや解釈のミスがない限り，この節で挙げるもので『旧本老乞大』における文末助詞"来"の全用例は尽きている。また一文に2つ以上"来"が現れることもあるので，問題とする箇所の"来"を太字で表示することとする。また出所の「第○話」は注2所引の日本語訳本の示すところに拠っているが，日本語訳は訳本を参考にしつつも"来"の原意により近いと思われる訳を極力付すこととする。

3.1 過去の習慣的動作

(1) "俺漢兒人［上］學文書**來**的上頭，些小漢兒言語省的有。"(第2話)「私は中国人に本を教わっていたため，すこし中国語が分かるのです。」

(2) "你誰根底［學］文書**來**？"(第2話)「あなたは誰に本を教わっていたのですか？」

(3) "我在漢兒學堂裏，學文書**來**。"(第2話)「私は中国人の学校で本を教わっていました。」

(4) "你學甚麼文書**來**？"(第2話)「あなたは何の本を教わっていましたか？」

(5) "你這般學漢兒文書呵，是你自意裏學**來**那，你的爺娘教你學**來**？"

（第4話）「あなたがこのように中国人の本を教わるのは，あなたが自分の意思で教わっていたのですか，あなたの父母が教わるようにさせていたのですか？」

(6) "是俺爺娘教我學來。"（第4話）「私の父母が私に教わるようにさせていたのです。」

(7) "每日和漢兒學生每,一處學文書來的上頭,些小理會的有。"（第4話）「毎日中国人学生たちと一緒に本を教わっていたため，少しは分かるのです。」

以上は例5と6の使役構文を除くとすべて主動詞が"學"「学ぶ・教わる」であり，いずれも過去において行われた動作であり，かつそれを習慣的・恒常的に行っていたものであるから「教わっていた」と訳を付けておいた。つまり，ここにおいて"来"はテンスとしては過去時，かつアスペクトとしては習慣相（habitual aspect）を示すマーカーとして機能しているものと見られる。更に，ここでは「学ぶ」という行為は「現在は行っていない」ものであるということになるが，以下に見る用例でも「現在は行っていない，ないしは，そうではない」という内含を往々にして持つ場合がある。

3.2 過去の時間的な幅のある動作

(8) "俺有一箇伴當,落後了來,俺沿路上慢慢的行著[等]候來。"（第1話）「私にはひとり連れがいて，遅れていたのですが，私は道中ゆっくりと歩いて待っていたのです。」（現在にも継続している？）

(9) "恁不理會的,新近這裏有一箇人家,則爲教幾箇客人宿來,那客人去了的後頭,事發。"（第39話）「あなたはご存知ないのですが，最近ここである人が何人かの客を泊めさせていたために，その客が出かけた後で事件が起こりました。」

(10) "這裏到那裏,演裏有七八里路,你在先也曾大都去來,怎麼不理會的？"（第46話）「ここからあそこまでまだ7-8里の道のりがありますが，

あなたは以前にも大都に行っていたことがあるのに，どうして分からないのですか？」

(11) "我恰尋思來，這幾箇羊也，當走一遭。"（第72話）「私はちょうど考えていたのですが，この何頭かの羊も一度持っていかなければなりません。」

(12) "我昨日冷酒多喫來。"（第84話）「私は昨日冷酒を飲みすぎました。」

以上の例はやはり過去時に属するが，限界性のある動作ではなく，時間的な幅がある動作を示している。

3.3 状態動詞・形容詞の過去

(13) "似那般時，俺年時也在大都來，價錢都一般。"（第7話）「そういうことなら，私も去年大都にいたのですが，値段は全部同じです。」

(14) "在前則是土搭的橋來，如今都是板幔了。"（第29話）「以前は土で築いた橋だったのですが，今では全部板で覆ってあります。」

(15) "父母在生時，家法名聽好來，田産物業有來，孳畜頭匹有來，人口奴婢有來。"（第90話）「父母が在世のときは家の礼義作法や名声がよかったし，田畑や家作があったし，家畜もいたし，使用人もいたものだった。」

(16) "這蔘恁稱時節有些濕來，如今乾了，爲那上頭，折了這十斤。"（第97話）「この朝鮮人参はあなたが量ったときにはちょっと湿っていたが，いまは乾いたので，そのためその10斤分が少なくなったのです。」

ここでは"在"（いる），"是"（である），"有"（持っている）といった状態動詞や"好"（よい），"湿"（湿っている）といった形容詞の過去を示すものとして"来"が機能している如くである。例14・16では前の文が"来"で終わり，後ろの文が"如今"（今では）で始まり，前の文の状態が「今ではそうではない」という含みを持つものとなっており，例15もこの文の後には「父母が亡くなってからは…」という話が続き，やはり「かつてはそうだったが，

今ではそうではない」という内含を帯びている。

3.4　動詞＋"了"の後についた例

(17) "俺有一箇伴當,落後了來,俺沿路上慢慢的行著［等］候來。"（第1話）
「私にはひとり連れがいて，遅れていたのですが，私は道中ゆっくりと歩いて待っていたのです。」

(18) "爲那上,遲了來。"（第1話）「そのため遅れていたのです。」

(19) "我先番大都來時,你這店西,約二十里來地,有一坐橋塌了來,如今修起來那不曾？"（第19話）「私が前回大都に来たとき，あなたのこの宿の西の約20里ほどのところで一つの橋が崩れていましたが，今ではもう直しましたか。」

(20) "我夜來錯記了來,今日再想起來,有三十里多地。"（第46話）「私は昨日は記憶違いしていましたが，今日また考えてみたら30里あまりあります。」

動詞に"了"が付くと，その動作自体を表すのではなく，動作が完了した結果現れた一種の状態を表し，それに更に"来"が付くことによってその状態が過去において続いていたことを表している。例19,20もやはり「かつてはそうだったが，今ではそうではない」という内含を帯びている。

3.5　動詞＋"着"の後についた例

(21) "俺在前絆著來,今日忘了不曾絆。"（第35話）「私は前は縛っておいたのですが，今日は忘れてしまって縛ってありませんでした。」

(22) "你脉息浮沈,你敢傷著冷物來。"（第84話）「あなたは脈が浮き沈みしていますが，きっと冷たい物に当たったのでしょう。」

動詞に"着"が付いたものは，その動作の結果ある状態がもたらされ，それが続いている，という意味を表すが，それに更に"来"が付くとやはり過去の状態を示すこととなる。例22の"着"は結果補語に近いとも感じられる。

以上で『旧本老乞大』の文末助詞の"来"の用例は尽きているが，こうした用法を一言で概括するならば，過去のテンスに属する習慣相（habitual aspect）または状態を表すものであり，多くの場合「その習慣的動作ないし状態は現在にはない」というムード上の含意も含む。[4]

　従来は『翻訳老乞大』ないし『老乞大諺解』の用例に基づいて次のような解釈が与えられていた。楊（1957：201）は「"来"は文末に用いると経験，または過去の時間の過ごし方を表し，現代口語の"来着"に相当する（「近過去」だと言う人がいるが，時間は必ずしも近いものである必要はないので，あまり正確ではない）。」と述べている。Dyer（1983：182）は楊（1957）をふまえつつ単に「過去時を示す」とのみ言っている。康（1985：375）は"来"または"来着"は現代口語では文末に用いられ，かつて何らかの出来事が起こったことを表す。」と言う。[5] 以上は結局のところいずれも過去を表すとしたものであり，テンスの面しか捉えられていない。

　ところで，『旧本老乞大』ないし元代漢語においては，現在時の断定の語気を表す文末助詞として"有"があり，[6] 一回性の動作の完了ないし実現を表す助詞として"了"があり，"来"はそうしたものとは対立する機能をもったテンス・アスペクトマーカーとして位置づけねばならない。

　また，"来"は絶対文末のみならず，上掲の例文１の「（俺漢児人［上］學文書來）的上頭」のように埋め込み文の末尾に現れることができる。太田（1958：359）は文末助詞には文の一番外側に現れるものと，より内側に現れるものがあることを指摘しているが，"来"はこの用例から明らかなように，内側に現れる類に属する。

4. 後世の版本における"来"の消長

　さて，『老乞大』はその後李氏朝鮮において中国語会話教科書として歴代使われてきて，それぞれの時代に改訂版が出ている。それらは前代の版本に

基づき，その時代の言語に合わなくなった表現を改めたものなので，全編を通して同じ文について比較を行うことが可能であり，通時的変遷を跡付けるのに極めて便利である。以下ではやはり竹越孝氏が『老乞大』4種の版本の同一箇所を対照しつつ入力されたコーパスによって文末助詞"来"の消長をたどることとする。

以下で比較する4種の版本のうち，「旧」は『旧本老乞大』(ほぼ14世紀)，「翻」はいわゆる『翻訳老乞大』(16世紀初)，「新」は『老乞大新釈』(1761年序)[7]，「重」は『重刊老乞大』(1795年序)である。[8] 以下では第3節の分類に沿って用例を検討していくが，叙述を簡単にするため先に結論となる大勢を表示しておきたい（表において「○」は文末助詞"来"が保存されていることを，「—」はそれが削除されていることを示す）。

	旧	翻	新	重
A. 習慣的動作	○	○	○	○
B. 時間的幅のある動作	○	○	—	—
C. 状態動詞・形容詞	○	○	—	—
D. 動詞 + "了"	○	○	—	—
E. 動詞 + "着"	○	○	—	—

この表から分かるのは，文末助詞"来"は『翻訳老乞大』の段階まではほぼそのまま保たれ，『老乞大新釈』ないし『重刊老乞大』になると「A. 習慣的動作」の用法を除きおおむね消失する，ということである。以下ではそれを用例に即してつぶさに見ていくこととしよう。

4.1 過去の習慣的動作

(1) 旧：俺漢兒人［上］學文書来的上頭，些小漢兒言語省的有。(第2話)
　　翻：我漢兒人上學文書，因此上，些少漢兒言語省的。

新：我在中國人根前學書來着，所以些須知道官話。
　　　重：我在中國人根前學書來，所以些須知道官話。
「翻」では"来"が使われていないが，これは"－的上頭"が当時は不自然に感じられたため文構造を変えていることと関係があるように思われる。「新」では"来着"が用いられているが，これについては次節で改めて論ずる。
　(2) 旧：你誰根底［學］文書來？（第2話）
　　　翻：你誰根底學文書來？
　　　新：你跟着誰學書來着？
　　　重：你跟着誰學書來？
ここでは「新」が"来着"となっている他は一律"来"が保たれている。
　(3) 旧：我在漢兒學堂裏，學文書來。（第2話）
　　　翻：我在漢兒學堂裏，學文書來。
　　　新：我在中國人學堂裏，學書來着。
　　　重：我在中國人學堂裏學書來。
前項に同じ。
　(4) 旧：你學甚麼文書來？（第2話）
　　　翻：你學甚麼文書來？
　　　新：你學的是甚麼書？
　　　重：你學的是甚麼書？
ここでは「新」「重」では説明口調の構文に変えられており，"来"は使用されていない。
　(5) 旧：你這般學漢兒文書呵，是你自意裏學來那，你的爺娘教你學來？
　　　　（第4話）
　　　翻：你這般學漢兒文書時，是你自心裏學來，你的爺娘教你學來？
　　　新：你這樣學中國人的書，是你自己要去學來啊，還是你的父母教你去學的麼？
　　　重：你這樣學中國人的書，是你自心裏要學來啊，還是你的父母教你去

　　　　學的麼？
　選択疑問文の前のフレーズでは4種の版本とも"来"を保持しているが，後のフレーズでは「新」「重」は「あなたの両親があなたを学びに行かせたのか」というふうに文意が変えられている。

(6) 旧：是俺爺娘教我學來。（第4話）
　　翻：是我爺娘教我學來。
　　新：是我父母教我去學的。
　　重：是我父母教我去學的。

これは用例5に対する答えであり，やはり「新」「重」は文意が変えられている。

(7) 旧：每日和漢兒學生每，一處學文書來的上頭，些小理會的有。
　　　　（第4話）
　　翻：每日和漢兒學生們，一處學文書來，因此上，些少理會的。
　　新：每日同漢學生們，一處學習來，所以略略的會得。
　　重：每日同漢學生們，一處學習來，所以略略的會得。

4種とも"来"を保持している。

以上で興味深いのは，「新」「重」ではこれ以外の用法では文末助詞"来"がほぼ消失しているが，この用法ではおおむねまだ"来"を保っている点である。「新」「重」の時代にあっても文末助詞"来"は完全に消滅したのではなく，習慣的な動作を表す場合にはまだ使用され得たこととなる。従来は文末助詞"来"は明代になるとかなり用いられることが少なくなり，清代にはほとんど用いられなくなるとされてきたが，こうして見ると限定された意味ではまだ命脈を永らえていたこととなる。

4.2　過去の時間的な幅のある動作

(8) 旧：俺有一箇伴當，落後了來，俺沿路上慢慢的行著［等］候來。
　　　　（第1話）

翻：我有一箇火伴，落後了來，我沿路上慢慢的行着等候來。
　　　新：我因有箇朋友落後了，所以在路上慢慢的走着，等候他來。
　　　重：我有一箇朋友落後了，所以在路上慢慢的走着，等候他來。

「翻」では文末助詞"来"を保っているが，「新」「重」ではそれが文字面は生かされているものの，実際には「彼が来るのを待っていた」というふうに「来る」という本動詞に変えられている。以下ではこのようなパターン，つまり文末助詞"来"が「翻」では保たれるが「新」「重」では消失するのが支配的であり，特記事項がないものは例文のみを挙げる。

(9)　旧：恁不理會的，新近這裏有一箇人家，則爲教幾箇客人宿來，那客人
　　　　　去了的後頭，事發。（第39話）
　　　翻：你不理會的，新近這裏有一箇人家，只爲教幾箇客人宿來，那客人
　　　　　去了的後頭，事發。
　　　新：你不知道，新近這裏，有一箇人家，只爲教幾箇客人住下，等那客
　　　　　人去了的後頭，事發了。
　　　重：你不知道，新近這裏，有一箇人家，只爲教幾箇客人住下，那客人
　　　　　去了後頭，事發了。

(10)　旧：這裏到那裏，演裏有七八里路，你在先也曾大都去來，怎麼不理
　　　　　會的？（第46話）
　　　翻：這裏到那裏，還有七八里路，你在先也曾北京去來，怎麼不理會
　　　　　的？
　　　新：這裏到那裏，還有七八里路，你在先也曾到北京去，怎麼不理會
　　　　　的呢？
　　　重：這裏到那裏，還有七八里路，你在先也曾到北京去，怎麼不理
　　　　　會？

(11)　旧：我恰尋思來，這幾箇羊也，當走一遭。（第72話）
　　　翻：我恰尋思來，這幾箇羊也，當走一遭。
　　　新：我却想來，這幾箇羊也，不值得走一遭。

重：我却想來，這幾箇羊也，巴不得走一遭。
　「新」「重」では"想来"となっているが、この"来"は文末助詞ではなく方向補語と看做すべきであろう。
(12) 旧：我昨日冷酒多喫來。(第84話)
　　翻：我昨日冷酒多喫了。
　　新：我昨日冷酒多吃了。
　　重：我昨日冷酒多喫了。
　「翻」も"来"を"了"に改めているが、これは"多喫"というのは「たくさん飲む」という時間的な幅のある動作を表すのではなく、「飲みすごした」という限界性のある動作を表すものと解釈して"了"に改めたものであろう。

4.3　状態動詞・形容詞の過去

(13) 旧：似那般時，俺年時也在大都來，價錢都一般。(第7話)
　　翻：似這般時，我年時也在京裏來，價錢都一般。
　　新：似這等看起來，與我當年在京裏時，價錢都是一樣。
　　重：似這等看起來，與我當年在京裏時，價錢都是一樣。
(14) 旧：在前則是土搭的橋來，如今都是板幔了。(第29話)
　　翻：在前只是土搭的橋來，如今都是板鞭了。
　　新：在先都是土搭的，如今都用板幔了。
　　重：在先是土搭的，如今都要板幔了。
(15) 旧：父母在生時，家法名聽好來，田産物業有來，孳畜頭匹有來，人口奴婢有來。(第90話)
　　翻：父母在生時，家法名聲好來，田産家計有來，孳畜頭口有來，人口奴婢有來。
　　新：他父母在生時，家法名聲好來，田地房産都有，又有騎坐的牲口，使喚的奴婢。
　　重：他父母在生時，家法名聲好來，田地房産都有，又有騎坐的牲口，

使喚的奴婢。

　ここでは「新」「重」も"好来"となっているが、これは「来やすい」という別の構造の表現として理解した上で改訂を施さなかった可能性がある。

(16) 旧：這蔘恁稱時節有些濕來，如今乾了，爲那上頭，折了這十斤。
　　　（第97話）

　　　翻：這蔘你來時節有些濕，如今乾了，因此上頭，折了這十斤。

　　　新：你這蔘想帶來時有些濕，如今乾了，因此折去些了。

　　　重：你這蔘想帶來時有些濕，如今乾了，因此折去些了。

　「翻」で"来"を取った理由はよく分からない。「旧」では「この朝鮮人参はあなたが量ったときには…」とあるところを、「翻」は「あなたが来たときには…」に改めていることと関係があるかもしれない。

4.4　動詞＋"了"の後についた例

(17) 旧：俺有一箇伴當，落後了來，俺沿路上慢慢的行著［等］候來。
　　　（第1話）

　　　翻：我有一箇火伴，落後了來，我沿路上慢慢的行着等候來。

　　　新：我因有箇朋友落後了，所以在路上慢慢的走着，等候他來。

　　　重：我有一箇朋友落後了，所以在路上慢慢的走着，等候他來。

(18) 旧：爲那上，遲了來。（第1話）

　　　翻：因此上，來的遲了。

　　　新：故此來的遲了。

　　　重：故此來的遲了。

　「翻」では別の構造（様態補語）の表現に変えている。

(19) 旧：我先番大都來時，你這店西，約二十里來地，有一坐橋塌了來，如今修起來那不曾？（第19話）

　　　翻：我先番北京來時，你這店西，約二十里來地，有一坐橋塌了來，如今修起了不曾？

　　　　新：我前番從北京來時，離你這店裏約走二十里來地，有一坐橋塌了，
　　　　　　如今可曾修起了不曾？
　　　　重：我前番從北京來時，離你這店裏約走二十里來地，有一坐橋塌了，
　　　　　　如今修起了不曾？
　(20) 旧：我夜來錯記了來，今日再想起來，有三十里多地。（第46話）
　　　　翻：我夜來錯記了，今日再想起來，有三十里多地。
　　　　新：我昨日錯記了，今日想起來，有三十多地。
　　　　重：我昨日錯記了，今日想起來，有三十多地。

「旧」では「考え違いをしていた」という状態を表すつもりで"来"を使い，「翻」では「考え違いをした」という解釈によってそれを"了"に改めたものか。

4.5　動詞＋"着"の後についた例

　(21) 旧：俺在前絆著來，今日忘了不曾絆，咱每衆人邀當著，拿住者。
　　　　　　（第35話）
　　　　翻：我在前絆着來，今日忘了不曾絆，咱們衆人攔當着，拿住。
　　　　新：從前却絆着，今日偏忘了不曾絆，咱們都攔着拿住。
　　　　重：從前却絆着，今日偏忘了不曾絆，咱們都攔着，拿住。
　(22) 旧：你脉息浮沈，你敢傷著冷物來。（第84話）
　　　　翻：你脉息浮沈，你敢傷着冷物來。
　　　　新：你脉息浮沈，你敢是吃了冷物傷着了。
　　　　重：你脉息浮沈，敢是喫了冷物傷着了。

以上を通覧すると，「翻」では文末助詞"来"を時折書き改めているものの，大勢としては保っており，その時代にはまだ"来"の文末助詞としての用法は生きていたものと見られる。それを明示する例が他にもある。即ち：

　(23) 旧：都安樂好有。（第57話）
　　　　翻：都安樂來。
　　　　新：我家裏好。

重：我家裏好。
　これは旅人が故国から来た人に「国に残した家族は元気ですか」と尋ねたのに対する答えであり、「旧」は元代の現在時制を表す文末助詞"有"を使って「みんな元気にしています。」と現在形で答えているのだが、「翻」では実際にはその故国から来た人とて国に残した家族の状況は出発時のことしか知らないわけなので、「みんな元気にしていました。」と過去形に改めたものである。このような改訂をなす背景には「翻」の時代には現在時の断定のムードを表す文末助詞"有"が使われなくなっていたことがあるのだが、ここで重要なのは「旧」では本来なかったところに「翻」が新たに"来"を使っていることである。すなわち「翻」の時代にあっても文末助詞"来"は生きた語彙だったのである。

5. "来着"について

　例文1,2,3においては、『老乞大新釈』は"来"を"来着"としている。"来着"の用例は『老乞大新釈』(および『重刊老乞大』)にもう1つある：
　(24) 旧：恁幾時離了王京？（第1話，「あなたはいつ都を発ったのですか？」
　　　翻：你幾時離了王京？
　　　新：你多站在王京起身來着？
　　　重：你幾時在王京起身來着？
　この"来着"は清代になって現れたもので、[9]現代北京語でも用いられている。それは文末助詞"来"の機能の一部を継承したものではあるが、意味用法にやや違いがある。それはテンスについて言えば同じく過去時に属するが、習慣／状態アスペクトを表すものではなく、むしろ"来"が内含することが多かった「現在はそうではない」というムードが更に強化されて「自分はそのことを忘れた」というムードをも帯びるようになったものである。[10]

もともと文末助詞"来"が表していた過去時に属する習慣／状態アスペクトは明代よりも後になるとゼロ形式で表されるようになり，現代北京語でもそうである。これは文末助詞の用法の"来"は文末にのみ位置するという点で本動詞や方向補語の"来"とは文中における分布が異なるとはいえ，目的語がない場合は方向補語の"来"も文末に位置することになるので，「…して来る」という実義を以って受け取られやすく紛らわしいという難点があったため，結局消失することとなったのであろう。

　ただし，現代でも白話の文末助詞"来"を保つ方言は見られ，例えば呼和浩特方言，山西省陵川方言，陝北方言，延川方言，商県方言などがそうである。[11]また"来"が別の方向に文法化した方言も見られ，例えば蘭州方言や徐州方言では"呢"に相当する用法で使われるといい，[12]また広州方言では lei ge（北京語の"来的"に相当する）が断定の語気を表すのに使われる。

6. "来"がテンス・アスペクトマーカーになる理由

　さて，「来る」を表す動詞がある種のテンス・アスペクトマーカーになることは世界の諸言語でもよく見られる現象である。

　まず，身近なところでは日本語では「…てくる」が複合動詞をなして時間を表す範疇を形づくることがあり，近藤（2000：523-524）は本動詞のタイプに基づきその表す意味を次のように分析している：

本動詞のタイプ	意味	例
ア a 無意思動詞かつ継続動詞 　 b 無意思動詞かつ瞬間動詞	変化型 a しだいによく…になる 　　　　b （ある時に）…となる	わかってくる 生まれてくる
イ 意思動詞	継続型　ずっと…する	見てくる

　例に挙がっている複合動詞で例文を作ってみると，例えば「私にはだんだん彼の性格が分かってきた。」「ブレーンストーミングをすることによって新

しいアイディアがたくさん生まれてきた。」「私はこれまでずっと彼の成長過程を見てきた。」などとなる。こうしてみると，日本語の「…てくる」は「現在にもその状態が続いている」という含みをもつようであり，中国語にかつて存在した文末助詞"来"や現在も存在する"来着"とはその点でやや異なる。

またフランス語の"*venir de* ＋動詞"は「近接過去」と呼ばれ，「何々したばかり」という意味を表すのに使われ，やはり現在（ないしは過去のある時点）もその状態が持続しているという含みを持つ。[13]

Heine and Kuteva(2001)にはさまざまな語族に属する世界諸言語においてCOMEが継続(continuous)を表したり(p.69)，COME FROMが近接過去(near past)を表したり(pp.72-73)，COME TOが状態変化(change-of-state)や未来(future)を表す(pp.74-78)例が集められている。

Traugott(1978)は空間を表わす表現が時間を表わす表現に移行する現象を通言語的・理論的に論じ，工藤(2002)は日本語諸方言において存在動詞・空間的配置動詞・移動動詞などがアスペクトを表すことを論じている。

中国語の場合も，空間移動を表す動詞"来"がテンス・アスペクトマーカーへと文法化したのであるが，そのプロセスについて曹(1992：127-128)は次のように捉えている（次のパラグラフはその趣旨のやや自由な要約である）。

"来"自体は物体が話者の場所に移動することを表す動詞である。その運動が空間から時間へと転ずる場合，運動の起点と終点の違いから"来"は二つの意味を生ずる。現在を起点とし，将来を終点とすると「将来」の意味を生ずる（例えば"来日"「来るべき日」）。また過去を起点とし，現在を終点とすると「以来」の意味を生ずる（例えば"我得仙来，已三万歳"「私が仙人になって以来すでに3万年になる」）。後者の用法の"来"が動詞または述語性の句の後につくとその動詞（句）の表す動作を時間的な起点とし，かつまた現在を終点としない時はその語義は完成を表すものとなる（例えば"李白死来無酔客"「李白が死んでしまって酔客がいなくなった」）。このような完成

が特に過去に既に完成した事柄を指すようになり、かつ文末に置かれるようになると事態助詞（小文のいう「文末助詞」）となる、と。

曹氏は文末助詞"来"のテンスの面での特徴のみを捉え、そのアスペクト面での習慣相ないし状態の持続を表すという特徴を認めていないので、変化過程に関する解釈も以上のようなものとなるが、小文では上でより詳しく帰納した文末助詞"来"の意味に基づき、次のように解釈したい。

"来"は起点と終点と移動のプロセスからなり、それは本来の空間移動に関して言うと他の場所が起点となり話者の位置ないし話者が感情移入している位置への移動を表すが、時間に関して拡張された場合、過去のある時点が起点となり、発話時現在が終点となる。そして起点から終点への幅の広がりを持った時間的プロセスを特に表現したいためわざわざ"来"を使っているのであるから、習慣相や状態の持続などのアスペクト面の意味特徴を帯びるのも自然なことである。ところが、中国語では日本語やフランス語とは異なり、終点が発話時現在となってその状態が現在まで持続しているとは限らず、むしろ「今はそうではない」という含みを帯びることが多かった。その場合、終点は発話時現在よりも前のある時点であることになる。これは発話時現在という終点への移動よりも、「ある時点からある時点への移動のプロセスがある」、つまりその動作ないし状態が幅を持ったものであることを表すことの方に重点が置かれるようになったものである[14]。

注

1. 1423-34年、1480-83年の二度の修訂を経た「新本」に対して崔世珍が「諺解」を施したもので、1517年までには成書。リプリントは上冊は中央大学校出版局から1972年に、下冊は仁荷大学校出版部から1975年に出されている。
2. 『旧本老乞大』は元代(1206-1368)に成立、リプリントとしては『元代漢語本《老乞大》』、慶北大学校出版部、2000年；『〔原刊〕《老乞大》研究』、外語教学与研究出版社、2000年があり、日本語の訳注としては金文京・玄幸子・佐藤晴彦『老乞大』、東洋文庫699、平凡社、2002年がある。

3. 漢字表記も一部を除きその字体に拠る。また〔　〕は原本に欠損がある箇所であるが、そこにどんな字があったかは後世の版本からおおむね推測することができ、日本語訳もその結果に拠って付すこととする。
4. (現代) 中国語にはテンスという文法範疇は存在せず、アスペクトしか存在しない、という言説が現在支配的であるが、テンス・アスペクト・ムードは截然と分かれるわけではなく、この3つの側面を捨象することなく把握することが肝要だと考える。
5. このパラグラフの引用文はみな私が日本語に訳したものである。
6. 元代の文末の"有"については竹越(2000)が詳しく論じている。
7. 現存するのはソウル大学校奎章閣4871, 4872の2本のみであり、影印本は出ていない。
8. 『老乞大』の版本については全般的なことは小倉(1964：556-564)、各所蔵機関における所蔵状況については遠藤(1990：225-226)を参照。
9. 太田(1958：391)は『紅楼夢』(1765年) と『児女英雄伝』の例を挙げている。
10. "来着"の用法については太田(1947)も参照。
11. 黄(1996：579, 594, 599, 600, 601)を参照。
12. 黄(1996：564, 577)を参照。
13. 詳細については尾形(2004)を参照。
14. Sun(1996：97-103)は、現代中国語のいわゆる"了$_2$"は"来"に由来するとする趙元任の仮定に基づいて、文末の"来"と"了"の用法や通時的変化過程を論じているが、遠藤(1986)で論じたように趙元任のこの説は成立する見込が薄く、Sun氏の議論も"来"の用法の把握やその通時的変化に関する推定は皮相なものである。

参考文献

曹広順 1992.「来」, 劉堅等『近代漢語虚詞研究』, pp.121-129, 北京：語文出版社；曹広順『近代漢語助詞』, 北京：語文出版社, 1995年。

Dyer, Svetlana Rimsky-Korsakoff. 1983. *Grammatical Analysis of the LaoCh'i-ta*, Canberra：Australian National University.

遠藤光暁 1986.「"了"音の変遷」, 遠藤光暁『中国音韻学論集』, pp.318-322, 東京：白帝社, 2001年。

―――― 1990.『《翻訳老乞大・朴通事》漢字注音索引』, 東京：好文出版。

Heine, Bernd and Tania Kuteva. 2001. *World Lexicon of Grammaticalization*, Cambridge：Cambridge University Press.

黄伯栄 1996.『漢語方言語法類編』, 青島：青島出版社。

康寔鎮 1985.『「老乞大」「朴通事」研究』, 台北：台湾学生書局。

近藤泰弘 2000.「複合動詞「……てゆく」「……てくる」の用法」, 近藤泰弘『日本語記述文法の理論』, pp.507-529, 東京：ひつじ書房。

工藤真由美 2002.「文法化とアスペクト・テンス」,上田博人編『日本語学と言語教育』,
　　　pp.71-92,東京:東京大学出版会。
尾形こづえ 2004.「助動詞性と本動詞性—「venir＋不定法」構文の文法化」,秋元実治他編
　　　『コーパスに基づく言語研究——文法化を中心に』,pp.69-96,東京:ひつじ書房。
小倉進平著・河野六郎補注 1964.『増訂補注朝鮮語学史』,東京:刀江書院。
太田辰夫 1947.「"來着"について」,太田辰夫『中国語文論集　語学篇・元雑劇篇』,
　　　pp.44-52,東京:汲古書院,1995年。
————— 1958.『中国語歴史文法』,東京:江南書院。
ラマール,クリスティーン 2001.「中国語における文法化——方言文法のすすめ」,山中桂
　　　一他編『言語態の問い』,pp.155-174,東京:東京大学出版会。
杉山志郎 2002.「『元典章』蒙文直訳体の助詞"來"および"了"の統語構造」『中国語学』
　　　249,pp.61-71。
Sun, Chaofen. 1996. *Word-Order Change and Grammaticalization in the History of Chinese*.
　　　Stanford : Stanford University Press.
孫錫信 1999.『近代漢語語気詞』,北京:語文出版社。
竹越孝 2000.「蒙漢対訳文献における"有"の対応蒙古語」『中国語学研究　開篇』20,
　　　pp.66-99。
Traugott, E.C. 1978. "On the Expression of Spatio-Temporal Relations in Language", J.H.
　　　Greenberg ed., *Universals of Human Language*, Vol.3, Word Structure, pp.369-400,
　　　Stanford : Stanford University Press.
楊聯陞 1957.「老乞大朴通事裏的語法語彙」『歴史語言研究所集刊』29,上冊,pp.197-208。

研究概観

研究概観

中国語音韻史研究の課題

遠藤 光曉*

Issues in Chinese Historical Phonology

Mitsuaki ENDO*

SUMMARY: Thanks to the abundance of old documents as well as the excellent descriptive work conducted both by the Chinese themselves and foreigners, the study of Chinese phonology has flourished. This paper, which consists of the following seven sections, introduces various approaches taken in past studies of Chinese phonology, discusses current theoretical issues, and points out some of the important topics in this area.
1. The concept of "layer" in historical phonology
2. Studies on the compiling process for documents on Chinese historical phonology
3. A method of projecting family trees on geographical distribution
4. Tracing recent phonological changes
5. Historical studies on tone and stress accent
6. Bilingual documents
7. Studies on old Chinese phonology and genetic relations between Chinese and the other language families

キーワード： 中国語, 音韻史, 言語層, 編集史, 系統樹, 地理分布, 音韻変化, 声調, 強さアクセント, 対音, 上古音, 中国語の系統

1. はじめに

中国語には甲骨文字以来3500年にわたる膨大な量の文献記録がある。また，現代の諸方言も中国の東半分を占める広大な地域に分布し，その数は日本の「郡」にほぼ相当する規模の行政単位である"県"で数えても2000地点にのぼり，大きな変異を示す。このように，時代の長さからしても，地域変異の大きさからしても，中国語は英語・フランス語・ドイツ語・日本語・朝鮮語などのような個別言語ではなく，ロマンス諸語やゲルマン諸語ないしはそれより も大きな言語群に相当するものである。その対象自体の大きさと，これまでに行われてきた汗牛充棟の研究の量からして，にわかに中国語音韻史研究の全貌を跡づけることは極めて困難である。[1] 小文では，方法論的側面に着目して今後の発展が期待されるいくつかの領域の研究状況を素描してみたい。

2. 音韻史研究における「層」の観点

河野(1950)はA5にしてわずか6頁の小論文で，取り扱う問題は上古音（紀元前10世紀頃）と中古音（紀元7世紀頃）の間に生じた所謂「第一口蓋化」のみであるが，その表題である「中国音韻史研究の一方向」の指し示す通り，射程距離の大きな方法論的意義を持っている。それは，一口で言うならば，「層」の観点を音韻史研究において導入する，ということである。

19世紀末のドイツの新文法学派の打ち建てた音韻史の重要な原則である「音韻法則の規則性」から

---

*青山学院大学経済学部教授 (Professor, Faculty of economics, Aoyama Gakuin University)

すると、X方言のxという音に対してY方言のy, zという音が対応する場合、y, zが相補分布をなさない限り、祖語にはY方言のy, zの区分に相当する2つの音類を立て（音価としてそのままy, zを推定するかどうかはまた別問題であるが）、X方言ではそれが合流した、と推定することとなる。しかし、この原則に忠実に従って再構を行っていくと、比較する方言が増えるに従って祖語の音類が増えていくこととなりがちである。

ところが、一共時態において複数の方言の層が重合していることがあり、それらを識別することができるならば、祖語には一つの音類のみを立て、それがY方言の固有層ではy、借用層ではzのように、異なった音形が音韻的な分化条件なしに現れる、と説明することが可能になるわけである。

実際に層を識別する際の手がかりとしては、その二つの音形が口語的な語彙／文語的な語彙といった文体差に平行して分布していたり、同一の語彙が二つの音形をもっていて、それが音韻的条件によって交替するのではなく、やはり文体差に応じた使い分けがなされている、などの現象が挙げられる。

その場合、「音韻変化の規則性」というテーゼ自体は否定されるのではなく、むしろその原則を額面通り適用していった場合に見出される例外が層の違いを反映している可能性がある、ということなので、この原則を厳密に適用すればするほど層を識別する力が増すことになる。

これに関連して、王士元(William S-Y. Wang)らの提唱するいわゆる「語彙拡散論」lexical diffusionが扱う事象には、実は層の違いによって解釈すべきものが含まれている。この理論は、音韻変化は音声的には跳躍的に、語彙的には漸進的に進行する、と主張するもので、[2] 新文法学派の理論が音声的には漸進的に、語彙的には跳躍的に生ずるとしたのを覆そうとしたものである。この説は中国語音韻史の研究から出された一般言語学に対する数少ない理論的な問題提起であり、例えばLabov (1994)などによって大きく取り上げられている。Wang (1977)にはその具体的な例証研究が集められているが、そのうち、潮州方言の声調の例については、実際には「語彙拡散」の例ではなく、層の違いを反映するものであることをEgerod (1976, 1982)が示している。

結局のところ、「音韻の変化」には語彙的なものが存在することは確かであるが、狭義の「音韻変化」はやはり純粋に音的条件によって生ずるものである、とすべきであろう。もし音韻変化の規則性を認めず、一つの音類が音韻的な条件づけなしに二つの音類に分裂することが可能だと見做すならば、祖語の音類の数を任意に減らしていくことが許されるようになり、いかなる再構をなすことも可能になって、一大混乱を招じ入れることとなってしまうであろう。

層の観点が威力を発揮する分野は中国語音韻史研究に幅広くあり、例えば河野(1964)は朝鮮漢字音に対し、王(1968)は閩語に対し、平山(1960)は北京語入声に対し、それぞれ体系的な層わけを行っている。中古音とそれ以降の時代の音韻対応を求めて例外が見られる場合、ほとんどが中古音以降の時代に生じた方言の重合によってもたらされたものか、例外的な変化を遂げたものとして解釈される。この点については中国や欧米の学者も同様の処理をしているが、中古音と上古音との対応に関して層の観点を系統的に導入しているのは河野(1950)の他は藤堂(1951)くらいで、「第一口蓋化」の説すら日本以外ではほとんど知られていない[3]のは残念である。

3. 中国語音韻史資料の編集史的研究

中国語音韻史資料の成書過程に対する研究も日本では盛んに行われており、その研究成果は単に当該資料の中国語音韻史における位置づけに貢献するのみならず、音価や音韻体系や音韻変化に関する推定にも決定的な影響を及ぼすことがある。ここでは私自身の研究を2つほど紹介しておきたい。

隋代の陸法言『切韻』(601年)は全貌を窺い知ることができる現存最古の韻書(詩作のための発音辞典)であり、そのため中国語音韻史研究の出発点とされ、その前の時代に遡るにも後の時代への変化を跡づけるにも標準儀のような役割を果たしている。しかし、陸法言が『切韻』「序」で自ら言うように、

研究概観

その編纂に際しては先行する少なくとも5種類の韻書を参考にしており，それを一つの書物にまとめるにあたっては陸法言自身の発音によって吟味を行ったとは思われるが，現代の記述言語学のように直接観察によって生きた言語の共時態をあるがままに記録しようとしたものとは限らず，先行資料を引き写しにしたために別の音韻体系に基づく字音が混入している可能性も考えられる。しかしながら，『切韻』以前の先行韻書はごく断片的な引用しか残っていないので，『切韻』のどこがどのような来源をもつかについては具体的に推定するすべがなかった。

私が行った一連の研究では，『切韻』の内部に存する体例の不統一な現象に基づき，いわば歴史言語学の「内的再構」に類する方法によって，具体的にどこがどの先行韻書に由来するかを部分的に推定した。[4] それにより，従来一枚岩として扱わざるを得なかった『切韻』において，複数の異質の資料を総合しようとしたためにもたらされた不規則な要素を識別することが一定程度に可能になり，一層精密な推定ができるようになった。例えば，「厳韻」と「凡韻」に対して，従来は別の音価が与えられることが多かったが，実際には音韻対立をなさないと認められるので，同一の音価を推定すべきこととなる。また，唐代に「厳韻」と「凡韻」が合流するという音韻変化が生じたとされていたのだが，そもそも始めから対立していない以上，そのような音韻変化もなかったことになるわけである。

また，元代の周徳清『中原音韻』(1324年)は「元曲」(一種の歌劇で，歌われる部分は韻文になっており，セリフの部分は散文になっている)の歌詞の韻を示した発音辞典で，宋元明清代を含む「近世音」の研究の出発点となる最重要資料とされてきた。一方，同系の文献として卓従之述『中州楽府音韻類編』というものがあり，体例や収める字はほぼ『中原音韻』と同じものの，字の排列順など一連の違いが存在している。

さて，『中州楽府音韻類編』を宋代に有力であった『広韻』(1008年)と比較すると，収録字の出現順がよく一致し，それに対して『中原音韻』ではそのような一致は見られない。『中州楽府音韻類編』と『中原音韻』の細部を逐一比較すると，前者を元にして後者が改訂を経て出来上がったものであることが明らかになる。すると，周徳清は『中原音韻』(厳密に言うとその「韻譜」の部分についてであるが)の原著者ではなく，改訂者に過ぎないこととなる。元曲の作詞法を論じた『中原音韻』「正語作詞起例」に述べられている音韻についての言説も「韻譜」の部分とは齟齬があり，『中原音韻』の反映する音価・音韻体系に対する推定も，このような成書過程に照らして一から洗い直す必要が生ずる。その結果，例えば『中原音韻』における入声(中古音の時代には -p, -t, -k などの無声閉鎖音で終わるタイプの音節)の存在いかんといった長年の懸案とされてきた問題も，底本である『中州楽府音韻類編』では既に消失していたが，改訂本である『中原音韻』では江西人である周徳清が自分の方言に基づいて入声が存在していると述べているものである，というように結論づけることが可能になった(遠藤1995参照)。

以上は中国語音韻史を研究する上で最優先順位を占める根本資料についてであったが，他の資料についても一連の研究が行われており，遠藤(2001c)で網羅的に概観してある。ちなみにこのような分野は聖書学では「編集史」と呼ばれ，極めて高い水準の研究が行われており，ひとり中国語資料や音韻史資料にのみ適用される方法ではない。

4. 樹形図を地理分布に投影する方法

言語変化のモデルとしては樹形説と波動説があり，比較言語学は前者に，言語地理学は後者に傾くようであるが，両者を止揚する立場もありうる。徳川(1962)は日本語のアクセントの類の統合について理論的にありうるパターンを樹形図にし，それを地理分布に投影することによって，それぞれの地域で生じたであろう変化過程を推定している。

これは優れた着想であり，早田(1976)は朝鮮語アクセントの類の統合に関してやはり同様の研究を行っており，私も遠藤(1992)において中国語声調の類の統合について系統分類を行い，その地理分布を描いたことがある。次頁の附図ではキャプションは

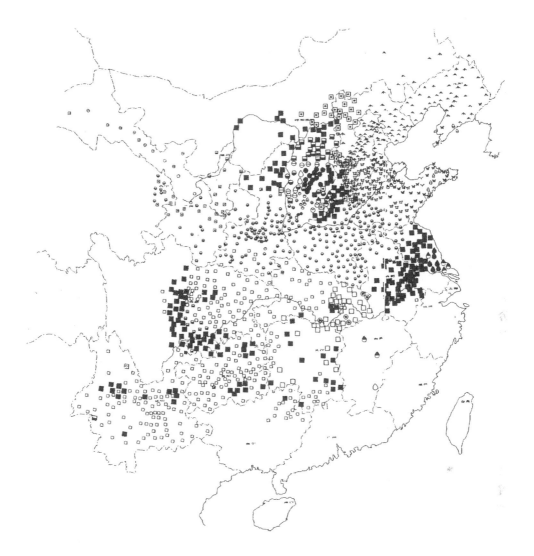

省略するが，四角の記号で示した地点では古入声が1つの類のみで反映されており，丸い記号で示した地点では古入声が2つの類に分岐した形で反映されており，蝶ないし半円・矢尻形で示した地点では古入声が3つの類に分岐した形で反映されている。実は「古入声の反映」というのは中国の方言分類ないし方言区画でよく使われる指標なのだが，私の興味はむしろ歴史を地理分布に投影すること，ないしは地理分布から歴史を読み取ることにある。

徳川 (1962)，早田 (1976)，遠藤 (1992) はいずれもアクセントないし声調をとりあげたものであるが，このような観点は母音や子音に関しても応用することが可能であり，今後の発展が望まれる。

また，比較言語学は音類の変化方向に関しては確実な推定原理を提供しているが，音価の変化方向となると蓋然的な推定しかできないのが現状であり（かの「グリムの法則」の音変化が全く別の方向に起こったと近年されるようになったことにもそれは象徴的に現れている），徳川 (1962)，早田 (1976)，遠藤 (1992) がいずれも音類を扱い，音価を扱っていないのも，やむを得ないことと言わざるを得ない。しかしながら，音類について得られた系譜に関して音価を調べていけば，音価の変化方向の傾向性について帰納的に研究する方途も与えられることとなり，そのような意味でもこの方法は注目すべきものと考える。

ちなみに，中国語の言語地理学的研究はグロータース神父によって創始され，[5] それは日本で開花した。即ち，岩田礼氏をリーダーとするグループによって3冊の漢語方言地図集が編まれており（岩田1992, 1995, 1999），音韻現象も多くとりあげられている。

5. 近年に起こった音韻変化の跡づけ

中国語諸方言の精密な音声学的記述はKarlgren (1915-26) に始まるが，それ以前の西洋人による教科書・辞書・文法書などのローマ字表記や発音に対する記述もかなり詳密なものがあり，それらを現代の状態と比較するとここ数十ないし1-200年の間に生じた音韻変化を相当の精度で跡づけることができる。また，現代諸方言の世代差を比較することにより，やはり音韻変化の進行過程を観察することが可能になる。

中国語諸方言に関するそのような研究としては，文化大革命直後に発表された胡 (1978) が最も早期のもので，上海語のここ100年来の変化を跡づけており，その後も徐 (1991) による寧波方言の100年来の音韻変化に関するものなど一連の研究がなされている。趙 (1928) は上海周辺に分布する呉語の数十地点に対してIPAによって精密な音声学的記述を行ったものであるが，銭 (1992) はそれに基づき60年後の同一方言の老年層・中年層・青年層に対して同じ枠組みを使って異同を記述している。また，中国領内の少数民族の言語に対しても近年の音韻変化を跡づけようとする研究が行われており，伍等 (2000) は，中国科学院 (1959) が記述した貴州省のタイ系言語である布依語諸方言40地点に対して同じ地点・同じ項目に関して老年層と青年層の状況を記述している。こうした研究は他にも続々と出されている。ただ，完全に同一の方言を記述したものであるか，単に表記法が違うか調査者の主観が異なるために違う記号を使ったのではないか，IPA以前の記述を読み取ってIPAを与える際の精度が十分高いか，などの点でなお吟味する余地があるように見受けられることもある。

その点，録音資料がある場合は，資料の信憑性が極めて高くなる。旧版のリンガフォン中国語コースのレコードは，中国の代表的な現代文学者である老舎が1928年のロンドン滞在中に本文を執筆し録音したものであり，ダニエル・ジョーンズも含む委員会によるIPA表記が全文に付されている。これは現在耳にすることができる中国語録音資料としては最早期に属するものであるが，細部においては現代北京語との発音の違いが見られ，その最も顕著な点は助詞の「了」がliǎoと発音される場合が多いことである。老舎のリンガフォン・レコードの発音の用例を検討していくと，動詞と目的語の間の位置では常にliǎo，文末では強音節の後ではle，それ以外はliǎoとなる，という規則が帰納される。現代ではこれらは常にleと発音されるので，1920年代以降にこの語はliǎo > le という音形の変化が生じたこととなる。[6]

このような相対的に短いタイムスパンで起こる音韻変化は通例それほど劇的なものではないが，最も高い精度をもったものであるから，そのような実例を蓄積していくことによって，一般的にどのような方向で音韻変化が生じうるものかを経験論的に裏付けることが可能になる。そして，それは長い期間に形成された音相のかけ離れた音韻対応に対して蓋然性の高い変化過程を推定する上でより確実な基礎を提供することになる。そのような意味で，世界の様々な言語でこの100年ほどの間に生じた音韻変化の実例を集成することは大きな理論的意味があるものと考えている。

6. 声調・強さアクセントの歴史的研究

声調については，文献資料によった場合，音類については分かることが多いものの，音価については不明なことが多い。また現代諸方言の間の音類・音価のバラエティーが極めて奔放で，ごく近くの方言でもかなり大きな違いがあることが少なくなく，それに基づいて祖形・変化過程を推定することは容易なわざではない。だから，中国や欧米では中国語声調に対する歴史的研究は近年にいたるまで閑却され

てきたが，日本では有坂秀世・金田一春彦・頼惟勤・平山久雄などの諸学者が先駆的な研究をなしている（遠藤1998の紹介を参照）。

ここでは，平山(1984)の提唱した「調値変化の還流」なる声調の歴史的変化に関する一般的な方向性についてのみ紹介しておきたい。それは，中国語方言の声調の表記法でふつう採用されている「5度制」（最高が5で，最低が1で，その組み合わせにより昇降パターンを表現したもの）で表示されており，

11＞33＞44＞55
55＞53＞51　31　11＞13＞35＞55
51＞412＞213＞24＞35
412＞313＞33

といった方向の変化が生じ易い，とするものである。その理由付けは原論文を参照されたいが，前節で触れたような近年に生じた変化においてはそのような方向性に対する反例も見られる如くであり，[7] この説を中国語諸方言の例に即して検証を行うとともに，他の諸言語の研究者によっても議論が行われることが望まれる。

また，中国語には声調の他に更に強さアクセントの違いもあり，北京語については文法構造や意味との関連も含めてかなり詳しい記述がなされているが，他の方言についてはまだまだ記述が進んでいないのが現状である。強さアクセントの歴史的研究についてはなおさら未開拓の状態であるが，管見の及ぶ限りをEndo(2001d)で概観しておいた。

7. 対音資料

中国語を他の言語で，または他の言語を中国語で音訳した資料があり，本国資料を補うものとして独自の価値をもっている。つまり，中国語は漢字で記されており，韻書のような発音を表示した資料であっても，音類は分かるものの，音価については直接的には分からないのに対して，対音資料は外国資料なので音相が類似したもので近似的に表記されており，その表記があるがままの音価を反映したとは直ちに考えられないものの，音価の変化の生じた絶対年代を推定する有力な根拠となすことができる。

対音資料を扱う場合，中国や欧米の学者はある音の表記がそのまま実際の音価を反映したものだとすることが多いが，日本では2つの言語の音韻体系の違いを考慮し，その表記がどのような背景をもってなされたかを考察した上で音価を推定するのが主流となっている。服部(1974)はその中でも代表的なものであり，例とされているのは『元朝秘史』音訳の「古」の1字のみであるが，中国語・蒙古語の関連する用例をくまなく精査して両者の音韻体系からした巨視的な考察を行い，また文字面を捨象せずにその字の画数の多寡や意味の好悪といった漢字による音表記に特有の事情も重視し，周到な論証を行っている。

対音資料に関する日本の研究で特筆すべき点としては，さらに編集史の面と声調の面が挙げられる。

例えば，服部(1978-9)は『琉球館訳語』と『日本館訳語』に同じ語形が与えられている項目が相当数含まれていることから，両資料の成立過程における相互干渉を具体的に論じている。このことは音価推定に直接の影響を及ぼし，例えば『琉球館訳語』においては琉球語のハ行音に対して中国語のp系とf・h系の両様の字が当てられるのだが，それらは同一共時態に存在したものではなく，f・h系の字で写されているものは『日本館訳語』の音訳を沿用したものであるとすべきことを服部(1978-9)は示している。また，森(1991)に集成された諸研究は，『日本書紀』の音訳に対する体系的な考察に基づいてα群の諸巻とβ群の諸巻に分け，α群の音訳が純度の高い精密なものであることを明らかにし，音価に対する具体的な考察を行っている。

声調の面では，水谷(1968)が梵漢対音における梵語の母音の長短と中国語の声調の関係に関する変遷を跡づけている。それによると，5世紀には梵語の長・短母音に対して中国語の平声字をあて，6-7世紀にかけては長母音に対して平声字・短母音に対して上声字ないし去・入声字をあてるようになり，8世紀になると長母音に去声字をあて，短母音に上声字をあてたり，梵語の単語の終わりから2番目の音節には上声をあてたりする傾向が見られる。梵語は声調言語ではないが，それにもかかわらず中国語の声

調の長短の側面に関する音価推定に対して貢献するところがあるわけである。

Takata (1981) は9世紀末以前のものとみられるチベット文字による中国語の転写において，中国語の*sに対して平声・入声字ではsやsh，上声・去声字ではzやzhがあてられることを示し，当時のチベット語において既に音節頭子音の清濁が消失してその代わりに声調が生じていたと推定した。

高山 (1983) は『日本書紀』の音仮名を平安末期の声点による日本語アクセント表記と比較し，日本語の1声点（の表す音調）に対して中国語の平声字，2声点（の表す音調）に対して上声字ないし去声字があてられる傾向を見出している。

更科 (2000a, 2000b, 2002) は『華夷訳語』のうち，ウイグル語・ペルシャ語を漢字で記した『高昌館訳語』と『回回館訳語』において，単音節・語頭・語中・語末といった位置の違いや母音の長短の違いに応じて漢字の声調の選択に違いが見られることを精密に論じている。なお，『華夷訳語』に関してはこれに先立ちRamsey (1978, pp.3–7) が『朝鮮館訳語』における中期朝鮮語アクセントと漢字音訳の声調に相関関係があることを示している。

対音資料については既に多くの研究がなされているが，この節で概観したような2言語間の音韻体系の差異・編集史的観点・声調といった点に着目すれば，まだまだ精密化する余地が大きいと言えよう。

8. 上古音と系統論

いま日本が一番弱い分野は上古音ないしそれより以前の時代に関する研究である。それというのも，そもそも日本人はミクロな分野の精密技術は得意だが，マクロな分野で大仮説を提唱するといったことには眉をひそめる学問的風土が濃厚だからだと私は見ている。

この分野では欧米の研究者が過去から現在にいたるまで画期的な説を多く出しているが，ここでは最近のSagart (1999) のみを挙げておく。該著は前半と後半に分かれ，前半は上古漢語ないし原始漢語の形態論を論じたものである。現代中国語は孤立語であるが，Karlgren (1920) は上古には人称代名詞の格変化があったことを示し，Maspero (1930) は上古漢語の接辞による形態論的派生を具体的に論じており，そのほか一連の研究者による研究とサガール自身の研究によって得られた接頭辞・接中辞・接尾辞とその意味作用がそこでは包括的に取り上げられている。また，後半部分ではそのようにして得られた原始漢語・上古漢語の語構成に基づいて様々な意味分野の基礎語彙に関して語源や単語家族が検討されている。このような単語家族や形態論に基づく原始漢語の音形の再構は，ソシュールによる印欧祖語の内的再構に比すべき重要領域であり，今後の一層の進展が期待される。

一方，サガールは中国語と南島語が同源であるとする説を提唱している（例えばSagart 1994など）。そこで挙げられた一連の同源語はすべての構成要素に関して整然とした音韻対応規則が与えられており，世上によくある，見かけ上よく似た単語を列挙しただけの系統論とは質的に異なる本格的な説で，真剣に検討するに値するものであると考える。

ほか，シナチベット語の比較から上古音を再検討する研究も諸外国では続々と現れているが，日本でも中国語学研究者と他のシナチベット諸語研究者との連携がより緊密になることを希望している。

9. おわりに

最後に，今後着手することが望まれる中・長期的な課題をいくつか挙げておきたい。

第1は，方言音韻史の再構である。1960–70年代にアメリカで呉語・閩語・粤語などについて，新たに自ら記述した現代の諸方言に基づいて祖語を再構する博士論文が多く現れた。その後，方言データは飛躍的に増加したが，それに基づいて共通の祖形を再構し，そこからの変化過程を跡づける通時的研究は一頓挫を来している。現在ならば2–30年前よりも遥かに密度の高い地点数に基づいて，一層きめの細かい変化過程を推定することが資料的には可能になっており，各方言群ごとに音韻史を再構する機が熟している。

第2は，文献資料による各時代の断代史からなる通史をまとめることである。かつて Maspero (1920) は唐代の長安方言音について当時利用できる資料を博捜して総合的な考察を行った。その後の個別資料・個別問題に関する研究の蓄積を集大成して，時代ごとに能う限りの資料を駆使した断代史をまとめ，中国語の歴史時代のすべてを覆う大規模な通史を構想してもよい時期が既に来ていると思う。

第3は，上の2項の実証的な研究から得られる音韻変化の実例から，一般的にどのような音韻変化がどのような方向に何故生じるのか，を帰納的に研究することである。個別言語から得られるこのような知見は類型論に貢献するところが大きいであろうし，また翻って一般言語学理論に基づいて個別言語の実証的研究を進めることも肝要である。

第4は，音声生理学など実験音声学的手法によって人類の音声言語がいかなるメカニズムからなっているかに対する理解を深め，それを音韻史の研究にも生かすことである。これについては，例えば遠藤 (1994) で母音により条件づけられた声調の通時的変化および声調により条件づけられた母音の通時的変化の実例に対して舌と喉頭の連動関係に関する実験音声学的知見から説明を与えたことがある。現在では脳波など一層中枢に近いレベルの計測が可能になっており，音声の発出と知覚に関するよりリアルな把握をなすことは，通時論にとっても有用であろう。同様にして，幼児の言語習得や失語症に関する理解を深めることも，ヤコブソンの示した如く人類言語の汎時論的な階層性を明らかにするのに貢献する。

第5は，日本の中国語学のセクショナリズムを超えることである。日本の中国語音韻史研究は前近代・明治大正期に既に多くの先駆者がおり，昭和になってからも有坂秀世・服部四郎・河野六郎といった泰斗を始めとして幾多の優れた研究者を擁し，高い水準を持っているが，他の国の研究者にはそれが殆ど知られていないのは極めて遺憾である。例えば日本の中国語音韻史研究のアンソロジーを編み，中国語訳して中国で出版すれば諸外国の研究者が利用しやすくなるであろう。また，中国音韻史研究は独特の術語と概念を使うため，他の言語の研究者にはとっつき難い印象を与えがちである。[8] 他言語の研究者との交流をもっと多く行うべきであり，今回の本誌の企画はそうした意味でも意義深いと言えよう。

〔注〕

1) 世紀の交替期にあって，20世紀の中国語学研究に対する概観が多く現れたが，音韻史研究については最近の唐等 (1998)，古屋 (2002) などが時代ごと，問題ごとに包括的な紹介をしている。
2) 有坂 (1940)，第3編「音韻変化の進行過程」では，音声形式の跳躍的変化・音韻変化の語彙と社会における漸次的拡散・旧形式と新形式の競争といった「語彙拡散論」の主要概念が既に提唱されている。
3) Gong (1994) は数少ない例外である。
4) 遠藤 (2001a) の「第1部『切韻』」に収められた諸論文を参照。
5) その初期の研究が日本語訳されてグロータース (1994) に集められている。
6) 遠藤 (1986) を参照。ちなみにこのような変化はこの語についてのみ起こったもので，頻度が特に高く，弱く発音される傾向のある機能語に生じた例外的変化とすべきである。
7) そのような反例には「標準語化」に類する外的影響によってもたらされた変化も含まれる可能性があるが，歴代に生じた声調変化においても常に内的変化のみを経ていたとは限らず，外的影響による変化を被った可能性もある。
8) 河野等 (1996) は中国音韻学の術語を多く収めており，興味深いものである。

参 考 文 献

有坂秀世 (1940)『音韻論』，東京：三省堂.
Egerod, Søren (1976) "Tonal Splits in Min", *Journal of Chinese Linguistics*, 4: 1, 108–111.
Egerod, Søren (1982) "How not to Split Tones — The Chao-zhou Case",『方言』1982: 3, 169–173.
遠藤光暁 (1986)「老舎の le と liǎo」，遠藤 2001a 所収，267–281.
遠藤光暁 (1992)「北方方言における声調調類分岐のタイプについて」，遠藤 2001b 所収，119–129.
遠藤光暁 (1994)「元音与声調」，遠藤 2001a 所収，285–303.
遠藤光暁 (1995)「中原音韻の成書過程」『東洋学報』76: 3/4, 424–448; 遠藤 2001a 所収，219–236.
遠藤光暁 (1998)「失われた漢字音を復元する —— 声調調値の推定を例として」『しにか』9: 5, 34–41; 遠藤 2001b

所収, 291-298.
遠藤光暁(2001a)『中国音韻学論集』, 東京:白帝社.
遠藤光暁(2001b)『漢語方言論稿』, 東京:好文出版.
遠藤光暁(2001c)「テクスト記述・祖本再構・編集史の内的再構——中国語音韻史資料の場合」, 宮下志朗・丹治愛編『書物の言語態』, 51-66, 東京:東京大学出版会.
Endo, Mitsuaki (2001d) "A Historical Study of Chinese Stress Accent," In Hana Třísková (ed.) Tone, Stress and Rhythm in Spoken Chinese, Journal of Chinese Linguistics Monograph Series No.17, 192-208.
古屋昭弘(2002)「近20年来中国音韻史海外研究動向」『慶谷壽信教授記念中国語学論集』, 209-220, 東京:好文出版.
Gong, Hwang-cherng (1994) "The First Palatalization of Velars in Late Old Chinese", 『漢蔵語研究論文集』所収, 2002年, 台北:中央研究院語言学研究所籌備処.
グロータース(1994)『中国の方言地理学のために』, 東京:好文出版.
服部四郎(1974)「『元朝秘史』における「古温」《人》という語について——秘史蒙古語音再構の方法に関して——」, 服部四郎他編『日本の言語学7 言語史』所収, 229-242, 1981年, 東京:大修館書店.
服部四郎(1978-9)「日本祖語について(9)~(14)」『言語』1978:11-1979:4.
早田輝洋(1976)「朝鮮語諸方言アクセントの系譜再構の試み」(原著は英文), 早田輝洋著『音調のタイポロジー』所収, 100-126, 1999年, 東京:大修館書店.
平山久雄(1960)「中古入声と北京語声調の対応通則」『日本中国学会報』12, 139-156.
平山久雄(1984)「官話方言声調調値の系統分類」『言語研究』86, 33-53.
胡明揚(1978)「上海話一百年来的若干変化」『中国語文』1978:3, 199-205.
岩田礼編(1992)『漢語方言地図(稿)』, 平成1-3年度科学研究費総合A報告書(研究代表者:岩田礼)『漢語諸方言の総合的研究』2.
岩田礼編(1995)『漢語方言地図集』, 平成5-7年度科学研究費総合A報告書(研究代表者:平田昌司)『中国の方言と地域文化』2.
岩田礼編(1999)『漢語方言地図集(稿)第3集』, 平成9-11年度科学研究費基盤A報告書(研究代表者:遠藤光暁)『中国における言語地理と人文・自然地理』5.
Karlgren, Bernhard (1915, 16, 19, 26) Etudes sur la phonologie chinoise, 4 vols, Uppsala: K. W. Appelberg. 中国語訳:高本漢(1940), 趙元任・羅常培・李方桂訳『中国音韻学研究』, 長沙:商務印書館.
Karlgren, Bernhard (1920) "Le proto-chinois, langue flexionnelle," Journal Asiatique, 11: 15, 205-232.
河野六郎(1950)「中国音韻史研究の一方向——第一口蓋化に関連して——」『河野六郎著作集2中国音韻学論文集』所収, 1979年, 東京:平凡社.
河野六郎(1964)『朝鮮漢字音の研究』, 上掲書所収.
河野六郎等編(1996)『言語学大辞典』第6巻, 術語編, 東京:三省堂.

Labov, William (1994) Principles of Linguistic Change, Vol.1, Internal Factors, Oxford: Blackwell.
Maspero, Henri (1920) "Le dialecte de Tch'ang-ngan sous les T'ang," Bulletin de l'Ecole française d'Extrême-Orient, 20, 1-124.
Maspero, Henri (1930) "Préfixes et dérivation en chinois archaïque," Mémoires de la Société de Linguistique de Paris, 23: 5, 313-327.
水谷真成(1968)「梵語音を表わす漢字における声調の機能」, 水谷真成『中国語史研究』所収, 1994年, 東京:三省堂.
森博達(1991)『古代の音韻と日本書紀の成立』, 東京:大修館書店.
銭乃栄(1992)『当代呉語研究』, 上海:上海教育出版社.
頼惟勤(1987)『中国語音韻研究文献目録』, 東京:汲古書院.
Ramsey, S. R. (1978) Accent and Morphology in Korean Dialects, ソウル:塔出版社.
Sagart, Laurent (1994) "Proto-Austronesian and Old Chinese Evidence for Sino-Austronesian," Oceanic Linguistics, 33: 2, 271-308.
Sagart, Laurent (1999) The Roots of Old Chinese, Amsterdam: John Benjamins.
更科慎一(2000a)「『高昌館訳語』音訳漢字における声調選択の傾向」『人文学報(東京都立大学人文学部)』311, 35-51.
更科慎一(2000b)「『高昌館訳語』音訳漢字の声調体系」『中国語学』247, 71-88.
更科慎一(2002)「『回回館訳語』音訳漢字の声調体系」『慶谷壽信教授記念中国語学論集』, 145-155, 東京:好文出版.
Takata, Tokio (1981) "Sur la naissance des tons du tibétain", Journal Asiatique, 269: 1, 277-285.
高山倫明(1983)「日本書紀の音仮名とその原音声調について」『金田一春彦博士古稀記念論文集』第1巻・国語学編, 45-69, 東京:三省堂.
唐作藩・耿振生(1998)「二十世紀的漢語音韻学」『二十世紀的中国語言学』, 1-52, 北京:北京大学出版社.
徳川宗賢(1962)「"日本諸方言アクセントの系譜"試論——「類の統合」と「地理的分布」から見る——」, 柴田武ほか編『日本の言語学6 方言』所収, 543-570, 1978年, 東京:大修館書店;徳川宗賢『方言地理学の展開』所収, 483-511, 東京:ひつじ書房.
藤堂明保(1951)「B. Karlgren氏の諧声説を駁す」『藤堂明保中国語学論集』所収, 1987年, 東京:汲古書院.
Wang, William S-Y. ed. (1977) The Lexicon in Phonological Change, The Hague: Mouton.
王育德(1968)『閩音系研究』(東京大学学位論文), 『台湾語音の歴史的研究』所収, 1987年, 東京:第一書房.
伍文義等(2000)『中国布依語対比研究』貴州人民出版社.
徐通鏘(1991)「百年来寧波音系的演変」『語言学論叢』16, 1-46.
趙元任(1928)『現代呉語的研究』, 北京:清華学校研究院.
中国科学院(1959)『布依語調査報告』, 北京:科学出版社.

テクスト記述・祖本再構・編集史の内的再構
中国語音韻史資料の場合

遠藤 光暁

1. はじめに

　古文献の年代の古さや形態の多様性や分量の多さでは中国はどの文化圏にもひけをとらないであろう．中国の文献学の細かなこと，量の膨大なことは全くうんざりするほどである．書誌学・校勘学はその最たるもので，素人を容易に寄せ付けないところがある．

　私は言語学の徒であり，中国語の音韻史を専攻している．その資料は大別して二種あり，一つは現代の生きた言語・方言であり，もう一つは古文献である．この二種の資料の物語るところに耳を傾け，分析・総合を施し，リアルな言語史を跡づけるのが目標であるが，古文献は韻書（詩作のための発音辞典）のように言語を記述することを目的として作られた資料でも，現代の記述言語学のようにあるがままの言語の姿を直に記述しようとしたものとは限らないから，文献学的な吟味が欠かせない．

　小文では私自身の研究をベースとしつつ，同学諸賢の研究も交えて，古文献の扱い方に関してこれまで得られた教訓を総括し，今後の更なる研究のための足がかりとしたいと思う．その対象は中国語音韻史資料が主で，非常に特殊なものではあるが，ものの見方や解きほぐし方については他の分野の資料と共通する点も少なくないであろう．私の分野でも一層洗練された方法をとることができるよう，泰西や本邦の文献学者や中国の他の分野を専攻する文献学者の教えを乞いたいと希望している．

　言語学の方法論からのアナロジーからして，文献学にも次の三つの段階が立てられるであろう．即ち，1）記述的研究，2）比較研究，3）内的再構．言語学では現代の生きた言語・方言を描写・記録する記述言語学 descriptive lin-

研究概観

guistics が最も基本にあり，一次資料から直に記録した言語事実を出発点とするのが王道である．文献学でも現存の確認される全ての資料を原本についてつぶさに調査し，それを出発点にするのが理想である．そして，それらの一次資料を比較することによって共通の祖先（祖語・祖本）を推定し，そこからの変化過程・系譜関係を跡づける．言語および文献の通時的研究はそこで終わりになるわけではなく，そうして推定された祖語ないし祖本の共時態に存する交替現象ないし体例の不整合性という内的証拠に基づいて一層古い段階を想定してそれらを生ぜしめた原因を説明する（「内的再構」internal reconstruction）．以下，順にそれらの研究の具体例を見ていくこととしよう．

2. 古文献の記述的研究

中国では唐末から宋にかけて木版印刷の時代に入り，それまでの写本は中国本土では殆ど滅びてしまったので，何か古文献をあつかう際にはまず刊本に拠るのが通例である．その場合も最も精善とされる宋本から始まり，各代の版本が多く存し，それら諸本を目睹するのは容易なわざではない．

かつて中国語音韻史研究の出発点とされた『広韻』（1008年成書）を例にとろう．朴現圭・朴貞玉『広韻版本考』[1]によると，宋本が16種あり（その中には佚書1種と目録のみによる1種も含まれている），元本が29種あり，明本・清本は更に多数にのぼる．収蔵地は日本・中国本土・台湾・アメリカなどに分散しているが[2]，宋本について言うと現存最古の北宋刊本[3]も含めて10種，元本について言うと16種までが日本にあり，原本を調査する上で日本の研究者は圧倒的に有利な立場にある．しかし，重要文化財に指定されていたりして，原本を目の当たりにできる機会は稀である．私は静嘉堂文庫・内閣文庫・ロシア所蔵の『広韻』宋本を5種調査したことがあるけれども，いずれも一日しか閲覧許可が得られず，分量からして一字一句にわたる細かな記述は不可能だった．

---

[1] 台北，学海出版社，1986年．
[2] 実は同書には記されていないがハラホト出土の宋本がもう1種あり，ロシア科学アカデミー東洋学研究所サンクト・ペテルブルグ支所に所蔵されている．Л. Н. Меньшиков, Описание китайской части коллекции из Хара-хото,《Наука》, Москва, 1984, стр. 309-10 を参照．
[3] 名古屋の真福寺大須文庫所蔵だが，現在国文学資料館がマイクロフィルムを所蔵しており，焼き付け写真が入手可能である．

だが，刊本について言えば，紙質などの書誌学的な調査を除けば，言語史に必要な情報はマイクロフィルムや影印本に拠っても殆ど得られ，原本に拠らねば分からない事項はむしろ少ない．写真に写っていない字は稀で，象眼により校正されている個所などはおおむね写真からも識別可能である[4]．朝鮮本では紙を貼り直して校正されることがあり，韓国国会図書館蔵のいわゆる『翻訳朴通事』原刊本などにはそういう箇所があるというから，そのようなものは原本でなければ分からない[5]．

　しかし，原本の調査が必須なのは何といっても写本である．このことは『切韻』(601年) を始めとする音韻学文献の唐代写本を調査していて痛感した．そのきっかけは，京都・龍谷大学に所蔵される『切韻』唐代写本の断片を見たことで，この資料は『西域考古図譜』にも写真が載っているのだが，原本を見たら角が折れていて，それを平らにすると表・裏あわせて4字分が読み取れるのだが，写真版には角が折れたまま写っているのである．ここにおいて写真に拠ったのでは最善を尽くすことができないことを悟り，敦煌・トルファン写本の所蔵されるロンドン・パリ・ベルリン・レニングラード，更に故宮本の所蔵される北京・台北への調査行に発ったのであるが，既に何人かの先人が『切韻』の諸唐代写本の原本に就いて記述を行っているにも拘わらず，なお訂補すべき字が見出されたのである．それは原巻の保存状態が悪い場合に著しく，紙が濃く変色している部分は写真だと文字が汚れの部分と紛れて見えなくなっていることが多く，また朱筆は白黒写真にはよく写らないため，特に記述の誤りが多い．また，図書館で修復する際に小さな断片をさかさまに貼ってしまったような箇所もあり，原巻に就くとそれは一目瞭然なのだが，写真ではその状況が分からず，識読を誤ってしまう．北京の故宮博物院に蔵せられる王仁昫『刊謬補缺切韻』の完本は極めて美麗な本で，精緻な影印本[6]や精密な転写本[7]もあるのだが，やはり朱筆の部分や雌黄で訂正された箇所などは原本によらねば正確な識読は不可能である．

---

4) 例えば現存の確認される唯一の元本の『中原音韻』である杏雨書屋所蔵本の虞集「序」の2aの4行目の「……自著『中原音韻』一峡」の「原」の字は他の個所よりも肉太で，書体も異なっているので，後で校正したものであることが知られる．
5) 但し影印本によっては，写りが悪い箇所に補筆することがあるから，要注意である．
6) 国立北平故宮博物院，1947年．
7) 龍宇純『唐写全本王仁昫刊謬補缺切韻校箋』(香港中文大学，1968年)．

赤インクの部分が白黒印刷では区別できない例を追加すると，私がイスタンブールのスレイマニエ・モスクで調査した『脈訣』のペルシャ語訳・『タンクスークナーメ』(1313年書写)もそうで，原写本では中国語の音訳部分は赤インクで書いてあって一目瞭然なのだが，イランで出た影印本ではそれが全く区別できなくなっている．また，アラビア文字は付加される点が多いのだが，影印本ではそれが写っていなかったり，ゴミが点のように見えたりする場合が少なくなく，不都合である[8]．

以上，縷説してきたのは，本文の読み取りの面で最善を期そうと思ったら原本調査が必須であるということであったが，他にも原本を見たか否かが議論に決定的な影響を及ぼす場合がある．

それはロンドンの英国図書館に所蔵されるスタイン将来の敦煌本 S10V（V は Verso，裏面の意で，特に裏面を指す時に付加する）であるが，これは表面が『毛詩故訓伝』であり，その中で問題となる字に対して裏面の同一箇所に注が付いており，普通は反切（ある字の発音を別の漢字二字で表わす方法）だが，直音（被注字と同音の別の字によって発音を表示する方法）などが付いていることもある．この写本は原本は状態のよい美しいものなのだが，普通使われる東洋文庫所蔵のマイクロフィルムからの焼き付け写真では煤けて写っており，裏面の文字は恐らく目立たないよう故意に非常に小さく書いてあることもあって，写真による限りは識読は容易ではない[9]．しかし，原巻に就くならば，文字の読み取りはたいへん簡単で，迷う点はない．

しかし，重要なのは原巻に就いて見ると，墨の色の濃淡の違いがあり，それが注の付加された時の前後を反映している如くであることである．そして，その濃淡の違いが，独特の構成になっていることで知られる所謂「敦煌毛詩音」の反切と一致する音注と『経典釈文』の反切・直音と一致する音注との違いと平行する傾向があることは要注意であり，このことは S10V が元からこのような形式の注釈書だったのではなく，S10 の抄写者が自分の備忘のた

---

8) 遠藤光暁「王叔和『脈訣』ペルシャ語訳に反映した14世紀初中国音」，余靄芹・遠藤光暁編『橋本萬太郎紀念中国語学論集』(内山書店，1997年) 61-77頁．この論文や以下で引用する私の論文は多くが遠藤光暁『中国音韻学論集』(白帝社，2001年) に収められている．

9) 『英蔵敦煌文献（漢文仏経以外部分）』第1巻 (四川人民出版社，1990年) には S10 の裏面を拡大した鮮明な写真が収められている．

めにいくつかの本から音注を項目毎に転記したことを示すものである．このことは「敦煌毛詩音」の成立過程や年代の推定とも直接に関連し，音韻史上の位置づけにも影響を及ぼすのである[10]．

ほか，写本において文字の残欠がある場合，そこが破損によって損なわれたのか元々白紙になっているのかや，破損箇所の大きさからしてどれだけの文字があったと思われるか，などの一見周辺的な情報もつぶさに記述しておくと諸本を比較して祖本を再構する際に役立つことがある．その例を挙げると，『切韻』写本の欠損部の大きさからして何字そこに有り得たかを推定することはある程度できるが，欠損部のスペースに対する重視が足りないとそこには入り得ない分量の字を推定したりする誤りが生じうる[11]．また，福田哲之「『蒼頡篇』の内容と構造」[12] は新出土の漢簡『蒼頡篇』に関する有益な論考であるが，その中で残簡 C027 と C028 が一簡に接合されるという推定は，そのようにすると一簡に 6 句あることになり，一簡には 5 句書写されるという原則から外れてしまう．

また，これは書誌学の領域の話になるが，紙の大きさや質などの写本の形態的特徴により写本の年代や書写地の推定ができる場合があり，それは言語史資料として扱う場合にも重要であるから，観察する必要がある[13]．

ほか，中村雅之氏は『切韻』残巻中の同字省略符号「ゝ」の使用法が写本の書写年代により異なることを見出し，年代推定に関する面白い根拠となすことができる[14]．

3. 古文献の比較研究

ここでは，二つのケースに分けて検討する．第一はある文献の同系の諸本

---

10) 遠藤光暁「在欧のいくつかの中国語音韻史資料について」『中国語学研究 開篇』7 (1990 年) 36-43 頁．
11) 上田正『切韻残巻諸本補正』東京大学東洋文化研究所附属東洋学文献センター叢刊第 19 輯 (1973 年) にはそのような例が散見する．
12) 『日本中国学会報』41 (1989 年) 223-39 頁．
13) 遠藤光暁「切韻諸本の形態」，第 38 回国際東方学者会議発表資料，於東京・国立教育会館 (1993 年)；要旨：Mitsuaki Endo, "Formal characteristics of the Qieyun manuscripts", *Transactions of the International Conference of Orientalists in Japan*, 38, pp. 152-53, 1993.
14) 中村雅之「同字省略符号「ゝ」による切韻残巻の類別」『中国語学』233 (1986 年) 26-34 頁．

を比較することにより，諸本の系譜関係を求め，共通の祖本を定め，そこから諸本への増訂過程を跡づける本文批判 textual criticism ないし低次批判 lower criticism であり（中国文献学の術語では「校勘学」)[15]，第二はある文献そのものの成書過程を他の所拠資料との比較によって明らかにするものである．第二の研究の目標は次節「古文献の内的再構」の目指すところと同じなのだが，この節でとりあげるのは所拠資料も現存していて直接比較できるケースであり，論証は直接的かつ具体的で，成書過程を確定的に推定できる点で遥かに有利である．

　第一のテーマについては，やはり中国語音韻史研究の出発点となる『切韻』に対して最も詳細な研究がなされている．『切韻』の全体に対する諸本の比較は李永富『切韻輯斠』[16]が行っており，それらの祖本，即ち陸法言『切韻』原本に由来する成分も推定されている．だが，それが拠った『切韻』諸本の識読自体の精度が最善のものではなく，祖本復元の方法にも問題があって，未だ十全のものではない[17]．音韻研究の直接資料となる小韻反切部分に関しては上田正『切韻諸本反切総覧』[18]があり，現存の確認される全てのテクストにおける反切用字が一覧され，陸法言由来の小韻反切が推定されている．上田正氏は『切韻』諸本をマイクロフィルムに基づいて記述しているが[19]，それは従来の原巻を見ての記述を上回る精度でなされており，信頼できる基礎資料の上に立つものであって，その推定の大筋は今後も殆ど揺るがないものと思われる．

　ちなみに，マイクロフィルムによる記述の方が原巻による記述よりも精度が高いというのはいかなることであろうか．それは記述者の態度の厳密さの違いに因ることではあるが，そのほか上田氏が他の諸本の同一箇所と比較した上で識読を行っていることが大きく与かっているものと私は考える．写本を見ていると墨がかすれていたり紙が汚れていたり破損していたりして，何の字か判断に迷うことがある．その際，他のテクストの同一箇所と比較して

---

[15] 池田亀鑑『古典の批判的処置に関する研究』（岩波書店，1941年）の特に第2部はその方法論につき一般的な検討を行っている．
[16] 台北，藝文印書館，1973年．
[17] 上田正氏の書評（『東方学』47，1974年，139-44頁）を参照．
[18] 『均社単刊』第一（京都大学文学部中文研究室内均社，1975年）．
[19] 註11)所引書．

このような字がある筈だと思ってみると、はっきりとそのように認められる経験を何度もした。文字というものは無心で視ていても見えず、「心眼」で観るものである、という教訓を得たが、つまり写本調査の際は手ぶらで「あるがまま」を写せば能事が終わるわけではなく、諸本の比較研究と平行して記述を行うことが双方にとって一層良好な結果をもたらすわけである。

上田正氏は『切韻』諸本に関する系譜関係も定め[20]、佚文資料の徹底的な収集を行い[21]、それらを尽く集成すれば最も精度の高い『切韻』のcritical editionが完成するはずであったが、惜しくも業半ばにしてこの世を去られた[22]。

『切韻』の唐代における増訂過程については、古屋昭弘氏がその中でも現存最古の完本の存する王仁昫『刊謬補缺切韻』につき詳細な研究を行っている。古屋氏は王仁昫『刊謬補缺切韻』とそれ以前の段階を反映する『切韻』諸本とを比較して陸法言原本に由来する成分と王仁昫の増補成分を識別し、特に王仁昫が増補した又音の反切に着目してそれらの用字は陸法言由来のものには見られぬものが多用され、それらの反切が反映する音韻体系も『切韻』と食い違う、という異質性をまず提示し、偶然的に反切用字が二字とも一致する確率は低いことを確認した上で、原本系『玉篇』反切との用字の一致率が高いことを示して、王仁昫が増補に際して『玉篇』を使用したことを証拠立てた[23]。更にその又音反切の一致を背景として義注の部分においても『玉篇』に拠って増補したと認められる一連の成分を見出し[24]、王仁昫が行った「刊謬補缺」がいかなるものであったかを逐一跡づけている[25]。

ほか増補過程の推定例として興味深いものに五代～宋代の『説文解字篆韻譜』の二種の版の関係に関する問題がある。清末・民国の馮桂芬・王国維は

---

20) 上田正「〔書評〕周祖謨著『唐五代韻書集存』」『均社論叢』16 (1989年) 59-74頁にその最終的な考えが載っている。
21) 上田正『切韻逸文の研究』(汲古書院、1984年)。
22) 「故上田正先生著作目録」『均社論叢』16 (1989年) 93-94頁参照。ちなみに私は上田氏が詳細に校正の朱筆を加えた潘重規『瀛外敦煌韻輯新編』(これは秋谷裕幸氏の好意により入手し得た)と周法高『玄応反切字表』の手沢本を所蔵している。
23) 古屋昭弘「王仁昫切韻に見える原本系玉篇の反切——又音反切を中心に——」『中国文学研究』5 (1979年) 128-40頁。
24) 古屋昭弘「『王仁昫切韻』新加部分に見える引用書名等について」『中国文学研究』9 (1983年) 150-61頁。
25) 古屋昭弘「王仁昫切韻と顧野王玉篇」『東洋学報』65/3・4 (1984年) 167-201頁。

十巻本は小徐が編んだもので，大徐が李舟『切韻』によって五巻本に改編したものと考え，殊に王国維は五巻本の韻序が『広韻』とよく合うことから，『広韻』が李舟『切韻』に従ったものとして，韻序を整然と排列しなおした功を李舟『切韻』に帰して大いに顕彰した[26]。

これに対して小川環樹氏は，『説文』小徐本には李舟『切韻』が引用されているから大徐のみが李舟『切韻』を利用できたと考えるのは不都合であることと，李舟『切韻』が十巻であったことから『説文解字篆韻譜』が李舟『切韻』に拠ったのならそれは十巻である方が自然であるとし，更に十巻本には『広韻』に見えない字があるのに五巻本で増加された字はすべて『広韻』に見える，といったことから十巻本は小徐が初稿を作り大徐が増補を加えたもので李舟『切韻』に拠っており，五巻本は第三者が『広韻』に合わせて改編したもの，とする説を提出した[27]。また，十巻本が大徐の手を経たものである証拠として十巻本に既に大徐が増加した「新修十九文」のうち13字が収められていることも述べている[28]。

これに対して，工藤(吉田)早恵氏は『説文解字篆韻譜』の十巻本と五巻本との間で相違する字形，反切，義注について『説文』大徐本・『広韻』と系統的な比較を行い，五巻本が大徐本とよく一致することを示し，十巻本は若干の増補を経た小徐の原本であり，五巻本は大徐が『説文』大徐本と李舟『切韻』によって増訂したものであるとした[29]。これは一見，旧説に逆戻りしたものの如くであるが，工藤氏の論証の詳密なことは王国維・小川環樹氏を超えるもので，その説は大筋として認められるものである[30]。

周徳清『中原音韻』(1324年)は中国語近世音研究でまず第一に拠るべき資料であるが，そのこともあって何となく近世音を如実に反映した韻書の鼻祖

---

26) 王国維「李舟切韻考」『観堂集林』第二冊所収(中華書局影印本，1959年) 375-79頁.
27) 小川環樹「説文篆韻譜と李舟切韻」『ビブリア』75 (1980年) 418-25頁；『小川環樹著作集』第1巻所収(筑摩書房，1997年) 357-65頁.
28) 小川環樹「論《説文篆韻譜》部次問題」『語言研究』1983年第1期，17-21頁.
29) 吉田早恵「『説文解字篆韻譜』伝本考」『中国語学』234 (1987年) 1-10頁．工藤早恵「十巻本『説文解字篆韻譜』について」『人文学報』213 (1990年) 49-63頁.
30) 工藤早恵「十巻本『説文解字篆韻譜』所拠の切韻系韻書について」『中国文学研究』17 (1991年) 38-53頁；工藤早恵「「胡」字小稿」『中国語学』241 (1994年) 12-18頁も有益な論考である.

であるかの如く祭り上げられており，それ以外の資料はすべて『中原音韻』を元として改編されたものだと頭ごなしに考えられているふしがある[31]。だが，卓従之述『中州楽府音韻類編』の体例は周徳清の「中原音韻作詞起例」に記される「墨本」の状況とよく一致し，『中原音韻』と逐一比較することによって，むしろ『中州楽府音韻類編』の方がより本来的な様相を反映し，『中原音韻』は平声「陰陽」類を「陰」と「陽」に分属させて解消し，字を増加し，小韻内の字の順番を声符順に並び換え，一字小韻を韻末に降ろす，といった改変を施したものであることが明らかになる[32]。

以上の諸例は同系の文献の増補過程に関する比較研究であったが，第二のケースとしてある文献が他の文献を底本として作られていることがあり，その底本が現存していて直接的な比較によりその成書過程が分かる場合がある。

『洪武正韻』(1375年)は明代の官修韻書であるが，その「序」や「凡例」からして『増修互註礼部韻略』を底本としていることが明白であり，韻目名・韻序・小韻順・注釈などがよく一致することが示されている[33]。

『西儒耳目資』(1626年)は宣教師がローマ字で表音した資料であるため，それがあるがままの現実の発音を反映したものと思われやすいが，太田斎氏は『西儒耳目資』で所拠資料として言及されている『洪武正韻』，『韻会小補』，毛晃『増韻』などと比較を行い，それらの資料をそのまま利用して注音を行っていることを具体的に示し，例えば全濁上声が上声で表記されるのはほぼ『洪武正韻』にそのまま拠ったもので，北方方言としては極めて異例のこのような対応状況は現実音を描写したものとは直ちに考えられないことを明らかにしている[34]。

朝鮮の崔世珍『四声通解』(1517年)はその「序」などからして申叔舟『四

---

31) 羅常培「京劇中的幾箇音韻問題」もと1935年，『羅常培語言学論文選集』所収（北京，中華書局，1963年）160頁所掲の『中原音韻』を頂点とする近世韻書の系譜図はよく引用されるところである。

32) 佐々木猛「『中州楽府音韻類編』によって『中原音韻』に含まれる誤りを正しうるか」『福岡大学人文論叢』12:4 (1981年) 1519-43頁；遠藤光暁「『中原音韻』の成書過程」『東洋学報』76/3・4 (1995年) 424-48頁の第2・3節を参照。

33) 辻本春彦「洪武正韻反切用字考」『東方学』13 (1957年) 50-74頁。

34) 太田斎「『西儒耳目資』編纂過程推測の手がかり」『神戸外大論叢』48:2 (1997年) 61-72頁；「『西儒耳目資』編纂過程推測の手がかり（続）」『神戸外大論叢』48:5 (1997年) 41-51頁；「『西儒耳目資』に見る先行韻書の利用のされ方」『中国語学研究 開篇』16 (1997年) 76-80頁。

声通考』,『古今韻会』,『洪武正韻』,『韻学集成』などに拠ったことが明らかで,それらを『四声通解』と比較すると,収録字および字の配列順はおおむね『洪武正韻』に拠り,義注も『洪武正韻』に拠りつつも『韻学集成』をも参照していることが分かる．また,典拠つきの引用がかなりあり,その中には現在亡びた文献もあり,ほか崔世珍独自の観察による記述もある[35]．

以上のように「序」などで所拠資料が明言されていればその継承関係を跡づける上で方法論的な困難はないが,そのようなあからさまな手がかりがなくとも別の底本に基づいて編纂されたことをつきとめることができる場合もある．

中村雅之氏は『蒙古字韻』が『五音集韻』に基づいて編まれたことを,小韻の配列順・微母の特異な反映状況・収録字の配列順などの一致に基づいて論証している[36]．これに先立ち,吉池孝一「『蒙古字韻』の増補部分について」[37]は『蒙古字韻』中の義注がある104字につき先行諸韻書と比較して『押韻釈疑』と最もよく一致することを示し,それら義注のついた字の小韻中の位置などから推してそれらが増加成分であることを論証しており,中村論文はその増加字を除いた収録字が『五音集韻』と一致することを示している．中村氏は更に『古今韻会挙要』にパスパ文字表記を考慮せねば理解しがたい音韻特徴があることから『古今韻会挙要』は『蒙古字韻』の影響を受けているとした[38]．

また,『中原音韻』はまったく革新的な外見をしてはいるが,『中州楽府音韻類編』の韻・小韻・字の配列順を『広韻』と比較するとよく一致し,『中州楽府音韻類編』は『広韻』から順次字を摘記して編纂されたことが明らかとなり,またこのことから『中州楽府音韻類編』の方が先に編まれて『中原音韻』はそれを改編したことが一層確定的に証せられる[39]．

『華夷訳語』の「日本館訳語」と「琉球館訳語」およびそれ以降の琉球語を

---

35) 遠藤光暁「『四声通解』の所拠資料と編纂過程」『青山学院大学一般教育論集』35 (1994年) 117-26頁．
36) 「『蒙古字韻』と『五音集韻』」『中国語学』240 (1993年) 21-30頁．
37) 『語学研究』72 (1993年) 17-31頁．
38) 中村雅之「『蒙古字韻』と『古今韻会挙要』」『富山大学人文学部紀要』20 (1994年) 147-63頁．
39) 註32) 所引遠藤論文の第4節を参照．

漢字で写した対音資料の間には一定の継承関係があり，かつまたその資料性はかなり雑多な如くであって，それを識別することは相当程度に可能であり，この点を度外視してそれらの資料が一枚岩のものであるかにして扱うことは危険である[40]．

類似例を更に追加することもできるが，本節で概観したことは文献学のいわば常道であり，資料が与えられればあとは作業を遂行するだけで一定の成果が得られるものである．これに対して，次節で見るケースは比較の相手方がなく，専ら一文献の内的徴証に基づいて成書過程を推定するもので，難度は一層高く，それだけに一層興趣あるものである．

4. 古文献の内的再構

歴史言語学からのアナロジーで「内的再構」という術語を使ったが，実は聖書学ではこのような分野は「編集史」Redaktionsgeschichte と呼ばれ，たいへん高い水準にある．一例を挙げると，新約聖書の四福音書のうち始めの三つ，マタイ・マルコ・ルカによる福音書は類似した観点から書かれたイエス伝ということで「共観福音書」と呼ばれるが，細部にはかなりの違いがあり，それらの共通点・相違点に基づいて原資料の識別と編集過程の推定が詳細に行われている．このような研究は本邦でも例えば『日本書紀』に関して行われており，諸特徴の巻毎の偏在現象に基づいて細かな区分がなされ，成書過程が推定されている[41]．中国の文献に関しても，例えば『論語』について古くは江戸時代の伊藤仁斎や清朝の崔述，近くは武内義雄がやはり内的徴証に照らして巻毎の成立順を推定している[42]．

中国語学書に関しては内藤湖南の「爾雅の新研究」[43] が先駆的な研究を行っている．『爾雅』は古典に現れる語彙を意味順に配列した一種の辞書で，全

---

[40] 服部四郎「日本祖語について（9）〜（14）」『言語』1978年11月号〜1979年4月号ではその精密な研究が行われている．なお，遠藤光暁「待望の『華夷訳語』研究書」『東方』181（1996年）31-33頁も参照．

[41] 例えば太田善麿『古代日本文学思潮論（III）——日本書紀の考察——』（桜楓社，1962年）を参照．

[42] 武内義雄『論語之研究』（岩波書店，1939年）．ちなみにこのような帰納的・客観的な研究方法に対し，宮崎市定『論語の新研究』（岩波書店，1974年）；『宮崎市定全集』4（岩波書店，1993年）は自らの主観によって本文批判を行い，鮮やかな新解に富んでいる．

[43] もと1921年，『内藤湖南全集』第7巻所収（筑摩書房，1970年）24-37頁．

部で 19 篇からなるが，内藤湖南はそこに現れる語彙と典籍での出現状況を比較して，それらがおおよそ 7 つのグループからなり，春秋の末期 (B.C. 5 世紀) から漢代初期 (B.C. 2 世紀) にかけて順次増加されたものと推定し，更にそれらのグループが注釈する語彙が現れる典籍の違いに基づき，諸典籍の現れた順と年代をも推定している．そして各篇の内部も成層構造をなし，例えば第 1 篇「釈詁」の始めの部分は『書経』の周公に関する諸篇・『詩経』の「風」「雅」「周頌」「魯頌」などに出てくる語彙を含む，などとして，翻って諸典籍の内部の諸篇の形成された年代について層位わけをする根拠としている．この研究は単に一文献の成書過程のみならず，それを梃子として中国古代の典籍の発展・出現過程をも跡づけようとする雄大な構想のものである．

『日本書紀』(720 年) の歌謡部分などの音仮名は中国語音韻史資料としても重要なものであるが，森博達氏は音訳の体系的な考察によって α 群の諸巻とそれ以外の β 群の諸巻に分け，α 群の音訳が純度の高い精密なものであることを明らかにした[44]．この区分自体について言えばそれ以前から諸学者が音訳字の偏在などの特徴も含む諸徴候からほぼ同じ結論に既に達していたのだが，中国語音韻史の立場から体系的な論証を加えた点が新たな貢献である[45]．

『切韻』に関しては頼惟勤氏の洞察力に富む研究があり[46]，各韻の冒頭で小韻の声母が揃えられたり，開口・合口など二つ以上の韻母を含む「合成韻」[47]においてやはり韻の冒頭で異分子が現れること（これを「韻首の孤立」

---

44) 森博達『古代の音韻と日本書紀の成立』（大修館書店，1991 年）．
45) これに対して，平山久雄「森博達氏の日本書紀 α 群原音依拠説について」『国語学』128 (1982 年) 18-27 頁；「森博達氏の日本書紀 α 群原音依拠説について，再論」『国語学』134 (1983 年) 17-22 頁などの批判がある．私見によると，『日本書紀』と『古事記』の歌謡は重出するものが多く，それらの用字を比較すると，α 群にあっても一致するものが少なからずあり，『日本書紀』の歌謡の表記は『古事記』の伝えるような原資料の表記をベースとして漢音に合わないものを改めて成立した如くであり，まったくゼロから直接音訳を行ったものではないふしがある．その他，日本語アクセントの高音を表わすのが上声字であるか去声字であるか，また平山 1982 年論文 (20 頁) が述べる巻 11 (β 群に属する) で次清音字を多用する傾向や平山 1983 年論文 (22 頁注 5) が述べる巻 27 (α 群に属する) 124 番歌謡でのみ「提」が使われる，といった群内の偏在現象に基づき，更に細かな検討が可能であり，また必要であると思う．
46) 頼惟勤「『切韻』について」もと 1974 年，『頼惟勤著作集 I 中国音韻論集』（汲古書院，1989 年) 207-21 頁．
47) 平田昌司「《刊謬補缺切韻》的内部結構与五家韻書」『均社論叢』10 (1981 年) 161-

と呼ぶ）などに基づき『切韻』の成書過程を推定している．

そもそも『切韻』以前にも多くの韻書が出ていたのだが，陸法言『切韻』の優秀さの故に唐代は切韻系韻書のみが盛行し，先代の韻書は全て亡びてしまい，それらの様相はわずかに残る佚文や王仁昫『刊謬補缺切韻』などに付された「韻目小注」に記された分韻状況以外には面影を知る由もなくなっている．そこで，あたかも『切韻』が韻書の鼻祖であるかの如く，一枚岩のように均質的な資料として金科玉条のように扱われてきた．しかし，様々な内的徴証よりして，複数の先行資料を下敷きにして編まれたものであることが明らかになる．

まず，反切下字について．『切韻』の全体を通覧すると，1）韻内で単一の反切下字のみを使用するタイプ，2）ほぼ単一の下字を使うタイプ，3）様々の下字を使うタイプの二種類があり，それを「韻目小注」に照らすと夏侯詠『韻略』によって分韻した韻では1のタイプでしかも見母ないし匣母を単一反切下字とする場合が多数を占め，呂静『韻集』によって分韻した韻では1ないし2のタイプとなるが単一反切下字は見母・匣母の他，影母・疑母など他の声母になる場合もある，といった偏向性が認められ，『切韻』編纂の際，分韻基準のみを先行韻書を参考にして定めたのではなく，反切を含む収載項目自体も諸先行韻書を引き写しにしたことが窺われる[48]．

また，その際，ある韻の本体は単一下字に統一されているのだが，末尾に別の反切下字を用いる小韻が現れるという現象があり，それは別の先行韻書から収載したためそのような不統一が生じたものと見られるが，同様にして「合成韻」において開口の韻母群と合口の韻母群が交互に現れる現象も複数の先行韻書から順次収載項目を取りいれていったために出来たものと考えられ，この特徴に基づき韻内の層位わけを行うことが可能になる[49]．

一方，反切上字には頻用される字と出現頻度が低い字とがあるが，後者は追加層と考えられる部分に現れることが多く，本体に現れる場合は反切下字

75頁；11（1982年）64-92頁はそれを『切韻』以前の開・合で分韻した先行韻書のなごりであると推定する．

48）遠藤光暁「『切韻』反切の諸来源――反切下字による識別――」『日本中国学会報』41（1989年）240-53頁．

49）遠藤光暁「『切韻』小韻の層位わけ」『青山学院大学一般教育論集』30（1989年）93-108頁．

の分布と「韻目小注」から推して呂静由来と考えられる韻に多く現れ，それに対して夏侯詠由来と考えられる韻にはほとんど出現しない[50]．

『切韻』の諸韻が排列される順序については諸説があるが，前半三分の二ほどは梵字の摩多（母音）の排列順と平行関係が認められ，一方「韻目小注」では他の呂静・夏侯詠・李季節・杜台卿に関する記載は全体に満遍なく現れるのに，陽休之の注記だけはちょうどその前半三分の二にのみ現れ，それ以後には現れない．ここから推して『切韻』の前半三分の二の韻の排列順は陽休之『韻略』によって定めたものと考えられる[51]．

ところで，『切韻』「序」によると『切韻』の編纂は隋の開皇初の諸文人による討論と仁寿元年（601年）になってから陸法言が単独で行った本編纂の主に二段階があるが，頼惟勤論文の指摘した「韻首の孤立」の現象や諸文人の作品の押韻状況や「序」自体の記述から開皇初の討論の内容を一定程度彷彿とさせることができる[52]．

以上の如く，陸法言『切韻』は複数の先行韻書に依拠しつつ分韻や項目の収載を行ったものであり，それは大筋としては現実音の裏付けによっていたであろうが，個別の韻や小韻については真正の音韻対立を反映するものではなく，文献の処理を誤ったために混入した外見上のものがある場合があり，例えば臻櫛韻や厳凡韻やその他の小韻などを具体例として挙げることができ，これは『切韻』の編集史的研究が音価の推定に影響を及ぼす一例である[53]．また「合成韻」に含まれる唇音小韻の位置に基づいて唇音の開合を推定することができ，これも編集史的研究が音価推定にもたらした副産物の一つである[54]．

一方，音韻研究の成果が文献の成立過程の手がかりを与える場合もある．王叔和『脈訣』ペルシャ語訳は入声の反映について截然と異なる二つの部分

---

50) 遠藤光暁「『切韻』における稀少反切上字の分布」『中国語学』237（1990年）1-11頁．
51) 遠藤光暁「切韻の韻序について」『藝文研究』54（1989年）300-12頁．
52) 遠藤光暁「『切韻』「序」について」『青山学院大学一般教育論集』31（1990年）129-45頁．
53) 遠藤光暁「臻櫛韻の分韻過程と荘組の分布」『日本中国学会報』42（1990年）257-70頁．
54) 遠藤光暁「『切韻』における唇音の開合について」『日本中国学会報』43（1991年）247-61頁．

に分かれ，大半は韻尾が脱落しているが，同書の末尾の部分では -p, -t, -k を保存しており，このような状況は同一の話者の発音によるものとは考えられないから，途中で別の中国人話者に交替して発音の記録が行われたことが知られる[55]。

韻書のような音韻資料は，体例が普通の書物と著しく異なるため，その編集史的研究で用いられる具体的な根拠や方法をその他の資料の研究にそのまま適用することは難しいであろうが，諸特徴の偏在現象に着目して成書過程をさぐるという観点はどのような文献にも共通するものであろう。

恐らく世界最古の方言語彙辞典と考えられる揚雄『輶軒使者絶代語釈別国方言』（略して『方言』，A.D. 1世紀に成立）は体例が甚だ雑駁な書物であるが，その不統一性を逆手に取って成書過程を推定する根拠となすことができる。即ち，注釈の形式としては，A) まず方言語彙を列挙して最後に共通語で解釈をつけるタイプ，B) まず共通語ないし意味説明があり，その後に方言語彙が列挙されるタイプ，という二種があるが，巻4・5・8・9・11 はほぼすべてがB型で，それ以外はA型となる。また，B型となる各巻では「どこどこでは，何々と言う」という場合の「言う」をほぼ全て「謂之」というのに対し，A型となる各巻では「曰」となる例の方が優勢である。内容的にも，B型となる各巻ではそれぞれ「衣服・器物・動物・兵車・昆虫」の語彙がまとめて現れるのに対して，その他の巻ではそのような意味的なまとまりがほとんどない。また，現れる地名について言うと，B型となる各巻では秦晋の地名が現れることが少なく，A型となる各巻では南方の地名が多い巻があったり地名が満遍なく現れる巻があったり様々である。また，巻の内部が層に分かれたり，条目の内部が層に分かれたりする現象も観察される[56]。

5. おわりに

以上の他，作品の信憑性に関する研究があり，同一作者による作品か否か，偽作部分の鑑定などが論じられる。カールグレンは代名詞や語助詞，疑問文の形式などといった文法的特徴に基づき中国の先秦時代の典籍から漢代・明

---

55) 註8) 所引論文参照。
56) 遠藤光暁「従編集史的角度剖析揚雄《方言》」『語苑擷英——慶祝唐作藩教授七十寿辰学術論文集』（北京語言文化大学出版社，1998年）253-64頁。

清の作品に至る文献について一連の研究を行っている[57]．同様にして，朱徳熙「漢語方言里両種反復問句」[58] は『金瓶梅』では反復疑問文として「VP不VP」型が優勢なのに，「可VP」型が 53-56 回に集中的に現れることを示し，53-57 回が別の作者により補作されたとする従来からの説を確認し（57 回には反復疑問文が現れない），また同じ根拠により『紅楼夢』の前 80 回と補作だとされる後 40 回でも反復疑問文の型の頻度が異なる，としている[59]．

このような文法特徴による識別は一般の文献にも広く適用し得るものなので，今後更に広範にして精密な研究が行われることが望まれる．また計量的な方法[60] も中国の文献に対してもっと行われてよい．

最後に一言述べておくと，どのような文献も必ずそれなりの成書過程があり，研究すれば一定の成果が出ることは，いかなる土地を掘っても地層が見出されることと同様である．重要なのは，それにより有用な鉱脈を見出すことであり，析出した層位の違いがその文献の解釈において豊かな説明力をもつか否か，そもそもその文献自体が大きな労力を投入して分析するに足る重要性を持つか否かを常に見極めておく必要がある．

---

57) Bernhard Karlgren, "Le proto-chinois, langue flexionnelle", *Journal Asiatique*, 15, 1920, 205-32（石浜純太郎訳述「カルルグレン氏原支那語考」『支那学』1：6, 477-87 頁；1：7, 562-67 頁, 1921 年）; "On the authenticity and nature of the Tso Chuan", *Göteborgs Hogskolas Arsskrift*, 32：3, 1926（小野忍訳「左伝真偽考」, カールグレン『左伝真偽考』所収, 文求堂, 1939 年）; "The authenticity of ancient Chinese texts", *Bulletin of the Museum of Far Eastern Antiquities* (*BMFEA*), 1, 1929, 165-83（小野忍訳「支那古典籍の真偽について」, 前掲書所収）; "Excursions in Chinese grammar", *BMFEA*, 23, 1951, 107-33; "New excursions in Chinese grammar", *BMFEA*, 24, 1952, 51-80（上野恵司訳「B. Karlgren 中国語法新探」『明清文学言語研究会会報』11, 1968 年, 1-16 頁；13, 1971 年, 1-45 頁）.

58)『中国語文』1985：1, 10-20 頁；朱徳熙『語法叢稿』所収（上海教育出版社, 1990 年）96-113 頁.

59) ただし『紅楼夢』に関しては註 57) 所引カールグレン 1952 年論文は全く同じ文法特徴を扱いつつも結論は異なっている．

60) 安本美典『数理歴史学』（筑摩書房, 1970 年）；村上征勝『真贋の科学――計量文献学入門――』（朝倉書店, 1994 年）などを参照.

声明と漢語声調史研究

(要旨)

青山学院大学　遠藤　光暁

　「声明のふしに反映された漢語声調」については戦後まもなく行われた頼惟勤の研究が名高い。本発表ではそうした研究を紹介し，あわせて関連する問題に触れたい。

　頼(1951:402)は主として天台宗の声明について，中国語の声調の種類に応じて取るふしが異なる傾向を示すことを統計表に掲げ，それに基づき原音が以下のような声調調値をもっていたものと推定した：

　　陰平：高降り，陽平：低降り，上声：高昇り，去声：低昇り，
　　陰入：高平(微降)，陽入：中微昇り

このような傾向は真言宗の声明にも認められるという。

　頼(1959:450)はやはり天台宗の声明「諸天漢語讃」に基づき，

		平	上	去	入
清	全清	陰平 31 (降)	上声 34 (高)	去声 14 (昇)	入声 50 (昂)
	次清				
濁	次濁	陽平 21 (低)			
	全濁				

という結果を示している。

　一方，天台宗の安然による『悉曇蔵』(880年序)には当時日本に伝えられていた四家の漢語声調に関するかなり詳しい描写がある。

　また，梵漢対音においては梵語の長母音に対して去声を当てる傾向が見られる時代があり(水谷1968a)，上昇調は往々にして長くなる一般的な発音傾向があるから，声明や『悉曇蔵』の描写に一脈通ずる特徴であると考えられる。

　ほか，日本漢語のアクセントに中国語原音声調が反映されることも認められる。ちなみに，真言宗・天台宗に伝わる字音は漢音より新しい特徴を含み「新漢音」と呼ばれ，天台声明・真言声明に反映されたものも「新漢音」の漢語声調だとすべきである(沼本1984)。

　近年，中国では唐代声調を反映するとされる資料が見つかり，呉(1998)は，

　　陰平：(3)11　陽平：(1)11　陰上：(5)55　陽上：(3)55
　　陰去：(4)35　陽去：(2)35　陰入：4　　　陽入：2

と推定している。ほか，宋代以降も音楽の旋律と声調の関係が認められる資料が少なからず，漢語声調史研究の課題を提供している。

文献(声明と中国語声調に関するもの)
水谷真成(1948a)「声明について」水谷1994:470-472.
水谷真成(1948b)「声明本展観目録」水谷1994:3-11.
水谷真成(1994)『中国語史研究』東京：三省堂.
沼本克明(1984)「所謂新漢音としての「九方便」「五悔」の音読資料について」『鎌倉時代語

研究』7:199-222.
頼惟勤(1948)「天台大師画讃の構造」頼 1989:498-502.
頼惟勤(1951)「漢音の声明とその声調」頼 1989:383-439.
頼惟勤(1959)「諸天漢語讃について」頼 1989:440-472.
頼惟勤(1962)「九方便・五悔について」頼 1989:473-483.
頼惟勤(1975)「中国語声調史資料としての仏教音楽」頼 1989:484-497.
頼惟勤(1989)『頼惟勤著作集Ⅰ中国音韻論集』,東京:汲古書院.

文献(主として音楽の旋律と声調に関する中国語声調史資料)
遠藤光暁(1988)「『悉曇蔵』の中国語声調」『中国音韻学論集』所収,162-177,東京:白帝社,2001年.
遠藤光暁(1998)「失われた漢字音を復元する——声調調値の推定を例として——」『漢語方言論稿』所収,291-298,東京:好文出版.
傅雪漪(1991)《九宮大成南北詞宮譜曲選》,北京：人民音乐出版社.
高航(2007)《<九宮大成南北詞宮譜>所反映的近代汉语共同语声调研究》南开大学博士论文.
橋本萬太郎(1979)「声調の発生と類型」『橋本萬太郎著作集』3:415-419,東京:内山書店,2000.
金田一春彦(1951)「日本四声古義」,金田一春彦『日本語音韻音調史の研究』166-241,東京:吉川弘文館,2001年.
李健正(1992)《最新发掘唐宋歌曲》,成都：四川人民出版社.
刘崇德(1998)《新定九宮大成南北词宫谱校释》,天津：天津古籍出版社.
刘崇德(2001)《乐府歌诗古乐谱百首》,保定：河北大学出版社.
刘崇德(2001)《唐宋词古乐谱百首》,保定：河北大学出版社.
刘崇德(2001)《元曲古乐谱百首》,保定：河北大学出版社.
刘崇德、孙光钧(2000)《碎金词谱今译》保定：河北大学出版社.
水谷真成(1968a)「永明期における新体詩の成立と去声の推移」水谷 1994:183-202.
水谷真成(1968b)「梵語音を表わす漢字における声調の機能」水谷 1994:293-321.
Pian, Rulan Chao(1967)*Sonq Dynasty Musical Sources and Their Interpretation*, Cambridge, Mass.: Harvard University Press.
丘琼荪(1959)《白石道人歌曲通考》,北京：音乐出版社.
孙玄龄(1988)《元散曲的音乐》,北京：文化艺术出版社.
孙玄龄、刘东升(1990)《中国古代歌曲》,北京：文化艺术出版社.
孙从音(1983)《戏曲唱腔和语言的关系》《语言与音乐》94-119,北京：人民音乐出版社.
高山倫明(1983)「日本書紀の音仮名とその原音声調について―上代アクセントの相関性を考える―」『金田一春彦博士古稀記念論文集』第1巻,45-69,東京:三省堂.
吴宗济(1998)《隋唐长安四声调值试拟》《北京市语言学会第五届年会(1998)论文提要汇编》20页,北京：北京市语言学会.
武俊达(1983)《谈京剧唱腔的旋律和字调》《语言与音乐》120-144,北京：人民音乐出版社.
杨荫浏(1964)《中国古代音乐史稿》,1981²,北京：人民音乐出版社.
杨荫浏(1983)《语言音乐学初探》《语言与音乐》1-93,北京：人民音乐出版社.
杨荫浏、阴法鲁(1957)《宋姜白石创作歌曲研究》,1979²,北京：人民音乐出版社.
叶栋(1985)《唐代音乐与古谱释读》,陕西省社会科学院.
章鸣(1998)《语言音乐学纲要》,北京：文化艺术出版社.

元代音研究概况

[日] 远藤光晓

内容提要：本文讨论元代音研究的四个问题：研究史分期、元代音的材料、版本校勘和编辑史、基础方言问题。除了中国本土的文献材料和研究以外，还着重介绍了域外资料和国外的研究情况，其中包含向来较少谈及的资料和观点，如：《脉诀》波斯文翻译、《史集》等波斯资料和周达观《真腊风土记》等柬埔寨资料，编辑史和雅洪托夫提出的北纬 37 度以北中古-k 尾各韵以元音收尾的基础方言推定标准，等等。

关键词：元代音；版本学；编辑史；基础方言；《中原音韵》

一、前　言

元代(1271—1368)是蒙古族统治的王朝，因此传统汉族文化的规范比较松散，语言资料反映实际口语的程度大大超过前代。音韵方面也不例外，向来被当作元代音的代表资料《中原音韵》(1324)就和宋代的《广韵》、《集韵》、《礼部韵略》系韵书大不一样，从正面反映当时的某种实际读音。

其实，元代官韵不是《中原音韵》，而是《蒙古字韵》系的八思巴字韵书。《蒙古字韵》虽然具有保守的一面，如保持全浊声母和独立入声等，但反映实际读音的特征也很多，如宕江摄和曾梗摄入声的韵母具有元音韵尾等。八思巴字碑文和《至元译语》等蒙汉对音资料也是窥探当时语音实际音值的好材料。

当时蒙古族统治的版图扩大到波斯，构成世界史上最大的帝国。波斯人重视中国医学，当时有王叔和《脉诀》的波斯文翻译(1313 年抄写)，其中包含大约 5000 字音译，是饶有趣味的资料。还有日本资料和柬埔寨资料。

元代音占据上连《切韵》(601)音、下连现代北音系统的枢纽位置，在中古以后的汉语音韵学研究领域历来受到重视。

二、研究史分期

元代音，或者近代音的研究，和整个近代汉语的研究一样，真正开始的时候是 20 纪初。清代以前的小学主要以先秦汉语为对象，他们说的"今音"就是《切韵》系韵书，实际上是《广韵》，唐代以

---

① 本文在"元明汉语工作坊"(于浙江大学汉语史研究中心，2013 年 9 月 1 日)发表。定稿时承曾晓渝教授纠正汉语，谨致谢忱；内容方面则一概由本人负责。

后的实际口语只不过是不登大雅之堂的俗语而已。

说起近代汉语语法、词汇的研究，到了20世纪中叶，在中国有吕叔湘等先驱者，但最系统地做研究的还是太田辰夫等日本学者。音韵方面则开始得更早，20世纪10年代已有一些日本学者开始研究，从30年代开始也有一些中国学者发表成果。

现代化的汉语音韵史研究由Karlgren的 *Etudes sur la phonologie chinoise*（1915—1926）开始。但是他的兴趣在中古以前，虽然在语法方面发表过近代汉语的研究，但在音韵方面他几乎没有做研究。Dragunov在1930年发表了有关八思巴字碑文对音的文章，这是元代音研究领域划时代的著作。

元代音最具代表性的资料还是《中原音韵》。冈本保孝（1857年以前）、Edkins（1864）和Watters（1889）提到过这个资料，第一篇专篇论文是金井保三（1913）。其后，满田新造（1918）等论文也做了较详细的研究，第一部专著还是石山福治（1925），和他的1923年的著作合起来，可称奠基之作。

元代音研究史可分为两个阶段，"文革"结束后是后期，在那以前是前期。

前期的代表性作者如下：日本方面有金井保三、满田新造、石山福治、鸳渊一、永岛荣一郎、服部四郎、藤堂明保、坂井健一等；中国方面有白涤洲、赵荫棠、王力、罗常培、陆志韦等（杨耐思、李新魁、宁继福等学者在"文革"前就发表文章，但最主要的贡献在"文革"后发表），台湾地区有董同和、郑再发；俄罗斯方面有龙果夫；美国方面有Stimson和薛凤生等。

前期的代表性专著有石山福治（1925）《考订中原音韵》、赵荫棠（1932）《中原音韵研究》、赵荫棠（1941）《等韵源流》、服部四郎（1946）《元朝秘史の蒙古语を表はす汉字の研究》、服部四郎、藤堂明保（1958）《中原音韵の研究 校本编》、Stimson（1966）*The Jongyuan In Yunn*、Hsueh（1975）*Phonology of Old Mandarin* 等。

1976年"文革"结束，1977年恢复高考，1978年中国的大学开始正常的教育和科研，《中国语文》也在这一年5月复刊。1978年对日本研究《中原音韵》史上来说也是具有纪念意义的年份：藤堂明保、服部四郎、长田夏树、平山久雄、佐佐木猛等学者相继发表有关研究。

后期的代表性作者如下：中国方面有杨耐思、李新魁、宁继福、鲁国尧、邵荣芬、尉迟治平、蒋冀骋、黎新第、王硕荃、张玉来等，台湾地区有陈新雄、丁邦新、竺家宁、李添富等；日本方面有平山久雄、左左木猛、花登正宏、远藤光晓等。

后期的代表性著作有杨耐思（1981）《中原音韵音系》、李新魁（1983）《〈中原音韵〉音系研究》、宁继福（1985）《中原音韵表稿》、花登正宏（1997）《古今韵会举要研究》、宁继福（1997）《古今韵会举要研究及相关韵书》、张玉来、耿军（2013）《中原音韵校本》、蒋冀骋（2013）《阿汉对音与元代汉语语音》等。

论数量，后期出现的研究大大超过前期；论质量，前期研究大都是杰出学者所做的，这些中心成果到现在仍然值得借鉴。

三、元代音的材料

元代音的材料主要分两类，即本土资料和域外资料。

本土资料：《中原音韵》、《中州乐府音韵类编》、《古今韵会举要》、《书学正韵》、元曲等押韵资料、《切韵指南》等。

域外资料:蒙古资料[①]:《蒙古字韵》、八思巴字碑文、《至元译语》等;日本资料:《聚分韵略》等;波斯资料:《脉诀》波斯文翻译、《史集》;阿汉资料:《回回药方》等;柬埔寨资料:周达观《真腊风土记》;梵汉对音。

本土资料是经,域外资料是纬,两者都能互相补充。本土资料的优点是音类方面的分类比较可靠,但在音值方面没有直接的证据可拟测;域外资料大都是音译,因此在音值方面可供证据,但在大部分情况下两种语言之间的音系有所不同,因此音类的判断方面往往只能提供间接的线索。

文献资料总难免带有沿袭的情况,像《古今韵会举要》和《蒙古字韵》保持独立的全浊音和独立入声,这种特点与《中原音韵》和《中州乐府音韵类编》不一致。服部(1946)据此认为《古今韵会举要》反映南宋时移植在吴语系统方言之上的杭州官话特点。但宕江摄、曾梗摄入声韵母带有元音韵尾的特点是北京官话特有的特征。诸如此类的元代音韵资料的基础方言问题留待第五节再讨论。

另外,关于《中原音韵》和《中州乐府音韵类编》之间的先后关系历来有争论。对此问题,解开这两书的成书过程之谜,就能迎刃而解,本文第四节有所谈及。

元曲等押韵资料的梳理在前期已经开始,但后期有更加广泛的研究。另外,本土资料中原先较少涉及的《切韵指南》、《书学正韵》等元代音韵资料也开始有人详细研究了。

蒙古资料方面,《蒙古字韵》、八思巴字碑文和《至元译语》等重要资料从一开始就有深入细致的研究,到现在也有些人继续研究。史书中的蒙古语也有了较系统的搜集和考释。

日本资料方面,由于《聚分韵略》和《略韵》是元代成书的,因此也包括在内。但所记录的有可能是入宋禅宗和尚带来的吴方言音。

波斯资料中的《脉诀》波斯文翻译 1931 年就由俄罗斯的龙果夫发表过有关其音系特点的论文。在那以后桥本万太郎、Denlinger 等人着手研究,但没有正式发表。本人去土耳其调查过原本,做了其中的波汉音译的全盘研究,一部分发表在远藤(1997)。该书分为两个部分:保持入声-p、-t、-k 的部分和失去入声韵尾的部分。拉施特《史集》描述当时统治欧亚大陆一大片地区的蒙古大帝国各个地区的历史,《中国史》中含有专有名词的对音。但一般不区分-n 和-ng 等,分量也少,远远不如《脉诀》波斯文翻译。

周达观《真腊风土记》是描写元代柬埔寨风俗习惯的重要著作,历史学家历来重视。伯希和也研究过其中包含的专有名词等音译,Coedès 是高棉语(和泰语)古碑文研究的高手,曾任法国远东学院院长,他所作的音译词研究在这个意义上很有价值。

元代还有梵汉对音资料,如刘广和(2007),值得关注。

四、版本校勘和编辑史

语言史的研究需要兼顾文献学和语言学两个方面。文献学是历史研究的基础,如果基础不稳固,依此得出来的结论精确度不高或者根本靠不住。因此一切历史研究应从版本的鉴定、描述和校订开始。

在此以《中原音韵》的研究为例谈谈版本比较研究的进展情况。石山(1925)《考定中原音韵》就把现存唯一的元刊本(内藤湖南旧藏本)作底本,和铁琴铜剑阁本、《中州音韵》的王本、叶本和北

[①] 蒙古是元朝的统治者,从这个意义上来说,就元代而言,把蒙古资料说成"域外资料"也有未妥之处。比如说,元朝的官韵不是《中原音韵》而是《蒙古字韵》系八思巴字韵书,等等。

京大学校本进行比勘。服部、藤堂(1958)《中原音韵の研究 校本编》更彻底地把各种版本进行比较。1978年文学研究所藏明正统1441年本(即"讷菴本")影印出版,这是新发现的重要版本(陆、廖1978)。张玉来(2010)《〈中原音韵〉版本源流辨正》全面考究各种版本的源流,还介绍了向来没被注意过的一种新的版本(即上海图书馆藏程允昌孚吉氏订明《南九宫十三调曲谱》本)。张玉来、耿军(2013)《中原音韵校本》则是最新校本。这些著作都遵循校勘学的基本方法,也就是比较各个版本。

石山(1925)开门见山就说,铁琴铜剑阁本是"各种版本中的最初出本",也就是头一个出版的。但陆(1978)说,版本学家赵万里把它审定为明刊本。张(2010)"认为即使瞿藏本(引者注:即铁琴铜剑阁本)不是元刊本,也应该是照元刊本模样覆刻,不是重写新刻,所以,该本应该是最接近元刻本的版本。"从版面漫漶处的比较等来看,石山(1925)和张(2010)的看法很正确。至于赵万里的鉴定结果应该视为根据纸质的判断,也就是说,版框是元代的,但是现存铁琴铜剑阁本是明代印的。

向来有一种牢固的传统观念,也就是以周德清《中原音韵》为曲韵的鼻祖,如罗(1935)把各种曲韵书的谱系画为一个图,把《中原音韵》放在首位。其实,如果和卓从之述《中州乐府音韵类编》仔细比较,就能明了卓本比周本早,如佐佐木(1981)最清楚地显示出来。远藤(1995)进一步阐明《中州乐府音韵类编》是根据《广韵》而编的。这一点从小韵和字的出现次序能证明。

这样一来,比勘《中原音韵》时,《中州乐府音韵类编》和《广韵》的继承关系就是非考虑不可的重要信息了。不仅如此,在推测《中原音韵》音类和音值时,这个成书过程带来的特点也往往可以当作线索。远藤(1995)的方法可谓西洋古典文献学中"编辑史研究"的运用。另外,吉池(1993)阐明《蒙古字韵》增补的成分和《押韵释疑》一致,中村(1994)则证明《蒙古字韵》是根据《五音集韵》编纂的。这些成书过程的细微而可靠的推测也有助于该书在音韵研究方面的精确化。远藤(2001)纵览了包含这些在内的关于中国音韵学研究的编辑史研究。

五、基础方言问题

元代首都是大都,即现代的北京,从这个政治条件来说,元代汉语标准语最可能就是北京话。但这只是社会的条件,并非语言学证据;我们还是要从语言学证据去立论才可靠。表一根据三种重要音韵特点比较元代的主要音韵资料和宋代以后历代首都的现代音。

表一 元代音韵资料和宋代以后历代首都现代音比较

	保持全浊	入派三声	-k韵尾元音化
《古今韵会举要》	√	—	√
《蒙古字韵》	√	—	√
《中原音韵》	—	√	√
《脉诀》波斯文	—	?	宕江一;梗√
现代北京音白读	—	√	√
现代北京音文读	—	有层次	—
现代开封音	—	—	宕江一;曾√
现代南京音	—	—	—
现代杭州音	√	—	—

保持全浊音与否是赵元任给吴语下定义时采用的有名条件。后来随着方言调查的进展发现，老湘语和广西粤语也有些方言保持全浊音，但整个北方话都没有保持全浊音。服部（1946）曾经根据这个特点认为《古今韵会举要》反映的是宋朝南迁时移植到杭州的开封话。

就入派三声而言，现代方言中只有河北（靠近山西的山区除外）和山东（靠近河南的地区除外）以北才有这个特点（参看远藤1992年的地图）。不过，严格地说，现代只有两类或一类入声的地区也有如下的可能：入声曾经分三类，但还没有归并到舒声时发生了三类入声之间的合并，再归并到舒声，因此只有两类或一类入声的痕迹。

"-k韵尾"指的是中古宕江摄（也包括部分通摄入声字）和曾梗摄入声，"元音化"就是像北京话的"剥（皮）"bāo、"白"bái那样带有-u韵尾或-i韵尾的变化。据雅洪托夫（1986：189—190），"收-u的二合元音作为古代-k韵尾的延续，有这一语音特征的区域西面限于太行山，南面接近北纬37°。"他据此推测，邵雍的《皇极经世声音唱和图》具有宕江摄入声读-au的特点，因此这个资料的基础方言是北京话。由这个标准来看，《古今韵会举要》《蒙古字韵》和《中原音韵》都应该依据北京话才合理。那么，《古今韵会举要》《蒙古字韵》保持全浊音和独立的一类入声是沿袭前代韵书的人为特征。《脉诀》波斯文对音的宕江摄是-a或-ia，因此反映的不是纯粹的北京音。

据张启焕等（1993：59—90）的现代开封话同音字表来看，宕江摄入声为ɤ、o、uo、yo（和果摄一样，效摄是ao/iao）；曾梗摄入声为ε（蟹摄一二等是ai/uai；"北墨"是ei）；通摄的"肉"是ou、"六"是iou，但都读去声，该方言的次浊入归阴平，因此这两个读音显然是从北京话借过来的。

黎新第（1991）指出，河南省等北纬37°以南的地区也有中古-k韵尾收-u、-i的方言。雅洪托夫根据的是"文革"以前方言普查时的材料，"文革"结束后方言调查有了大幅度的进展，栗华益（2013）则讨论许多东南部方言中的入声韵元音尾化现象，包括咸深山臻摄在内。不过，就北方话地区而言，宕江摄入声的情况确实还是像雅洪托夫所说的那样，仍然可以当作较可靠的标准之一。

另外，长田夏树（1953）讨论宕江通曾梗摄入声韵母的例子，推测现代北京话的文读来自南京。

六、结　语

元代音的研究已经达到了相当高的水平。但从编辑史的角度还有必要做很多研究，因为从这一视角可以更加细致地判断过去的疑难问题。鉴于元朝前后时代的音韵资料已经得到系统的梳理，可以进行更加严格的比较研究了。另外，现在方言描写有了长足的进展，有利于做文献和方言之间系统化的全面比较。对此，方言地理学将会发挥很大的作用。现在已经酝酿了从文献学、音韵学和方言学的综合视角给予元代音研究集大成的时机。

（作者单位：日本青山学院大学）

韓漢語言史資料概述——總論[1]

遠藤 光曉(青山學院大學)

1. 韓漢語言史資料在漢語史域外資料中的位置

　　研究漢語史時所依據的資料有兩方面：即本土資料和域外資料。本土資料也就是中國人用漢語記錄漢語的資料；域外資料又分兩種：用漢語來描寫外語的和用外語描寫漢語的。本土資料是漢語史研究上最基本的材料，但域外資料也往往顯示出本土資料所難以反映出來的特徵。就音韻學資料來說，韻書在研究音類方面是最可靠的資料，但不直接反映音值；域外資料價值高是由於其對音性質可以顯示出具體

---

[1] 本文定稿時承曲曉雲教授過目，特此致謝。

音值。然而那是語音層面上的近似值，所以還要進行音位層面上的考察。就語法詞彙方面來說，本十資料往往承襲傳統規範，不直接反映當時口語的實際面貌；域外資料出於實用的目的，卻反而顯示出接近

	BC3	3C.	6C.	10C.	13C.	14C.	17C.	20C.
	原始/商周	秦漢	六朝	隋唐五代	宋遼金	元	明	清
藏漢資料	漢藏比較			藏漢對音			華夷譯語	
緬漢資料	緬漢比較						華夷譯語	
泰漢資料	泰漢比較			漢語借詞			華夷譯語	
梵漢資料		佛經翻譯						
韓漢資料		揚雄方言?	史書碑文	三國漢字音	雞林類事	老朴	司譯院資料	
日漢資料			古韓音	吳音/漢音	唐宋音		對音資料	唐話資料
越漢資料				漢字音			字喃·華夷譯語	
契丹漢					契丹文			
西夏漢					西夏文			
女真漢					女真文		華夷譯語	
蒙漢資料					蒙古字韻·華夷譯語	元朝秘史 同左		
柬埔寨					真臘風土記			
波斯漢					脈訣對音	回回藥方·華夷譯語		
歐漢資料							課本/語法/辭典	
滿漢資料								課本/韻書

實際口語的特點。總之，本土資料是經，域外資料是緯，兩者可以相結合起來闡明漢語史更細緻的相貌。

漢語史研究中的域外資料五花八門，在上表列出其主要情況。

反映漢語最古階段的資料還是藏緬侗台語。一般認為藏緬語是漢語的親屬語言。論語言結構，漢語和藏緬語(特別是藏語)之間的差距相當大，但在基本詞彙裡能夠找出大量的對應詞，語音對應規律也相當整齊。古代藏語的語詞形式一般比上古漢語複雜，更加接近原始漢藏語的面貌。緬語卻經過很大的語音演變。泰語或者侗台語系語言具有一定數量的漢語關係詞，雖然主層是中古時期以後的借詞，但有一定數量的上古時期的關係詞，它們有可能來自原始漢藏語。唐代有藏漢對音，也有漢語詞彙集，但藏緬侗台語方面歷來沒有其他成系統地反映漢語口語面貌的資料。到了明清時期《華夷譯語》有一系列域外語言的詞彙和書信記錄。

到了漢代，隨著佛教的傳入，佛經陸續從梵語或巴利語翻譯過來，在語法詞彙方面可以當作珍貴的材料；在音韻方面也有音譯資料，時代涵蓋上古晚期到中古時期，特別是真言的音譯以及悉曇學的資料精確度相當高。

韓漢資料大約從漢代開始一直到現在都有各種各樣的語言史資料，時代涵蓋上古晚期、中古和近代。在音韻、詞彙和語法各方面都提供極其寶貴的材料。在時間長度和資料性質的豐富性上，韓漢資料可謂居域外資料中之首位。下一節會更具體地談到這一點。

日漢資料的時代稍微比韓漢資料晚，因為最初把漢土文化傳入日本的就是百濟人。接著派遣隋使和遣唐使，還有入唐僧，引進唐土的

先進文化。但後來日本和中國之間的來往變得疏遠了些。宋元時期禪宗和尚從吳語地區帶來當時的一些詞語(也就是"唐宋音")。明朝時為了防備"倭寇"出版了一些有關日本的書籍，其中包含當時日語的描寫。日本江戶時代(大約相當於中國清代)有通事編纂的漢語教科書(即"唐話資料")。但日本和中國之間隔著海，過去直接的來往畢竟很少,日本人的主要興趣不在實用方面，而是在於鑽研中國的典籍上面，因此反映中國口語的資料並不多。然而,在中國典籍的收藏和研究方面有時超過本土。這是一個非常龐大的研究領域，一時難以綜觀其全貌。2)

　　越漢資料方面，主要還是中古時期的借詞和漢字音。契丹語、西夏語和女真語也有對音資料，時間範圍比較短，但宋代是漢語音韻史上缺乏材料的時期，所以不失為有用的資料。蒙漢資料從元代開始有較豐富的材料，有八思巴字韻書和碑文,也有《元朝秘史》對音和旁譯、總譯，《華夷譯語》有元明清各代版本，最為豐富。柬埔寨漢資料沒有多少，只有元代《真臘風土記》裡有柬埔寨語描寫，另外柬埔寨語裡似乎也有一些漢語借詞，值得深入探討。波斯漢資料方面，由於元代時期波斯也包含在蒙古帝國版圖之內，因此波斯和中國之間也有較密切的交流，醫藥方面有《脈訣》的波斯文翻譯，另外辣失得丁的《中國史》裡也有波漢對音,明初的《回回藥方》也有藥名的對音。到16世紀末，歐洲的傳教士開始到中國傳教，編纂一系列課本、語法書和辭典。其精確度相當高，到了19世紀有一系列方言描寫，雖然年代不很早，但如果和當代的方言情況進行比較，可以追溯

---

2) 岡井1934簡明扼要地介紹日本自古以來的漢語研究史。

最可靠的變化過程，因此價值很高。清代有一批滿漢資料，對考察現代北京話的成立過程有著重要價值。

2. 韓漢語言史資料的種類及其性質

韓漢語言史資料可分為兩類：1)中國方面對韓國語的記載和2)韓國方面對漢語的記載。

中國方面描寫韓國語的資料不多。揚雄《方言》談及朝鮮方言，但那些語詞是否是韓國語的祖先有待探討（孔1975）。另外，《魏史》等史書裡也含有韓國語專有名詞（白鳥1900）。宋代有《雞林類事》，明代有《朝鮮館譯語》，提供詞彙和語音方面的信息。[3]

韓國方面對漢語的描寫數量眾多，質量也很高。文獻資料可分為兩種：訓民正音以前的和以後的。訓民正音制定以前，文章本身用漢語寫，有必要談及韓國話的專有名詞時就用音譯漢字標寫。三國時代，也就是高句麗（公元前37年左右-668年）、百濟（公元前18年?或346年-660年）和新羅（公元前57年-935年）的時代有一些這種對音資料，往往反映上古音的面貌，雖然數量不多，但價值很高（參看"目錄"第4項）。

據日本最早期的正史《古事記》（712年）、《日本書紀》（720年）等的記載，最早把漢語文獻傳授給日本的是百濟人王仁。這些日

---

3) 遠藤光曉、伊藤英人、竹越孝、更科慎一、曲曉雲編《韓漢語言史資料研究文獻目錄(稿)》（以後稱作"目錄"），第11、12項，2008年。

本最古老的正史裡也包含一系列來自百濟史料的記載,其中包含與吳音、漢音等日本漢字音主層有異的對音資料。日本推古朝時期(大約相當於中國隋朝)也有金石文,還有最近出土的鐵劍銘文的專有名詞對音也具有與百濟音一脈相承的特點。這些資料的絕對年代雖然屬於中古時期,但它的語音特色卻反映上古時期的古老特徵(參看"目錄"第5項)。

從三國時代開始也有鄉歌的描寫,利用吏讀的方法,也產生了口訣("目錄"第6、7項)。另外,長田1964所研究的新羅末期高麗初期的碑文裡包含當時漢語口語,也值得注意。

高麗時代等的佛經鈔本含有獨特的異體字,這方面也是重要領域之一("目錄"第8項)。

韓國漢字音方面("目錄"第9節),河野六郎認爲主層來自唐代長安音;至於一些新興語音特點,他採取分層的辦法處理。韓國漢字音反映牙喉音重紐的分別,這是中國本土漢語方言已經完全消失了的特點,特別寶貴(有坂秀世最初指出這一點)。滿田1926指出韓國漢字音和日本吳音的類似特點,他還認爲,韓國漢字音的某些特點來自上古音。高句麗和百濟的漢字音不同於一般所謂的韓國漢字音,存古的特徵要多一些。高句麗語和日語之間的密切關係也引發了學者的興趣,有一系列研究。非文獻資料,也就是現代韓國語(包括方言在內)中的漢字詞("目錄"第10項)和漢字音也是很有用的材料。一般認為韓國語固有詞的詞彙當中也含有早期漢語借詞,最早引人注目的是"바람"("風")。近年來陸續有這方面的研究,反映的語音面貌還相當古老,是一個饒有趣味的新興領域("目錄"第2項)。

以《老乞大》《朴通事》("目錄"第14項)各種版本為代表的一系列漢語口語教科書是其他域外資料難以提供的寶貴材料。日本唐音資料或滿漢資料中也有類似性質的資料，但時代晚至清代；《老朴》各種版本從元代開始，明代、清代都有改訂本，就同一內容進行修訂，因此能直接比較各代版本的同一語句,這是難能可貴的。再加上，司譯院的優秀學者歷代進行翻譯,加上音譯，還加以註釋，其中最傑出的學者就首推申叔舟和崔世珍。

申叔舟對明代官修韻書《洪武正韻》造詣很深，對八思巴文也很有研究("目錄"第15項),對訓民正音的創制想必也有相當大的貢獻。他所編纂的《洪武正韻譯訓》及其刪節本《四聲通考》("目錄"第16項)反映他對漢語音韻學理論極高的理解。但和《東國正韻》("目錄"第17項)一樣，也含有偏向於規範化的一面。他的《語音翻譯》("目錄"第28項)也可以當作漢語口語會話的材料。

崔世珍是李朝最偉大的語言學家。他對《老·朴》加上的對音和韓文翻譯以及《老朴集覽》、《四聲通解》("目錄" 第19項)是一套成系統的漢語教學工具書。另外，他也是吏文的能手,他所編的《吏文輯覽》("目錄"第27項)是這方面的重要資料； 為初學者編纂的詞彙集《訓蒙字會》("目錄"第18項)一般用來當作當時韓語固有詞或漢字音的資料，但也包含當時漢語口語的註釋，在這方面也值得重視。總之，無論語音的細緻描寫方面也好，詞彙的慎重考釋也好，他的嚴謹學風令人讚佩不已。

除了《老朴》以外，還有不少寶貴漢語口語資料，不勝枚舉(見"目錄"第21至33項)。還有一項新興領域，就是當代韓語和漢語以

及日語等之間描繪方言地圖以探索那些詞彙之間的歷史淵源關係("目錄"第34項)。這個領域還可以包括整個東亞、東南亞地區，將可能大放異彩。

3. 韓漢語言史資料研究史分期

近現代時期對韓漢語言史資料的研究活動可分為三個階段：(1)開創時期、(2)深入發展時期和(3)全面開花時期。

(1)開創時期(19世紀末至二戰結束以前)

由於歷史上的原因，近現代時期對韓國語的研究由日本學者開始。東方歷史學家白鳥庫吉給古代韓語的研究開了先河，鮎貝房之進、前間恭作、金澤庄三郎等學者次之，但真正奠定起現代韓國語言學研究基礎的還是小倉進平。[4] 他在韓漢語言史方面也作了系統的研究和材料收集，小倉1920、1940、1964實為這方面研究的出發點。河野六郎是他的接班人，他在中國音韻學方面的造詣也很深。在這一時期，韓國學者的研究也引人注目，如崔1942，此書從書名難以看出內容，實際上是類似於小倉1920的通史性質的書。

(2)深入發展時期(二戰結束以後至20世紀80年代)

二戰後，韓國恢復主權，韓國學者開始大力開展本民族語言的研究。由於韓國語史的資料或多或少地和漢語有關，所以韓語學家也同

---

[4] 安田1999是小倉進平的評傳。雖然不是從語言學的角度寫的，但是使用很多材料撰寫的，可以參看。

時研究韓漢語言史資料。在這方面做出很大貢獻的學者有李崇寧、李基文、安秉禧、金完鎮、俞昌均、姜信沆、鄭光、朴炳采、南豐鉉、都守熙、李敦柱等等，他們都是韓語學家。

在日本，河野六郎、中村完、菅野裕臣等韓語學家在韓漢語言史資料方面所做的研究也很有成就，另外日本的漢語歷史語法學家，如太田辰夫、志村良治等也很重視韓漢語言史資料。

在中國，由於缺乏接觸到韓國和日本的語言學信息和書籍的機會，很少有人做韓漢語言史資料的研究。從文革前開始做研究的胡明揚是例外之一。在80年代以前，漢語歷史語法研究本身也算是冷門。

(3)全面開花時期(90年代以後)

1992年韓中建交以後，人物、書籍和信息的來往日益增多，大批韓國留學生開始在中國撰寫有關韓漢語言史資料的碩士論文或博士論文；不少中國學者去韓國接觸到韓漢語言史資料開始做這方面的研究。1991年，韓國中國言語學會成立，韓國的中國語言學家也開始做韓漢語言史資料的研究。在日本，繼續出現年輕一代學者做這一領域的研究。

在這以前，重要資料已經有前人反復研究過，所以這一時期開始涉及到更加細微的問題，或者做綜合性的研究。

隨著冷戰的結束，各國之間政治、經濟上的障礙急速消失，各國學者之間的合作越來越密切。今後也將要在前人研究的基礎上繼續往這一"博大精深"的方向走。

【文獻】

安田敏朗 1999 《「言語」の構築 小倉進平と殖民地朝鮮》 東京:三元社。

白鳥庫吉 1900 ＜漢史に見えた朝鮮語＞《言語學雜誌》1-1,2,3；《白鳥庫吉全集》3, 155-187頁, 東京, 岩波書店, 1970年。

長田夏樹 1964 ＜羅末麗初における中國語學史資料としての海東禪師塔碑銘について＞《神戶外大論叢》15-3；《長田夏樹論述集》上, 470-496頁, 京都, ナカニシヤ出版, 2000年。

崔鉉培 1942 《한글갈(正音學)》京城:正音社。

岡井慎吾 1934 《日本漢字學史》東京, 明治書院；東京, 有明書房, 2000年。

孔在錫 1975 ＜漢代「方言」中 朝鮮方言에 關하여＞《東洋學》5, 335-347頁。

滿田新造 1926 ＜朝鮮字音と日本吳音との類似點に就て—朝鮮に於ける字音傳來の徑路＞《東洋學報》第15卷3號；滿田新造《中國音韻史論考》606-632頁, 東京, 武藏野書院, 1964年；京都, 朋友書店, 1997年。

小倉進平 1920 《朝鮮語學史》大阪屋號書店；增訂版, 刀江書院, 1940年；增訂補注版(河野六郎補注), 刀江書院, 1964年；同版影印本, 西田書店, 1986年。

研究概观

欲穷千里目，更上一层楼

——代清代民国时期汉语国际学术研讨会《总论》

远藤 光晓

1. 缘起

朴在渊教授《中朝大辞典》(牙山：鲜文大学校出版部，2002 年)"煌煌九巨册"[1] 系统收录"训民正音"(即通常所称"谚文")制定(1443 年)以后朝鲜时代各类文献的谚解、字书和中国白话小说韩文翻译里出现的汉语词汇，归纳其义项，列举其丰富用例。规模宏大，分析细致，实为集历代中韩翻译文献词汇大成之金字塔。

朴教授还穷尽式地整理影印了大批原始文献资料，据朴在渊・金雅瑛近编《汉语会话书 1910 年代旧活字本 9 种》(首尔：学古房，2009 年)封面所列，有《朝鲜时代中国小说戏曲翻译资料丛书 79 种》、《한글(即谚文)生活史资料丛书 40 种》、《汉文小说资料丛书 2 种》、《近代汉语资料丛书 15 种》和《韩国所见中国小说戏曲资料丛书 12 种》。

近年，我们为向译学书学会成立献礼，分工合作编辑了《译学书文献目录》(远藤光晓、伊藤英人、郑丞惠、竹越孝、更科慎一、朴真完、曲晓云编，首尔：博文社，2009 年)。其宗旨是总揽前人对朝鲜司译院汉学、蒙学、倭学和清学资料的研究，为今后综合而细致的深入研究提供方便。我们极尽可能，全力以赴，但愿网罗无遗。

2009 年 9 月 12 日至 13 日参加韩国全州又石大学校第一届译学书学会学术会议期间，我有幸认识朴在渊教授。此前，我在首尔大学图书馆就拜读过他出版的几种近代汉语资料丛书，原本就计划拜访鲜文大学校中韩翻译文献研究所。会议结束翌日前往牙山，在朴教授的研究室里第一次看到《中朝大辞典》，我极为震撼，其成就之巨大令人赞叹不已，简直无法相信如此巨著会出自一位年仅 44 岁的学者之手。

本人原非"读尽万卷书"，因此没有资格说"一物不知，以为深耻。"但我们的目录确实试图"搜尽万条文献信息"的，却没收录进这套极为重要的资料，是多大的损失！其次，我们的视野基本上局限在司译院资料，虽然收了乐善斋本《红楼梦》，但朴教授指出类似这样的白话文献多得不可胜举。再次，目录虽然超出了司译院资料的范围，收了两种日据时代的汉语教科书，但朴教授和他的学生金雅瑛已经系统搜集了这一时代的资料，并全文输入制作成电子版及影印本，提供给学界(即上引《汉语会话书》)。他提及日本近代史上的汉语教科书对这些资料给予影响的可能性，但我从未涉足过这一领域，无法作答。

至此，我的脑海里浮现出一种想法：如果召集近代汉语研究的专家们前往牙山举办一次

---

[1] 此语引自汪维辉教授《朝鲜时代汉语教科书丛刊》(一)《后记》(524 页)，北京：中华书局，2005 年。

综合性的研讨会,一方面能让大家知道这个"新大陆"的存在,共享信息;另一方面通过综合考察各个分支的研究概况,获得一个全方位的学术视野。整个汉语史源远流长,资料浩如烟海,如果不对时代作出限定,难以达到全面细致的了解。明代、元代等更早的时代可以以后仔细研究,先把重点放在清代和民国时期的话,就有可能在约半年之内较集中地概览好以往的研究。

我向朴教授提出了这一构思,他立刻赞成;一周之后在山东威海举行第三届中韩日中国语言学国际学术研讨会,在场的林庆勋教授和汪维辉教授以及日本同行都纷纷热烈响应。回日本之后,我向在这个领域活跃的老友、老师辈的学者和年轻朋友呼吁参与这个活动,承蒙众多学者踊跃参加,我们才能迎接今天的盛会。

我本人向来的研究重点是《切韵》、《老乞大·朴通事》和现代方言的音韵,所涉时代和领域极为有限,本来根本没有资格主持清代民国时期汉语研究的学术活动。然而与会者个个都是在各自领域卓有成就的专家,我只是希望自己起到一个"催化剂"的作用。

2. 清代民国时期在整个汉语史上的位置及其意义

丁锋教授指出:"清代是汉语史研究资料最丰富多元的一个时代,不仅如此,它还与现代汉语紧紧相接,清代汉语是汉语历时研究中承古启今甚为关键的一个环节。许多汉语共通语及其方言的发展过程的究明都呼唤和等待着这一研究领域的成果更新和知识积累。遗憾的是,清代汉语的研究起步甚晚,人才匮乏,许多材料还在沉睡中,一些领域尚属空白。"[2] 以上论断字字句句都很中肯,下面逐节检讨清代民国语言及其资料的特点。

2.1 资料丰富多元

首先看"资料最丰富多元"。如果有人问:"汉语史上最富有国际性的时代是哪个时期?"人们多会想到:"是唐代呢,还是元代呢?"中国周边的国家接受中国文化影响最强的时代还是唐代,新罗、日本和越南各语言里的汉语词汇和汉字音主层均是属于这个时期的,还有藏汉对音资料,从梵语、巴利语翻译过来的佛经资料,等等。马伯乐的杰作《唐代长安方言考》[3] 充分运用这些资料,成功描绘出 7 世纪到 10 世纪长安音的演变过程。但这是着眼于音韵特征的,词汇语法方面反映当时实际口语的资料并不多,到晚唐五代时的敦煌变文和《祖堂集》才算是较完整的资料。

"元代"是中国王朝史观的概念,但蒙古大帝国实际上拥有人类历史上最大的疆域版图,势力范围扩大到亚洲和欧洲的边缘地区,国家本身富有国际性。蒙古族统治阶层未受到汉族传统文化的重压,"汉儿言语"或者蒙文直译体的文献中所见文言文和文学修辞加工成份较少,元曲反映的口语色彩相当浓厚。音韵方面也有打破《切韵》系韵书或者《集韵》、《礼部韵略》系韵书框架的《古今韵会举要》、《中州乐府音韵类编》、《中原音韵》以及《蒙古字韵》等使

---

[2] 杨春宇《社会语言学视点下的清代汉语与其他言语的对音研究－以日本近世唐音资料·满语资料·罗马字资料为中心》大连:辽宁师范大学出版社,2007年,《序 I》,第 i 页。

[3] Henri Maspero, Le dialecte de Tch'ang-ngan sous les T'ang, *Bulletin de l'Ecole Française d'Extrême Orient*, 22(2):1-124, 1920;聂鸿音译,北京:中华书局,2005 年。

用八思巴字的蒙汉资料，甚至还有类似《脉诀》的波斯文翻译等波汉对音资料。

尽管如此，到了清代，本土资料方面有一系列白话小说，域外资料有《老·朴》各种版本等朝鲜资料，日本有唐话资料、琉球资料，满汉资料和蒙汉资料也为数甚多，但到了这个时期特别重要的还是欧美人的各种教科书、辞典和语法著作以及汉译圣经、罗马字圣经等基督教文献。不仅种类繁多和资料性质广泛(也就是丁锋教授所说的"多元")，而且数量庞大("丰富")，这是中国历史上任何时代都不可比拟的，在第3章还要论及这一点。

2.2. 紧接着现代汉语的前一个阶段

在众多中国学者看来，清代汉语不属于近代汉语，而是现代汉语的一部分。举一个最显著的例子来说，王力《中国现代语法》指出："我们所谓现代，并不是指最近的十年或二十年而言。《红楼梦》离开现在二百余年了，但我们仍旧承认《红楼梦》的语法是现代的语法，因为当时的语法和现在北京的语法是差不多完全相同的。"[4] 蒋绍愚《近代汉语研究概况》说："从反映口语的文学作品使用的语言来看，清代乾隆年间写成的《儒林外史》、《红楼梦》的语言已基本上和现代汉语一样了。…我们可以把近代汉语的下限定为十八世纪中期，或者粗略一点说，定在清初。"[5] 刘坚《近代汉语读本》(上海：上海教育出版社，1985年)、刘坚·蒋绍愚主编《近代汉语语法资料汇编》(北京：商务印书馆，1990-95年)和程湘清主编的一套历代汉语研究(济南：山东教育出版社，1982-92年)都收到明代资料为止，不包含清代，这也反映了近似的观点。

前些年，我们日本的一些中青年学者和研究生同曾晓渝教授率领的南开大学的班子一起去中国西南地区进行过几次方言调查，重点描写年龄差异。结果表明，不仅是音韵方面，词汇方面也有较大的年龄差异，即使是同一家庭，母亲和儿子的语言特征不尽相同，甚至只差十岁或者几岁也会有差异。这不是指接受普通话影响的程度，而是就该方言本身的特点而言的。调查过的方言和语言(包括水语等少数民族语言)将近十种，除了安多藏语以外都是如此。我们因此恍然大悟，语言变化的速度能有多么快。

以这个眼光来看，20世纪前半的汉语和后半的汉语也有相当大的不同。仅拿北京话来说，太田辰夫「北京语における"进行"と"持续"」(原载『中国语杂志』2(2,3)，1947年，现据《中国语文论集 语学篇·元杂剧篇》32-43页，东京：汲古书院，1995年)未谈及表示进行体的"在+动词"格式，因为这一格式到20世纪中叶以后才进入北京话。又比如，在老舍的灵格风唱片里(1928年录音)[6]，动词末尾和句末非重音音节后面的"了"的发音是 liǎo，句末重音音节后面的"了"的发音是 le。20世纪后半期的北京话一律发成"le"，也就是说，在这期间经历了 liǎo>le 的变化。[7] 词汇方面的变化也不小。

---

[4] 原版1943-44年，现据《汉语语法丛书》版，北京：商务印书馆，1985年，第4页。

[5] 北京：北京大学出版社，1994年，第7页。

[6] Bruce, J.Percy, E.Dora Edwards, C.C.Shu, *Chinese* (Linguaphone Oriental Language Courses) Vols.I,II.London: Linguaphone Institute.1938?第一卷是国际音标转写本，第二卷是老舍亲笔写的毛笔汉字本。

[7] 远藤光晓，《老舍の le と liǎo》《日本语と中国语の对照研究》11，84-103页，1986年；《中国音韵学论集》267-281页，东京：白帝社，2001年。

可以说，如果追溯与现代相连的前一时代的语言面貌及其与现代语言之不同分布，就能得出幅度最小、也就是可靠性最大的语言变化实例。收集一系列精确度最高的语言变化实例就有可能归纳出语言变化的普遍变化方向性，具有很高的理论价值。

2.3. 直接反映方言

欧美资料正面描写汉语的各个方言，最多的还是东南部沿海地区的粤语、闽语和吴语等，日本的唐话资料反映福州话、南京官话和杭州官话等。清代还有不少地方韵书，这在明代以前还是比较少见的。比如说，朱子和他的门生们的活动范围在福建一带，但《朱子语类》反映的却是北方话系统的白话。其他前代资料也总难免带有方言色彩，但是有意正面描写方言的材料还是属于个别例外。

3. 涵盖的资料

清代民国时期的文献资料主要分两种：本土资料和域外资料。历来使用的本土资料主要是白话文学作品，但最近其他领域的材料越来越多。还有方言韵书、正音资料，五四运动时期以后开展国语运动，出版了一批中国人学习国语的课本。还有中国官方描写外语的《华夷译语》。域外资料分为满汉资料、蒙汉资料、朝鲜资料、日本资料、欧美资料等。满族其实是清朝的统治民族，但从汉语的角度来看，满语算是异族语，因此在这里姑且分类为域外资料。朝鲜资料最主要的还是司译院的汉语教材，但还有其他白话文学韩文翻译等资料，到了20世纪还有汉语教科书。日本资料在江户时代又分为唐话资料和琉球资料，明治时代以后到二战结束以前出版了大批汉语教科书、语法和辞典等等汉语教材。欧美资料起源于明代，首先是欧洲的天主教传教士去中国描写南方通行的官话。后来美国等基督教（新教）传教士、商人、外交官员等也开始编纂官话和各种方言的教科书、语法和辞典，还把圣经等基督教文献翻译成汉语文言、官话和各种方言。

我们这次为了综览所有这些语料的原始资料及其研究成果，分工合作编了《清代民国时期汉语文献目录(稿)》，虽然大部分领域尚处于草稿阶段，但已足以看出大致轮廓。另外，这次研讨会上学者们将报告各自领域的研究概况，起到丰富数据的作用。在这里我们只举一些各个领域最基本的书籍，抛砖引玉。

首先要提到的还是太田辰夫先生的《中国语历史文法》（东京：江南书院，1958年）和他的一系列论文。这次山田忠司先生编纂的《本国资料目录》收录范围也遵循该书的清代和现代部份。

域外资料方面最简明扼要的概论还是中国语学研究会编《中国语学事典》中的《研究史篇》部份(东京：江南书院，1958年)。该书出版后的第二年就出版了汉译本，即王立达编译《汉语研究小史》(北京：商务印书馆，1959年)，印数1万部，可见中国学者也很重视此书。内容包括：

林雪光《日本的中国语研究(明治以前)》、

安藤彦太郎《日本的中国语研究(明治以后)》、

贺登崧(Grootaers)・小川环树《欧洲的中国语研究》、
Roy Andrew Miller・伊地智善继译《美国的中国语研究》、
桥本万太郎《俄罗斯的中国语研究》、
桥本万太郎《苏联的中国语研究》，等等。

中国语学研究会编《中国语学新辞典》（东京：光生馆，1969年）资料部份的"语史关系"解说条目(249-299页)包含很多清代民国时期汉语的资料。

日本江户时代唐话方面的概论有石崎又造《近世日本における支那俗语文学史》（東京：弘文堂書房，1940年），该书的名称虽然是"俗语文学史"，但实际上有一半内容涉及到唐话。唐话资料最系统的原始资料影印丛书是长泽规矩也《唐话辞书类集》，共20卷加别卷，（东京：汲古书院，1969-77年）。

明治时代至昭和初期的日本汉语教材方面，六角恒广进行了广泛的搜集和研究，这里只举有汉译本的研究著作，有《中国语教育史の研究》（东京：东方书店，1988年；王顺洪译《日本中国语教育史研究》北京语言学院出版社，1992年）、《中国语书志》（东京：不二出版，1994年；王顺洪译《日本中国语教学书志》北京语言学院出版社，2000年）、《汉语师家传》（东京：东方书店，1999年；王顺洪译《日本近代汉语名师传》北京大学出版社，2002年）等。

六角恒广的《中国语教本类集成》10集(1至5集每集4卷,6至10集每集3卷，1991年-，东京：不二出版)搜集了明治初年(1868年)至1945年的日本汉语教材；《补集》5卷(东京：不二出版，1998年)则收录唐话资料。《中国语辞典集成》共16卷(东京：不二出版，2003-04年)，实为这一领域原始资料的一大宝藏。最近日本国会图书馆网站上的近代文献数码图书馆网页 http://kindai.ndl.go.jp/BIBibList.php 公开提供一批馆藏的明治时代汉语教材图像，用NDC分类="820"的关键词检索就可以阅览一百多种有关资料(2010年4月的情况)。

波多野太郎先生对这个领域罕见、零散资料的搜集和影印事业贡献巨大。他编辑出版的影印丛书有：《中国语学资料丛刊》第一篇至第五篇（每篇4卷）、《中国文学语学资料集成》第一篇至第五篇（每篇4卷）、《中国语文资料汇刊》第一篇至第五篇（每篇4卷）。以上均由东京不二出版影印出版。《白话虚词研究资料丛刊》（共3卷，东京：龙溪书舍），总共达63卷。《波多野太郎博士覆印语文资料提要》（东京：不二出版，1996年)收录所有这些书的解题，甚便综览。

朝鲜司译院资料方面的概况首推小仓进平《朝鲜语学史》（初版1920年，河野六郎增订补注版，东京：刀江书院，1964年），文献目录有前引《译学书目录》。我们对这个领域曾经做过概览：远藤光晓《韩汉语言史资料研究概述－总论》、伊藤英人《浅谈有关<借字表记法>研究的几个问题》、更科慎一《韩汉语言史资料研究概述－近代音韵部份》、竹越孝《韩汉语言史资料研究概述－语法词汇部份》，均见于远藤光晓、严翼相编《韩汉语言研究》（首尔：学古房，2008年）。

欧美资料方面，Cordier 的 *Bibliotheca Sinica* 是最系统的经典性目录。只是收载日期到1939年为止，其后的70年著作需要补充(这次提供的目录也是企于达到这目标的一个尝试)。Wilson,Ming & John Cayley eds.*Europe Studies China*, London: Han-Shan Tang Books, 1995 是

20世纪后半期欧洲杰出的汉学家对整个汉学的概览，其中包含很多语言学家，在语言方面也非常有参考价值。

满汉资料和蒙汉资料方面不如上述领域发达，是有待深入广泛进行研究的重要领域，这次会议将由竹越孝先生和更科慎一先生作一个综述。

4. 研究史简况

清代以前，语言研究的主要对象是先秦时代，传统小学的最终目的不外乎为了阐明古代圣贤的微言大义提供可靠的阶梯。在清代，"古音"指上古音，"今音"指中古音，近代以后的音韵不是正宗学士的研究对象。词汇方面也如此，训诂学的主要对象还是先秦时代。至于语法特征，国人的研究从《马氏文通》开始，其对象也是文言。

白话的研究，也意味近代汉语的研究以马伯乐(Henri Maspero)针对禅宗语录的论文 Sur quelques texts anciens de chinois parlé, *BEFEO*, 14, 1914 为开端。在中国，虽然二战前后有吕叔湘和高名凯等一些先驱者的研究，但八十年代以前近代汉语研究本身一直算是冷门。1983年，美国康乃尔大学的梅祖麟教授在北京大学讲了一学期的课，语言所等校外研究人员也每次都来听课，因而近代汉语研究在中国骤然升温。梅祖麟教授最着重介绍的是太田辰夫的研究，其次是志村良治、入矢义高等。受此影响，中国学者开始研究近代汉语，目光主要放在唐宋元明时代。清代或者民国时期不算近代汉语，直到最近几年，研究仍不算太多。

在日本，二战以前就有不少学者关注近代汉语，一直延续到清代民国时期。战后这种风气更盛，仓石武四郎先生1946年创办的中国语学研究会(现名为"日本中国语学会")的《中国语学》是该领域的研究论文较集中登载的一个刊物(最新一期为第256期)。

由于这次研讨会有很多领域的概观报告，在此无需赘言，下面只罗列一些专门研究组织和刊物以供参考。

特别值得一提的是1962年创刊的《清末文学语言研究会会报》(从1963年第4期开始改名为《明清文学语言研究会会报》，从1977年第16期改名为《中国语研究》一直到现在，最新一期为第51期，现在的学会名称为"中国近世语学会")，太田辰夫、香坂顺一、宫田一郎、鸟居久靖、长田夏树等学者非常积极地发表他们的研究成果，还作为《单刊》出版了一系列原始资料和索引。这一代学者的论文集，如《长田夏树论述集》(上下两册，京都：ナカニシヤ出版，2000-01年)、《宫田一郎中国语学论集》(东京：好文出版，2005年)、《尾崎实中国语学论集》(东京：好文出版，2007年)等都很重要。

早稻田大学古屋昭弘教授主编《开篇》杂志1985年创刊，最新一期为第28期，注重汉语音韵和方言，也登载有关清代民国时期汉语的论文。

关西大学内田庆市教授2000年创办的《或问》(最新一期为第17期)是"近代东西言语文化接触研究会"的刊物，重点刊登16世纪欧洲传教士来华后西学东渐过程中语言文化交流的文章。

汉字文化圈近代语研究会2001年成立，每年都在日、中、韩各国举行年会，沈国威编《汉字文化圈诸言语の近代语汇の形成》(关西大学出版部，2008年)是2007年年会的论文集。

世界汉语教育史研究学会 2004 年开始举办研讨会，内田庆市、沈国威编《19 世纪中国语の诸相―周缘资料(欧米・日本・琉球・朝鲜)からのアプローチ》(东京：雄松堂，2007 年)收录 2005 年在关西大学举办的第二届研讨会的论文，利用多方面资料考察清末汉语的各种特征。

关西大学东西学术研究所亚洲文化交流研究中心(CSAC)从 2005 年度开始接受日本政府文部科学省的资助实施五年计划工程，其"言语文化研究班"也开展了一系列国际性的研究活动，称得上是近代汉语研究方面的国际中心之一。其网站上的"近代漢語文献数据库" http://www2.csac.kansai-u.ac.jp:8080/library/有许多 19 世纪汉语口语资料的检索服务，给学界提供极大方便。

5. 一些课题和前景展望

5.1. 原始资料的调查・影印・整理・电子化

用不着多说，充分占有原始资料并加以精确描写是研究语言史的出发点。我们这次试图在前人大量学术开拓的基础上收集编辑原始资料和研究文献的目录。出版影印本也是大力促进今后研究的基本工作，现在很多图书馆免费提供图像很有利于研究发展。太田辰夫《中国语历史文法》的《后记》强调版本鉴定的重要性，是不刊之辞。以前编索引也是基本功之一，但如今全文数据库的利用价值远远超过索引。竹越孝先生开发的电子版《老乞大四种》排比四种版本相对应的句子，进行比较研究时发挥极大的作用。他慷慨地把他精心输入的数据提供给大家，这几年来利用这个数据的研究层出不穷，功德无量。这仅仅是一个例子，还有很多类似情况，希望以后陆续出现这样的积善者。

5.2. 成书过程

一切大部头的著作都经历了复杂的成书过程，往往含有承袭先行资料的成份。据我所知，这种鉴别不同的先行成份并推测成书过程最先进的领域还是圣经学。我原来概述过汉语音韵学文献方面的各种研究(远藤光晓《テクスト记述・祖本再构・编集史の内的再构―中国语音韵史资料の场合》宫下志朗、丹治爱《书物の言语态》51-66 页，东京：东京大学出版会，2001 年)。

这里随手举几个例子：村上雅孝经过具体比较发现日本唐话字书《语录解义》沿袭朝鲜《语录解》(《近世汉字文化と日本语》东京：おうふう，2005 年)。太田斋先生考证《西儒耳目资》以《洪武正韵》为底本，因此上声的处理有人为的特征(《「西儒耳目资」编纂过程推测の手がかり》《神户外大论丛》48(2):61-72, 48(5): 41-51, 1997 年)。以后的法国传教士资料往往沿袭西儒耳目资式的音标，所以研究这些资料时需要追溯先行资料才能做彻底的研究。诸如此类的情况比比皆是。

5.3. 语言性质问题：文体、方言背景和语言接触

我认为现代汉语的一个重大特点是"文体幅度非常大"。也就是说，书面语和口语的距

离很大,书面语还有接近文言的文体,甚至在口语里经常出现文言成份,或者在历史剧里用文言对话,听众也大致上能听懂。这种情况英语、法语、德语、俄语、日语和韩国话里几乎没有:打个比方,这种情况好比是现代英语里出现古英语、拉丁语和希腊语那样,虽然文化词汇有这种情况,但欧洲普通老百姓不会在日常生活当中经常引用拉丁语的谚语。

中国本土的文学作品都带有文学修辞的成份,脱离日常生活的口语。因此本土资料反而难以充当如实反映当时纯口语的材料。域外资料虽然有其局限性,因为毕竟是外国人的作品,总难免带有外语特色,但往往较大程度地反映口语。

另外,某种资料的方言性质文体的澄清也非常重要。比如说,语法学家认为《红楼梦》是最有代表性的北京话材料;但从音韵特点来看,往往显出下江官话(南京话)的特点:"秦钟"这个人名寓意为"情钟",反映-n, -ng 不分的方音特点,书中这种例子很多。日本明治时代以后的汉语教材标音有时日母字念零声母,反映东北话(辽宁省等)的特点,所以这种资料不能径直当作北京话资料。

竹越孝《翻字翻译『兼满汉语满洲套话清文启蒙』(1)》(《KOTONOHA》82,第5页,2009年)有满汉对译转写,第4句说:

满文转写 aikabade ere bithede ejehengge getuken akū oci.
满语意义 如果 这个 书上 记录 正确 不 的话
满文标音 tang ho je ge šu šang žu gi di bu ming be
汉语 倘 或 這 個 書 上 若 記 的 不 明 白

从这里可以看出,汉语句子里重复出现表示假设的"倘或"和"若"的理由是因为直译满语语词"aikabade"和"oci"。域外资料常出现的病句往往因受到母语的影响所致,这里能清楚地看到这种过程。研究域外资料随时都要注意到这种因语言接触导致的特征存在的可能性。

5.4. 通史和断代史

太田辰夫《中国语历史语法》是通史,但他还有一部著作叫《古典中国语文法 改定版》(东京:汲古书院,1984年;初版1964年),也非常重要,但较少被人关注。该书使用完全同样的语法系统框架描写《论语》、《孟子》和《礼记·檀弓篇》的语法。此书的方法与程湘清《汉语史断代专书研究方法论》(《宋元明汉语研究》济南:山东教育出版社,1992年)提倡的观点一样。佐藤晴彦《『中国语历史文法』解体—断代史改编への试み—》(《神户外大论丛》52(7):5-23页,2001年;54(2):1-23页,2003年;55(1):5-20页,2004年)则把《中国语历史语法》的语法现象设定为纵轴,把年代设定为横轴,凸显出历代语法系统的兴替情况。这些研究方向无疑是有意义的,这次研讨会也可以说是断代史研究的一种尝试。

虽然一时难以写出超过《中国语历史语法》的通史,但是专门讨论某一特点的通史也还是可行的方法,如贝罗贝对公元前14世纪到公元18世纪汉语与格结构的研究(Alain Peyraube, *Syntaxe diachronique du chinois, évolution des constructions datives du XIVe siècle av.J.-C. au XVIIIe siècle*, Paris:Collège de France, Institut des Hautes Etudes Chinoise, 1988)。

韩国语有均衡描述各时代音韵、语法、词汇特点的通史,即:李基文《国语史概说》(1961

年，改定版 1972 年，首尔：塔出版社；藤本幸夫译《韩国语の历史》东京：大修馆书店，1975年)。据我所知，汉语和日语都还没有这种高水平的兼有通史和断代史性质的综合性语言史著作，很值得借鉴。

5.5. 语义场的研究

研究语法词汇的历时演变时，主要有两种途径：以语词形式为依据、以语义场为依据。以语词形式为依据的方法比较方便，尤其是现在，只要检索某一个语词，并归纳出该语词词义用法的变化就可以。相形之下，以语义场为依据，难度很高，因为语义是很难把握的，而且每个语言、每个方言和每个时代的系统都不一样，难以严格比较。比如说，"如果"、"时"、"的话"等表示假设的语词比较容易研究，但"表示假设的语言手段"这个语义场的研究难度就更高了。

太田辰夫《「儿女英雄传」语汇研究》(《清末文学言语研究会会报》3：B1-29, 1963 年) 以《方言调查词汇手册》的语词项目描写了《儿女英雄传》的词汇系统，这是很有意义的观点和尝试。如果要从语义出发描写语词的历时演变过程，这就是必不可少的基本步骤。

Astrakhan, E.B. Lexicology (the dialect sources of the Chinese national language Putonghua), in: O.I.Zavyalova & E.B. Astrakhan, *The Linguistic Geography of China*,《中国における言语地理と人文・自然地理》1, 日本文部省科研费研究成果报告书(研究代表者：远藤光晓，1998 年) 以饮食动词（"吃"、"喝"、"抽"）为例，进行各现代汉语方言的系统比较，可作为汉语语义场研究的典范之一(77-80 页)。

汪维辉《撰写〈汉语 100 基本词简史〉的若干问题》(《历史语言学研究》第一辑，201-215页，2008 年)是宏伟而极有意义的研究工程计划样本，"知道"、"干燥"的样条可说是语义场观点的研究。内容除了意义和词性以外，还涉及到组合关系、聚合关系、历时演变和方言差异，新颖可喜。

5.6. 时点密度高的个别方言历时研究

胡明扬《上海话一百年来的若干变化》(《中国语文》1978(3):199-205 页；《胡明扬语言学论文集》59-72 页，北京：商务印书馆，2003 年)是文革结束后发表的第一批研究成果之一，可说是给后来一系列新近产生的语言变化研究开了先河。在那以前，很少有人想到 19 世纪或者 20 世纪前半的语言面貌和 20 世纪后半会有所不同。

后来对别的很多方言都有类似研究，如广东话的余霭芹、张洪年等人的研究。但目前最系统的方言史编写还是数上海话占领先地位，也就是钱乃荣《上海语言发展史》（上海：上海人民出版社，2003 年）以单行本的篇幅详尽细致地跟踪描写上海话的音韵、语法和词汇特点演变过程，连北京话都还没有出现这样周到的历史揭示。这一方面和上海这个城市的发展速度有关，上海可能是人类历史上人口增长速度最快的城市，语言变化的速度也相应地特别快，年轻一代还在不断经历新的变化。另一方面，也和上海话有较多的近代文献资料这个有利条件有关(详见《清代民国时期汉语文献目录(稿)》中三木夏华担任的《吴语早期文献》)。

但只要有几十年前的早期文献资料，任何地点的方言就都能做类似的历时研究。富于近代文献资料的方言还有不少，今后还可以在这个方面做一系列有意义的专题研究和综合性研究。

依据近代文献的研究还可以和当代方言里的年龄差异调查结合起来，另外还可以左右逢源，与毗邻方言作比较。6-70 年代以前，在美国曾盛行根据汉语各个方言群的比较研究构拟祖语的做法，但很遗憾，没有持续下来。

如今有极其丰富的方言材料，甚至还可以从点的认识进到面的认识，也就是说，方言地理学方面的研究也有长足的发展。曹志耘主编《汉语方言地图集》(三卷，北京：商务印书馆，2008 年)和岩田礼编《汉语方言解释地图》(东京：白帝社，2009 年)分别是最具代表性的成果。

把文献资料、年龄差异和方言地理分布结合起来的综合性研究将人放异彩。

6. 结语

研究语法化的学者提倡语法化的单向性。经验告诉我们，音韵变化、语法变化、词义变化不是杂乱无章的，都有一定的方向性。但具体有哪些方向性，是否真的只往一个方向变化，等等问题还有待收集大量材料进行归纳。

汉语的地域变体只以"县"为单位就有 2000 多个地点。就每一个点求得最短距离的历史演变过程，这是最可靠的变化方向性认识。我们把这些庞大的数据积累起来，可作为推测更早历史阶段的阶梯。

汉语的文献历史年代在亚洲地区，和印度的梵语一样，算是最长的语言之一。如果早于文献的时代，也就是通过和藏缅语等亲属语言比较得知的时代也算在内的话，估计有 5000 年的历史。对离现代最近的时代的语言有清晰的认识就有利于追溯更早时代的语言面貌和语言变化。"欲穷千里目，更上一层楼。"正好表达整个汉语史研究和清代民国时期汉语研究之间的关系。

朴在渊教授实现的《中朝大辞典》壮举让我想起了早年的夙愿：要编写匹敌于李约瑟《中国科学技术史》(Joseph Needham, *Science & Civilisation in China*, Cambridge University Press, 1954-2004，共 7 卷 24 册)的《汉语音韵史》。如果包括词汇史和语法史等领域，也就可能要编写 2-30 册。如果光靠一个人的力量，这是完全不可能的事。但大家合作起来就可以梦想成真。这一次聚会可以说是为这一套还在蓝图阶段的《汉语史》最后一册的编写铺平道路。

附记：会议讨论时承林庆勋教授和陈力卫教授指教，越南方面有汉文小说一类资料可用。如陈庆浩、王三庆主编《越南汉文小说丛刊》(台北：台湾学生书局，1987 年，第 2 辑 1992 年)；复旦大学文史研究院、汉喃研究院合编《越南汉文燕行文献集成：越南所藏编》(上海：复旦大学出版社，2010 年)等等大部头资料需要挖掘利用。本文定稿时承丁锋教授过目，谨此致谢。

書評・事典項目

【書評・紹介】

伊藤智ゆき（著）『朝鮮漢字音研究』東京：汲古書院，2007.
本文篇，x + 343 頁；資料篇，凡例・目次・本体 235 頁

遠 藤 光 曉

青山学院大学

キーワード：朝鮮漢字音，中国語音韻史，文献学，層，有気音

1. はじめに

　朝鮮語学は特に歴史的研究につき小倉進平・河野六郎といった一般言語学に通暁する日本の学者が戦前から重厚な基礎を据え，更に韓国の優れた学者らが多く輩出し，その他の国の研究者の貢献もあって，現今では既にたいへん高い水準に到達している（音韻史研究については福井（2003）の概観を参照）。

　朝鮮漢字音に関しても汗牛充棟の研究が行われており，遠藤他編（2008）には約 300 点ほどの論文著作が挙がっている。その中で最も重要な先行研究は言うまでもなく河野（1964–7）である（その元となった東京大学学位論文は 1961 年提出）。しかし，その研究がなされた時から既に 40 年余りの歳月を閲し，この間，韓国では重要な古文献の優良版本が続々と発見され，影印出版が進み，その他の域外漢字音研究の面でも例えばベトナム漢字音の三根谷（1972）のような一連の体系的な著作が現れた。更にパソコンが普及して，データベースを構築することにより 100 パーセントの正確さを以て縦横に検索・並び替えを行うことが容易にできるようになった。

　表題作（同名の 2002 年の東京大学博士論文に基づく）はこうした有利な条件を存分に活用し，基礎資料の文献学的な扱いや声調などの面では河野（1964–7）を遙かに超えており，声母・韻母の面でも細緻な新解釈を随所で提示し，朝鮮漢字音研究の新紀元を画するものである。小文ではその概略を紹介し，いくつかの問題を取り上げて論じてみたい。

2. 本書の構成

　本書は「本文篇」と「資料篇」の二分冊からなる。
　「資料篇」では中古音の枠組みに沿って各々の漢字が配列され，18 種の典拠資料における朝鮮漢字音のローマ字転写が対比されている。これが研究の基礎となるデータベースであり，韻母の状況を見るにはここに印刷されたような形式でも差支

えない。だが，もし元の電子データがCDで付属したならば，例えば声母順に並べ替えるなどの操作を自由自在に行うことが可能になり，この分野の研究者をより一層裨益することとなろう。

「本文篇」は 1. 序論，2. 資料研究編，3. 音韻研究編，4. 結論，および「典拠資料詳説」に分かれている。まず「1. 序論」においては本書の目的が 1)「朝鮮漢字音を通して見た各文献の性質の検討」と 2)「朝鮮漢字音の音韻体系に関する研究」の 2 つであると述べられている (3 頁)。前者を扱う「資料研究編」は 34 頁，後者を扱う「音韻研究編」は 217 頁からなり，分量的には後者のほうがずっと多い。しかし，前者の完成度は極めて高く，圧縮した表現の中に非常に豊かな内容が語られており，読後感からすると後者と同等かそれ以上の重みを持つと言ってもよいほどである。以下では第 3 節と第 4 節でそれぞれを概観しよう。

3. 「資料研究編」について

河野 (1964–7) が基礎資料としたのは『孝経諺解』(1589 年成書)，『訓蒙字会』(東大本，16 世紀末以前)，『千字文』(1575 年刊記)，『新増類合』(1576 年序)，『経書諺解』，『華東正音通釈韻考』(1747)，『三韻声彙』(1751)，『奎章全韻』(1796)，『全韻玉篇』などであった。

本書はそれに対して，中期朝鮮語の下限である 1592 年の壬辰の兵乱（文禄の役）以降の資料はアクセント表記（傍点）がなくなっていること，韻書には規範的・人工的なものが多く含まれるといった理由から，基礎資料を 16 世紀末以前のものに限っている（ただし 1443 年のハングル制定直後の文献は人工的な要素を多く含む東国正韻式の漢字音を掲出するため対象から除外している）。本書の所拠資料は『六祖法宝壇経諺解』(1496 年訳)，『真言勧供・三壇施食文諺解』(1496 年刊)，『翻訳小学』(1518 年原刊，16 世紀末ないしそれ以降の重刊本)，『訓蒙字会』(叡山文庫本，東大本ほか計 6 種の版本)，『小学諺解』(1588 年刊)，『大学諺解』『中庸諺解』『論語諺解』『孝経諺解』(1590 年刊)，『分門瘟疫易解方』(1542 年原刊，16 世紀末刊)，『簡易辟瘟方』(1525 年原刊，1578 年重刊)，『誡初心学人文・発心修行章・野雲自警序』(1577 年刊，1583 年刊)，『蒙山法語諺解』(1577 年重刊)，『四法語諺解』(1467 年原刊，1577 年重刊)，改刊『法華経諺解』(1500 年)，『長寿経諺解』(16 世紀半ば以降）で，年代的により古く，ジャンル的には漢字学習書・儒学書はもとより仏典・医薬書にわたる広い範囲の文献を対象としている。

そして，現存する異本を可能な限り原本に就いて調査しており，文献学の基本に忠実に従って信頼性の高い土台を据えている。だが何よりも印象的なのは，それぞれの文献に対して異本や巻ごとの特質について漢字音の立場から体系的かつ個別的な検討を極めて精密に徹底的に行っていることである。

まず，伝来字音を反映する最早期の資料と目される『六祖法宝壇経諺解』(略称『六祖』) と『真言勧供諺解』『三壇施食文諺解』(両書の略称『真三』) は同一の由来を持つものとされていたが，本書では『六祖』が言い切り形・接続形という「句音調」

を表記している点で『真三』と異なり,ほか個別の漢字音の違いが存在し,また『真言勧供諺解』と『三壇施食文諺解』の間にも真言のハングル転写に関する違いがあると述べている(伊藤2002,2004も参照)。これは傍点を単に傍点として見ているだけでは分らない事柄であり,中期朝鮮語アクセントの「句音調」という音韻論的な観点を持つ者にして初めて可能な分析である。

次に『翻訳小学』について見てみよう。この資料については先行研究が既に刻工ごと・巻ごとの句音調や傍点の違いに基づき細かなグループ分けをしていたが,本書では単漢字傍点の誤表記率,nをrと表記する誤り,rをnと表記する比率,zがʼとなる比率といった音韻体系上の徴候や,個別の漢字音の違いを元に一層精密な検討を行い,刻工の違いではなく巻の違いのほうがこうした性質の差を説明しやすいことを示している。

また崔世珍『訓蒙字会』については河野(1964-7)も所拠資料としたが,参照したのは東京大学総合図書館本のみである。本研究では更に叡山文庫本・尊経閣文庫本・内閣文庫本・奎章閣本・東国書林本も参照し,6種の異本間の漢字音の傍点の異同をつぶさに比較し,それが先行研究で推定されていた前後関係を裏付けることをまず確認し,次いで傍点の正誤を判定する一連の基準を立てて異本間の正誤率を求め,東大本が最も正確であることを示した。このようなことが可能になったのは,第一に本書の著者が他の中期朝鮮語期の文献における傍点の状況をデータベースによって逐一参照できるようにしていたことと,第二に中国語原音声調との対応関係および諧声符や「音節偏向」(この概念については後で触れる)による傍点の出現傾向といった点について明確な見通しを持っていたことによる。結果的には河野(1964-7)の拠った版本は最善のものなのであったが,明示的な方法論に従って現存する異本をつぶさに綿密に比較した後に得られた結論はより高い次元の信憑性を持つものである。

他の文献に関しても漢字音の表記という言語学的な論拠によって書誌学的な面からは窺い知れない各々の文献の内在する性質が明るみに出されている。その手法は中国語音韻史文献に関するこれまでの扱い(遠藤2001を参照)の中では最も洗練されたものであり,恐らく日本の文献学や泰西の文献学の最高水準と比してもひけを取らないレベルのものであろう。

4.「音韻研究編」について

さて,本書の「資料篇」を一見すると明らかなように,異なり字数が最も多い所拠資料は崔世珍『訓蒙字会』に外ならず,これは同書が初学者のために基本的な文字を網羅的に教えるために編まれたことからして当然のこととも言えるが,その最善の版本である東大本は既に河野(1964-7)においてもやはり根本資料として使われている。即ち本書の本論ともいえる「音韻研究篇」の基礎資料の根幹は結局のところは河野(1964-7)と基本的に同一だということになる。

本書の言語学的立場で河野(1964-7)と最も異なるのは,「層」の区別を解消し

ようとしたことである。この態度の違いを蟹摂1等韻に即して見てみよう。

本書131頁には蟹摂開口1等韻の朝鮮漢字音における反映が網羅的に表示されている。そして「上表から，咍韻と泰韻開口はやはり -ʌi, -ai によって区別される傾向が強いと分る。」としている。しかしながら，同表にも表れているように，咍韻（相配する上去声も含む）でも -ai で，泰韻開口でも -ʌi で現れる例外が存在し[1]，それらは sporadic に現れ，何らかの分化条件を持つようには見えない。また同一字で -ʌi, -ai の二つの音を持つ doublet も存在する。このような場合，音韻的条件によって両者の反映形の違いが生じたとするのは困難である[2]。

これに先立ち，河野（1964-7: 451-6）も既に蟹摂1・2等韻の反映を網羅的に示した上で「しかし例外が多く存することと，殊に一等合口の不均衡などから考えると，ai:ɐi の対立はある system 中の synchronic な opposition と考えるべきでなく，旧層に新層が覆うというような事態ではないかと考えられる。このことについては既に唇音字の分布を述べた際，咍韻の唇音字（広韻では灰韻）の断層について触れたが[3]，この層別の考えは恐らく全面的に採り上げてよいのではあるまいか？」と述べる（一部ハングルを省略して引用）。

本書と河野（1964-7）のこのような「層」に関する見解の相違は根本的には Junggrammatiker の Ausnahmslosigkeit der Lautgesetze に対する態度の違いに由来するものと思われる[4]。もちろん，「音法則」とは同系言語内での音韻変化に関して言うものであるが，もしも借用語に関しても同一の厳格性を求めるならば，一対一対応が見られない場合，明確な音韻的分化条件が与えられない限り，それらが異なる時代ないし異なる方言からもたらされた層の違いを反映するか類推等の原因による個別的な例外であるとするかのいずれかとなろう。

このような分化条件に対する厳格性への態度の違いは本書の「音韻研究篇」全体に見られ[5]，いま一つ別の例を挙げると「崇母」に対する扱い（本書95-96頁）も

---

[1] Karlgren（1926: 737-740）の中古音との対照表において，蟹摂開口1等韻の諸字の朝鮮音はすべて -ä と表記され，咍韻系に対して一律「-äi と綴られる」，泰韻に対して一律「-ai と綴られる」と注記しており，有坂（1936: 310）はこのような精度の低い基礎資料に拠ったため「朝鮮音では，代韻 ăi 隊韻 oi 泰韻 ai uai として互に区別されている。」と述べている。しかし，もしも有坂が河野（1964-7）や本書の蟹摂開口1等韻の諸字の韻母の分布状況を見たならば自ずと異なった見解を持ったのではないだろうか。

[2] 本書132頁は現代広州方言で咍韻と泰韻開口が区別されているとしているが，より豊富な字例を挙げる Hashimoto（1972: 428-431）を通覧すると明らかなように，ɔi と ʌi は両韻において分化条件なしに sporadic に現れ，また doublet も存在するから，朝鮮漢字音と同様の状態である。

[3] 河野（1964-7: 367, 414-5）では蟹摂1等において問題の韻母の類別と平行して声母の有気・無気の反映の違いが現れることが示されている。

[4] 遠藤（2003: 14-15）は「音法則の無例外性」と「層」の関係について触れている。

[5] 著者が本書執筆以前に扱ってきたのが句音調のような，純粋に音韻のみに関わる現象ではなく，「言い切り形・接続形」といった非常に抽象的なものにせよある種の意味を担う形態音素に関する現象であったこともこのような態度の違いをもたらしているのかもしれない。形態音韻論にあっては異形態の出現は clear-cut に条件づけられるものとは限らず，物事の性質上，現代日本語の連濁のようにある種の傾向にとどまるほうが常態であろう。

同様であり，河野（1964–7: 400–3）が層別をしているのに対して，

 c,ch …2 等（韻尾 -m/-p, -n/-t, -ŋ/-k をもつもの），3 等（拗介音を失っているもの）
 s   …2 等（ゼロ韻尾，母音韻尾，硬口蓋韻尾 -ɲ/-c をもつもの），3 等（拗介音をもつもの）

という分布傾向を持つ，とした。しかし，ここでも「傾向」とあるように例外が存在し，また doublet もある。更にこのような分布傾向がどのような音声的な意味を持つのかも説明し難い。また 3 等の拗介音を保つか否かも韻母の層別と平行するであろう[6]。

 確かに，対音資料の場合ならば一つの音素が外国人の耳に聞こえた音声的な類似によっていくつかの音で写される場合があるから，漢字音のような外来語の借用においてもそのような状況があるかもしれない。いずれにせよ，もしも河野（1964–7）が分けた層別をそのまま受け入れるだけならば，上引のような傾向を見出すことはできなかったであろう。他の箇所においても著者は逐一相補分布が存在する可能性を周到に探索し直しており，このような態度は例えば本書 241–2 頁で通覧されているような「声調と韻母の関係」についての傾向を抽出する等の一連の成果を挙げており，積極的な意義を持つものである。

 次に，朝鮮漢字音の音韻特徴のうちで最も不可解な現象である声母の有気性の反映に関する問題を取り上げよう。河野（1964–7: 410, 418–9 および随所）は，朝鮮漢字音では中国原音の全清（無気音）・次清（有気音）に対して舌・歯音でこそ平音（無気音）・激音（有気音）を区別して宛てる傾向があるものの，唇音では原音の有気性にかかわりなく音節に応じて平音となったり激音となったりする傾向（即ち「音節偏向」）が強く，牙音に至ってはほぼ一律平音となることから，朝鮮語には本来有気・無気の対立がなかったとした。

 本書 47–92 頁では唇・舌・歯音について有気性に関する音節偏向が全濁音も含めて詳細にわたり検討されており，その結果，中国原音の無気音を激音とする音節は i 介音を伴うものが多かったり，上声のものが多い，といった傾向を明らかにしたのは意義ある進歩であると認められる。しかし，著者の網羅的かつ綿密な探索にもかかわらず，残念ながらここでもそれは「傾向」にとどまり，朝鮮漢字音における無気・有気の出現が明瞭な分化条件によって截然と二分されるわけではない。このことは，この現象が狭義の音韻変化，即ち同一条件下にある音が例外なく別の音に変化したことによってもたらされたものではないことを示唆している。

 また，この現象を「層」の観点によって解くこともできない。なぜなら，全清音は中国語の諸歴史時代や諸方言において，個別字の例外的変化を除き，有気音に変化することは絶えてなく，従って全清音が有気音となっている音形を中国原音から借用することは有り得ないからである。

 以上のような状況を合理的に説明するために，河野（1964–7）の説を敷衍して私

---

[6] 河野（1964–7: 402–3）にも韻母の層別と平行する例が挙げられている。

は次のような仮説を立てる。即ち，朝鮮漢字音が初めて借用されたときには朝鮮語には有気性（および有声性）の対立が存在せず，中国原音の全清音・次清音・全濁音を一律平音で受け入れた。それに続く時代に，朝鮮において中国原音の学習が進み，外来語由来の音素として激音を獲得するに至った[7]。そして，原音の次清音が在来漢字音では平音となっていたのを激音に置き換える過程において，歯音は破擦音であるため有気性が特に耳立ち，それ故最も高い比率で激音に置き換えられたが，牙音は口の奥で調音されるため気音が耳立たず，殆ど激音に置き換えられなかった。ところが，その際，原音では有気音でない全清音も hypercorrection により部分的に激音に置き換えられることとなった。また全濁音も全清音と平行して平音から激音に置き換えられられたであろう。その場合，中国語北方方言では平声が有気・仄声が無気となる方言が大勢を占めるので，激音となっている全濁仄声字は hypercorrection に依って生じたとする以外の成因は想定し難いものの，激音となっている全濁平声字は後代になって中国原音から受け入れた可能性も無論ある。しかし，朝鮮漢字音ではとりたてて平仄声に応じて全濁声母の有気・無気の反映の比率が異なるわけではないから，激音となっている全濁平声字も朝鮮において激音に置き換えられたものが多いであろう[8]。このようにして漢字音で激音が音素として成立したため，固有朝鮮語語彙でも激音化するものが生ずることとなった，と[9]。

このような仮説によるならば，同一字で無気・有気の両様の音形を持つ doublet の存在や，音節偏向なる現象が類推によって生じたため狭義の音韻変化のような徹底性を持たず，ある種のゆるやかな傾向にとどまることへの説明もつけることができると考える[10]。

5. むすび

河野（1964–7）と比した本書の大きな特色は，声母・韻母を論ずる部分も含めて

---

[7] 柴田（1977）は日本語奄美・沖縄方言で喉頭化音・有気音の対立が生ずるに至った契機として琉球王家で中国語が行われていたことによる言語上層・言語傍層の要因を想定するが，ここの私見でも中国語の言語上層が朝鮮語に有気性に関する音韻対立をもたらしたと考える。ちなみに，Pittayaporn（2005: 192-3）ではタイ近辺のアンダマン海の島嶼に分布する南島語の一つであるモケン語においてタイ語からの借用によって有気音の系列が生じた実例が示されている。

[8] 李（1975: 82）は河野説を批判して「東音（朝鮮漢字音，引用者注）に有気音が存在する事実が何よりも重視されねばならないであろう。不規則な反映であっても有気音の存在を前提としない限り，不規則な反映すらもあり得ないので，その存在自体を疑うことはできない。」とするが，私見のように朝鮮漢字音の導入の初期とその後の有気音を獲得した段階を設けることにより両者の所見の対立を止揚することができるものと考える。

[9] 福井（2003: 30）には宋代の『鶏林類事』から中期朝鮮語に至るまで，また中期朝鮮語から現代に至るまでに生じた具体例が挙がっている。

[10] 但し，現代朝鮮語の濃音は多くが中期朝鮮語の複子音から形成され，本来はこの系列が存在しなかったとされており，そうすると朝鮮漢字音を初めて受け入れた時代の朝鮮語においては有声性・有気性・喉頭化などの調音方法の対立を一切もたない一系列の子音しか存在しなかったこととなり，このような体系が類型論上有り得るのかが更に問題となろう。このことは河野（1964–7）説にも該当する。

一貫して声調（朝鮮語のアクセント）を捨象せずに論を進めていることである。本書の声調の章では単漢字に限って検討がなされている。中国語上去声の反映がやはり焦点となるが，246-251頁で音声的条件を周到に探索しているものの，思わしい結果は得られておらず，251-4頁で挙げられている個別的な事情によって少数派である朝鮮語去声となるものが生じたことのようである。ほか，漢字語アクセントは著者の特に得意なジャンルであり，河野（1964-7）は全く扱っていないものであるが，それについては伊藤（1999, 2000）等を参照されたい。

「結論」においては朝鮮漢字音の母胎音の問題が論じられている。これについては本体部分で「層」を解消しようとしたのと平行して，「朝鮮漢字音の体系は概ね均一的なものと見られる。そしてその基礎になった中国原音は，おそらく（従来考えられている）『慧琳音義』の体系よりも音韻史的には若干新しい変化を含む一方で，より古い区別を保存する点もある方言だと推測される。」としている（266-7頁）。しかし，朝鮮は中国と地続きなので，あたかも中国語方言に準ずるような形で断続的に新しい音韻変化の波が個別の字音としてではなく「規則」としてもたらされ，それに該当する字が一律変化を蒙る過程も考え得る。母胎音を論ずる際の要となる止摂開口精荘組韻母の反映（本書148-158頁参照）などもその一例である可能性がある。

全体を通して言えることは，河野（1964-7）のような偉大な先行研究を前にして本書の著者は些かも臆することなく一次資料の綿密な検討と独自の思考に基づいて対立仮説をほぼどの個所においても自由に提起しており，そのいずれも傾聴に値し，両説の得失について真剣に吟味する価値がある。今後朝鮮漢字音を扱う者はこの二つの著作を見ずして論を進めることはできないものと言うべきであろう。

参 照 文 献

有坂秀世（1936）「漢字の朝鮮音について」『国語音韻史の研究　増補新版』所収, 303-326. 東京：三省堂, 1957.
遠藤光暁（2001）「テクスト記述・祖本再構・編集史の内的再構―中国語音韻史資料の場合」，宮下志朗・丹治愛編『書物の言語態』51-66. 東京：東京大学出版会.
遠藤光暁（2003）「中国語音韻史研究の課題」『音声研究』7(1): 14-22.
遠藤光暁・伊藤英人・竹越孝・更科慎一・曲暁雲編（2008）「韓漢言語史資料研究文献目録（稿）」，遠藤光暁・厳翼相編『韓漢言語研究』. ソウル：学古房.
福井　玲（2003）「朝鮮語音韻史の諸課題」『音声研究』7(1): 23-34.
Hashimoto, Oi-kan Yue (1972) *Phonology of Cantonese*. Cambridge: Cambridge University Press.
伊藤智ゆき（1999）「中期朝鮮語の漢字語アクセント体系」『言語研究』116: 97-143.
伊藤智ゆき（2000）「中期朝鮮語漢字語アクセント資料」. 福井玲編『韓国語アクセント論叢』99-247. 東京大学大学院人文社会系研究科.
伊藤智ゆき（2002）「『六祖法宝壇経諺解』の句音調」『朝鮮語研究』1: 109-128. 東京：くろしお出版.
伊藤智ゆき（2004）「『六祖法宝壇経諺解』『真言勧供・三壇施食文諺解』の音韻的特徴」『朝鮮学報』192: 1-35.
Karlgren, Bernhard (1926) *Etudes sur la Phonologie Chinoise, Dictionnaire*. Gotembourg: Elanders Boktryckeri A.-B.
河野六郎（1964-7）『朝鮮漢字音の研究』，『河野六郎著作集2 中国音韻学論文集』所収, 295-

512. 東京：平凡社, 1979.
李　基文（1975）『韓国語の歴史』, 藤本幸夫訳, 東京：大修館書店.
三根谷徹（1972）『越南漢字音の研究』東京：東洋文庫,『中古漢語と越南漢字音』所収, 東京：汲古書院, 1993.
Pittayaporn, Pittayawat (2005) Moken as a Mainland Southeast Asian Language. In: Anthony Grant and Paul Sidwell (eds.) *Chamic and beyond*, 189–209. Canberra: Australian National University.
柴田　武（1977）「奄美・沖縄諸方言の喉頭化音について」『鬼春人先生還暦記念論文集』42–50. 私家版.

著者連絡先：
150-8366　東京都渋谷区渋谷 4-4-25
青山学院大学
mit.endo@gmail.com

［受領日　2008 年 1 月 6 日
最終原稿受理日　2008 年 1 月 22 日］

に、孤立語的だという点はカム・タイ語、ミャオ・ヤオ語、モン・クメール語と同様である。第三に、それと並行してこれらの言語の基本語順はSVOとなっているが、孤立語は意味役割を表示する手段を形態面でもたないため、動詞の前にあるか後にあるかにより意味役割を示す必要があるので必然的にSVOの語順となることはインド・ヨーロッパ語の歴史においてもみられることである。ちなみに、東ユーラシアの諸言語において中国語やカム・タイ語、ミャオ・ヤオ語、モン・クメール語、カレン語などのSVO型言語の周囲を取り囲む諸言語が一様にSOV型であることをマシカ（Masica）が示している。第四に、SVO型言語では修飾語が被修飾語の後に置かれるのが類型論的に一貫した語順であり、現にカム・タイ語などではそうなっているが、中国語では非常に古くから修飾語を被修飾語の前に置く語順となっている。第五に、中国語では動詞（句）をその間の関係を示す標識なしに連続させることができ、そのような動詞連続構造がある点も東南アジアの諸言語と共通する特徴である。第六に、「二頭牛」の「頭」のような類別詞が中国語や東南アジア諸語にあるけれども、上古漢語にはほとんど存在せず、またチベット語にもなく、後で発達したものである。以上見てきたように、中国語をとらえる際には方言差や歴史的変化をふまえつつ、東ユーラシアの諸言語を視野に入れて考察を進めるのが有利である。

→上古漢語、中古漢語、北京語

【参考文献】カールグレン『中国の言語』（江南書院、一九五八（ゆまに書房、一九九九））朱徳煕『文法講義』（白帝社、一九九五）『中国語学新辞典』（光生館、一九六九）『中国文化叢書一　言語』（大修館書店、一九六七）西田龍雄『東アジア諸言語の研究Ⅰ』（京都大学学術出版会、二〇〇〇）橋本万太郎『言語類型地理論』（弘文堂、一九七八（『橋本万太郎著作集一』内山書店、二〇〇〇））北京大学『現代中国語総説』（三省堂、二〇〇四）松本克己『世界言語のなかの日本語』（三省堂、二〇〇七）峰岸真琴「動詞連続と言語理論の諸前提」（『東ユーラシア言語研究二』好文出版、二〇〇六）曹志耘『漢語方言地図集』（北京商務印書館、二〇〇八）Norman, J. *Chinese*. (Cambridge University Press, 1988)［漢訳『漢語概説』（語文出版社、一九九五）］

（遠藤光暁）

中国語

ちゅうごくご　Chinese; Sinitic languages

漢民族の言語。中国では「漢語」と呼ばれる。日本の普通の用語法では現代標準語・「普通話」を指すが、広義ではすべての歴史時代・すべての方言を含む。話者人口は一〇億を超え、大方言区としては七つ、実際には互いに通じないはるかに多くの方言群が存在し、これを単一言語 Chinese と呼ぶよりも、Sinitic languages（漢諸語）と呼ぶほうが実態に即している。しかし、漢字を使っているため発音の方言差が表れず、そのため全国で同一の書き言葉を用い、また標準語教育やマスメディアの普及の結果、中国全土（少数民族地域や台湾を含む）どこに行っても普通話で用を足すことができる。

【地域】中国の東半分の地域に漢族が居住し、高度の高い西半分の内蒙古・ウイグル・チベット高原・雲南・貴州・広西などには、少数民族が多く居住している。黒龍江・吉林・遼寧といった東北三省に漢族が多数居住するようになったのは清末以降のことで、山東省などからの移民が多い。中国語の方言は、東南部とそれ以外（「北方方言」）ないし「官話」にまず二大分類される。北方方言は、さらに華北方言・晋方言・中原方言・西北方言・西南方言・下江方言などの下位分類され、これらは分布地域が広く、話者人口も多いが、言語的差異は相対的に小さい。東南部方言は、さらに呉方言・湘（湖南）方言・贛（江西）方言・閩（福建）方言・粤（広東）方言・客家方言などに下位区分されるが、これらは多くが高い山に隔てられており、相互に通じず、より複雑な古風な特徴をもった方言群である。台湾では閩南語や客家語が話されており、特に都市部では北京語とほぼ同じ「華語」（「国語」ともいう）が普及している。香港は一九九七年の返還までは粤語一色だったが、返還後は普通話も通じるようになってきている。また、東南アジアをはじめとした海外在住の華僑は主として沿海部の福建・広東省出身で、閩・粤・客家方言の話し手が多いが、台湾と同様に北京語も通用する。以前は中国語の方言間の差異は音声と語彙面が主であるとされていたが、近年は方言文法の記述が進み、文法面の差異もかなり大きいことが知られるようになった。

【歴史】文字に記録されるのは殷代（紀元前一三〇〇～紀元前一〇四六年）の甲骨文字からなので、歴史時代は三三〇〇年ほどにのぼり、この間ほぼ間断なくさまざまな分野のおびただしい文献がある。時代区分については諸説があり、音韻特徴によるか文法特徴によるかなどにより細部は異なっているが、常識的には「上古」——殷・周・春秋・戦国・両漢（紀元前一三〇〇～二二〇年）、「中古」——六朝・隋・唐（二二〇～九〇七年）、「近代」——宋・元・明・清（九六〇～一九一一年）、「現代」——民国・中華人民共和国（一九一一年～現在）という区分が簡明であり、よく使われている。

【系統】シナ・チベット語族（Sino-Tibetan）に属すとされる。この語族は、欧米ではチベット・ビルマ語と漢諸語からなるが、中国ではさらにカム・タイ語、ミャオ・ヤオ語も含むものとされる。しかしながら、チベット・ビルマ語はSOV言語であり、語形変化をしたり、格助詞を使うなど、言語類型的には中国語とかなり異なったタイプの言語であり、同系語であるとするには言語構造的に越えなければならない溝が大きいが、基礎語彙において一連の対応語彙が見出されるとみて、中国語と最も近い関係にある言語群であるとみなされるのは、実はほとんどすべてが東南アジアの諸言語にみられることを橋本萬太郎が示しているが、ここでそのいくつかをみてみよう。第一に、単音節で一語ないし一形態素をなし、声調をもつという点はチベット・ビルマ語、カム・タイ語、ミャオ・ヤオ語、ベトナム語と同様である。ただし、声調はいずれの言語群においてもまず多音節語、後に音節頭子音などを条件として発生したものと考えられており、それは中国語も同様である。また、中国語のなかでも呉方言などは多音節語に一つの声調が被さる「語声調」型となっていて、他の方言群が音節声調をもつのと異なる。第二

に克己は類型論的な特徴に基づき歴史時代以前に中国語がクレオール化したと示唆しており、傾聴に値する。

【類型論的特徴】中国語の特徴としてあげられるものは、実はほとんどすべてが東南アジアの諸言語にみられることを橋本萬太郎が示しているが、ここでそのいくつかをみてみよう。第一に、単音節で一語ないし一形態素をなし、声調をもつという点はチベット・ビルマ語、カム・タイ語、ミャオ・ヤオ語、ベトナム語と同様である。ただし、声調はいずれの言語群においてもまず多音節語、後に音節頭子音などを条件として発生したものと考えられており、それは中国語も同様である。また、中国語のなかでも呉方言などは多音節語に一つの声調が被さる「語声調」型となっていて、他の方言群が音節声調をもつのと異なる。第二

【文法特徴】語順の面では、「吾誰欺?」のように疑問詞や「不患人之不己知、患不知人也。」のように代名詞は否定文において目的語が動詞に前置されたり、前置詞句はふつう動詞に後置される、といった点が後世と異なる。また品詞の転換が比較的自由に起こるが、規則性があるものであり、文法的なマーカーとして助辞を多用するので、中国語はどのようにも読めるといった融通無碍の性質のものではない。

【近年の研究動向】近年陸続と出土資料が発見されて伝世文献よりも原初態に近い形に接することが可能になり、語彙・文法研究の精密化に貢献している。戦国時代の出土文献においてはいまだ仮借が多く、漢代の『説文』と異なる諧声符を使う文字もみられ、上古音研究の資料ともなる。またシナ・チベット諸語における同源語ないし古い借用語の比較研究も進展し、語形派生の研究も活発に行われており、上古期ないしそれ以前の時代は漢語研究のなかでも最も大きく様相が変わりつつある分野である。

【参考文献】太田辰夫『古典中国語文法（改訂版）』（汲古書院、一九八四）同『中国文化叢書一 言語』（大修館書店、一九六七）藤堂明保『中国語音韻論』（江南書院、一九五七（光生館、一九六五）同『漢字語源辞典』（学灯社、一九八〇）同『学研漢和大字典（学習研究社、一九七八）頼惟勤『説文入門』（大修館書店、一九八三）同『中国古典を読むために』（大修館書店、一九七七）王力『同源字典』（商務印書館、一九八二）雅洪託夫『漢蔵語研究論文集』（北京大学出版社、一九八六）龔煌城『漢蔵語研究論文集』（中央研究院語言学研究所（籌備処）、二〇〇二）鄭張尚芳『上古音系』（上海教育出版社、二〇〇三）董同龢『上古音韻表稿』（もと一九四四、台聯国風出版社、一九七五）李方桂『上古音研究』（北京商務印書館、一九八二）Baxter, W. A. *A Handbook of Old Chinese Phonology*. (Mouton de Gruyter, 1992) Coblin, S. *A Sinologist's Handlist of Sino-Tibetan Lexical Comparisons*. (Steyler Verlag, 1986) Karlgren, B. 'Word families in Chinese' (*Bulletin of the Museum of Far Eastern Antiquities*, Vol. 5, 1934) Karlgren, B. '*Grammata Serica Recensa*' (*BMFEA*, Vol. 29, 1957) Sagart, L. *The Roots of Old Chinese*. (John Benjamins, 1999)

（遠藤光暁）

上古漢語

じょうこかんご　Old Chinese; Archaic Chinese

広義には最古の文字記録である甲骨文字が現れる殷代（紀元前一三〇〇年頃～）から周・春秋・戦国時代といった先秦時代（紀元前二二一年より以前）の中国語を指すが、漢代から魏晋を含めるとともある。文法史の立場からは、殷・周の甲骨・金文資料および『書経』『詩経』をそれ以降と別扱いする学者もいる。狭義には音韻史のうえで『詩経』（紀元前一一世紀～紀元前六世紀）の押韻・漢字の諧声系列と中古音との比較から知られる周代の音韻体系を指し（「上古音」ともいう）、カールグレンはそれを Archaic Chinese と命名したが、近年は Old Chinese と呼ばれることが多い。

【研究史】秦の始皇帝による焚書があったため、漢代に先秦の古典の復興のための言語学的研究が始まった。『爾雅』は中国語文法できわめて重要な役割を果たす助辞をはじめとした類義語彙集で、揚雄『方言』（西暦紀元頃成書）は方言辞典であり、許慎『説文解字』（紀元後一〇〇年序）は語義と字形の成り立ちを注釈した字書である。上古の音韻に関する研究は清代に大成し、『詩経』の押韻カテゴリーを示す「部」の大綱が帰納され、段玉裁は「同声必同部」、すなわち諧声符を同じくするものは必ず部も同じくする、と述べて、『詩経』の韻に現れない字についても諧声符に基づき部の帰属が決定できるようになった。二〇世紀に入り、カールグレンが中古音の推定音価を梃子として、清代にすでに得られていた上古音の音類に対して音価を推定するに至った。

秦・漢からの諸学者の説が並立しているが、ここではヤーホントフや頼惟勤などの先駆的な説を取り入れて巧みに融合させた李方桂の説を記しておく。まず、声母としては以下のものがある。

p ph b hm m
t th d hn n l,r
ts tsh dz   s
k kh g hng ng h
kw khw gw hngw ngw hw
・w
・[ʔ]

鼻音・流音に無声音の系列もあったことが特色の一つである（ヤーホントフ説による）。この他に子音連続も存在していたと思われる。介音としては中古三等の来源として j、中古二等の来源として r（ヤーホントフ説による）の二種を立てている。介音はチベット・ビルマ語やタイ諸語にはよくみられ、それ自体の発音は、後代の音韻変化を説明するうえでも自然なものである。中古の合口介音 w は声母に円唇舌根音の系列を立てることによりおおむねその由来が説明できるとして上古には立てていない（ヤーホントフ説による）。また、最近では j 介音を立てずに長短などのプロソディーの区別を考える説もある。母音については、カールグレン、董同龢は微細な区別をもつ非常に多くの種類を立てざるをえなかったが、李方桂は介音 r と合口韻尾（頼惟勤説による）を立てることにより、i,u,ə,a という四つの単母音、iə, uə の三つの二重母音のみという単純な体系を推定することに成功している。龔煌城は李方桂説によってチベット語・ビルマ語との整然とした音韻対応規則を

【音韻特徴】上古音についてはカールグレン、董同龢、王力、李方桂、バックスター（Baxter）、鄭張尚芳などの諸学者の説が並立しているが、ここではヤーホントフや頼惟勤などの先駆的な説を取り入れて巧みに融合させた李方桂の説を記しておく。

韻尾としては、陰声-b, -d, -g, -gw、陽声-m, -n, -ng, -ngw、入声-p, -t, -k, -kw という表記を採用するが、陰声と入声は声調に関して相補分布をなすためそれらが一系列の音素であり、有声・無声の対立はないとしている。なお、王力、バックスターなどは陰声に対して母音韻尾を再構する。声調については、平声—無表記、上声—x、去声—h、入声—p,t,k,kw としている。これはオードリクールが声調の起源を音節末の子音に求めた説であり、現在では上声を ʔ、去声を当初 -s、後に -h となったと考える説が有力である。ここで付言しておくと、わが推古朝遺文は絶対年代は中古漢語の時代だが上古音を反映した特徴をもつ。

【語彙特徴】カールグレンは上古において音形が類似する一連の単語が語義も共通にする現象をとらえて「単語家族」と呼んだ。これは清朝以前から「右文説」として知られており、上記の例に含まれる鼻音・閉鎖音韻尾の間の交替は「陰陽入対転」と呼ばれていた。また、「好」形容詞—上声、動詞—去声、「受」—上声、「授」—去声、といった声調による交替もあった（これを「四声別義」「去声別義」と呼ぶ学者もいる）。「吾」は主語・修飾語に対して「我」は目的語に使われる傾向もある。また「筆」の二音節の異形態が存在し、一方助辞では「不之」の二音節が「弗」の一音節に縮約するといった例もある。普通、古典中国語は単音節孤立語の典型とされるのだが、このように語形変化の痕跡が存在し、近年では接辞による派生もさかんに研究されるようになっている（サガール（Sagart）の研究など）。

分裂した。唐代については『悉曇蔵』(八八〇年)のような声調調値を反映した資料が存在し、その具体的な音価を推定することができる。また『切韻』の数百年前の梵漢対音では去声の一部がまだ何らかの舌音韻尾を保存していたことがうかがわれる。

【語彙・文法特徴】以下では志村良治による概括を抄録する。上古漢語では判断文は「A、B也」となっていたところ、漢代になって「是」が出現して「A是B」となり、系詞が形成される。この否定形は、当初「非」「非是」であったが、唐代になり「不是」が現れる。動詞が連用されて動作とその結果を表す「使成式」(王力の用語)が生まれる。また方向動詞が第二動詞となる例も現れ、ほか現代語でいう「可能補語」に類する構造もみられるようになる。「把・将」を用いて目的語を動詞に前置する「処置式」が現れる。受身構文としては上古の「為～所～」に加えて「被」が使われ始める。人称代名詞「你」(二人称)、指示代名詞「這・那」(現代の前身)が現れ、疑問代名詞「是没」(現代の「什么」の前身)が現れる。副詞語尾「地」や構造助詞「底」(現代の「的」の前身、おそらく上古の「之」に由来する)が現れる。文末に「嗎」による疑問文を付けて疑問を表し、これは現代の「嗎」による疑問文の先駆けとなる。名詞の接頭辞「阿・老」、接尾辞「子・児・頭」がみられるようになる。量詞が多く現れるようになる。

【東アジア・東南アジア諸語と並行する特徴】上古漢語から中古漢語期に生じた変化のうち、声調の発生や有声声母の消失による声調の分裂、音節構造の単純

化、動詞連続の使用、量詞の発生などは漢語と必ずしも系統関係をもたない東アジア・東南アジアの諸言語にも並行してみられる特徴である。おのおの独立に類似の変化が起こったのか、影響関係があったのか、その具体的なメカニズムについては今後解明すべき課題である。

→上古漢語

【参考文献】有坂秀世『増補新版 国語音韻史の研究』(三省堂、一九五七) 太田辰夫『中国語歴史文法』(江南書院、一九五八 / 朋友書店、一九八一)河野六郎『中国音韻学論文集』(平凡社、一九七九) 志村良治『中国中世語法史研究』(三冬社、一九八四)藤堂明保『中国語音韻論』(江南書院、一九五七、光生館、一九八〇)同『学研漢和大字典』(『中国文化叢書一 言語』大修館書店、一九六七) 水谷真成『中国語史研究』(三省堂、一九九四) 梅祖麟『梅祖麟語言学論文集』(商務印書館、二〇〇〇) Maspero, H. 'Le Dialecte de Tch'ang-ngan sous les T'ang' (Bulletin de l'École Française d'Extrême-Orient, Vol. 20, No. 2, 1920) [漢訳『唐代長安方言考』(北京商務印書館、二〇〇五)]

(遠藤光暁)

中古漢語 ちゅうこかんご Middle Chinese; Ancient Chinese

広義には、おおむね六朝から唐代頃まで（三〜一〇世紀）の中国語を指し、より広く漢代や宋代を含める説もある。狭義には音韻史のうえで隋の陸法言『切韻』（六〇一年）の音韻体系を指し（「中古音」ともいう）、この分野のパイオニアであるカールグレンはそれをAncient Chineseと命名したが、近年はMiddle Chineseと呼ばれることが多い。中古音は全体系を細部までかなり確実に知ることができる中国語最古の音韻体系なので、その前の時代にさかのぼる際にも後代への変化を跡づける際にも出発点となる中国語音韻史上の要である。

【資料】音韻面での根本資料は『切韻』であるが、清朝までは『切韻』が滅びていて参照することができなかったため宋の『広韻』（一〇〇八年）に代用されていた。二〇世紀になり敦煌・トルファンから『切韻』残巻が多数発見され、また故宮から王仁昫『刊謬補缺切韻』の完本が見出され、原本『切韻』の様相に肉薄することが可能となった。中古期全体に見られる梵漢対音や唐代音を反映する蔵漢対音および日本・朝鮮・越南漢字音なども重要資料であり、マスペロによる包括的な研究がある。文法・語彙面では禅の語録『祖堂集』（九五二年）が音韻史研究における『切韻』に相当する枢要の地位をもつが、近代漢語と位置づけられることも多い。それ以前の資料としては、漢訳仏典、『世説新語』（五世紀）、小説、口語的な詩文などが使われる。

【音韻特徴】中古中国語の音節構造は、声母（頭子音）＋介音（わたり母音）＋主母音＋韻尾（末子音・母音）からなり、この全体に声調がかぶさる。表1に中国音韻学で常用される等韻学的術語とともに平山久雄による推定音価を掲げておく（ただし軽唇音の系列を追加してある）。

中古においては、無声無気音（全清音）・無声有気音（次清音）のほかに、有声音（全濁音）が存在し、それは現代では呉・湘方言などを除いて清音に変化している。また『切韻』の段階では重唇音しかなく、軽唇音は唐代になってから分出したものである。舌尖破擦音・摩擦音では通常のもののほか、口蓋音の系列そり舌音の系列も存在する。上古音とは異なり子音連続は存在しない。

韻母は、まず「外転」「内転」の二類に大別され、前者は主母音がおおむね a-æ-ɛ-e の四類（これを順に「一等・二等・三等・四等」と呼ぶ）からなる韻を含み、後者は主母音が（音韻論的に）ə の類の韻を含む（内転系には二等・四等の韻は存在しない）。後に掲げる表2は平山久雄による推定音価をもとにして、唐代に生じた音韻変化などによる一部修正を組み込んで表示してある。鼻音韻尾と同部位の閉鎖音韻尾（入声）の系列もある。また、三等は介音として ĭ をもち、またそれぞれの系列には唇音韻尾の韻類を除き介音に u をもつ韻母（合口）と呼ばれる）も存在する。韻尾としては、ゼロ、i、u、m、n、ŋ、p、t、k があり、母音・鼻音韻尾は平上去声、閉鎖音韻尾は入声に現れる。なお m、p は唐代になって前舌主母音の順行同化により -n/-t に変化した音形である。声調には「平上去入」の四種であったが『切韻』の時代には「平上去入」の四種であったが、（ただし入声は声調素としては去声と同一であった蓋然性が強い）、唐代になり有声声母が無声化するのに伴い「陰陽調」に

表1 声母表

	全清	次清	全濁	次濁
重唇音	幫p	滂p'	並b	明m
軽唇音	非pf	敷pf'	奉bv	微mv
舌頭音	端t	透t'	定d	泥n
舌上音	知ţ	徹ţ'	澄ḑ	娘ņ
牙音	見k	溪k'	群g	疑ŋ
歯頭音	精ts	清ts'	從dz	泥n
	心s		邪z	
正歯音[3等]	章tɕ	昌tɕ'	船dʑ	日ȵ
	書ɕ		常ʑ	
正歯音[2等]	荘tʂ	初tʂ'	崇dʐ	
	生ʂ		俟ʐ	
喉音	影ʔ		匣ɦ	羊j
	暁h			
舌頭音				来l

表2 韻母表（開口のみ表示してある）

外転系

摂	1等	2等	3等	4等
果仮-ø	歌ɑ	麻₂a	麻₃ia	
蟹-i	泰ɑi 咍灰ʌi	夬ai 皆ɐi 佳ai	祭iɐi 廃iʌi	斉ei
效-u	豪ɑu	肴au	宵iɐu	蕭eu
咸-m	談ɑm 覃ʌm	銜am 咸ɐm	塩iɛm 厳凡iɐm	添em
山-n	寒桓ɑn	刪an 山ɐn	仙iɛn 元iɐn	先en
梗-ŋ		庚₂aŋ 耕ɐŋ	庚₃iaŋ 清iɛŋ	青eŋ
宕江-ŋ	唐ɑŋ	江ɔŋ	陽iɑŋ	

内転系

摂	1等	3等
遇-ø	模o	魚iə 虞ui
止-i		之iəi 脂iei 支iɛi 微iəi
流-u	侯əu	尤ieu 幽ieu
深-m		侵iem
臻-n	痕魂ən	臻真諄ien 殷文iən
曽-ŋ	登əŋ	蒸ieŋ
通-ŋ	冬oŋ 東₁uŋ	鐘ioŋ 東₃iuŋ

北京語 ぺきんご Beijing dialect; Pekingese

広義には、北京で話されている中国語を指し、標準語的な側面は「普通話」「北京官話」と呼ばれるものと同じだが、狭義には、代々北京に住んでいる生粋の北京っ子の話す、全国共通語とは異なる固有の特徴をもつ方言を指し、それは「北京土話」とも呼ばれる。

【地域】北京城内（かつて城壁で囲まれていた地域）と完全に同じ特徴をもつ方言の分布地域は行政区画上の北京市よりも狭く、北方方言ないし河北省方言のなかでも孤立した状態にある。地図では、「愛安藕悪」などの音節頭子音の発音の北京市内における地理分布が示してあり、ロ-（斜線）やng-（縦線）となる地域が北京城内方言を包囲していることがわかる。

【歴史】北京には元明清以来、明初や民国初を除き首都が置かれていたが、近年の研究に基づくと、北京語が全国標準語的地位を決定的に占めるのは十九世紀半ばのアヘン戦争以後であり、それ以前は南京官話が優勢であった。また、首都としての性質上全国からの人口の流入が顕著で、王朝の交替時には城内の住民の大幅な入れ替えがあったため、外来要素が入りやすく、たとえば明代の北京語と清代の北京語の間には断層があるとすべき徴候もある。改革開放の進んだ一九八〇年代以降にも香港・台湾からの語彙・文法的な影響を受けている。

【特徴】発音面では、ㄦ化をさせることが多く、発話全体が巻き舌的な鼻音がかった独特の調音によってなされる。また、強さアクセントの対立が存在し、その強弱のメリハリはかなり大きい。三音節語の真ん中に入った二声は第一音節が一・二声の場合に多く一声で発音される。軽声音節の母音が弱化してあいまい母音に近づく。旧入声に由来する音節はたとえば「比較」の「較」がjiāoや「室」がshìのように三声で発音するものがやや多い。ⓥで始まる音節が時にⓥやや唇歯閉鎖音ⓥと発音されることがある。文法上の特徴としては、太田辰夫によると、一人称複数代詞として包括形「咱們」がある、前置詞「給」がある、文末助詞「来着」がある、文末助詞として「哩」ではなく「呢」を使う、禁止を表す副詞「別」がある、程度副詞「很」を修飾語として用いる、「～多了」を形容詞の後に置いて「ずっと～」の意味を表す、といったことがあげられる。また、可能補語の肯定形が「V得C」(Vは動詞でCは補語、たとえば「看得見」)となる形は南方ているC本来の「能VC」という形が、制約なく使われうるのに対して、疑問文やその答えにおいて使うというのに対して、疑問文やその答えにおいて使うという偏りがある。語彙面では、普通話の「看」に対して「瞧」と言ったり、「両個」「三個」に対して「俩」「仁」「地方」に対して「地児」、「不用」に対して「甭」bèngや、「在」に対してzǎi, gěn, dǎi、hǎi, hǎnなどの言い方をする。また、chǎiやlóu（駄目な）、侃大山（おしゃべりする）といった土語も枚挙にいとまがない。

【参考文献】遠藤光暁「北京語と"普通話"」《中国語のエッセンス》白帝社、二〇〇六 太田辰夫「清代の北京語について」『中国語文論集 語学篇 元雑劇篇』汲古書院、一九九五 高田時雄「トマス・ウェイドと北京語の勝利」狭間直樹編『西洋近代文明と中華世界』京都大学学術出版会、二〇〇一 胡明揚『北京話初探』商務印書館、一九八七 周一民『北京現代流行語』（北京燕山出版社、一九九二）同ほか『北京話研究』（北京師範大学出版社、一九九二）徐世栄『北京土話辞典』（北京出版社、一九九〇）常瀛生『北京土話中的満語』（北京燕山出版社、一九九三）

陳剛ほか『現代北京口語詞典』(語文出版社、一九八七)
林燾『北京官話区的画分』《方言》一九八七 第三期
(遠藤光暁)

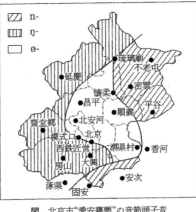

図 北京市"愛安藕悪"の音節頭子音
（林燾「北京官話区的画分」）

カールグレン　Karlgren, Klas Bernhard Johannes

一八八九〜一九七八年。スウェーデンのイェンシェピンに生まれる。【略歴】一九〇九年ウプサラ大学卒業（ロシア語専攻）、一九一〇年から二年間中国山西省で現地調査、一九一二年からロンドンで数か月、パリで約二年学ぶ。一九一五年に文学博士号取得。一九一六年からリーディンゲの宣教師学校で現代中国語を教え、一九一八年よりヨーテボリ大学校で現代中国言語文化講座教授、同大総長も務め、一九三九年から一九五九年までストックホルム大学中国学教授を兼任。一九四五年から一九六五年まではストックホルムの Museum of Far Eastern Antiquities 館長。【専門】中国語学。【解説】中国語音声学、方言学、音韻史、上古漢語の音韻・語彙、中国古典籍の注釈および言語学的根拠による真偽鑑定、文法史、青銅器の様式分け、考古学などの分野で大きな足跡を残した。最も名高いのは学位論文 Etudes sur la Phonologie Chinoise (Upsala, 1915〜24, 中国語訳・高本漢『中国音韻学研究』一九四〇）であり、中国の伝統的な音韻学の枠組みに沿って、山西省滞在時に直接調査した二四方言と先行資料の記述にかかる現代中国語方言や日本・朝鮮・ベトナム漢字音の三千四百字ほどの字音に基づき、それらの共通の祖先と目される隋唐代の中古漢語の音価を推定した。その後の諸学者による修正の結果、現在ではそのままの結論が用いられることは少ないが、根幹となる部分はカールグレンが定めたものである。

A Mandarin Phonetic Reader in the Pekinese Dialect (Stockholm, 1918, 序論の部分の日本語訳『北京語の発音』文求堂、一九四一）は強さアクセントを含む精密な音声記述をなしている。Analytic Dictionary of Chinese and Sino-Japanese (Paris, 1923) は偏旁ではなく声符を共通にする字の順に配列した辞書で、Grammata Serica (Stockholm, 1940, 改訂版1957, 漢訳『漢文典』上海辞書出版社、一九九七）はさらに進んで上古音の韻部の順に声符ごとに字を配列して甲骨・金文での字形・意味や古典籍における意味を記している。そしてその序論において上古音の全面的な推定音価を与え、この部分は後に修正を加えて Compendium of Phonetics in Ancient and Archaic Chinese (Stockholm, 1954) として出されている。これに先立ち、Word Families in Chinese (Stockholm, 1934) は上古漢語において類似音をもつ語が類似の意味をもつという重要現象について系統的に字例を集めて論じている。ほか、『詩経』『書経』『左伝』などの古典籍の注釈を行い、さらにその助詞の用法に基づき真偽の鑑定を行っている。この分野は日本語訳の『左伝真偽考』（文求堂、一九三九）がある。同様の方法を用いて明清の白話小説の文法特性をも論じた（日本語訳が『中国語研究』一一、一九六八、一三、一九七一に掲載されている）。また青銅器などを論じた考古学の業績も少なからずある。カールグレンは、広範な分野にわたる自らの研究を平易な言葉遣いでまとめた概説書も著しており、日本語訳として『支那言語学概論』（文求堂、一九三七（ゆまに書房、一九九九）『中国の言語』（江南書院、一九五八（ゆまに書房、二〇〇〇）があり、これらは現在でも最も良質の中国語史研究への入門書として古典的地位をもっている。カールグレンの学風は周到にして系統的であり、大量の例を要領よく扱いつつ堅牢な論理を展開する。多岐にわたる複雑な現象に鳥瞰を与えた Etudes や Grammata Serica は今日に至ってもそれに取って代わる包括的著作がみられない金字塔的作品である。

【参考文献】遠藤光暁「現代中国語学の創始者カールグレンの生涯と学問」（『漢語方言論稿』好文出版、二〇〇〇）、西田龍雄「Bernhard Karlgrenの業績と漢語学」（文中で引用した『中国の言語』所収）Egerod, S. 'Bernahard Karlgren' (Annual Newsletter of the Scandinavian Institute of Asian Studies, Vol.13, 1979) Malmqvist, G. Bernhard Karlgren. (Norstedis, 1995)

（遠藤光暁）

形声符読み　けいせいふよみ 'phonetic component reading' (a folk etymological reading of a phono-semantic Chinese character based on its phonetic component)

声符に基づく誤った類推によりもたらされた例外的な字音。たとえば、「該」は中国語中古音では音節頭子音が見母*k-であり、日本漢字音における正規の対応形としては「カイ」となることが期待されるところ、「ガイ」となっているのは、その声符「亥」の読音「ガイ」に基づく類推により字音が形成されたことによると考えられる。これは声符と義符からなる形声字（諧声字ともいう）が音の類似によって作られており、完全な同音であるとは限らないため、読音の漢字を読む際に声符に基づいて割り出したとしても必ずしも正規の対応形が出てくるとは限らないことによる。また、朝鮮漢字音で本来 k- となることが期待される「快」が kʻwai であるのは「夬」からの類推による、といったように常用の形声字のほうから逆に単体の字の読音が形成されるような例もある。このような例外字音は、日本・朝鮮・越南漢字音などのように、口頭言語によらず主に漢字を媒介として読書音が伝承された場合に多数みられ、通例は僻字であることが多いが、中国本国でも「読半辺字」として同様のタイプの例外字音が存在する。たとえば、「友誼」は現代北京音では yóuyì が正規の発音だが、北京ではよく「誼」を yí と発音する人がおり、これは常用語でないため声符「宜」により読音を割り出したことによる例外と考えられる。このような教養がないための漢字の誤読を総称して「百姓読み」と呼ぶこともある。

【参考文献】 河野六郎「諧声文字論」（『河野六郎著作集 三』平凡社、一九八〇）李栄「語音演変規律的例外」（『音韻存稿』北京商務印書館、一九八二）

（遠藤光暁）

初出一覧

敦煌《毛詩音》S.10V 写巻考辨，青山学院大学全学共通科目『論集』42:53-62, 2001 年。

(with Yoichi Isahaya) Yuan Phonology as Reflected in Persian Transcription in the *Zīj-i Īlkhānī*，青山学院大学経済学部『経済研究』8:1-38, 2016 年。

『翻訳老乞大・朴通事』に存在する注音・用字上の内部差異について，*KOTONOHA*, 38:1-5, 2006 年。

《老朴集覽》里的音韻資料，《韓國的中國語言学資料研究》，31-49, ソウル，學古房，2005 年。

崔世珍『韻会玉篇』について，『譯學과譯學書』1:87-112, 2010 年。

介音與其他語音成分之間的配合關係，《聲韻論叢》11:45-68, 2001 年。

A Historical Study of Chinese Stress Accent, In: Hana Trisková, ed, Tone, *Stress and Rhythm in Spoken Chinese*, Journal of Chinese Linguistics, Monograph Series, No.17, 192-208, 2001.

从年龄差异归纳音变的方向性——以汉语荔波方言为例，石锋、沈钟伟编《乐在其中——王士元教授七十华诞庆祝文集》，168-175, 天津，南开大学出版社，2004 年。

現代漢語各方言年齡差異所反映的音韻變化類型，『青山スタンダード論集』9, 123-141, 2014 年。

近 150 年来汉语各种方言里的声调演变过程——以艾約瑟的描写为出发点，远藤光晓、石崎博志编《现代汉语的历史研究》，199-228, 杭州：浙江大学出版社，2015 年。

20 世紀以來漢語幾個方言聲調調值史，『漢語研究的新貌 方言、語法與文獻 獻給余靄芹教授』，305-317, 香港，香港中文大學中國文化研究所吳多泰中國語文研究中心，2016 年。

西南官話祖調値の再構，中国語学会第 34 回全国大会発表資料，於神戸大学，1984 年 10 月 27 日。

"世"の字源と語源をめぐって，*KOTONOHA*, 100:6-8, 2011 年。

水の単語家族，『太田斎 古屋昭弘両教授還暦記念中国語学論集』，22-31, 2013 年。

中国語の"来"の文法化—『老乞大』諸本におけるテンス・アスペクトマーカーを中心として—，『コーパスに基づく言語研究 文法化を中心に』，97-116, 東京，ひつじ書房，2004 年。

中国語音韻史研究の課題，『音声研究』7(1):14-22, 2003 年。

テクスト記述・祖本再構・編集史の内的再構—中国語音韻史資料の場合—，宮下志朗・丹治愛編『書物の言語態』，51-66, 東京，東京大学出版会，2001 年。

声明と漢語声調史研究，『仏教声楽に聴く漢字音—梵唄に古韻を探る—』，2008 年国際シンポジウム報告書，74-75, 東京，二松学舎大学 21 世紀 COE プログラム「日本漢文学研究の世界的拠点の構築」，2009 年。

元代音研究概況，《中文学术前沿》7:83-87, 2013 年。

韓漢語言史資料研究概述――總論，《韓漢語言研究》，445-454, ソウル，學古房，2008 年。

欲穷千里目，更上一层楼――代清代民国时期汉语国际学术研讨会<总论>，遠藤光曉、朴在淵、竹越美奈子編《清代民國漢語研究》，1-10, ソウル，學古房，2011 年。

伊藤智ゆき(著)『朝鮮漢字音研究』，『言語研究』133:163-170, 2008 年。

中国語・上古漢語・中古漢語・北京語・カールグレン・形声符読み，佐藤武義・前田富祺編『日本語大事典』，1334-1336, 1061-1062, 1330-1331, 1815-1816, 413-413, 631-632, 東京，朝倉書店，2014 年。

■遠藤光暁（えんどう・みつあき）
青山学院大学教授
中国語音韻史・方言学専攻

漢語音韻論稿

■ 発行日	2017年1月27日
■ 著者	遠藤光暁
■ 発行人	尾方敏裕
■ 発行所	株式会社 好文出版
	〒162-0041　東京都新宿区早稲田鶴巻町540　林ビル3F
	電話　03-5273-2739
	FAX　03-5273-2740
	http://www.kohbun.co.jp

©2017　Mitsuaki ENDO Printed in Japan
ISBN978-4-87220-204-5